应用技能型院校"十四五"会计类专业精品规划教材

常见财务软件应用

（用友畅捷通 T3）

（第二版）

孙静／主　编

叶桐／副主编

图书在版编目(CIP)数据

常见财务软件应用：用友畅捷通 T3 / 孙静主编. —2 版. —上海：立信会计出版社，2023.1(2023.9 重印)
ISBN 978-7-5429-7241-5

Ⅰ.①常… Ⅱ.①孙… Ⅲ.①财务软件-高等学校-教材 Ⅳ.①F232

中国国家版本馆 CIP 数据核字(2023)第 004337 号

策划编辑　王斯龙
责任编辑　王斯龙
美术编辑　吴博闻

常见财务软件应用(用友畅捷通 T3)(第二版)
CHANGJIAN CAIWU RUANJIAN YINGYONG

出版发行	立信会计出版社
地　　址	上海市中山西路 2230 号　　邮政编码　200235
电　　话	(021)64411389　　传　　真　(021)64411325
网　　址	www.lixinaph.com　　电子邮箱　lixinaph2019@126.com
网上书店	http://lixin.jd.com　　http://lxkjcbs.tmall.com
经　　销	各地新华书店
印　　刷	上海万卷印刷股份有限公司
开　　本	787 毫米×1092 毫米　　1/16
印　　张	19.5
字　　数	428 千字
版　　次	2023 年 1 月第 2 版
印　　次	2023 年 9 月第 2 次
书　　号	ISBN 978-7-5429-7241-5/F
定　　价	48.00 元

如有印订差错，请与本社联系调换

第二版 前言 Foreword

　　国务院印发的《国家职业教育改革实施方案》强调牢固树立新发展理念,服务建设现代化经济体系和实现更高质量、更充分就业需要,对接科技发展趋势和市场需求,完善职业教育和培训体系,优化学校、专业布局,深化办学体制改革和育人机制改革,以促进就业和适应产业发展需求为导向,鼓励和支持社会各界特别是企业要积极支持职业教育,着力培养高素质劳动者和技术技能人才。在上述良好发展前景的激励下,为适应应用技能型院校教育教学方式、方法的改革,打破传统的教学模式束缚,我们依据教育部颁布的专业教学标准编写了本教材。

　　会计电算化是现代会计必备的职业技能。在我国大力发展职业教育的形势下,信息化是职业教育发展的必然趋势,这必然要求在信息化教学中要着眼于学生职业生涯发展的需求,注重培养学生的职业素养,致力于用课程改革促进教学,用工作任务、工作过程来体现职业教育特点。

　　本教材是为了适应中小企业会计电算化核算和管理岗位的需要,培养学生理论和实际相结合的能力而编写的。通过相应的学习和训练,学生可以了解会计电算化的工作内容,掌握财务软件的构成和操作技术,能够初步适应中小企业的会计电算化岗位的工作要求,掌握会计电算化核算和管理岗位的工作流程和相应处理,为实际工作打好基础。本教材采用用友畅捷通T3(以下简称用友T3)财务软件,教学内容的案例背景设计,与会计电算化技能比赛的出题思路相吻合,将技能大赛和教学实践进行了有机结合。

　　本教材在编写过程中,力求以能力本位观教育理论为主导,坚持理论与实践一体化的原则,以知识和能力训练两条教学主线的融合为切入点,以重构课程知识体系和能力训练体系为要求,体现时代性、立体性和动态性,达到以学生为主体,有所创新、突出特色、适应财经专业教学的开发目标。

　　本教材开发的原则:紧盯就业岗位群要求,强化职业核心能力培养,构建理实一体化的教学模式;贯彻任务驱动的思路,工学结合,使课程实践教学与实际岗位需要实现无缝对接；突出应用性、针对性和实践性，力求反映教学改革的方向。

本教材具有以下特色：

(1) 本教材以学生为主体，引导学生思考、动手操作；以教师为主导，增强教师教学的导向性；教学方法形式多样，转变课堂的枯燥现状。

(2) 本教材构建会计电算化知识体系和软件操作能力训练体系；满足实际工作需要，体现技能大赛的理念；配有创意教学案例设计、分项目的训练和综合训练。

(3) 本教材以知识体系和能力训练体系为主线，体现了认知和能力训练的教学要求。知识体系：在保持专业知识系统性的基础上，以认知为原则，降低基本知识的量和难度，降低掌握要求，适当扩大应了解的知识含量。能力体系：会计电算化岗位发现问题的能力、分析问题的能力和解决问题的能力。

(4) 本教材结合职业技能鉴定与技能大赛，突出学生知识和能力的培养，提高学生的社会认可程度。

本教材共分为七个项目。建议课时：项目一为2课时，项目二为2课时，项目三为2课时，项目四为6课时，项目五为42课时，项目六为10课时，项目七为4课时，共计68课时。

本教材由孙静任主编，叶桐任副主编。全书由孙静副教授提出编写思路、设计教材编写方案，组织教材编写、论证工作，总纂定稿。项目一、项目四、项目五任务四由孙静编写，项目二、项目五任务一和任务二、项目六任务一和任务二、项目七由叶桐编写，项目三由李赞编写，项目五任务三、项目六任务三由崇铮编写。在本教材的创作团队中，不仅有教育教学的一线教师，还有用友T3的产品专家和应用专家，他们是徐州彭城五交化有限公司财务总监杨淑琴、徐州日报社高级会计师黄荷、江苏淮海会计师事务所注册会计师王素玲；同时，还得到了校企合作单位的帮助和指导，分别是徐州四方铝业、徐州市百货大楼、徐州宗申有限公司等，在此我们深表感谢。

本教材的实践性、操作性、实用性很强，适用于财经类专业教学，同时也可以作为企业培训、技能大赛和会计考证的使用教材。为了便于教学，本教材同时附有配套的期初和结果账套，在本教材的使用过程中，如果您发现问题或有更好的改进思路，请联系我们！

联系QQ：467089513。

编者
2023年1月

目录 Contents

项目一 会计电算化认知 ... 1

任务一 会计电算化的相关知识 ... 1
任务二 用友 T3 系统安装 ... 4

项目二 系统管理 ... 9

任务一 注册系统管理 ... 9
任务二 企业账套管理 ... 12
任务三 操作员及权限管理 ... 22

项目三 基础设置 ... 28

任务一 基础设置的资料准备 ... 28
任务二 基础档案的设置 ... 29

项目四 初始设置 ... 60

任务一 总账初始设置 ... 60
任务二 工资初始设置 ... 73
任务三 固定资产初始设置 ... 81

任务四　购销存和核算初始设置···89

项目五

日常账务处理···**109**

任务一　总账日常账务处理···111

任务二　工资日常账务处理···161

任务三　固定资产日常账务处理···173

任务四　购销存日常账务处理···194

项目六

期末处理···**238**

任务一　总账的期末处理···240

任务二　工资分摊···254

任务三　结账···281

项目七

报表管理···**291**

任务一　报表管理的相关知识···292

任务二　财务报表的编制方法···292

项目一 会计电算化认知

 学习目标

知识目标：了解会计电算化的意义；了解会计电算化的岗位介绍和岗位职责；掌握用友 T3 的安装。

能力目标：能够给企业软件实施提供运行环境的建议；能够正确安装用友 T3。

会计电算化是计算机技术和现代会计相结合的产物，它的实施是由具体的机构和具体的人员来负责的，而人员又要通过岗位分工来各司其职，明确岗位职责。

任务一 会计电算化的相关知识

 知识认知

一、会计电算化的概念

会计电算化是全面运用以计算机、网络和通信为主的信息技术，对企业经营过程发生的原始数据进行获取、加工、传输、存储、分析等处理，为企业经营管理、控制与决策提供及时、准确的信息。会计电算化能够使企业实现从会计核算到会计监督，从采购生产到利润分配，从财务会计到人力资源等，通过若干个系统的相互联系和相互作用，形成一个整体，最终实现资金流、物流和信息流的统一。当然，实现会计电算化需要从软件和硬件两个方面着手，同时，对企业的财务信息规范化、岗位划分合理化也提出了较高的要求。下面就先介绍实现会计电算化企业的电算化岗位和会计岗位的划分，以及相应的岗位职责。

二、会计电算化岗位的划分

当企业实施会计电算化后，其岗位可分为基本会计岗位和电算化会计岗位。

基本会计岗位包括会计主管、出纳、会计核算各岗位、稽核、会计档案管理岗位。该岗位必须由取得会计证的人员担任，可一人一岗也可一人多岗或者多人一岗，但要符合内部牵制的要求，必须有计划地进行轮换并实行回避制度。

电算化会计岗位可以分为以下八类：

(1) 电算主管：可由会计主管兼任。
(2) 软件操作：鼓励基本会计岗位的人员兼任。
(3) 审核记账：可由会计主管兼任。
(4) 电算维护：由专职人员担任，该类人员不进行会计数据的实际操作。
(5) 电算审查：可由会计稽核人员兼任。
(6) 数据分析：可由会计主管兼任。
(7) 会计档案资料保管员。
(8) 软件开发。

以上岗位(2)与(3)(4)(5)为不相容岗位。电算主管负责定义各操作人员的权限，具体操作人员只有修改自己口令的权限，无权更改自己和他人的操作权限。岗位设置时，基本会计岗位和电算化会计岗位，可在保证会计数据安全的前提下交叉设置，各岗位人员要保持相对稳定，中小企业可以设置一些必要的电算化会计岗位，许多岗位可以由一人承担。

三、电算化会计岗位责任制的基本内容

1．电算主管的职责
(1) 电算化系统日常管理。
(2) 对电算化人员的管理。
(3) 输出表的检查。
(4) 电算化资源的审批制度及监督。
(5) 完善管理制度并提出改进意见。

2．软件操作员的职责
(1) 分管业务数据的正常录入等工作。
(2) 按照程序操作。
(3) 自检核对与修改。
(4) 备份及保管：每天都要备份。
(5) 安全保密：口令不能泄露并需常更换密码。
(6) 离机退出：离开机房前要退出会计系统。
(7) 记录故障并报告。
(8) 填写上机记录。
(9) 出纳员日清月结。
(10) 签名盖章。

3．审核记账员的责任职责
(1) 原始凭证审核。
(2) 再审核。
(3) 审核记账打印报表。
(4) 负债凭证审核工作。
(5) 对不合规的不签章确认。

(6) 不得兼任出纳。

(7) 审核是否全部记账。

4. 电算维护员的责任职责

(1) 定期检查系统的运行情况。

(2) 排除故障。

(3) 系统升级换版调试工作。

(4) 系统维护。

(5) 软件功能的改进。

5. 电算审查员的责任职责

(1) 监督系统运行。

(2) 审查各制度的合理性。

(3) 发现问题要及时反映并提出处理意见。

6. 数据分析员的责任职责

(1) 对机内会计数据进行分析。

(2) 制定分析的具体内容。

(3) 对报表等进行分析。

(4) 重大项目的分析。

(5) 根据单位领导要求分析。

7. 会计档案资料保管员的责任职责

(1) 按规定行使职权。

(2) 存档保管。

(3) 保密、借阅登记：不得擅自出借，经批准借阅的要认真进行借阅登记。

(4) 催交档案资料。

8. 软件开发员的责任职责

(1) 开发和维护软件。

(2) 维护。

(3) 不得进行会计业务处理。

(4) 对软件进行修改和更新。

中小企业实行会计电算化后的岗位设置，应当根据需要将职位适当合并，设置一些必需的岗位，一人可兼多个工作岗位但要注意保证内部牵制的要求。中小企业可由会计主管兼任电算主管和审核记账或数据分析岗位，由会计人员担任软件操作员和电算维护员，还要单独设立出纳员岗位。

四、常见的会计电算化软件

国内常见的研发 ERP 软件的公司有用友、金蝶、神州数码、和佳、速达等，其中用友和金蝶的市场占有率较高，目前就面向院校的推广度而言，用友的普及度较高。畅捷通信息技术股份有限公司（以下简称畅捷通公司）是用友软件股份有限公司（简称用友）的全资子公司。畅捷通公司的主要产品分为面向中小企业的 T 系列企业管理软件，和面向政府机关、公共事业单位及非营利组织的 G 系列政务管理软件。T 系列针对中小企业不同发展阶段，包括提供以"提升效益"为主的 T6 系列、以"提高效率"为主的 T3 系列、以"理清钱物"为主的 T1 系列、以"轻松计税、智能筹划"为主的 T-Tax 系列。G 系列针对政府机关、公共事业单位及非营利组织的各级政务管理，包括提供以"轻松核算、提高效率"的 G3 系列、以"规范管理、提升服务"为主的 G6 系列、以"垂直监管、高效协作"为主满足多级单位"统一核算、统一监管"需要的 G9 系列软件，以及针对税务机关征收管理的以"高效征管、精细评估"为主的 G-Tax 系列。特别是 T3 系列软件已经广泛用于会计电算化考证和会计技能大赛中，所以本教材的教学内容所依托的软件选取了用友 T3 10.8。教学中所涉及的软件模块介绍主要有总账、工资、固定资产、采购、销售、库存、核算和报表，这些功能模块的掌握已完全能满足会计电算化考证和会计技能大赛的实操教学需求。

任务二　用友 T3 系统安装

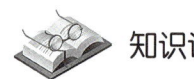知识认知

一、安装前准备事项

1. 单机版用户主机配置

CPU PⅢ 550 或以上，内存 128M 或以上，硬盘至少 10G 以上，至少应有一个光驱。

2. 网络用户配置

（1）网络服务器。CPU PⅢ 800 或以上，内存 256M 或以上，硬盘至少 20G 以上，至少应有一个光驱。

（2）客户端。CPU PⅢ 550 或以上，内存 128M 或以上，硬盘至少 10G 以上，至少应有一个光驱。

3. 操作系统（系统软件环境）

用友 T3 支持的常见操作系统如表 1-1 所示。

表 1-1　用友 T3 支持的常见操作系统

操作系统（简体中文）	服务器	客户端	单机模式
Windows 2000 Server+SP4	支持	支持	支持
Windows 2000 AD Server+SP4	支持	支持	支持
Windows 2003 Server	支持	支持	支持
Windows XP+SP1 或者 SP2		支持	支持
Windows 2000 Professional +SP4		支持	支持
Windows 98		支持	支持

> 注意
> （1）安装时操作系统所在的磁盘分区剩余磁盘空间应大于180M。
> （2）安装产品的计算机不能带有"_"或者用数字开头，但名称中可以带有"_"。计算机名称中不能有汉字。

二、用友T3安装流程

用友T3软件安装流程如图1-1所示。

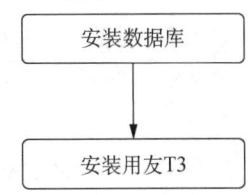

图1-1　用友T3软件安装流程图

三、用友T3安装步骤

> 注意
> 在安装用友T3前要先安装SQL Server2000数据库，打上SP3/SP4补丁，如安装SQL2005则打上SP2补丁，或直接安装简版数据库MSDEReal。

插入安装盘自动运行安装或双击运行安装盘用友T3目录下的Setup.exe，出现准备安装向导的界面，如图1-2所示。

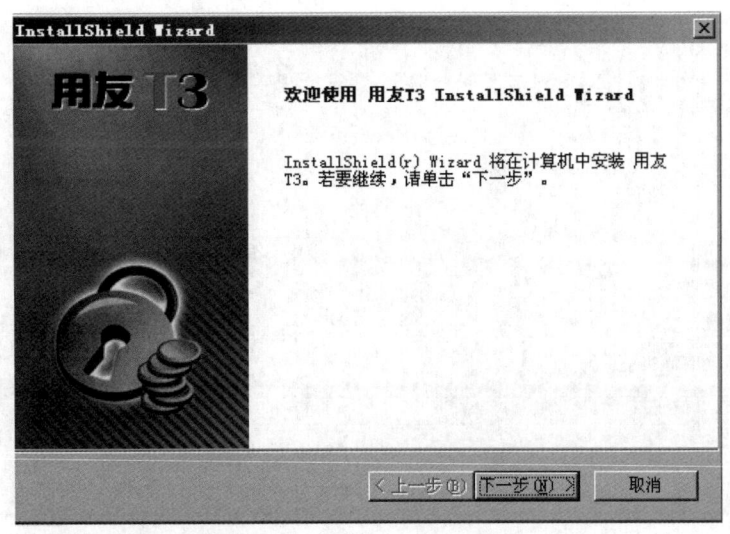

图1-2　用友T3安装向导界面

在安装欢迎界面中点击【下一步】,点击【是】按钮接受许可证协议,如图 1-3 所示。

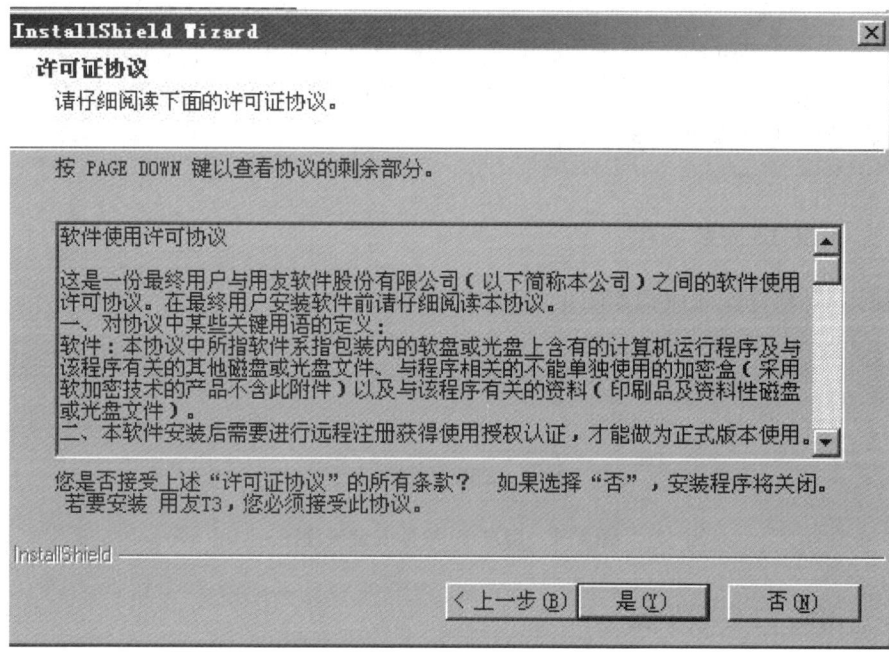

图 1-3　软件使用许可证协议

选择安装路径,将用友 T3 安装到指定文件夹,如图 1-4 所示,建议使用英文路径且不要选择系统盘。

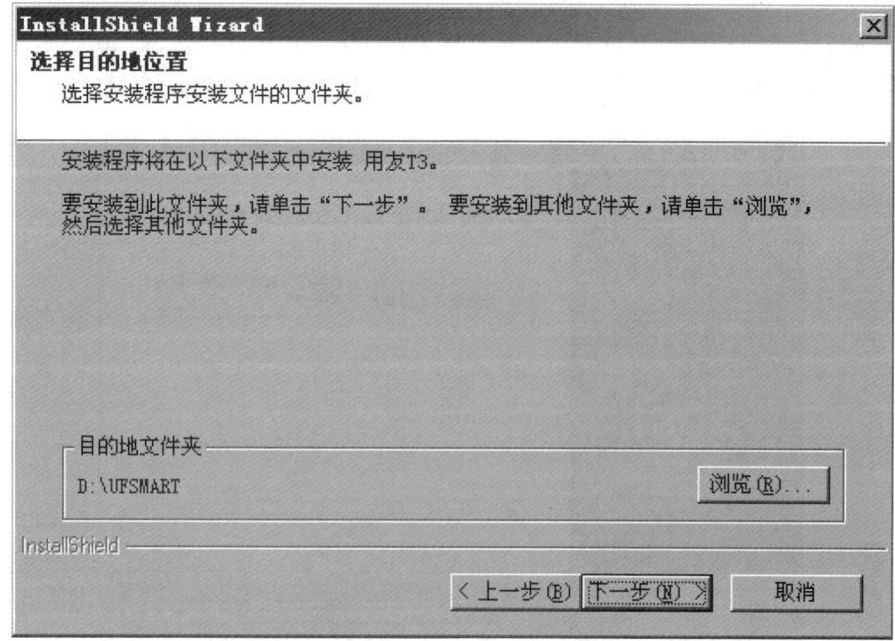

图 1-4　安装路径选择

在安装类型界面中选择所要安装的类型,选择安装组件,如图1-5所示。

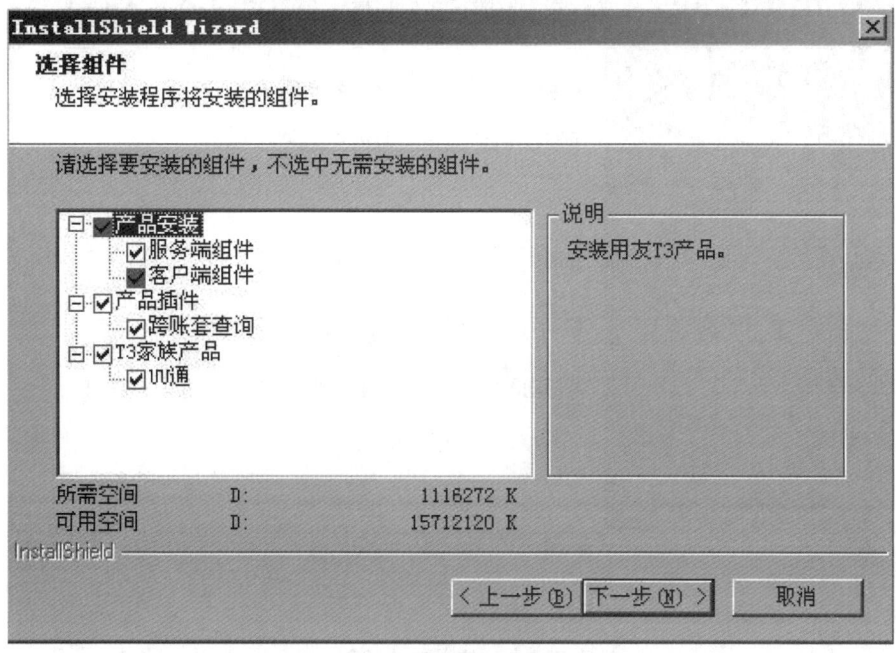

图1-5　安装组件

环境检测合格后,直接点击【下一步】按钮进行安装,如图1-6所示。

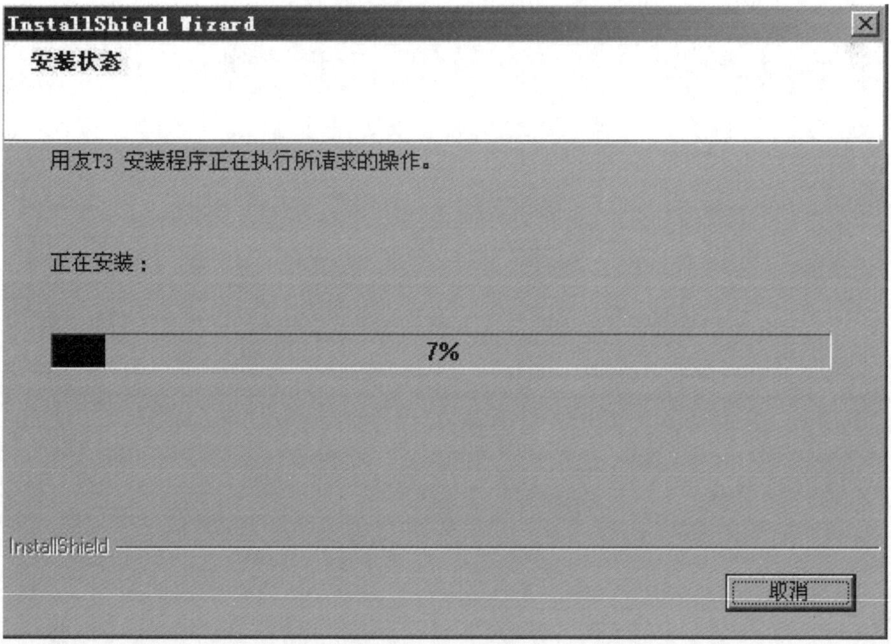

图1-6　正在安装

软件安装完成后,重新启动计算机,如图1-7所示。重启后要先运行系统管理。

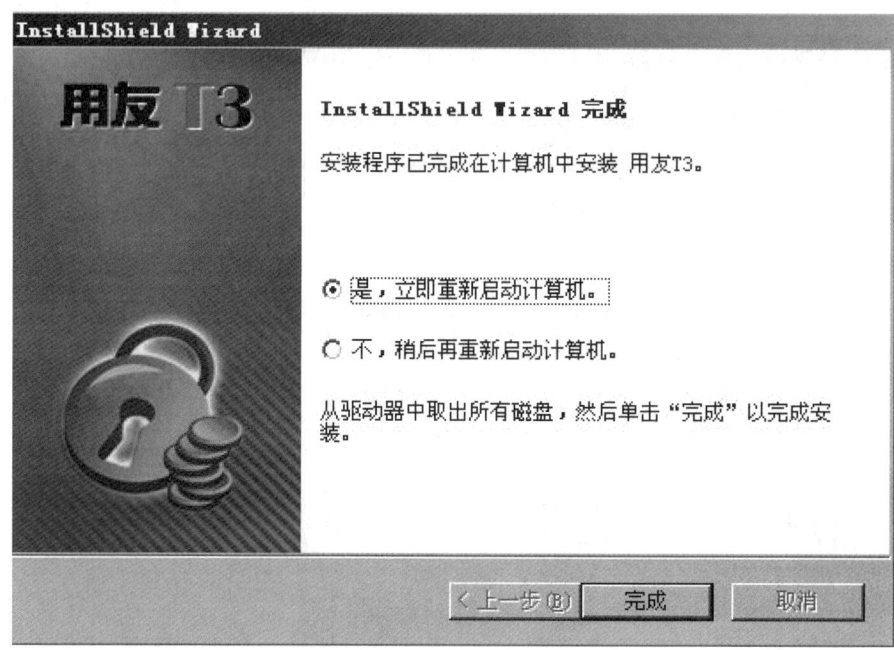

图1-7　安装完成界面

项目二 系统管理

知识目标:了解会计人员内部控制制度;建立账套、启用模块、设置操作员与账套管理。

能力目标:能够根据企业的实际情况设置操作员及其权限,为企业会计核算及其管理设置账套并进行账套的管理。

系统管理是会计信息系统中的基础部分,它对系统中所有模块的公共任务进行统一管理。系统管理的操作流程如图 2-1 所示。

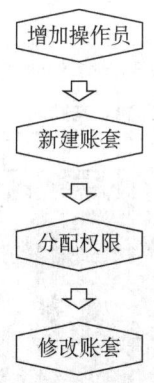

图 2-1 系统管理的操作流程

任务一 注册系统管理

一、系统管理概述

会计电算化管理软件由多个功能系统组成,各个功能系统之间互相联系、数据共享,完整地体现了财务、业务处理一体化的管理,为企业的资金流、物流、信息流的统一管理和实时反映提供了有效的方法和工具。对于整个企业多个产品的管理,系统需要进行账套的建立、修改、删除和备份,以及实现操作员的建立、角色的划分和权限的分配等功能,这就需要一个平台来进行集中管理,系统管理模块的功能就提供了这样的操作平台。系统管理的使用对象为企业的信息管理人员,即系统管理员(admin)或账套主管。

二、账套与年度账

账套是指一组紧密相关的数据。一般说来,我们可以为每一个独立核算的单位或部门在系统中建立一个账套,不同的账套数据之间彼此独立,没有丝毫联系。

每个账套中一般存放不同年度的会计数据,为方便管理,不同年度的数据存放在不同的数据表中,称为年度账。

 工作任务

业务:进行系统管理的注册。

任务实施

步骤一:双击软件图标,打开"系统管理",执行"系统"/"注册"命令(图2-2)。

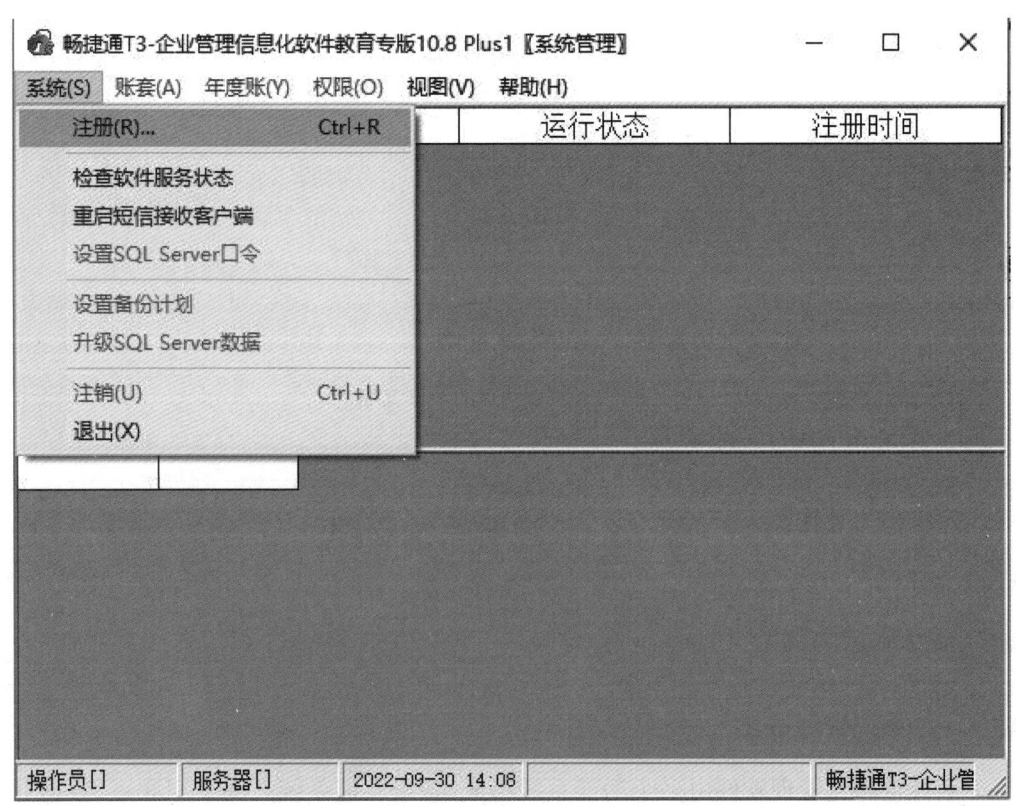

图2-2 系统管理注册

步骤二:"服务器"右边有【…】,点击后选择服务器,点击【选择】按钮(图 2-3)。

图 2-3　选择服务器

步骤三:登录系统管理,"用户名"处输入 admin;密码为空,点击【确定】按钮(图 2-4)。

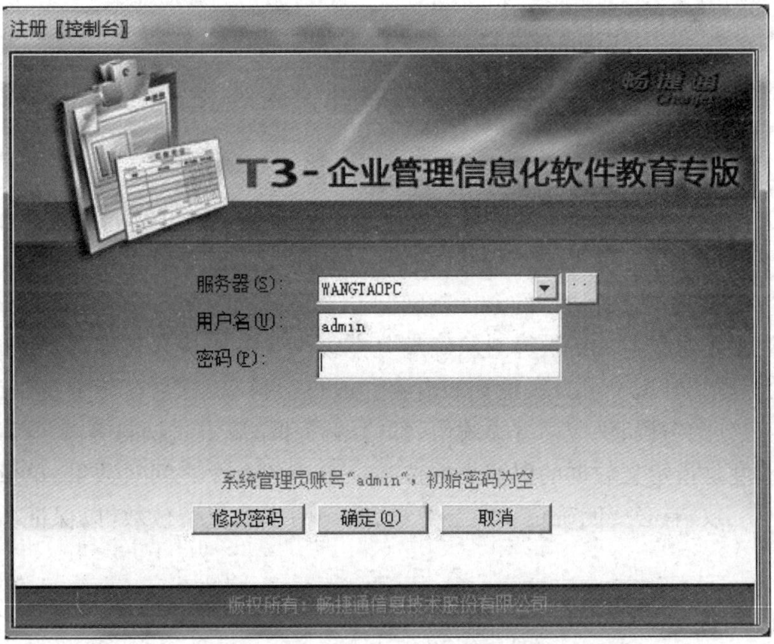

图 2-4　系统登录

任务二　企业账套管理

知识认知

一、建立账套

建立账套是企业应用会计信息系统的首要环节,其中涉及很多与日后核算相关的内容。建立企业账套时,需要向系统提供账套基本信息,账套基本信息包括账套号、账套名称、账套启用日期及账套路径。

由于在一个会计信息系统中可以建立多个企业账套,因此将账套号作为区分不同账套数据的唯一标识。

账套名称一般用来描述账套的基本特性,账套号和账套名称是一一对应的关系,共同代表特定的核算账套。

账套路径用来指明账套在计算机系统中的存放位置。

账套启用日期用来规定该企业用计算机进行业务处理的起点,一般要指定年、月。启用日期在第一次初始设置时设定,一旦启用不可更改。

二、核算单位基本信息

核算单位基本信息包括企业名称、简称、地址、邮政编码、法人、通信方式等。

三、账套核算信息

账套核算信息包括记账本位币、行业性质、企业类型、账套主管、编码规则、数据精度等。

记账本位币是企业必须明确的,通常系统默认为人民币。

企业类型是区分不同企业类型的必要信息,对不同的企业类型,系统在业务处理范围上有所不同。

行业性质表明单位所执行的会计制度。

编码规则是对企业关键核算对象确定分类级次及各级编码长度,以便于用户进行分级核算、统计和管理。可分级设置的内容一般包括科目编码、存货分类编码、地区分类编码、客户分类编码、供应商分类编码、部门编码和结算方式编码等。

数据精度是指定义数据的保留小数位数。由于各企业之间对数量、单价等的核算精度要求不一致,有必要明确定义主要数量、金额的小数保留位数,以保证数据处理的一致性。

四、账套引入

账套引入功能是将系统外某账套数据引入本系统中的一种功能。无论是计算机故

障或者计算机病毒的入侵,都会使账套数据受损,此时需要运用账套引入功能,恢复备份数据,将损失降到最小。具体操作步骤如下:

(1) 以系统管理员的身份进入系统管理。
(2) 执行"账套"/"引入"命令。
(3) 进入"引入账套数据"窗口,选择所要引入的账套数据备份文件,点击【是】按钮。
(4) 引入完成,系统提示"账套导入成功"。

五、账套修改

账套建立完成后,如发现有些参数有误,可以执行账套修改功能。只有账套主管有权修改账套,但对账套号、启用会计日期是无法修改的。用户以账套主管的身份注册,选择相应账套,进入修改管理界面,执行"账套"/"修改"命令,进入修改账套功能。

六、账套备份

账套输出的实质就是数据备份或清除数据。以 admin 身份进行注册,进入"系统管理"窗口,执行"账套"/"输出"命令,系统弹出"账套输出"对话框,选择需要输出备份的账套。如果将该账套输出备份之后,希望将系统中账套数据全部删除,则勾选"删除当前输出账套"选项。点击【确认】按钮。

七、年度账管理

在系统管理软件中,用户不仅可以建立多个账套,而且每个账套中可以存放不同年度的会计数据。对不同核算单位、不同时期数据的操作只需通过设置相应的系统路径即可进行。

1. 建立年度账

新年度到来时,应先建立年度账,再进行与年度账有关的其他操作。选定账套,以主管的身份进入系统管理,执行"年度账"/"建立"命令,建立新的年度账。系统按年度先后顺序建立,不能修改会计年度。账套自动显示用户进入时所选账套,会计年度自动显示是所选账套以前年度加 1 的年度。

2. 引入和输出年度账

年度账操作中的引入、输出与账套操作中的引入、输出的含义基本一致,所不同的是年度账操作的引入、输出不是针对某个账套,而是针对这个账套中的某一年度的年度账。

3. 结转上年数据

一般情况下,企业是持续经营的,因此企业的会计工作是一个连续性的工作。每到年末,启用新年度账时,就需要将上年度的相关账户的余额及其他信息结转到新年度账中。

4. 清空年度数据

若某年度账错误太多,或不希望将上年度的余额或其他信息全部转到下年,应执行年度账的清空年度数据命令。清空并不一定是将年度账的数据全部清空,也可以保留一些必要的信息,如基础信息、科目等。保留这些信息主要是为了方便用户使用清空后的年度账重新做账。

八、安全管理

1. 运行监控

在"系统管理"窗口中,系统管理的功能列表分为上下两部分,上部分列示的是正在登录到系统管理的子系统,下部分列示的是该子系统正在执行的功能。这两部分不是固定的,而是根据系统的执行情况而发生变化的。

2. 清除异常运行情况

系统管理对每一个登录系统的子系统定时进行巡回检查,如发现有死机、网络阻断等情况,就在该子系统相应的任务栏的"运行状态"栏内显示"运行不稳定"。这时,如单击"系统管理"窗口中"视图"菜单下的"清楚异常任务"命令,就会把这个异常任务所申请的系统资源予以释放,并恢复可能破坏的系统数据库和用户数据库,同时任务栏也将清除这些异常情况。

3. 上机日志

为保证系统的安全运行,系统随时对各个模块的操作员的上下机时间、操作的具体功能等情况进行登记,形成上机日志,使所有的操作都有记录,以便于以后发现问题时进行查找。

 工作任务

业务:根据企业以下基本情况,新建账套,并启用子系统。

(1) 名称:盐城风奥有限公司。

(2) 性质:有限责任公司。

(3) 地址:江苏盐城和平路190号。

(4) 税务登记证号:320900552800145。

(5) 开户银行:中国建设银行盐城和平路支行　　人民币基本户5671893919
　　　　　　　中国银行盐城和平路支行　　　　人民币结算户3786509810

(6) 企业法人代表(董事长):张华忠。

(7) 总经理:吴文胜。

(8) 财务负责人:程双林;会计:吴军捷;出纳:任慧慧。

(9) 企业设置管理部门和生产部门,其中管理部门包括办公室、财务部、采购部、销售部;生产车间主要生产S105、T231两种产品。

(10) 启用总账、工资系统、固定资产系统、购销存管理系统和核算系统,启用时间为2022年9月1日。

(11) 记账本位币:人民币(RMB)。

(12) 企业类别:工业。

(13) 会计政策:企业执行2007年新会计准则。

(14) 存货、供应商均分类,无外币核算。

(15) 编码方案:科目42222,客户123,地区123,存货1222,结算方式21,供应商123。

任务实施

步骤一:在"系统管理"窗口中,执行"账套"/"建立"命令,按照题目的要求,进行以下步骤操作(图2-5)。

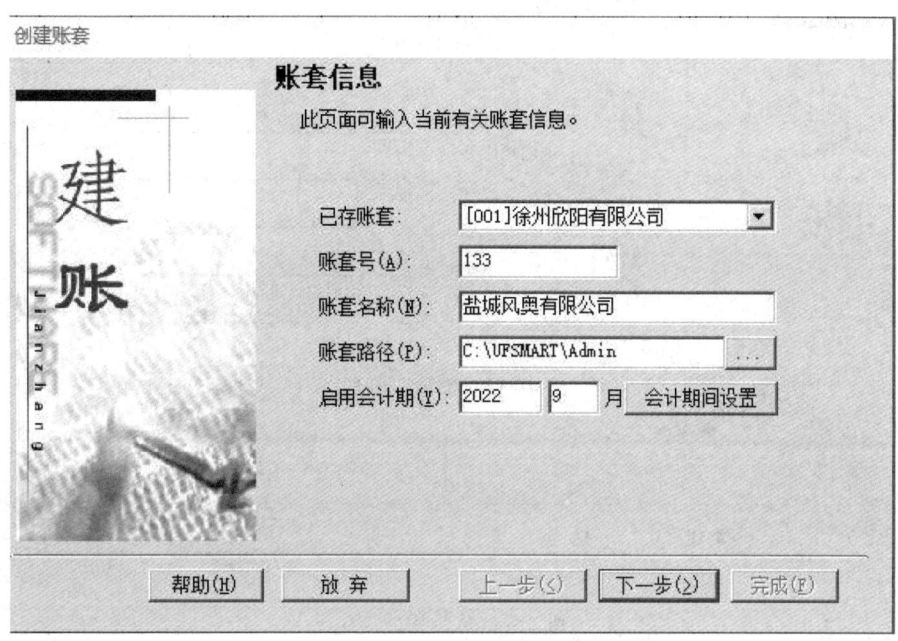

图2-5 账套信息录入

点击【下一步】按钮,进入"单位信息"窗口,录入单位信息(图2-6)。

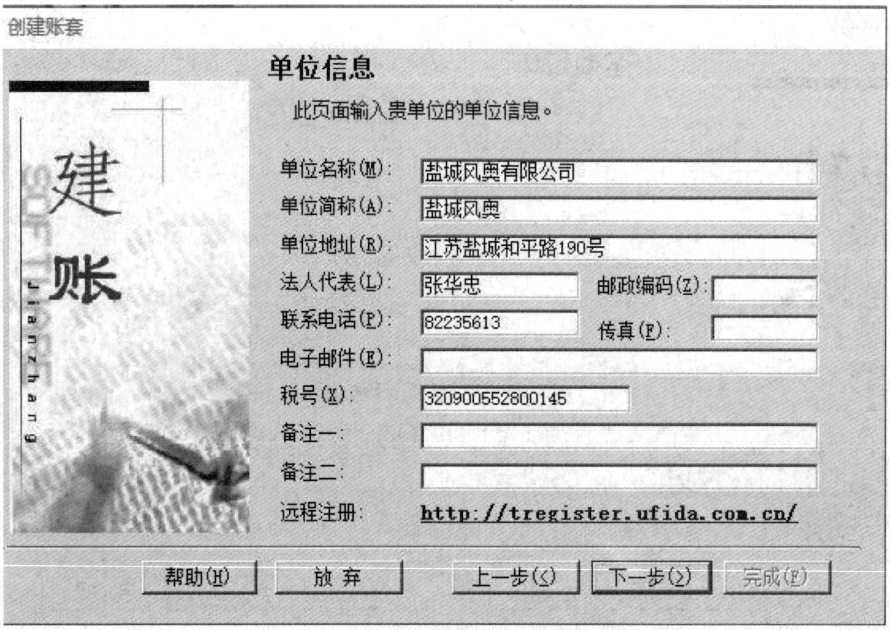

图2-6 单位信息录入

点击【下一步】按钮,进入"核算类型"窗口,录入核算类型(图2-7)。

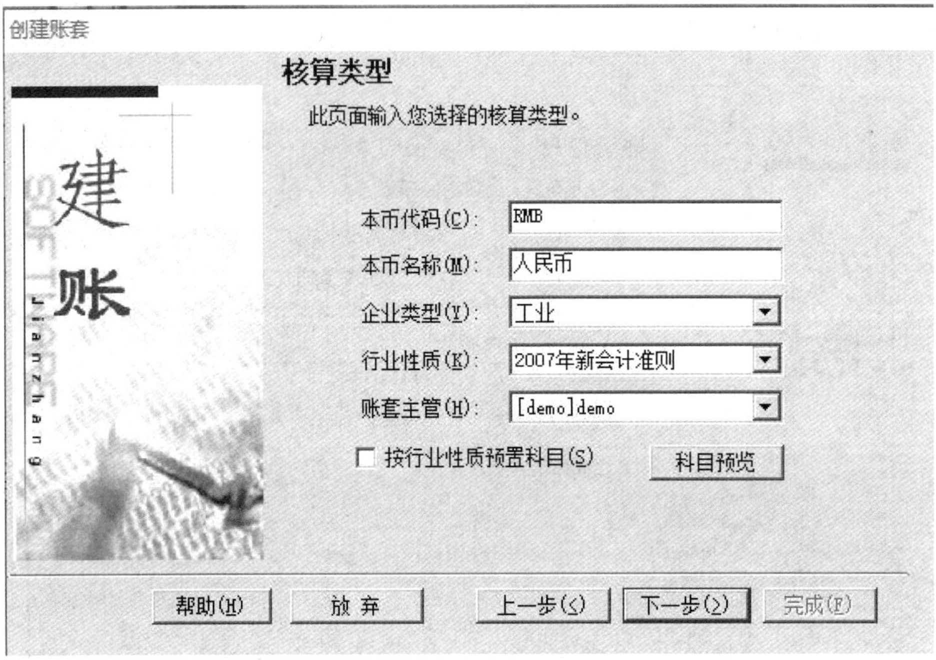

图2-7 核算类型录入

点击【下一步】按钮,进入"基础信息"窗口,选择基础信息(图2-8),点击【完成】按钮。

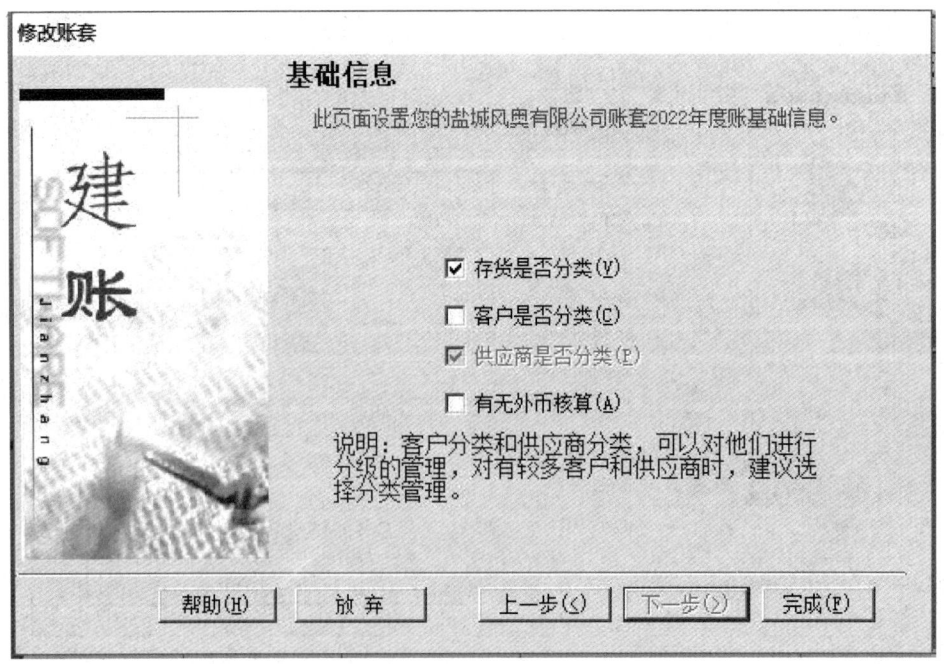

图2-8 基础信息选择

步骤二：进入“业务流程”窗口，点击【完成】按钮（图 2-9），在弹出的窗口中点击【是】按钮。

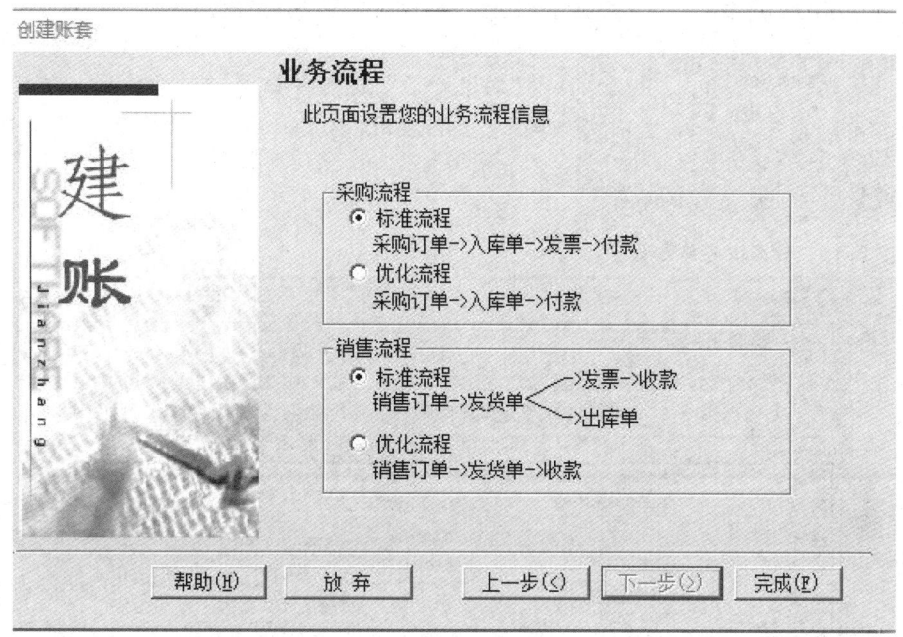

图 2-9　业务流程设置

进入“分类编码方案”窗口，点击【确认】按钮（图 2-10）。（本教材将在基础设置中详细介绍分类编码方案的修改）

分类编码方案

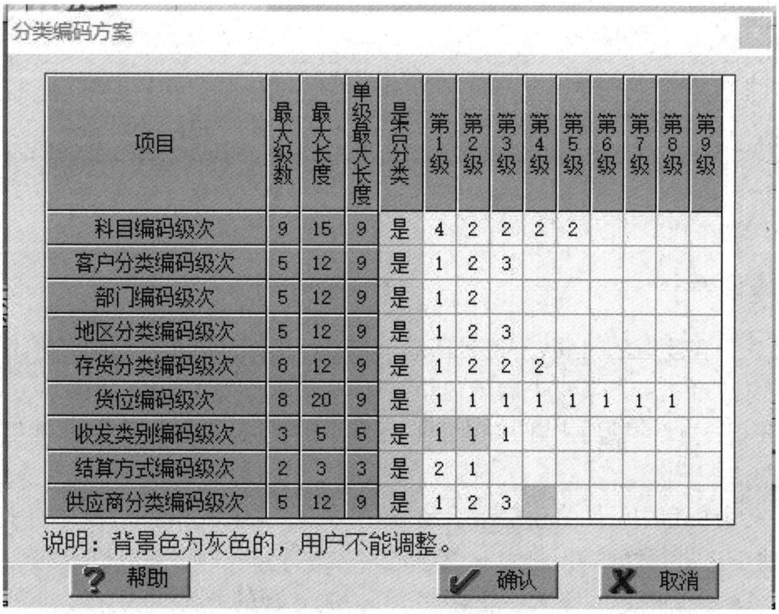

项目	最大级数	最大长度	单级最大长度	是否分类	第1级	第2级	第3级	第4级	第5级	第6级	第7级	第8级	第9级
科目编码级次	9	15	9	是	4	2	2	2	2				
客户分类编码级次	5	12	9	是	1	2	3						
部门编码级次	5	12	9	是	1	2							
地区分类编码级次	5	12	9	是	1	2	3						
存货分类编码级次	8	12	9	是	1	2	2	2					
货位编码级次	8	20	9	是	1	1	1	1	1	1	1	1	
收发类别编码级次	3	5	5	是	1	1	1						
结算方式编码级次	2	3	3	是	2	1							
供应商分类编码级次	5	12	9	是	1	2	3						

说明：背景色为灰色的，用户不能调整。

帮助　确认　取消

图 2-10　分类编码方案设置

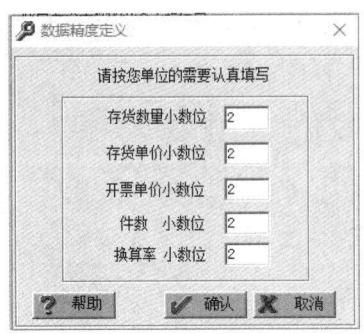

步骤三:进入"数据精度定义"窗口,点击【确认】按钮(图2-11)。(本教材将在基础设置修改中介绍数据精度定义的设置)

步骤四:进入"系统启用"窗口,根据题目要求,将"固定资产""总账""核算""工资管理""购销存管理"子系统启用,启用日期为2022年9月1日(图2-12)。

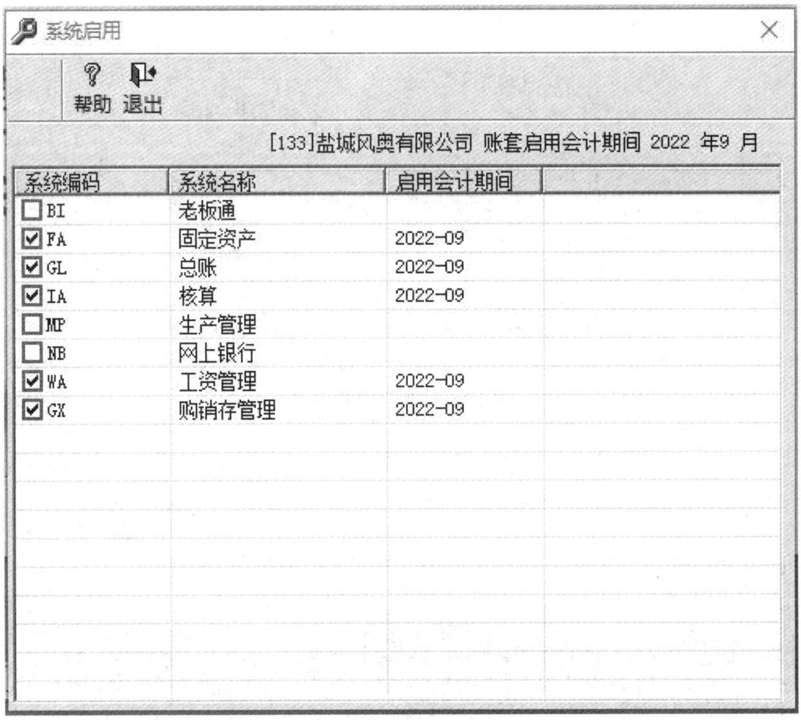

图2-11 数据精度定义设置

图2-12 系统启用设置

 故障诊断

故障:如果在建账的时候,公司名称输入错误,或者公司在建账之后地址或电话等发生变化,又或者工资子系统未启用,此时我们该如何应对?

原因分析:这些问题的出现,有可能是操作上的失误,也有可能是公司发生的变化。

解决办法:

步骤一:用账套主管的身份登录系统管理,执行"账套"/"修改"命令。此时可以对账套的一些信息进行修改,但是对灰色框是无法进行修改的。可以修改的信息有:账套名称(图2-13);行业性质、账套主管(图2-14);未选择的分类或核算信息(图2-15);分类编码方案(图2-16);数据精度定义(图2-17)。

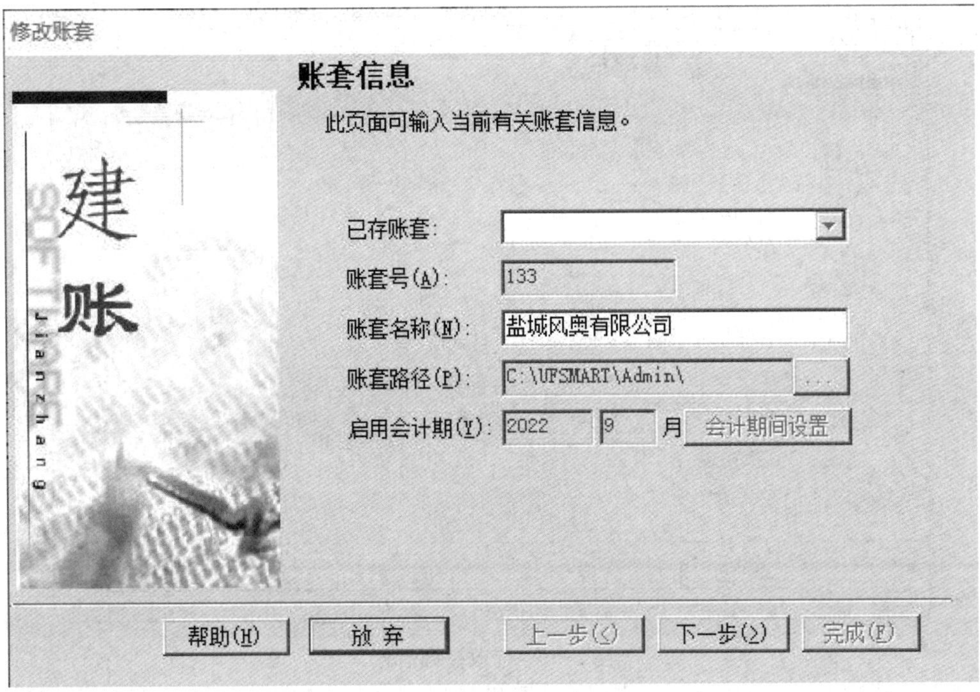

图2-13 修改账套信息

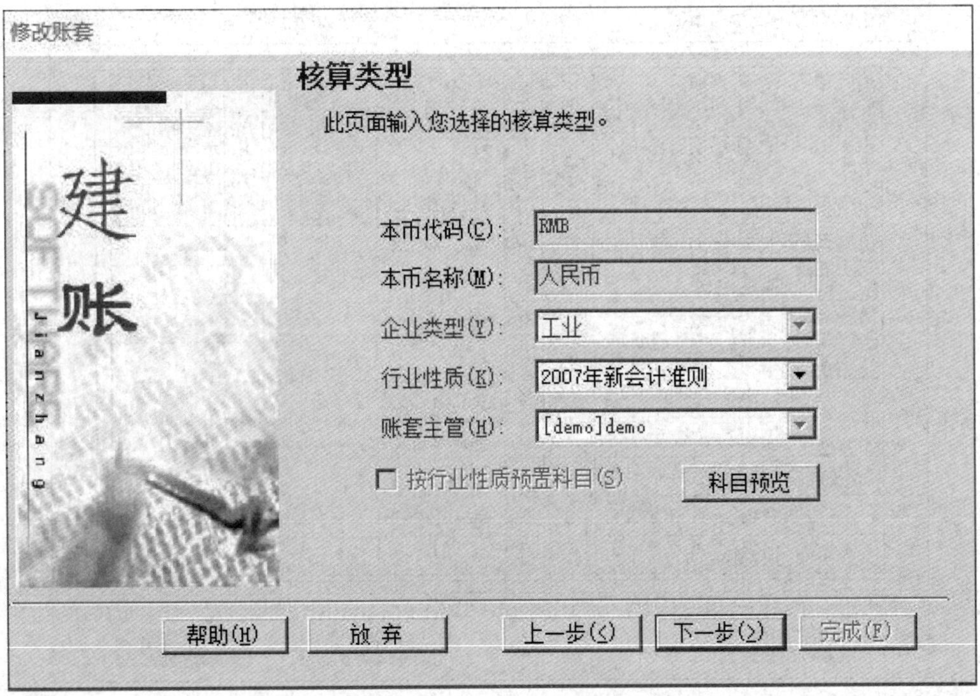

图2-14 修改核算类型

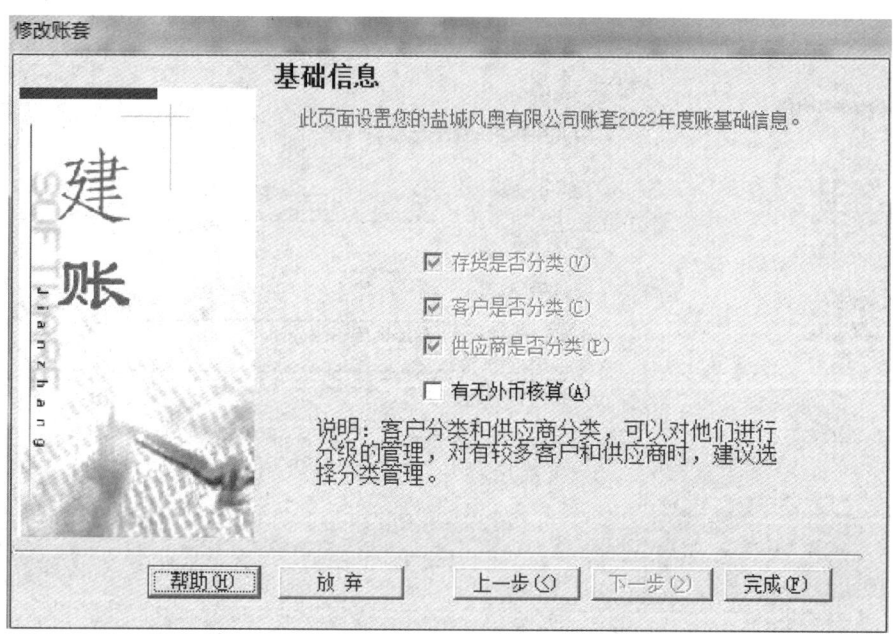

图 2-15　修改基础信息

图 2-16　修改分类编码方案

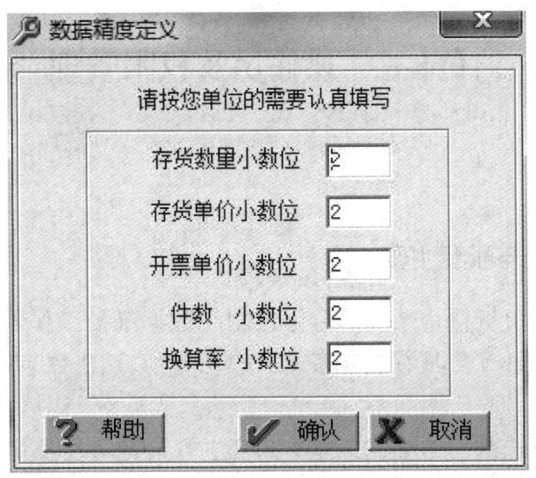

图 2-17　修改数据精度定义

步骤二：以账套主管的身份登录系统管理,执行"账套"/"启用"命令,此时可以对账套的子系统进行停用或者启用(图 2-18)。

图 2-18　修改系统启用界面

任务三 操作员及权限管理

知识认知

一、系统管理员与账套主管

系统管理员是指负责整个系统的总体控制和数据维护工作的人员,可以管理系统中的所有账套。系统管理员具有建立账套;恢复、备份、输出账套;建立操作员;设置操作员权限等职能。

账套主管负责所选账套的维护工作。账套主管具有修改账套;启用系统模块;年度账管理;权限设置等职能。

二、系统管理的使用者

鉴于系统管理模块在整个会计信息系统中的地位和重要性,因此,对系统管理模块的使用,系统予以严格控制。系统只允许以两种身份注册进入管理系统:一是系统管理员的身份;二是账套主管的身份。

三、权限管理

设置操作员权限是从内控的角度出发的,对系统操作人员进行严格的岗位分工,严禁越权操作的行为发生。

系统管理员和账套主管两者都有设置操作员的权限,所不同的是,系统管理员可以指定或取消某一操作员为一个账套主管,也可以对各个账套的操作员进行授权。而账套主管的权限仅限于所管辖的账套,在该账套内,账套主管默认拥有全部操作权限,可以针对本账套的操作员进行权限设置。

账套主管自动拥有所有模块的操作权限。账套主管可以为一个操作员赋予一个模块的操作权限,也可以为一个操作员赋予多个模块的操作权限。

四、会计人员内部控制制度

1. 岗位监督制度

记账人员与经济业务事项和会计事项的审批人员、经办人员、财物保管人员的职责权限应当明确,并相互分离、相互制约;重大对外投资、资产处置、资金调度和其他重要经济业务事项的决策和执行的相互监督、相互制约程序应当明确;财产清查的范围、期限和组织程序应当明确;对会计资料定期进行内部审计的办法和程序应当明确。

2. 岗位分工制度

《中华人民共和国会计法》(简称《会计法》)第三十七条规定:会计机构内部应当建

立稽核制度。出纳人员不得兼任稽核、会计档案保管和收入、支出、费用、债权债务账目的登记工作。

《会计基础工作规范》第十二条规定：会计工作岗位，可以一人一岗、一人多岗或者一岗多人。但出纳人员不得兼管稽核、会计档案保管和收入、费用、债权债务账目的登记工作。

3. 岗位回避制度

《会计基础工作规范》第十六条规定：国家机关、国有企业、事业单位任用会计人员应当实行回避制度。单位领导人的直系亲属不得担任本单位的会计机构负责人、会计主管人员。会计机构负责人、会计主管人员的直系亲属不得在本单位会计机构中担任出纳工作。需要回避的直系亲属为：夫妻关系、直系血亲关系、三代以内旁系血亲以及配偶近亲姻关系。

4. 岗位轮换制度

《会计基础工作规范》第十三条规定：会计人员的工作岗位应当有计划地进行轮换。

5. 岗位交接制度

《会计法》第四十一条规定：会计人员调动工作或者离职，必须与接管人员办清交接手续。一般会计人员办理交接手续，由会计机构负责人（会计主管人员）监交；会计机构负责人（会计主管人员）办理交接手续，由单位负责人监交，必要时主管单位可以派人会同监交。

《会计基础工作规范》第二十五条规定：会计人员工作调动或者因故离职，必须将本人所经管的会计工作全部移交给接替人员。没有办清交接手续的，不得调动或者离职。

《会计基础工作规范》第二十六条规定：接替人员应当认真接管移交工作，并继续办理移交的未了事项。

会计电算化的岗位分工则是通过权限设置来实现会计人员的内部控制制度的。

工作任务

业务1：根据要求增加操作员，相关操作员姓名、口令、部门及岗位如表2-1所示。

表2-1 操作员及岗位表

编 号	姓 名	口 令	部 门	岗 位
13301	程双林	1331	财务部	账套主管
13302	吴军捷	1332	财务部	会计
13303	任慧慧	1333	财务部	出纳

任务实施

在"系统管理"窗口中，执行"权限"/"操作员管理"命令，点击【增加】按钮，增加完成后再点击【增加】按钮即可继续增加下一个操作员。请根据资料继续增加操作员（图2-19）。

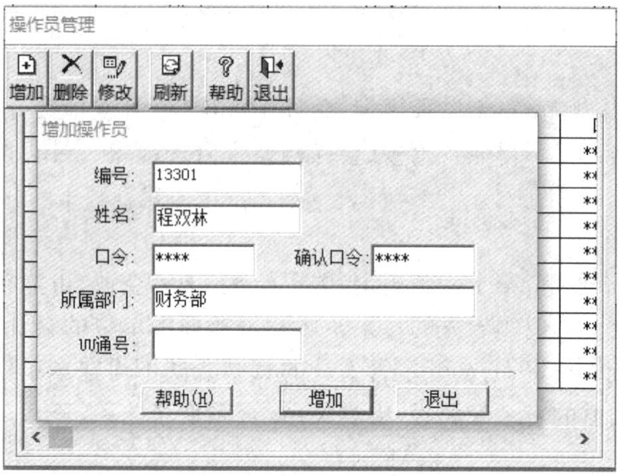

图 2-19 增加操作员

业务 2：参照表 2-2，为操作人员设置权限。

表 2-2 操作员权限表

编号	姓名	口令	部门	岗位	权限
13301	程双林	1331	财务部	账套主管	拥有软件操作和管理的所有权限
13302	吴军捷	1332	财务部	会计	拥有公用目录设置、往来、应收管理、应付管理、总账系统、项目管理、工资管理、固定资产、购销存及核算的全部权限
13303	任慧慧	1333	财务部	出纳	拥有出纳签字和现金管理的全部权限

任务实施

执行"权限"/"操作员权限"命令，在左端选择操作员，右上角选择所属账套和年份，点击【增加】按钮（图 2-20、图 2-21）。

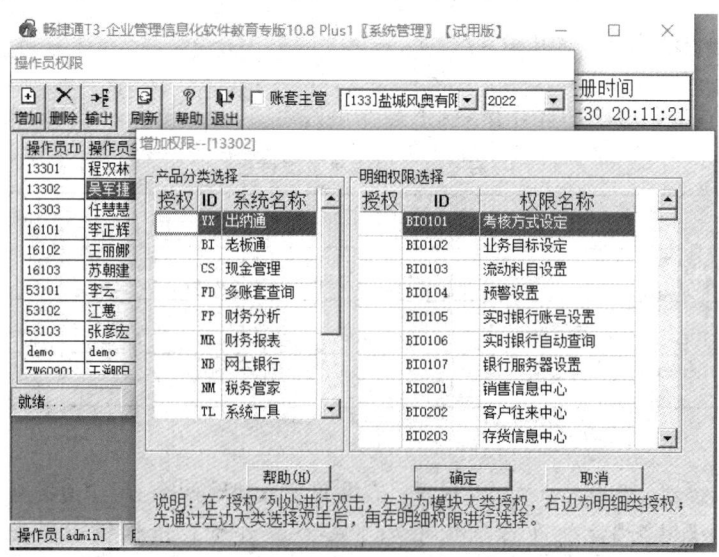

图 2-20 增加操作员权限 1

图2-21 增加操作员权限2

在"增加权限"窗口,左端为子系统权限,右端为子系统下明细权限。如要赋予操作员某一子系统所有权限则双击右端"授权"处,如只赋予操作员某一子系统下某一明细权限,则单击某子系统后,再右端双击某一特定权限的"授权"处。

在此,赋予吴军捷公用目录设置、往来、应收管理、应付管理、总账系统、项目管理、工资管理、固定资产、购销存及核算的全部权限(图2-22)。赋予任慧慧现金管理的全部权限和出纳签字权限(图2-23)。

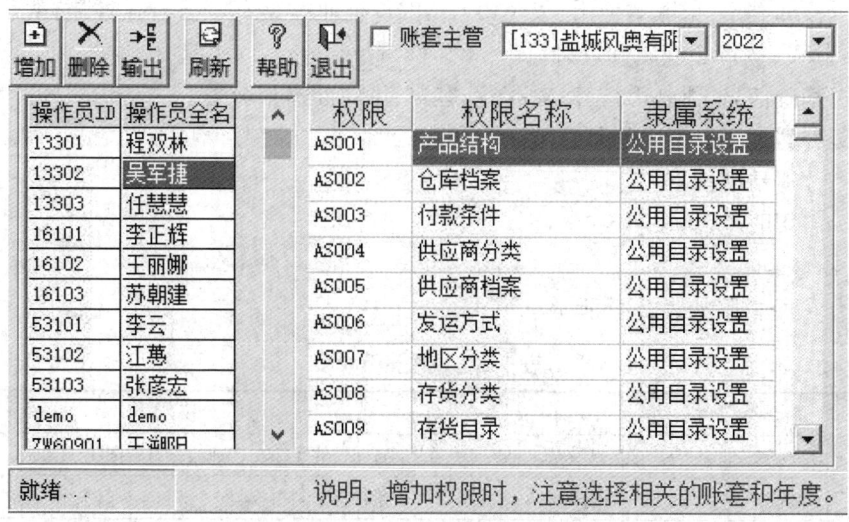

图2-22 操作员权限设置1

图 2-23　操作员权限设置 2

能力训练——综合训练

◎ 案例描述

1. 账套资料

(1) 账套信息。账套号:222;账套名称:恒信机床有限公司;采用默认账套路径;启用会计期:2022 年 1 月;会计期间设置:1 月 1 日至 12 月 31 日。

(2) 单位信息。单位名称:恒信机床有限公司;单位简称:恒信机床;地址:聊城市湖南路 66 号;法人代表:于杰;邮政编码:252000;联系电话:83333882。

(3) 核算类型:记账本位币:人民币(RMB);企业类型:工业;行业性质:股份制;账套主管:赵飞;按行业性质预置科目。

(4) 基础信息:无外币核算;对存货、客户、供应商进行分类。

(5) 分类编码方案中的科目编码级次:42222。

(6) 数据精度:2 位。

(7) 启用账套:总账。

2. 财务分工

操作员及权限如表 2-3 所示。

表 2-3　操作员及权限

编号	姓名	口令	部门	岗位	权限
1101	赵飞	1	财务部	账套主管	拥有软件操作和管理的所有权限
1102	贾敏	2	财务部	会计	拥有总账制单权限
1103	韩琳	1333	财务部	出纳	拥有出纳签字权限

◎ 要求

（1）增加操作员。

（2）根据题目要求，建立账套。

（3）增加操作员权限，给予贾敏总账子系统下制单权限，韩琳总账子系统下出纳签字权限。

◎ 做一做

（1）该单位住址变迁，迁入地址为聊城市湖北路99号，邮编为225088，联系电话改为82223833。

（2）根据内部控制制度的要求，《会计基础工作规范》第十三条规定：会计人员的工作岗位应当有计划地进行轮换。单位决定将贾敏与韩琳的岗位进行调整，给予贾敏出纳签字权限，给予韩琳制单权限，请按决定进行权限修改。

（3）该单位根据业务需要，新购买了工资系统，要求启用工资管理子系统，并给任韩琳工资管理子系统所有权限。

项目三　基础设置

 学习目标

知识目标：理解基础设置的意义；学会基本信息、机构设置、往来单位、存货、财务、收付结算和购销存的设置。

能力目标：能够根据企业的实际情况进行基础设置操作，为企业会计核算、使用财务软件做好资料收集和准备工作。

基础设置是企业实施会计信息核算的准备工作，也是软件运行所需的必要数据，该工作内容的具体实施和数据准备是需要软件公司的实施顾问和企业各部门负责人共同完成的。

任务一　基础设置的资料准备

 知识认知

企业购入用友 T3 软件后，用友公司的项目实施顾问需要与企业各部门沟通并进行资料的整理，做一些准备工作，主要包括电算化会计核算规则和准备会计软件所需的初始会计基础数据等。

一、确定电算化会计核算规则

在手工核算下，某些会计基础工作比较差的单位，会计工作规范化比较差，例如对同一类业务，不同的人做法不完全相同，而且不符合有关要求。会计软件对会计核算的过程、相应的处理过程、方法和有关约定、要求都是规范的。故会计软件与手工核算方法之间不可避免地有一定差别。要消除这些差别，必须对单位会计核算业务进行整理、调整，确定其电算化核算规则，使之满足会计核算软件的要求、规定。

1. 记账方法、程序的确定

我国企业会计准则规定，企业应当使用借贷记账法。目前常用的手工核算方式有记账凭证账务处理程序、汇总记账凭证账务处理程序、科目汇总表账务处理程序等几种形式。使用会计软件后，业务量大小已不再是主要矛盾，因此电算化核算没有必要沿用手工记账程序记账，没有必要对记账凭证进行汇总或科目汇总等，可以依据记账凭证直

接登记明细账、日记账,然后登记总分类账。

2. 科目编码方案的确定

会计软件对会计科目编码有原则性规定,并允许各单位根据自身要求进行设置。我国会计制度对总账科目及其编码由财政部统一制定。企业可根据管理需要自行设置明细科目。

3. 凭证、账簿的规范化

在会计软件中,一般都规定记账凭证的种类和格式。但不管怎样规定,都需对手工记账凭证进行规范统一,以满足计算机输入需要。在会计软件使用前,要确定哪些明细账为数量金额式,哪些为三栏式或多栏式,软件核算还可以设立辅助明细账。

二、会计基础数据的准备

单位应用会计软件,需要将手工账搬到计算机电子账上,这就需要将会计岗位分工、会计科目、期初余额等数据录入会计软件中。在录入前,就要先准备好这些会计资料。

(1) 确定电算化会计岗位及其具体操作任务。在确定电算化会计岗位的同时还需制定相应的电算化会计制度。

(2) 清理手工会计科目及科目性质。

(3) 整理建立账户所在会计月份的期初余额及累计发生额。

(4) 其他辅助会计资料。其他辅助会计资料包括单位的全称及简称、使用的会计制度类型、会计主管名称、年月会计期间范围、各种凭证单据类型、往来单位的清单、内部部门清单、内部人员清单、产品清单、职工工资数据、固定资产卡片、材料名称、编号和计划价格、产品名称编码、产品定额成本、工时费用定额等。

工作任务

小李是某企业的一名会计。最近单位为了适应管理的需要购进了用友 T3 软件,领导安排小李配合项目实施顾问把此软件在单位运行起来。在项目实施顾问的协助下小李开始了软件运行前的准备工作。

任务实施

在运行软件前,小李配合项目实施顾问并与企业的各部门进行沟通,汇总了企业各部门的有关资料,如企业核算的规则、部门设置、人员名称等。这些前期资料归集和汇总形成了任务二的相关业务,具体内容见任务二。

任务二 基础档案的设置

基础档案,是指计算机系统运行必须的基础数据,按照软件的要求,需要准备的基

础数据,如表3-1所示。

表 3-1 基础档案的整理

基础档案分类	基础档案目录	作用
机构设置	部门档案	主要是设置会计科目中要进行部门核算的部门名称以及要进行个人核算的往来个人所属的部门
	职员档案	主要用来录入本单位职员个人的信息资料,设置职员档案,可以方便地进行个人往来核算和管理等操作
往来单位	客户分类	便于进行业务数据的统计、分析
	客户档案	便于进行客户管理和业务数据的录入、统计、分析
	供应商分类	便于进行业务数据的统计、分析
	供应商档案	便于进行供应商管理和业务数据的录入、统计、分析
	地区分类	对客户和供应商所属地区进行分类,便于进行业务数据的统计、分析
存货	存货分类	便于进行业务数据的统计、分析
	存货档案	便于对存货进行核算、统计、分析和实物的管理
财务	会计科目	设置并修改企业核算的科目
	凭证类别	设置企业核算时所需的记账凭证类型
	外币种类	设置企业涉及的外币种类及汇率
	项目目录	设置企业需要对其进行核算和管理的对象、目录
收付结算	结算方式	设置企业资金收付业务中用到的结算方式
	付款条件	设置企业与往来单位协议规定的收、付款折扣优惠方法
	开户银行	设置企业在收付结算中对应的开户银行信息
购销存	仓库档案	设置企业存放存货的仓库信息
	收发类型	设置企业的存货等物资的入库及出库类型
	采购类型	设置企业在采购存货时的类型
	销售类型	设置企业在销售商品时的类型
	产品结构	设置企业各种产品的组成内容,以利于配比出库、成本计算

工作任务

业务1:按要求修改编码方案。结算方式:21;存货编码方式:1222。

任务实施

双击"畅捷通T3企业管理信息化软件"平台,在"注册控制台"以"账套主管"身份,录入"用户名"为13301,"密码"为1331,"账套"和"会计年度"自动带出,"操作日期"选择"2022-9-01",点击【确定】按钮后进入操作界面,执行"基础设置"/"基本信息"/"编码方案"命令,分别在"结算方式编码级次"和"存货分类编码级次"窗口按要求修改编码方案(图3-1)。

项目	最大级数	最大长度	单级最大长度	是否分类	第1级	第2级	第3级	第4级	第5级	第6级	第7级	第8级	第9级
科目编码级次	9	15	9	是	4	2	2	2	2				
客户分类编码级次	5	12	9	是	1	2	3						
部门编码级次	5	12	9	是	1	2							
地区分类编码级次	5	12	9	是	1	2	3						
存货分类编码级次	8	12	9	是	1	2	2	2					
货位编码级次	8	20	9	是	1	1	1	1	1	1	1	1	
收发类别编码级次	3	5	5	是	1	1	1						
结算方式编码级次	2	3	3	是	2	1							
供应商分类编码级次	5	12	9	是	1	2	3						

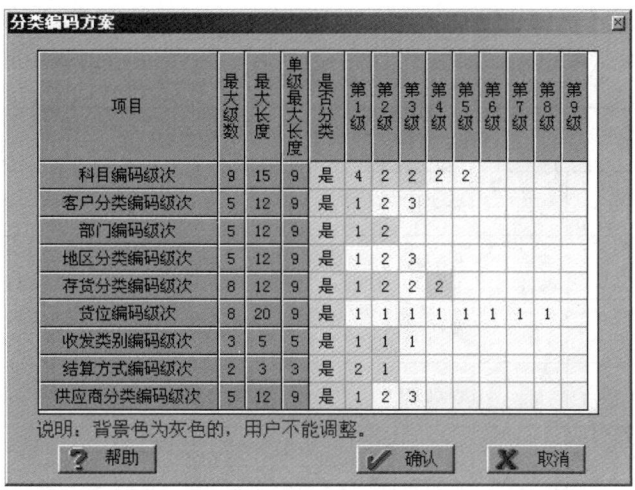

图 3-1　修改编码方案

业务 2：在部门档案中增加部门，部门资料如表 3-2 所示。

表 3-2　部门资料

部门编码	部门名称
1	办公室
2	财务部
3	采购部
4	销售门市部
5	生产车间

任务实施

执行“基础设置”/“机构设置”/“部门档案”命令，输入完信息后点击【增加】按钮。按要求增加部门（图 3-2）。

图 3-2　新增部门档案

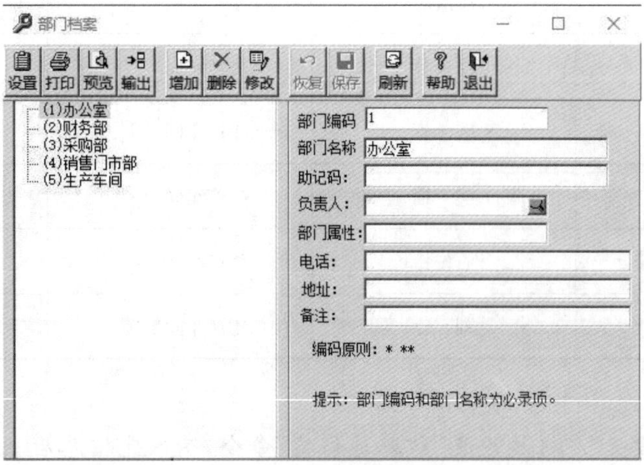

业务3：在职员档案中增加职员，职员资料如表3-3所示。

表3-3 职员资料

职员编号	职员名称	所属部门	职员属性
12101	吴文胜	办公室	总经理
12102	赵 俊	办公室	科员
12103	黄铁华	办公室	科员
12201	程双林	财务部	经理
12202	吴军捷	财务部	会计
12203	任慧慧	财务部	出纳
12301	朱晓燕	采购部	经理
12302	李丽芳	采购部	业务员
12303	侯国庆	采购部	业务员
12401	王 春	销售门市部	经理
12402	金杰明	销售门市部	业务员
12403	付俊华	销售门市部	业务员
22101	张 雯	生产车间	车间主任
22102	周小华	生产车间	生产
22103	王浩浩	生产车间	生产
22104	潘吉林	生产车间	生产
22105	姜 辉	生产车间	生产
22106	樊 耀	生产车间	生产
22107	石俊伟	生产车间	生产
22108	刘 玲	生产车间	生产

任务实施

执行"基础设置"/"机构设置"/"职员档案"命令，输入完信息后点击【增加】按钮。按要求增加职员（图3-3）。

职员编号	职员名称	职员助记码	所属部门	职员属性
12102	赵俊	ZJ	办公室	科员
12103	黄铁华	HTH	办公室	科员
12201	程双林	CSL	财务部	经理
12202	吴军捷	WJJ	财务部	会计
12203	任慧慧	RHH	财务部	出纳
12301	朱晓燕	ZXY	采购部	经理
12302	李丽芬	LLF	采购部	业务员
12303	侯国庆	HGQ	采购部	业务员
12401	王春	WC	销售门市部	经理
12402	金杰明	JJM	销售门市部	业务员
12403	付俊华	FJH	销售门市部	业务员
22101	张雯	ZW	生产车间	车间主任
22102	周小华	ZXH	生产车间	生产
22103	王浩浩	WHH	生产车间	生产
22104	潘吉林	PJL	生产车间	生产
22105	姜辉	JH	生产车间	生产
22106	樊耀	FY	生产车间	生产
22107	石俊伟	SJW	生产车间	生产
22108	刘玲	LL	生产车间	生产

图 3-3　新增职员档案

业务 4:增加供应商分类(表 3-4)。

表 3-4　供应商分类

类别编码	类别名称
1	省内
2	省外

任务实施

执行"基础设置"/"往来单位"/"供应商分类"命令,点击【增加】按钮,按要求增加供应商分类(图 3-4)。

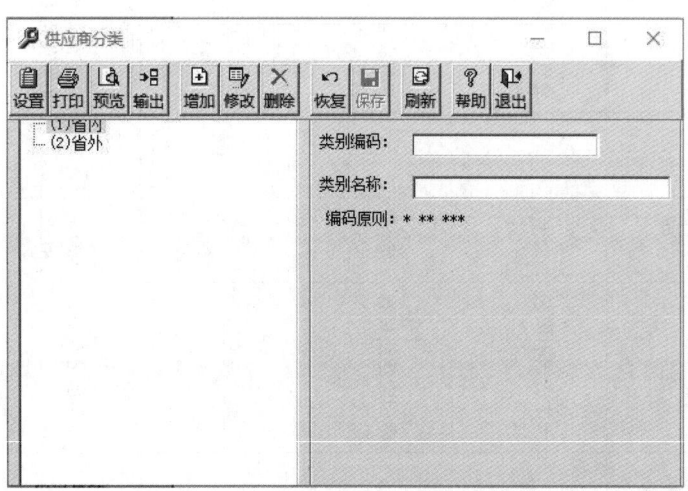

图 3-4　增加供应商分类

业务5：增加供应商档案（表3-5）。

表3-5 供应商档案

供应商编码	供应商名称	供应商简称	所属分类码	地址	纳税人登记号	开户银行	银行账号	电话
01	大丰天启有限公司	大丰天启	2	北京市东城区王志街梁树路93号	91110101649270542 3	中国建设银行北京市东城区支行	4162212476183 6	0102409692 3
02	常州宏达线材有限公司	常州宏达	1	江苏省常州市武进区建国路89号	91320412983687840 5	中国银行常州市武进区支行	240004001 5	0519715274 85
03	盐城辉腾有限公司	盐城辉腾	1	江苏省盐城市盐都区铜油路39号	91320903300909849 7	交通银行盐城市盐都区支行	4192499665570 0	0515732193 88
04	常州前进有限公司	常州前进	1	江苏省常州市天宁区紫丹街张英路43号	91320402279735177 5	中国建设银行常州市天宁区支行	4162214827219	0519534150 7
05	江苏省电力股份有限公司盐城市分公司	供电公司	1	江苏省盐城市盐都区韩春街刘海路39号	91320903064500223 3	中国建设银行江苏省盐城市盐都区支行	412476505 3	0515730497 580

任务实施

执行"基础设置"/"往来单位"/"供应商档案"命令,点击【增加】按钮,按要求增加供应商档案(图3-5、图3-6)。

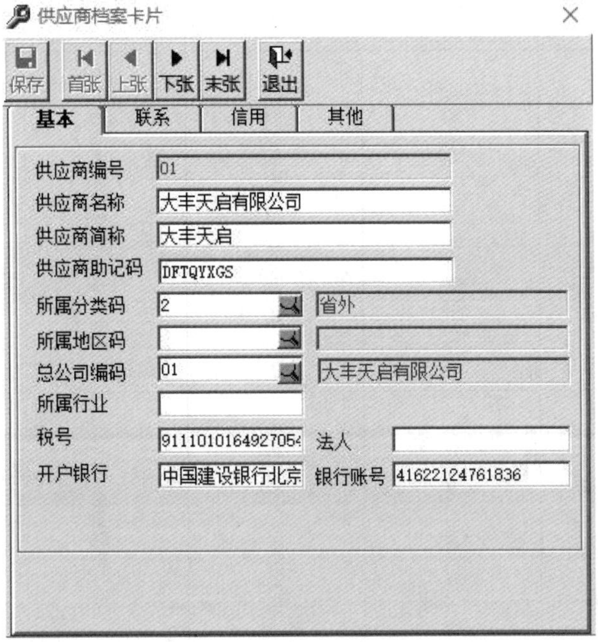

图3-5 供应商档案卡片1

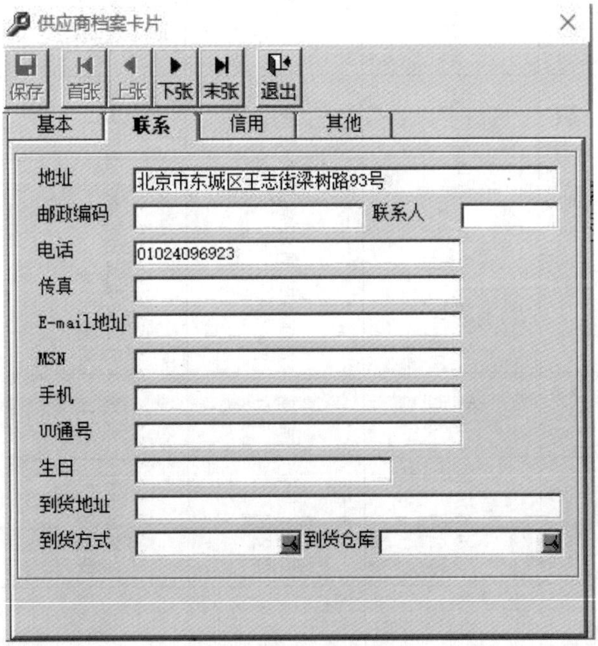

图3-6 供应商档案卡片2

业务6：增加客户档案（表3-6）。

表3-6 客户档案

客户编号	客户名称	客户简称	地址	电话	纳税人登记号	开户银行	银行账号
01	扬州永达有限公司	扬州永达	江苏省扬州市广陵区和平路151号	05148171 4382	91321002735960 2703	中国建设银行扬州市广陵区支行	4162212428 9696
02	盐城平方有限公司	盐城平方	江苏省盐城市亭湖区欣欣路256号	05158171 4382	91320902735960 2703	中国建设银行盐城市亭湖区支行	4162212447 6484
03	盐城远扬有限公司	盐城远扬	江苏省盐城市亭湖区胡凤李莉路20号	05158521 1174	91320902298869 5024	中国建设银行盐城市亭湖区支行	4162212410 0205
04	连云港海达有限公司	海达公司	江苏省连云港市新浦区陈艳街朱卫路69号	05183442 6496	91320705638142 1121	中国建设银行连云港市新浦区支行	4162212455 5352

任务实施

执行"基础设置"/"往来单位"/"客户档案"命令,点击【增加】按钮,按要求增加客户档案(图 3-7、图 3-8)。

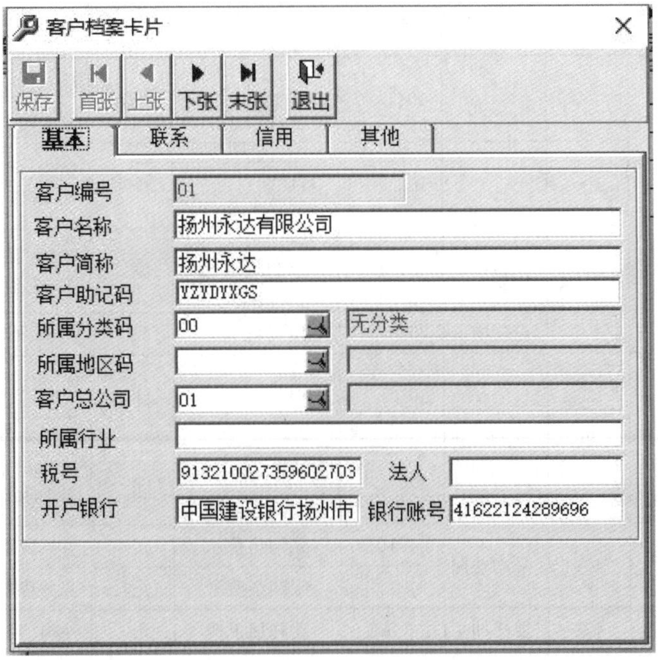

图 3-7　客户档案卡片 1

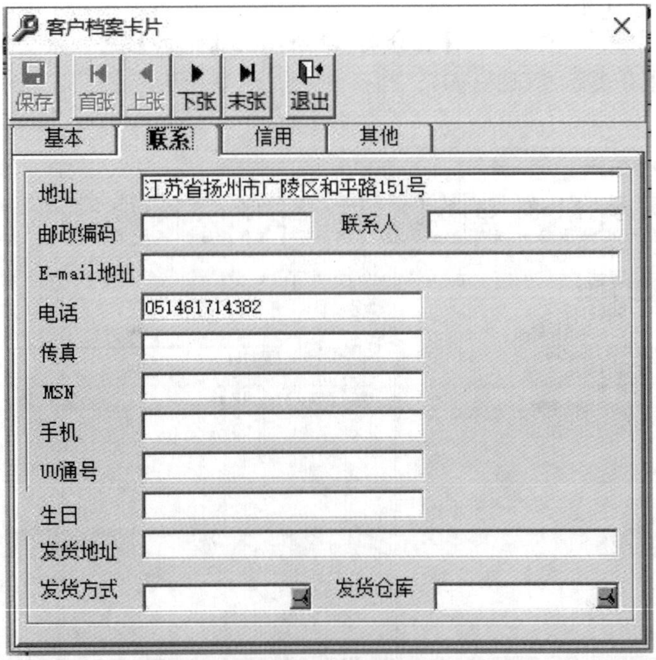

图 3-8　客户档案卡片 2

业务7:增加存货分类及档案(表3-7)。

表3-7 存货分类及档案

一级类别编号	存货类别名称	二级类别编号	存货类别名称	存货编号	存货名称	单位	存 货 属 性
1	原材料			101	C112	千克	销售、外购、生产耗用。税率13%
				102	D328	千克	销售、外购、生产耗用。税率13%
2	周转材料	201	低值易耗品	20101	手套	副	销售、外购、生产耗用。税率13%
		202	包装物	20201	包装箱	只	销售、外购。税率13%
3	库存商品			301	S105	件	销售、自制、在制。税率13%
				302	T231	件	销售、自制、在制。税率13%
4	其他	401	采购费用	40101	采购运费	元	劳务费用。税率9%
				40102	采购杂费	元	劳务费用。税率0
		402	委托加工	40201	委托加工费	元	外购、劳务费用。税率13%

任务实施

步骤一:增加存货分类

执行"基础设置"/"存货"/"存货分类"命令,点击【增加】按钮,按要求在"存货分类"窗口中增加存货分类信息(图3-9)。

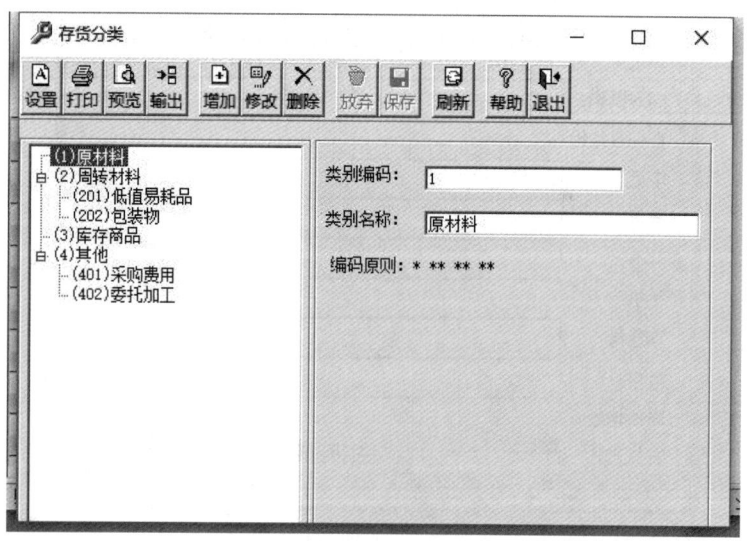

图3-9 增加存货分类

步骤二:增加存货档案

执行"基础设置"/"存货"/"存货档案"命令,点击【增加】按钮,按要求在"存货档案卡片"窗口中增加存货档案信息(图 3-10)。

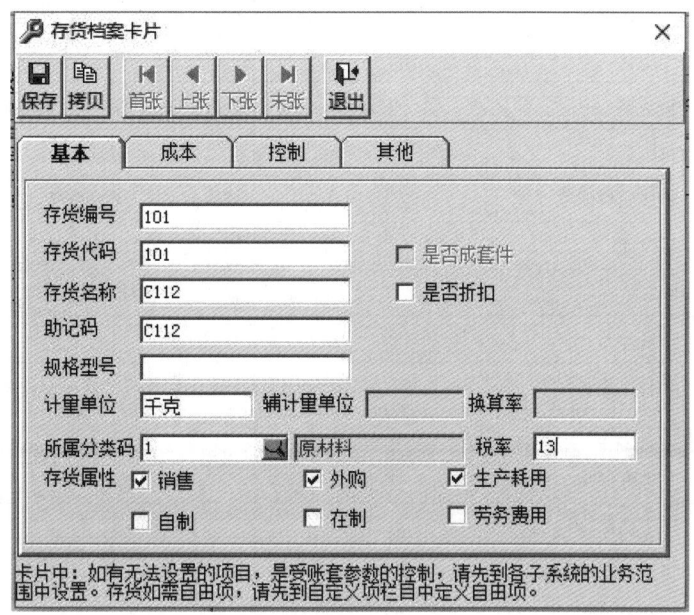

图 3-10 增加存货档案

业务 8:编辑会计科目(表 3-8)。

表 3-8 增加、修改会计科目信息

科目编码	科目名称	辅助账类型	余额方向
100201	中国建设银行盐城市盐都区支行 5671893919		借
100202	中国银行股份有限公司 3786509810		借
101201	银行汇票存款		借
1121	应收票据	客户往来(受控系统:应收)	借
1122	应收账款	客户往来(受控系统:应收)	借
1123	预付账款		借
112301	供应商往来	供应商往来(受控系统:应付)	借
112302	汽车保险费		借
112303	报纸杂志费		借
1221	其他应收款	个人往来	借
140301	C112		借
140302	D328		借
140501	S105		借

(续表)

科目编码	科目名称	辅助账类型	余额方向
140502	T231		借
141101	低值易耗品		借
14110101	手套		借
2201	应付票据	供应商往来(受控系统:应付)	贷
2202	应付账款		贷
220201	暂估应付账款	供应商往来(受控系统:空)	贷
220202	供应商	供应商往来(受控系统:应付)	贷
2203	预收账款	客户往来(受控系统:应收)	贷
221101	工资		贷
221102	社会保险费		贷
22110201	医疗保险		贷
22110202	生育保险		贷
22110203	工伤保险		贷
221103	设定提存计划		贷
22110301	养老保险		贷
22110302	失业保险		贷
221104	住房公积金		贷
221105	工会经费		贷
221106	职工教育经费		贷
222101	应交增值税		贷
22210101	进项税额		贷
22210102	销项税额		贷
22210103	减免税款		贷
22210104	进项税额转出		贷
22210105	转出未交增值税		贷
222102	未交增值税		贷
222103	应交所得税		贷
222104	应交城市维护建设税		贷
222105	应交教育费附加		贷
222106	应交地方教育附加		贷
222107	应交个人所得税		贷
223201	盐城森茂有限公司		贷

(续表)

科目编码	科目名称	辅助账类型	余额方向
223202	盐城清远有限公司		贷
223203	盐城长明有限公司		贷
223204	盐城恒利有限公司		贷
223205	盐城金力有限公司		贷
224101	社会保险费		贷
22410101	医疗保险		贷
224102	设定提存计划		贷
22410201	养老保险		贷
22410202	失业保险		贷
224103	住房公积金		贷
400101	盐城森茂有限公司		贷
400102	盐城清远有限公司		贷
400103	盐城长明有限公司		贷
400104	盐城恒利有限公司		贷
400105	盐城金力有限公司		贷
400201	资本溢价		贷
410101	法定盈余公积		贷
410401	未分配利润		贷
500101	直接材料	项目核算	借
500102	直接人工	项目核算	借
500103	制造费用	项目核算	借
510101	办公费		借
510102	财产保险费		借
510103	水电费		借
510104	差旅费		借
510105	工资		借
510106	职工福利费		借
510107	社会保险费		借
510108	住房公积金		借
510109	折旧费		借
510110	低值易耗品摊销		借
510111	职工教育经费		借

(续表)

科目编码	科目名称	辅助账类型	余额方向
510112	工会经费		借
605101	材料销售收入		贷
605102	包装物销售收入		贷
605103	没收押金收入		贷
611101	交易手续费		贷
630101	非流动资产处置利得		贷
630102	罚款收入		贷
6403	税金及附加		借
640301	城市维护建设税		借
640302	教育费附加		借
640303	地方教育附加		借
640304	车船税		借
660101	包装箱		借
660102	办公费		借
660103	工资		借
660104	职工福利费		借
660105	社会保险费		借
660106	住房公积金		借
660107	工会经费		借
660108	职工教育经费		借
660109	水电费		借
660110	折旧费		借
660111	运输装卸费		借
660112	低值易耗品摊销		借
660113	广告费		借
660201	包装箱		借
660202	办公费		借
660203	工资		借
660204	职工福利费		借
660205	社会保险费		借
660206	住房公积金		借
660207	工会经费		借
660208	职工教育经费		借
660209	水电费		借
660210	折旧费		借

(续表)

科目编码	科目名称	辅助账类型	余额方向
660211	运输装卸费		借
660212	会务费		借
660213	盘盈利得		借
660214	盘亏损失		借
660215	财产保险费		借
660216	汽车费用		借
660217	低值易耗品摊销		借
660301	利息支出		借
660302	利息收入		借
660303	工本及手续费		借
660304	现金折扣		借
670101	坏账损失		借
671101	非流动资产处置损失		借

任务实施

步骤一：增加科目。

执行"基础设置"/"财务"/"会计科目"命令，点击【增加】按钮，按要求增加会计科目（图3-11、图3-12）。

图3-11 新增会计科目1

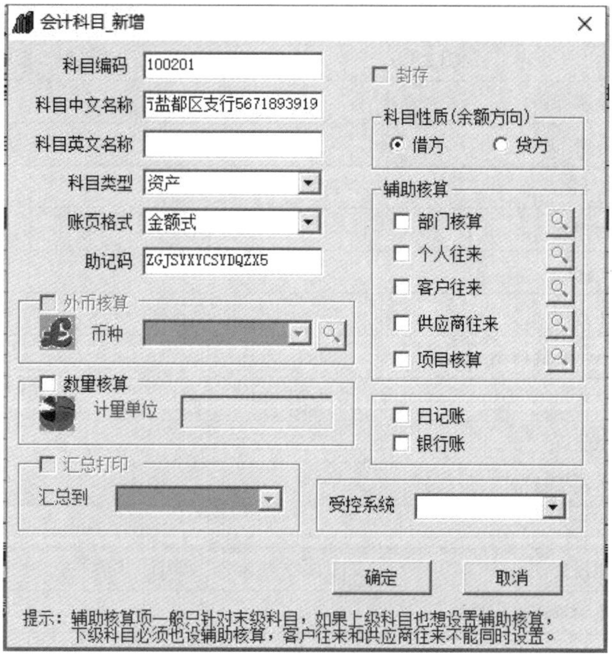

图 3-12　新增会计科目 2

步骤二：修改科目。

执行"基础设置"/"财务"/"会计科目"命令，点击【查找】按钮，在"查找科目"对话框中输入科目编码(图 3-13)，点击【查找】按钮，查找的结果是用蓝色标识出来的，双击查找结果，进入"会计科目_修改"界面，点击【修改】按钮(图 3-14)，完成修改后点击【确定】按钮即可保存。

图 3-13　查找会计科目

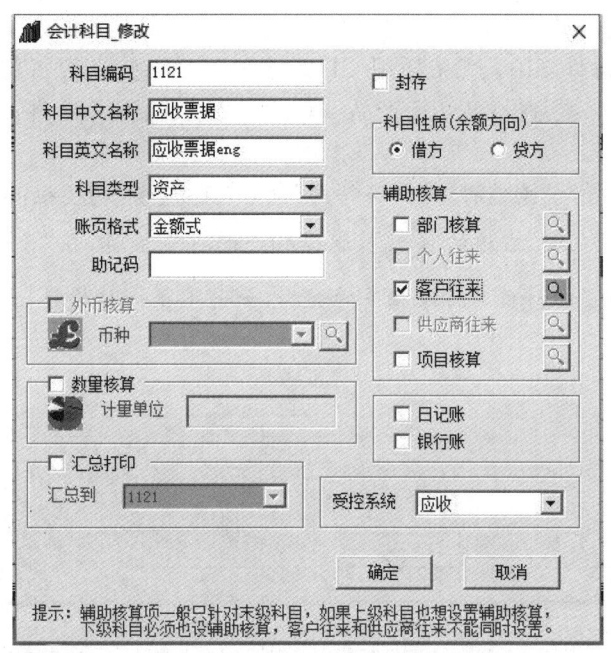

图 3-14 修改会计科目

业务 9:增加仓库档案(表 3-9)。

表 3-9　仓库档案

编　号	名　称	所属部门	存货计价方法
001	材料库	办公室	全月平均法
002	成品库	办公室	全月平均法

任务实施

执行"基础设置"/"购销存"/"仓库档案"命令,选择相应仓库,点击【增加】按钮,在"仓库档案卡片"窗口按要求增加仓库档案(图 3-15)。

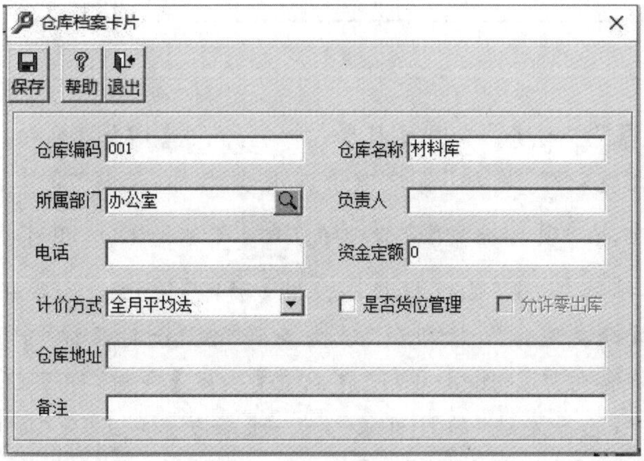

图 3-15　新增仓库档案卡片

业务10：按企业政策及其他情况说明的资料完成产品结构的设置。

本公司生产每件 S105 产品耗用 C112 材料 10 千克，生产每件 T231 产品耗用 D328 材料 1 千克。本月投产 S105 产品 400 件，T231 产品 3 500 件。

任务实施

执行"基础设置"/"购销存"/"产品结构"命令，点击【增加】按钮，在"产品结构定义"窗口中，点击"父项编码"右边的" "，选择相应的存货名称，在"子项编码"中输入或通过" "选择对应的材料名称及相关的数据，如若不止一种材料，点击【增行】按钮继续输入（图 3-16）。

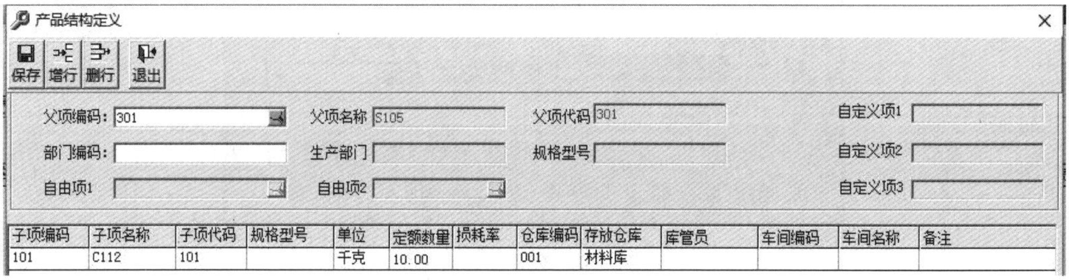

图 3-16　产品结构定义

业务11：在项目目录中增加项目大类（表 3-10）。

表 3-10　项目大类

项目大类	核算科目代码	项目类别		项　　　目		
		代码	名称	代码	名称	产品结构
成本对象	500101 500102 500103	1	成本计算对象	101	S105	S105
				102	T231	T231

任务实施

执行"基础设置"/"财务"/"项目目录"命令，点击【增加】按钮，先增加项目大类名称，即在"项目大类定义_增加"窗口中录入大类名称，选择"成本对象"（图 3-17），点击【下一步】按钮，在"项目档案"窗口点击" "（图 3-18），即可将已设置为项目核算的科目从"待选科目"选至"已选科目"，点击【确定】按钮。然后在"项目档案"窗口中，选择左边"项目分类定义"，分别在"分类编码"和"分类名称"中点击【增加】按钮，输入"1"和"成本计算对象"（图 3-19），再点击【确定】按钮，即可保存成功。最后在"项目档案"窗口中，选择左边"项目目录"，点击【维护】按钮，在"项目目录维护"窗口点击【增加】按钮，录入相关信息完成（图 3-20）。

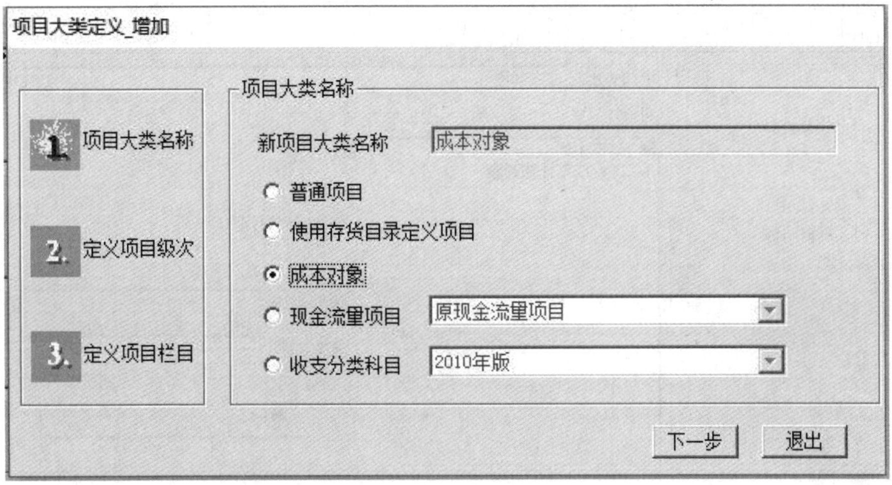

图 3-17　增加项目大类

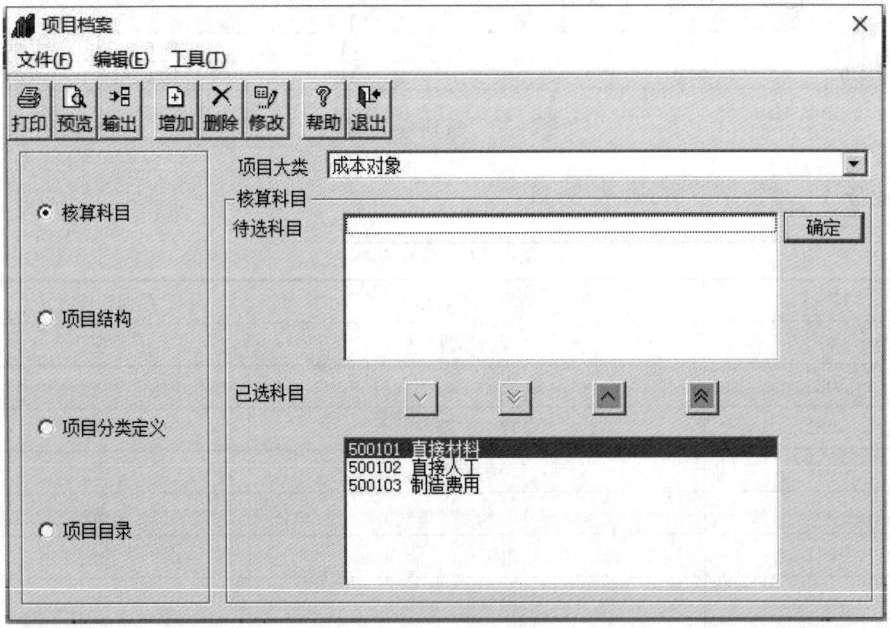

图 3-18　选择核算科目

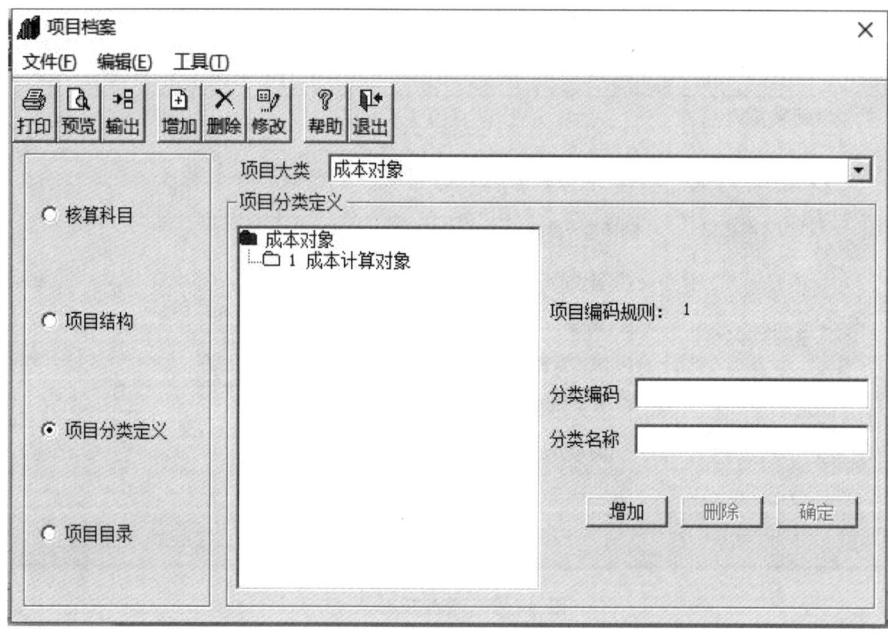

图 3-19　项目分类定义

图 3-20　项目目录维护

业务12：增加结算方式(表3-11)。

表 3-11　结算方式

编　码	结算方式名称	票据管理方式
01	现金结算	无
02	支票	无
021	现金支票	无
022	转账支票	无
03	汇兑	无
031	电汇	无
04	银行汇票	无
05	其他	无

任务实施

执行"基础设置"/"收付结算"/"结算方式"命令,按照要求增加结算方式(图3-21)。

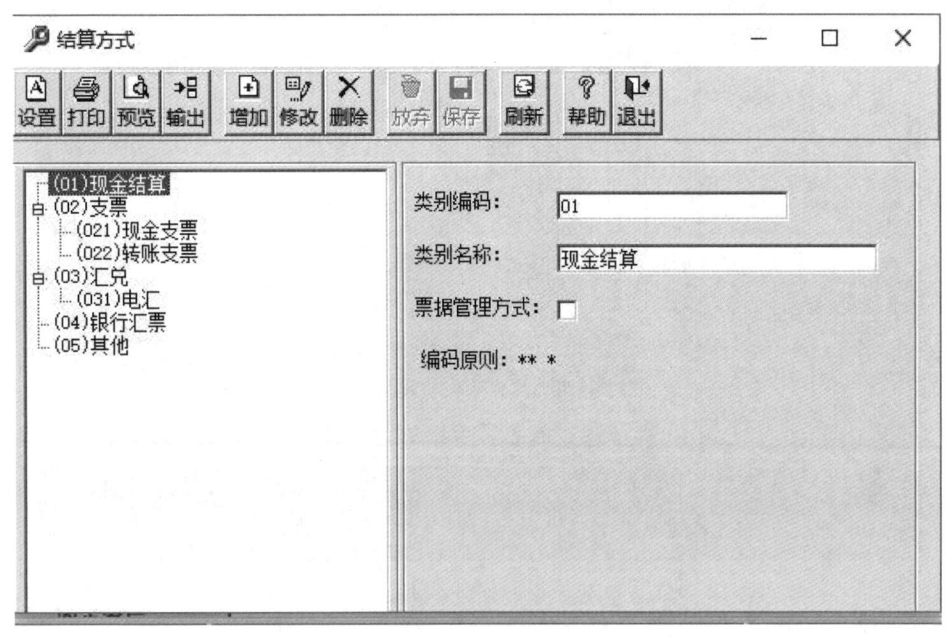

图 3-21　增加结算方式

业务 13:增加开户银行。

编号:001;开户银行:建行盐城和平路支行;账号:5671893919。

任务实施

执行"基础设置"/"收付结算"/"开户银行"命令,按照要求增加开户银行(图3-22)。

图 3-22　增加开户银行

业务 14:设置指定科目。

任务实施

执行"基础设置"/"财务"/"会计科目"命令,在"编辑"/"指定科目"窗口中,选择"现金总账科目",双击选中"库存现金"及明细科目,选择"银行总账科目",双击选中"银行存款"及明细科目,点击【确认】按钮(图3-23、图3-24)。

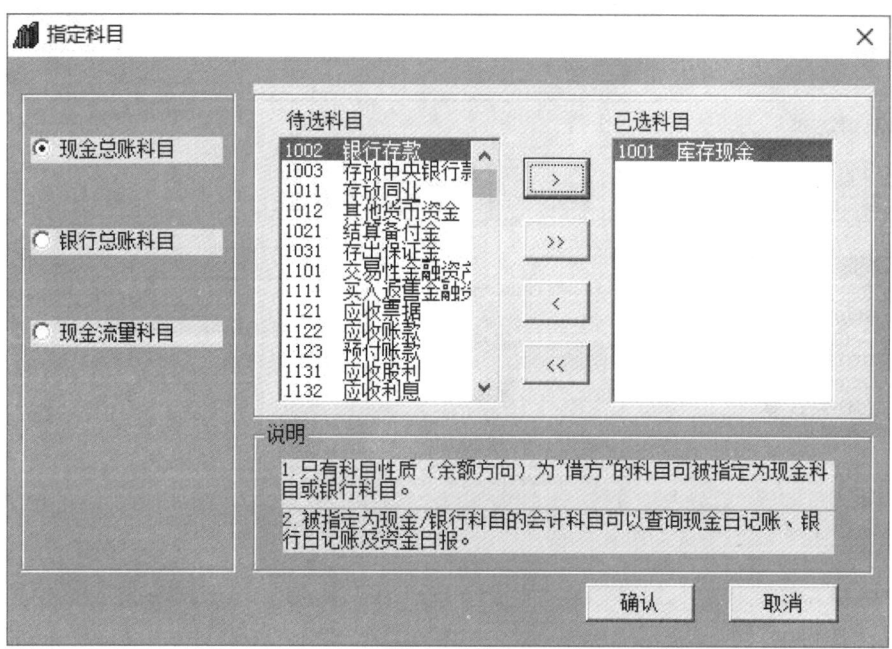

图 3-23 指定现金总账科目

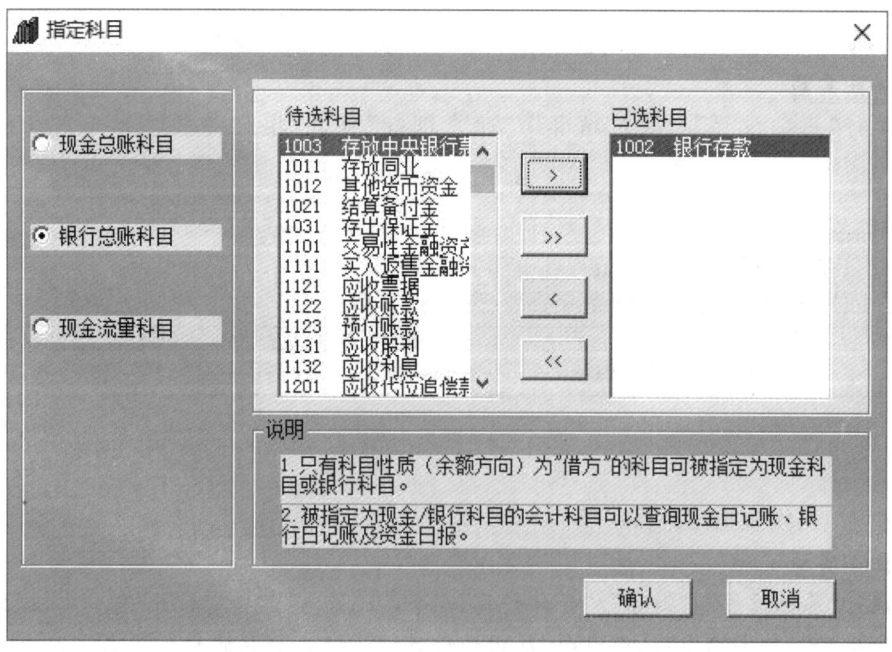

图 3-24 指定银行存款总账科目

业务15：设置凭证类别。

设置凭证类别为记账凭证。

任务实施

执行"基础设置"/"财务"/"凭证类别"命令，在"凭证类别预置""分类方式"窗口中，选择"记账凭证"单选框，点击【确认】按钮，完成凭证类别设置（图3-25、图3-26）。

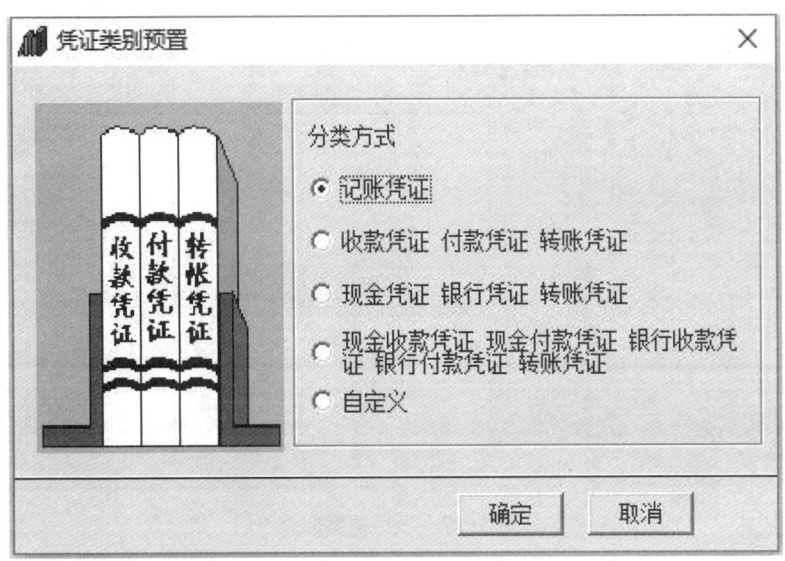

图3-25　凭证类别预置

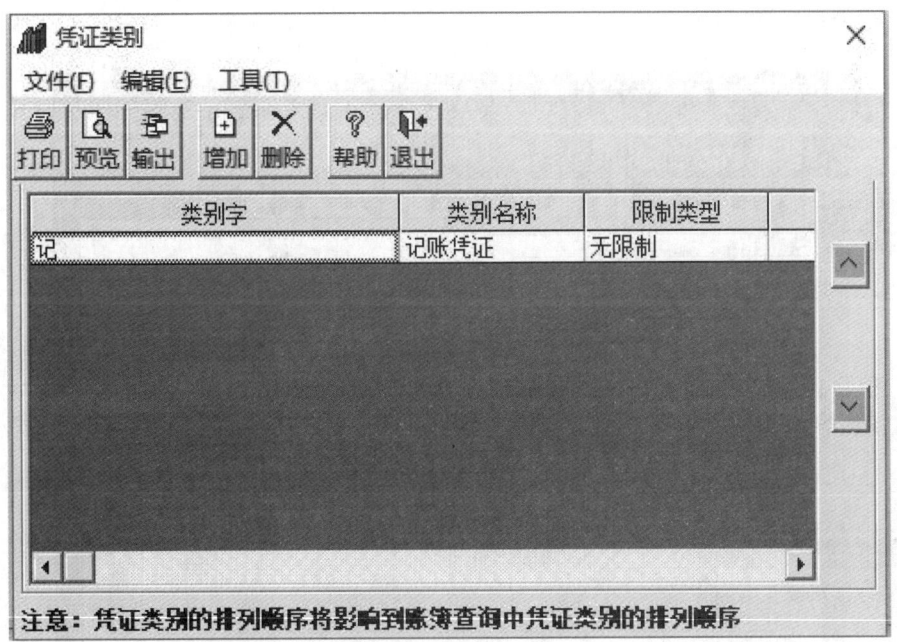

图3-26　凭证类别

 故障诊断

故障1：在设置项目目录时，页面中未出现需要项目核算的科目(图3-27)。

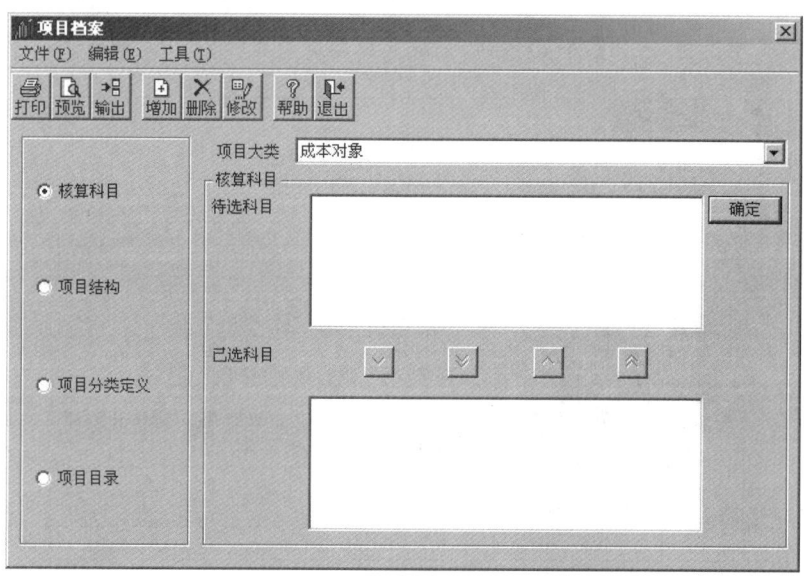

图3-27 项目档案故障

原因分析："项目目录"中"待选科目"必须为需要"项目核算"的科目，出现此现象应该是在做设置会计科目工作时没有设置相关的辅助核算，应该在相应科目"辅助核算"中选择"项目核算"(图3-28)。

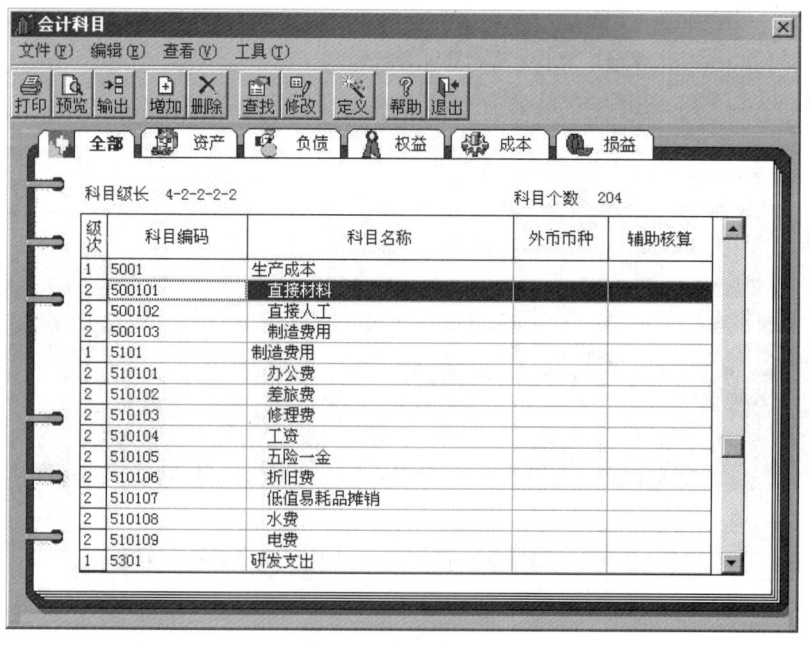

图3-28 会计科目未设辅助核算

解决办法：在相应的会计科目的"辅助核算"栏内选择"项目核算"(图3-29)。

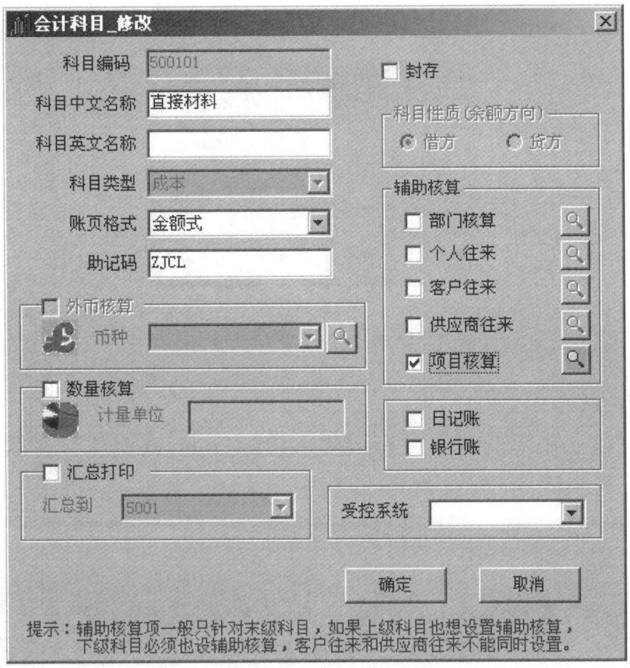

图3-29　修改会计科目

设置好"辅助核算"后，在后面的项目目录中就可以看到相应的"待选科目"了(图3-30)。

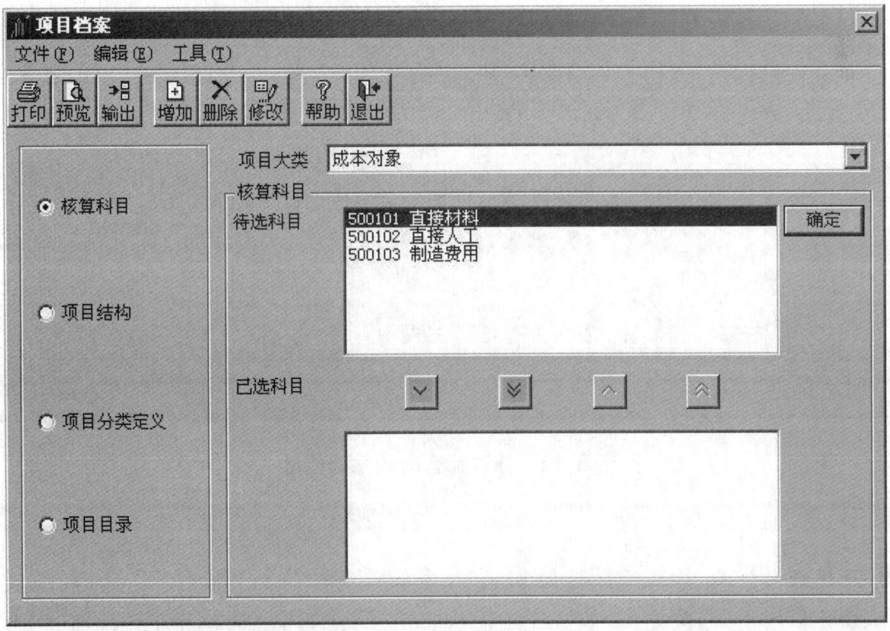

图3-30　项目档案

故障 2：在对供应商进行分类的时候发现打不开（图 3-31）。

图 3-31　错误提示

原因分析：在建立账套的时候没有设置供应商分类，也就意味着软件默认供应商不需要分类，故无法对供应商分类（图 3-32）。

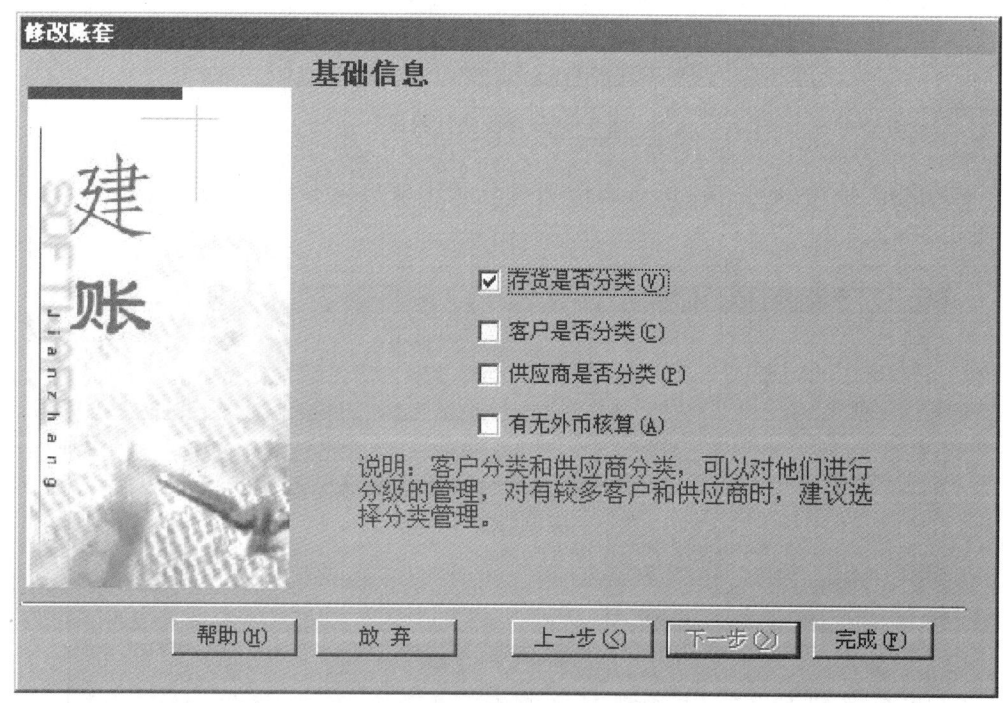

图 3-32　修改账套时的基础信息

解决方法：以"账套主管"的身份进入系统管理，执行"账套"/"修改"命令（图 3-33），点击【下一步】按钮（三次），在"供应商是否分类"复选框前打"√"（图 3-34），点击【完成】按钮（图 3-35）。

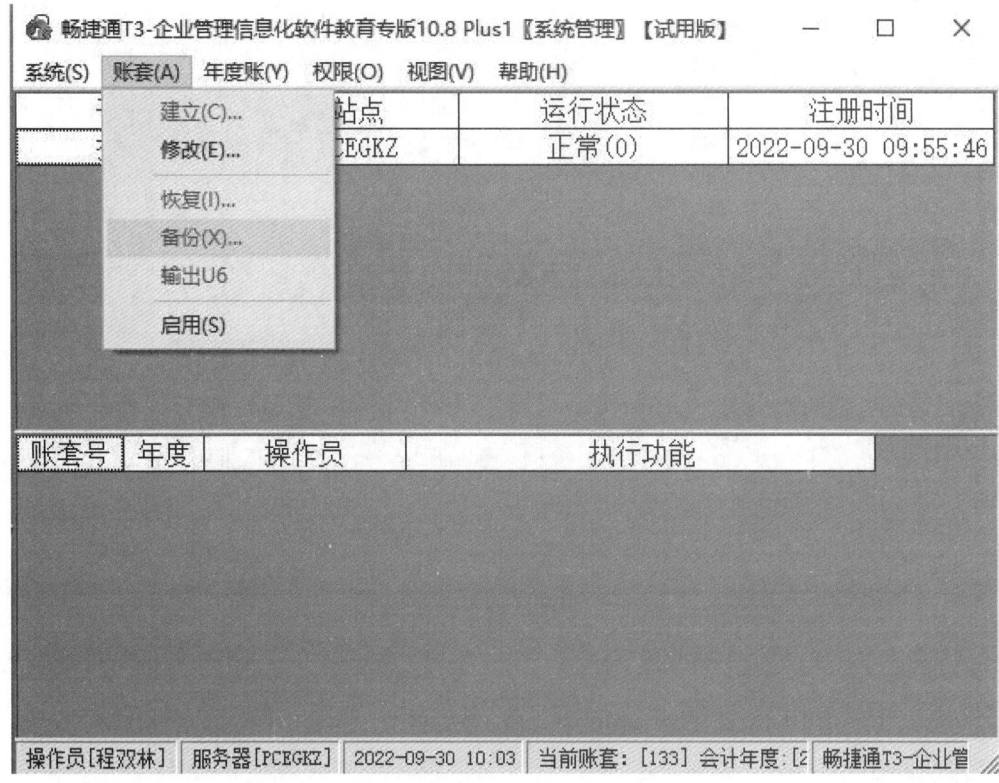

图 3-33 进入账套修改

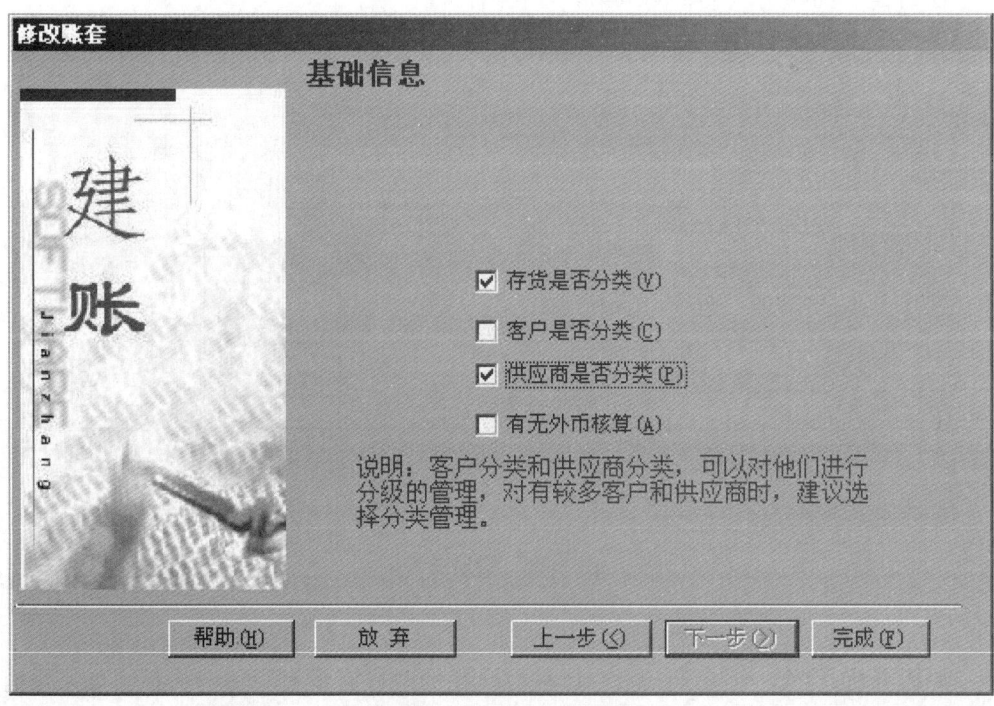

图 3-34 修改账套基础信息

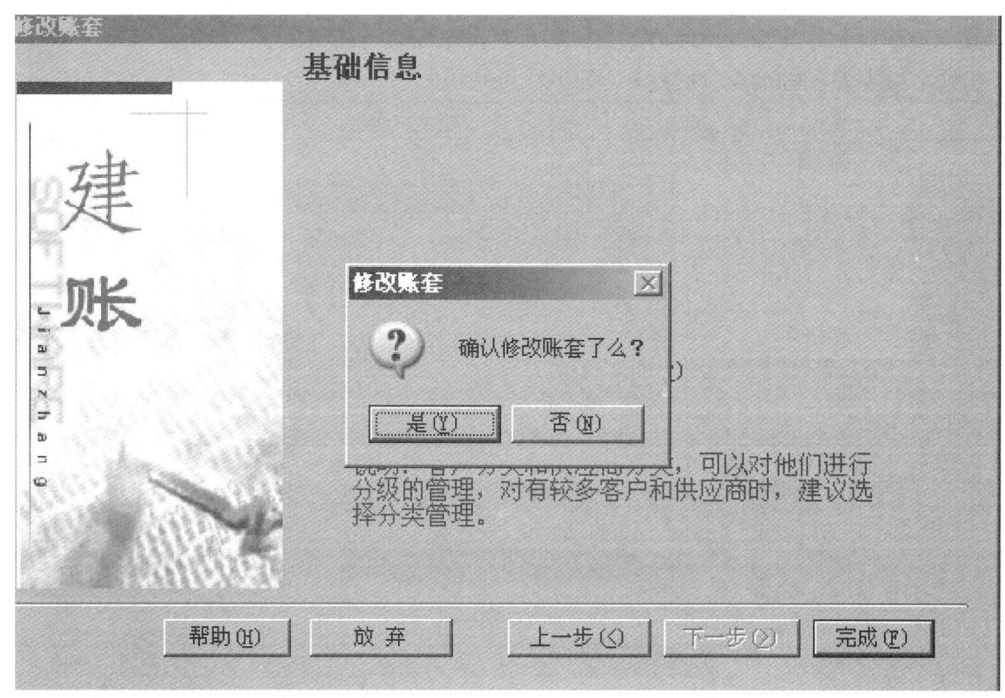

图 3-35　修改账套完成

修改完毕后就可以对供应商进行分类了。

故障 3： 在期末进行出纳签字时发现找不到相应的凭证（图 3-36）。

图 3-36　错误提示

原因分析： 检查一下在期初对会计科目设置的时候有没有"指定科目"。如果没有"指定科目"则在出纳签字时无法找到相应的凭证（图 3-37、图 3-38）。

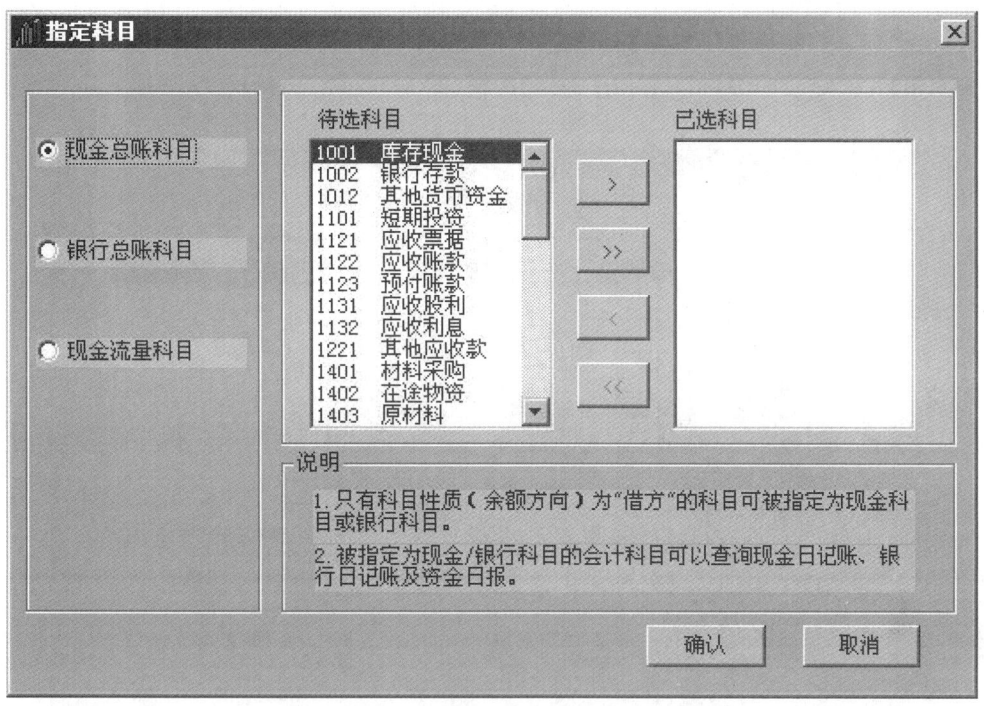

图 3-37　现金总账科目(无已选科目)

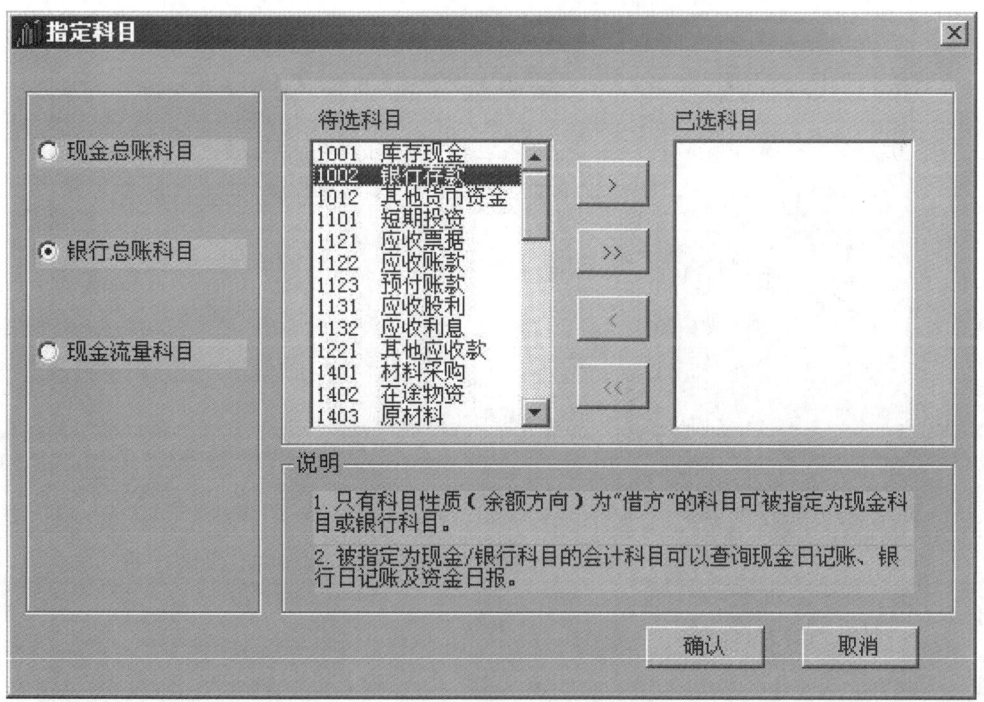

图 3-38　银行总账科目(无已选科目)

解决方法：执行"基础设置"/"财务"/"会计科目"命令，在"编辑"/"指定科目"窗口中，选择"现金总账科目"，双击选中"库存现金"及明细科目，选择"银行总账科目"，双击选中"银行存款"及明细科目，点击【确认】按钮（图3-39、图3-40）。

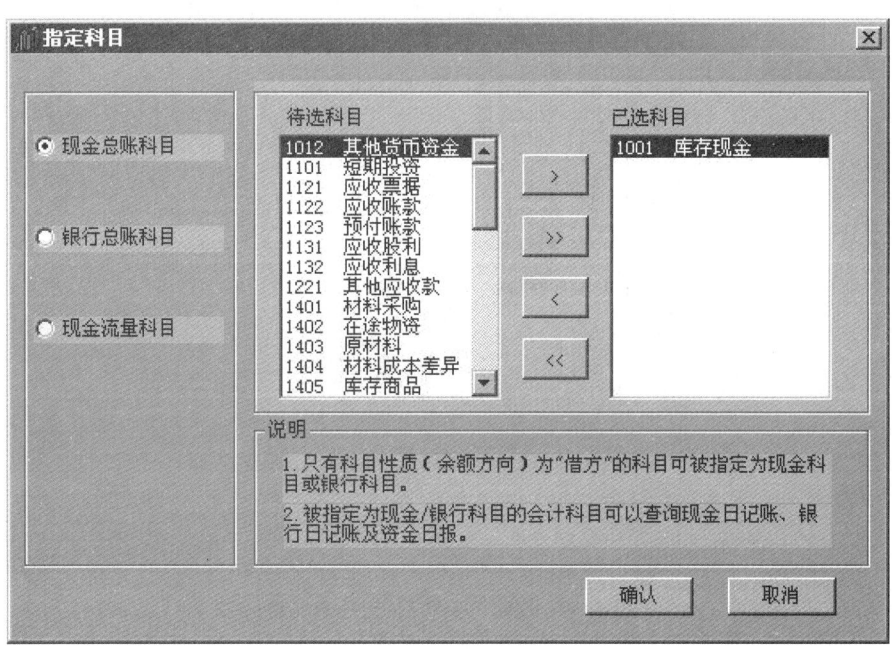

图 3-39　指定现金总账科目

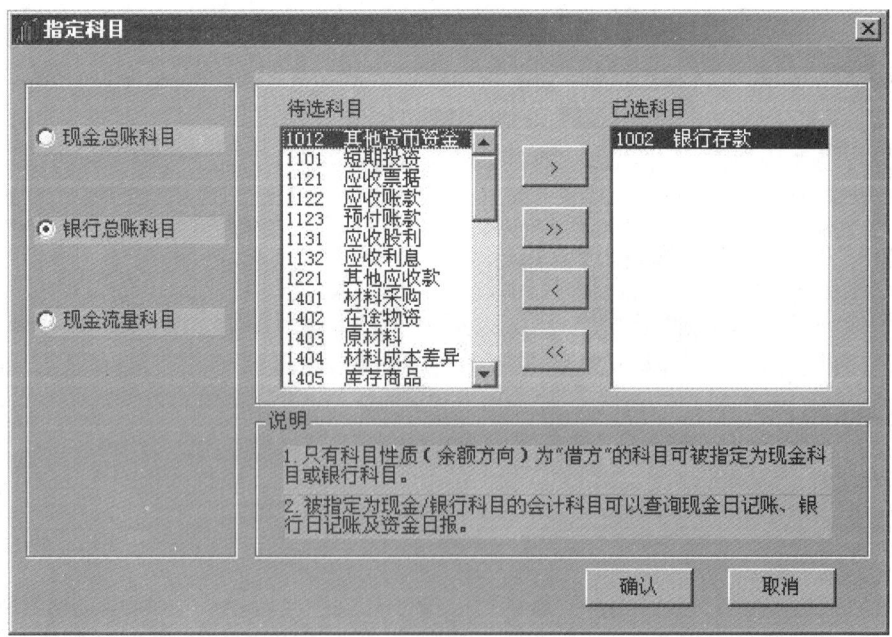

图 3-40　指定银行总账科目

完成此项工作后,在进行出纳签字时就可以找到相关需要签字的凭证了。

 能力训练

◎ 案例描述

徐州华瑞冰糕有限公司(简称华瑞公司),地址:江苏省徐州市金山东路33号;企业性质为有限责任公司,执行2007新会计准则;税务登记证号为:320900255800376;开户银行为中国建设银行徐州金山路支行,账号为6478356971;董事长为李玉,总经理为张航;财务部门负责人为陈东,会计为许珊,出纳为董凡。企业设置综合部、市场部、财务部和生产车间;生产车间主要生产豆沙雪糕和奶油雪糕两种产品。企业的供应商不多,不需分类,但是客户很多,且需按照"长期客户""中期客户"和"短期客户"进行分类;不需要对存货进行分类;记账本位币为人民币,无外币核算;核算时,确定数量小数位为2,单价小数位为3(建账时按照行业性质预设会计科目);启用日期为2022年9月1日。

企业需启用"总账""核算""工资管理""固定资产""购销存管理"子系统。

陈东全面负责企业会计工作;许珊负责会计核算工作,进行工资、固定资产、购销存管理、公用目录设置、核算管理、总账管理权限;董凡为企业出纳。

在对各个部门作进一步调研后又得出以下信息:

(1) 主要客户信息(表3-12)。

表3-12 主要客户信息

客户名称	简称	客户性质	纳税号	开户银行	银行账号
天津九州公司	天津九州	中期客户	1213467422	工行	32434325645
上海文昌公司	上海文昌	短期客户	2322354454	工行	78755676472
南京宇航公司	南京宇航	长期客户	8764578327	建行	96783436342

(2) 供应商信息(表3-13)。

表3-13 供应商信息

供应商名称	供应商简称	税号	开户银行	银行账号
济南朝阳有限公司	朝阳公司	4569665544	农行	54656528765
郑州大海有限公司	大海实业	2479764343	建行	96753453222

(3) 企业生产产品所使用的材料主要有砂糖、奶油和绿豆沙。

(4) 企业在支付结算时主要采用现金和转账支票的方式。

(5) 企业所采用的凭证类别为"收付转"凭证方式。

(6) 管理部门中每个部门均有3名职工,1名为经理,另外2名为员工;生产车间有职工30人,其中2名为管理人员,其余人员均为生产工人。

(7) 企业共设2个仓库,1个材料库,另1个为成品库。在对存货计价时采用全月一次加权平均法。

◎ 要求

根据以上资料,建立账套并进行相关的基础设置,所以编码设置可以自己设计。

项目四　初始设置

学习目标

知识目标：了解各个子系统的初始化内容；理解各子系统期初余额录入的意义；会购销存期初记账的流程。

能力目标：能够根据企业的实际情况正确选取参数设置，为企业会计核算、使用财务软件做好期初准备。

初始设置主要是按照企业的实际情况进行相应参数的设置，使得软件的核算能够按照每个企业的核算特点来运行，同时也是期初金额录入系统的关键环节。

任务一　总账初始设置

总账初始设置业务操作流程（图4-1）。

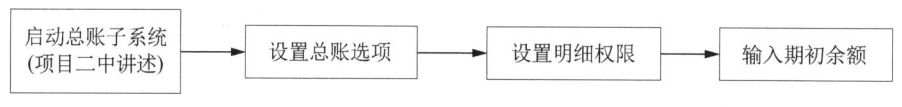

图4-1　总账初始设置

知识认知

从手工过渡到电算化，软件的开发和使用具有通用性，那么各单位在使用软件时，要先针对本单位的业务性质及会计核算与财务管理的具体要求和特点，对它进行具体的个性化设置，使之符合或者重新构建一个有针对性的业务流程及解决方案，从而达到优化流程，完善内部控制的目的，这就叫初始化。具体体现在各个模块的设置选项和期初余额的录入。

初次使用软件时，应该将整理过的手工账的余额录入计算机，以此为起点继续本期的业务，例如，本案例中，企业2022年9月开始启用各模块使用，那么，企业应该将2022年1月至8月各科目的余额和累计发生额整理后并录入系统中，作为期初余额资料。

总账期初余额栏有三种颜色表示不同性质的科目，录入的方法也有所不同。□表示一级科目,可以直接录入余额;▢表示还有下级科目,余额应该在末级科目录入,录完明细科目以后总计数就自动向上汇总;■表示该科目设置了辅助项,应该双击进入后,点击【增加】按钮后录入明细。

 工作任务

业务1:设置总账控制参数(表4-1)。

表4-1 总账控制参数

选项卡	控制对象	参数设置
凭证	制单控制	制单序时控制
		支票控制
		资金及往来赤字控制
		允许修改、作废他人填制的凭证
		允许查看他人填制的凭证
		可以使用其他系统受控科目
	凭证控制	打印凭证页脚姓名
		出纳凭证必须经由出纳签字
	凭证编号方式	手工编号
	外币核算	固定汇率
	预算控制	粗放预算控制
账簿	打印位数宽度	账簿打印位数、每页打印行数按软件的标准设定
	明细账查询权限控制到科目	是
	明细账(日记账、多栏账)打印方式	明细账打印每年排页
会计日历		2022年1月1日至12月31日
其他	排序方式	部门、个人、项目按编码排序

任务实施

执行"总账"/"设置"/"选项"命令,按照表4-1中的要求完成设置(图4-2至图4-5)。

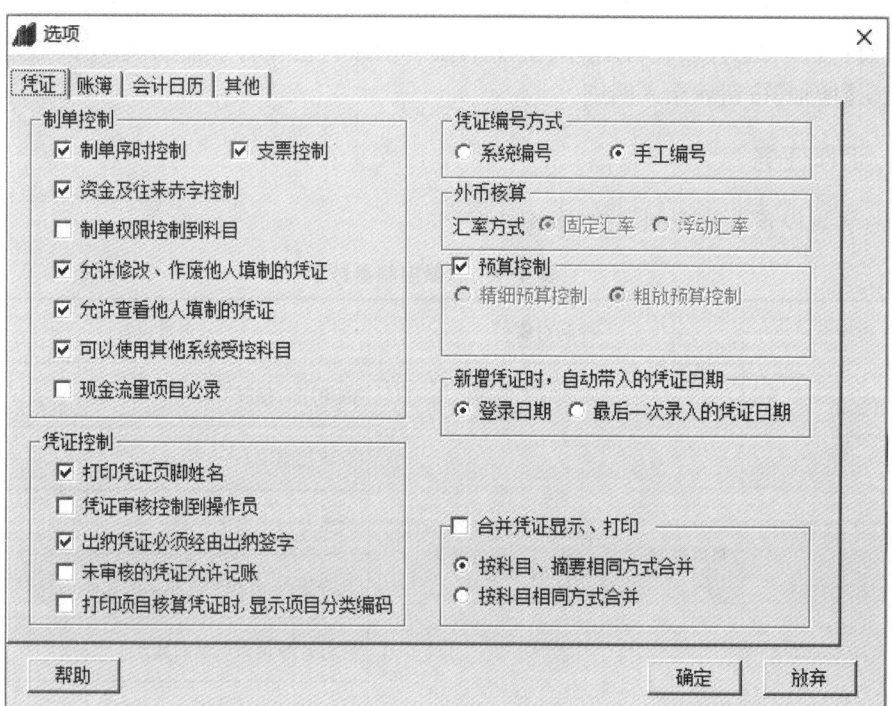

图 4-2 凭证参数

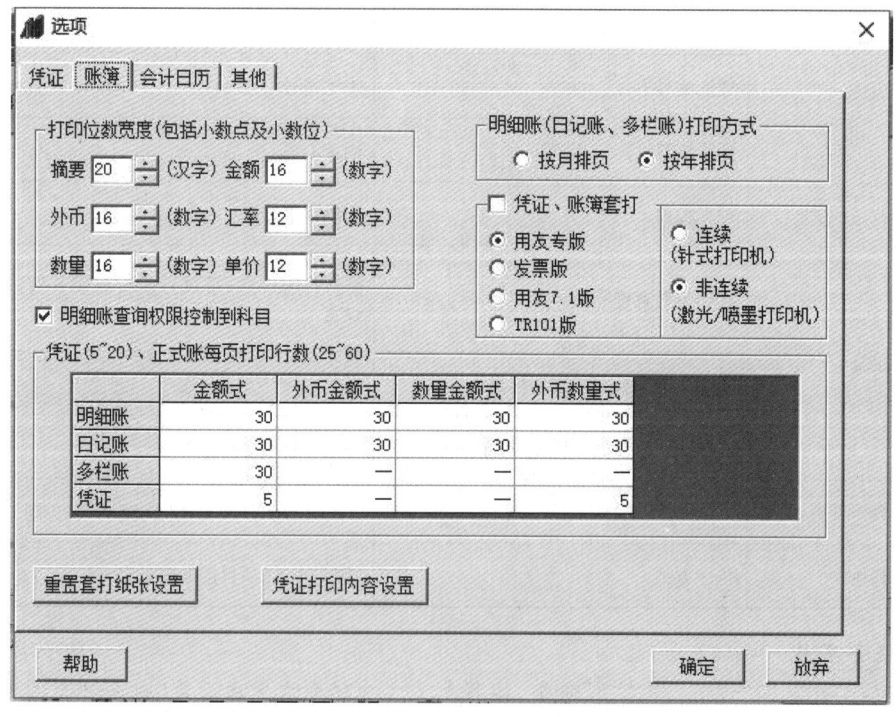

图 4-3 账簿参数

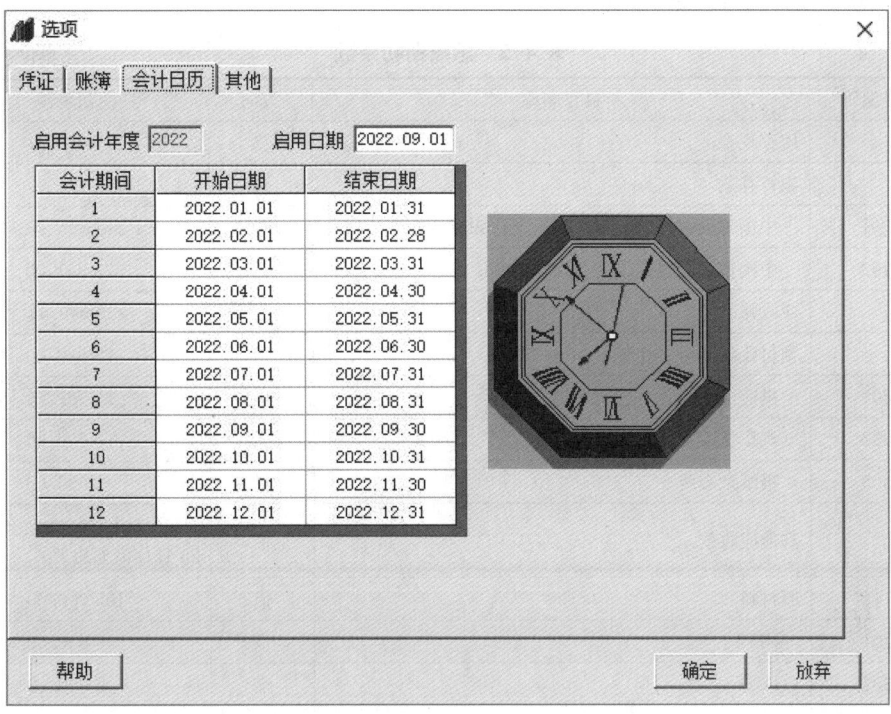

图 4-4 会计日历参数

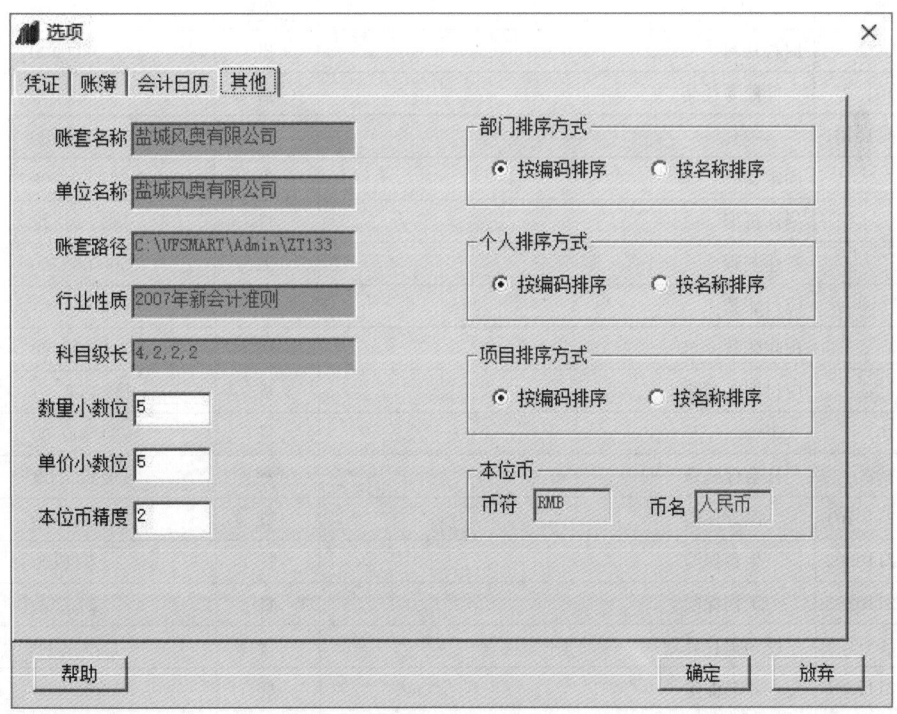

图 4-5 其他参数

业务 2：录入总账期初余额（表 4-2）。

表 4-2 总账期初余额 　　　　　　　　　　　　　　　　　　　　　单位：元

科目编码	科目名称	方向	期初余额
1001	库存现金	借	103 488.21
1002	银行存款	借	1 913 196.95
100201	中国建设银行盐城市盐都区支行 5671893919	借	1 240 895.95
100202	中国银行股份有限公司 3786509810	借	672 301.00
1122	应收账款	借	232 519.44
1123	预付账款	借	77 989.00
112301	供应商往来	借	75 789.00
112302	汽车保险费	借	1 200.00
112303	报纸杂志费	借	1 000.00
1221	其他应收款	借	1 500.00（王春 2022 年 8 月 25 日预借差旅费）
1403	原材料	借	105 000.00
140301	C112	借	96 000.00
140302	D328	借	9 000.00
1405	库存商品	借	189 630.00
140501	S105	借	175 410.00
140502	T231	借	14 220.00
1411	周转材料	借	300.00
141101	低值易耗品	借	300.00
14110101	手套	借	300.00
1601	固定资产	借	2 367 500.00
1602	累计折旧	贷	582 510.25
1604	在建工程	借	500 000.00
2202	应付账款	贷	831 346.40
2203	预收账款	贷	500 000.00
2211	应付职工薪酬	贷	119 007.50
221101	工资	贷	54 100.00
221102	社会保险费	贷	5 253.50
22110201	医疗保险	贷	4 442.00
22110202	生育保险	贷	541.00
22110203	工伤保险	贷	270.50
221103	设定提存计划	贷	11 902.00
22110301	养老保险	贷	10 820.00
22110302	失业保险	贷	1 082.00

(续表)

科目编码	科目名称	方向	期初余额
221104	住房公积金	贷	5 410.00
221105	工会经费	贷	6 721.00
221106	职工教育经费	贷	35 621.00
2221	应交税费	贷	185 850.35
222102	未交增值税	贷	114 446.70
222103	应交所得税	贷	57 670.05
222104	应交城市维护建设税	贷	8 011.27
222105	应交教育费附加	贷	3 433.40
222106	应交地方教育附加	贷	2 288.93
2232	应付股利	贷	100 000.00
223201	盐城森茂有限公司	贷	20 000.00
223202	盐城清远有限公司	贷	20 000.00
223203	盐城长明有限公司	贷	20 000.00
223204	盐城恒利有限公司	贷	20 000.00
223205	盐城金力有限公司	贷	20 000.00
4001	实收资本	贷	1 600 000.00
400101	盐城森茂有限公司	贷	320 000.00
400102	盐城清远有限公司	贷	320 000.00
400103	盐城长明有限公司	贷	320 000.00
400104	盐城恒利有限公司	贷	320 000.00
400105	盐城金力有限公司	贷	320 000.00
4002	资本公积	贷	253 000.00
400201	资本溢价	贷	253 000.00
4101	盈余公积	贷	40 367.00
410101	法定盈余公积	贷	40 367.00
4103	本年利润	贷	976 456.50
4104	利润分配	贷	304 022.60
410401	未分配利润	贷	304 022.60
5001	生产成本	借	1 437.00
500101	直接材料	借	900.00
500102	直接人工	借	326.00
500103	制造费用	借	211.00

任务实施

执行"总账"/"设置"/"期初余额"命令,在"期初余额录入"窗口中直接录入对应金额(图4-6至图4-11)。

图 4-6 库存现金期初余额

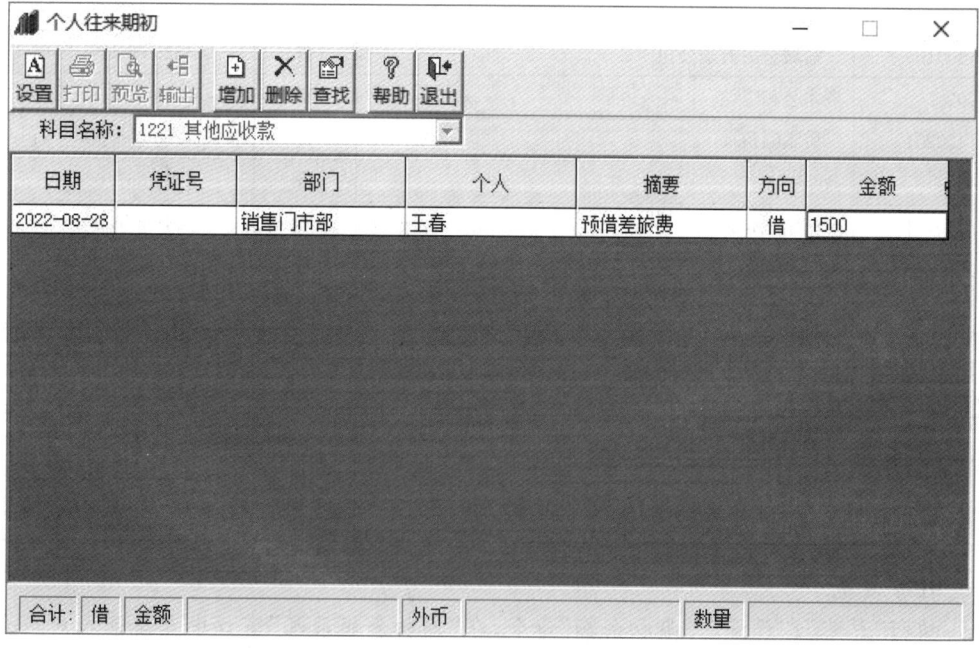

图 4-7 其他应收款期初余额

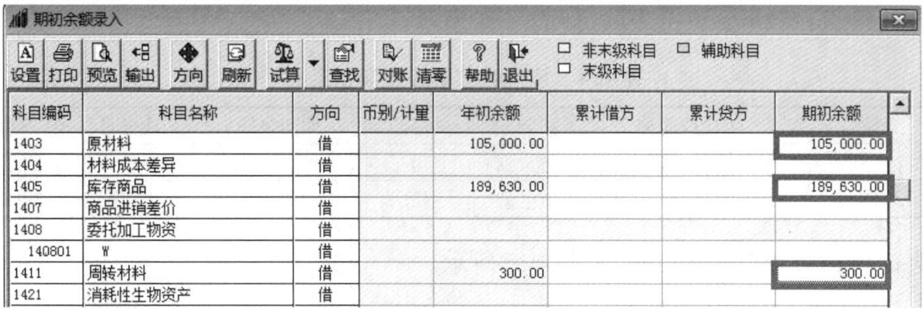

科目编码	科目名称	方向	币别/计量	年初余额	累计借方	累计贷方	期初余额
1403	原材料	借		105,000.00			105,000.00
1404	材料成本差异	借					
1405	库存商品	借		189,630.00			189,630.00
1407	商品进销差价	借					
1408	委托加工物资	借					
140801	W	借					
1411	周转材料	借		300.00			300.00
1421	消耗性生物资产	借					

图 4-8　原材料、库存商品和周转材料期初余额

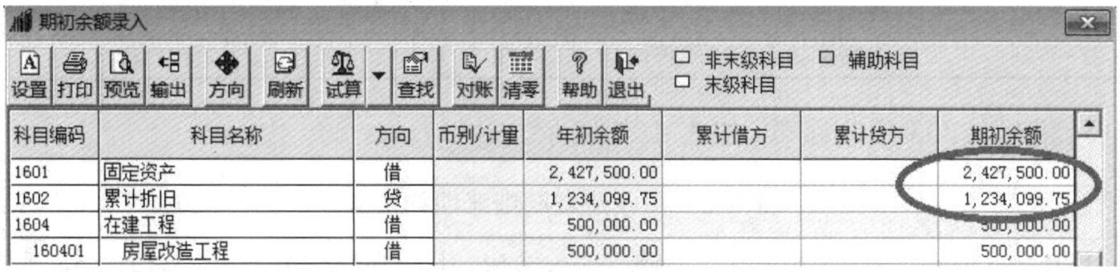

科目编码	科目名称	方向	币别/计量	年初余额	累计借方	累计贷方	期初余额
1601	固定资产	借		2,427,500.00			2,427,500.00
1602	累计折旧	贷		1,234,099.75			1,234,099.75
1604	在建工程	借		500,000.00			500,000.00
160401	房屋改造工程	借		500,000.00			500,000.00

图 4-9　固定资产和累计折旧期初余额

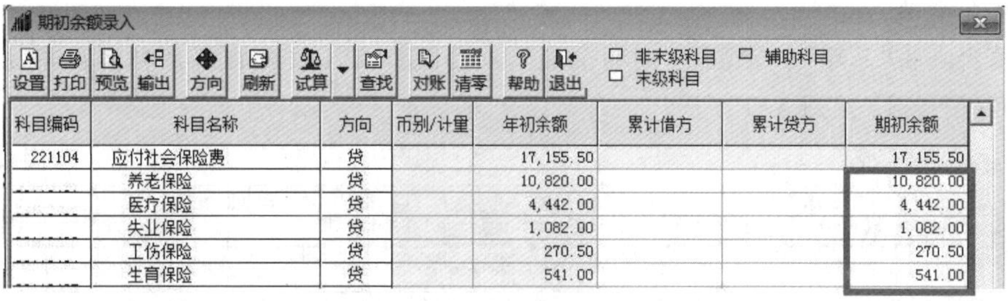

科目编码	科目名称	方向	币别/计量	年初余额	累计借方	累计贷方	期初余额
221104	应付社会保险费	贷		17,155.50			17,155.50
	养老保险	贷		10,820.00			10,820.00
	医疗保险	贷		4,442.00			4,442.00
	失业保险	贷		1,082.00			1,082.00
	工伤保险	贷		270.50			270.50
	生育保险	贷		541.00			541.00

图 4-10　应付职工薪酬期初余额

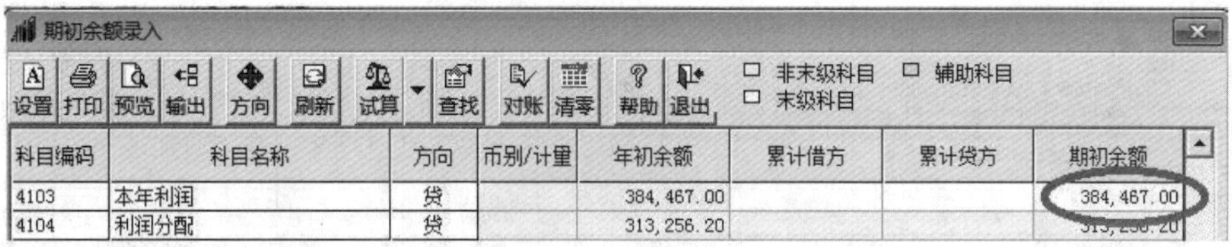

科目编码	科目名称	方向	币别/计量	年初余额	累计借方	累计贷方	期初余额
4103	本年利润	贷		384,467.00			384,467.00
4104	利润分配	贷		313,256.20			313,256.20

图 4-11　本年利润期初余额

业务 3：录入应收、应付期初余额。

会计科目：220202 应付账款，如表 4-3 所示。

表 4-3　应付账款明细账期初余额

日期	供应商简称	摘要	方向	期初余额	业务员	部门
2022-08-24	常州宏达	购买材料	贷	30 000.00	李丽芬	采购部
2022-08-26	盐城辉腾	购买材料	贷	801 346.40	侯国庆	采购部

会计科目:112302 预付账款,如表 4-4 所示。

表 4-4　预付账款明细账期初余额

日期	供应商简称	摘要	方向	期初余额	业务员	部门
2022-08-27	常州前进	预付货款	借	30 000	李丽芬	采购部
2022-08-28	供电公司	预付电款	借	45 789	朱晓燕	采购部

会计科目:1122 应收账款,如表 4-5 所示。

表 4-5　应收账款明细账期初余额

日期	客户简称	摘要	方向	期初余额	部门	业务员
2022-8-22	扬州永达	销售商品	借	122 519.44	销售门市部	金杰明
2022-8-25	盐城远扬	销售商品	借	110 000.00	销售门市部	付俊华

会计科目:2203 预收账款,如表 4-6 所示。

表 4-6　预收账款明细账期初余额

日期	客户简称	摘要	方向	期初余额	部门	业务员
2022-8-22	海达公司	预收货款	贷	500 000	销售门市部	王春

任务实施

依次点击"总账"/"设置"/"期初余额",双击 ▭,录入相应的客户和供应商往来期初余额(图 4-12 至图 4-15)。

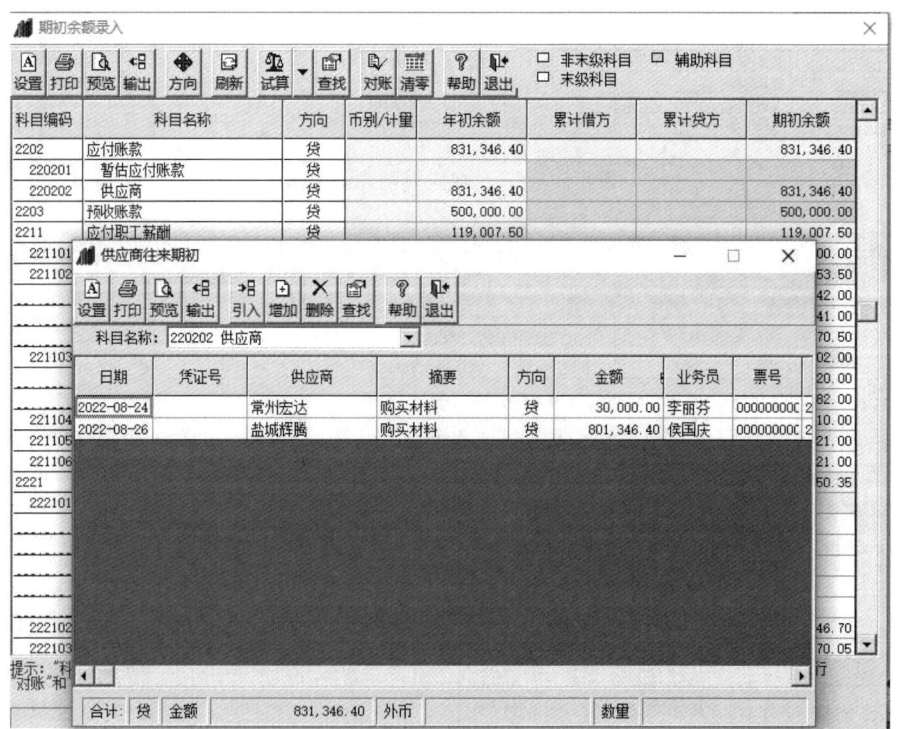

图 4-12　应付期初余额录入

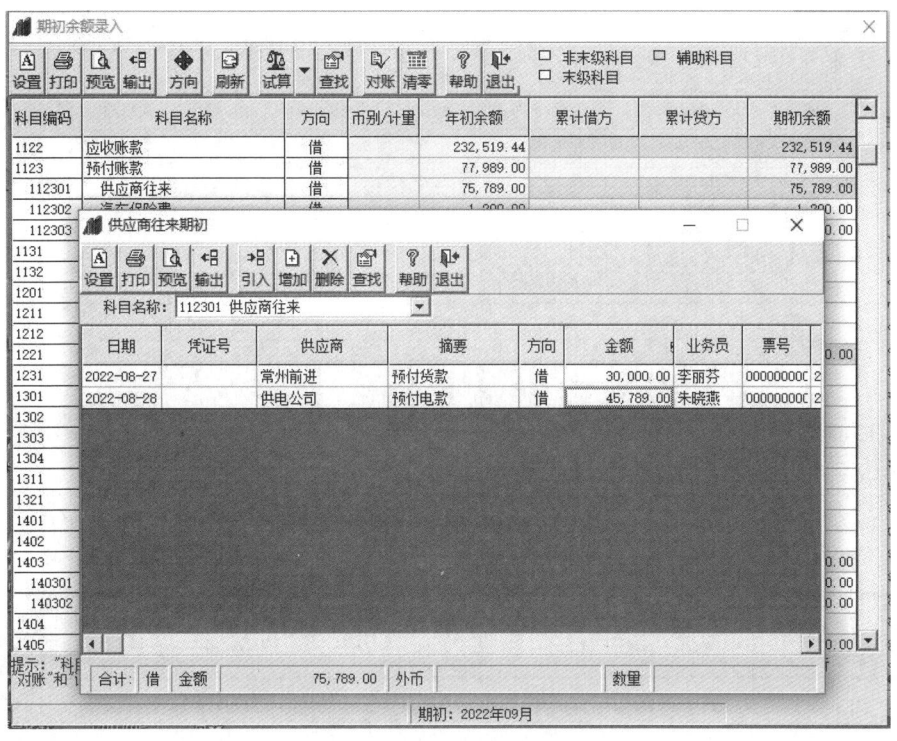

图 4-13 预付明细账期初余额录入

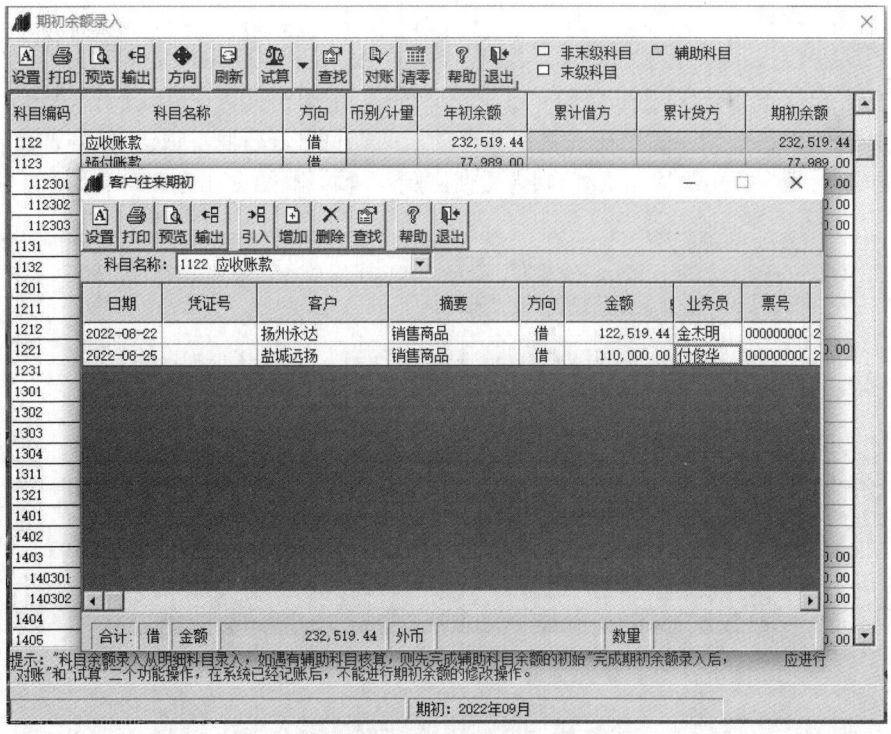

图 4-14 应收明细账期初余额录入

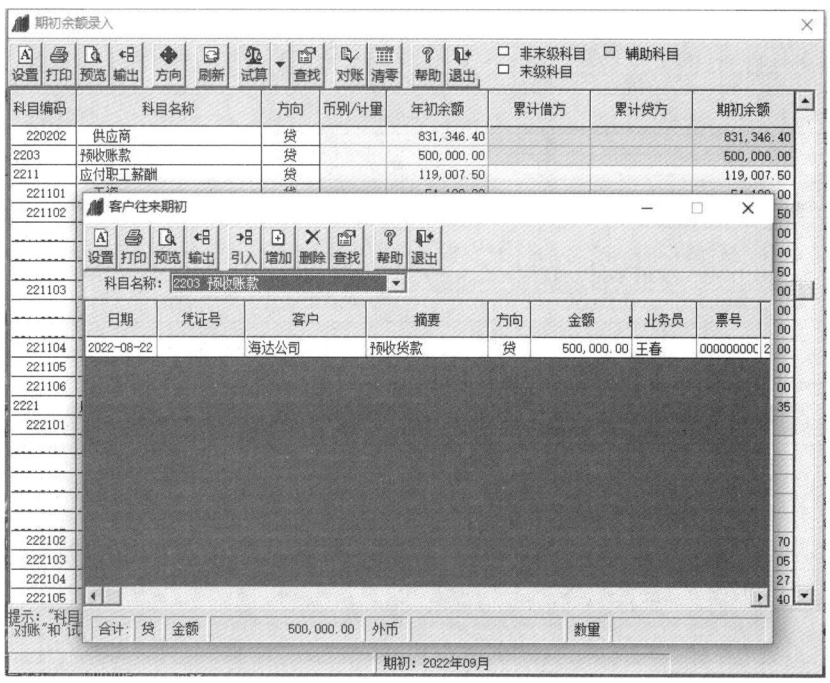

图 4-15　预收期初余额录入

> **注意**
> 如果应收、应付、预收、预付、其他应收款的明细科目期初余额资料在购销存模块的客户往来、供应商往来期初录过了，那么在总账期初里可以使用【引入】功能，这样就可以把购销存的期初资料信息自动传递到总账，这种方法较为简便，但是，如果企业没有启用购销存系统，则无法使用【引入】功能(图4-16、图4-17)。

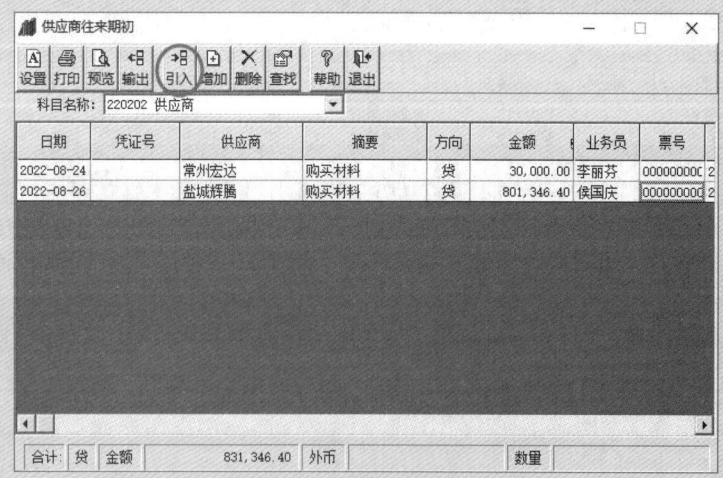

图 4-16　供应商往来期初余额录入

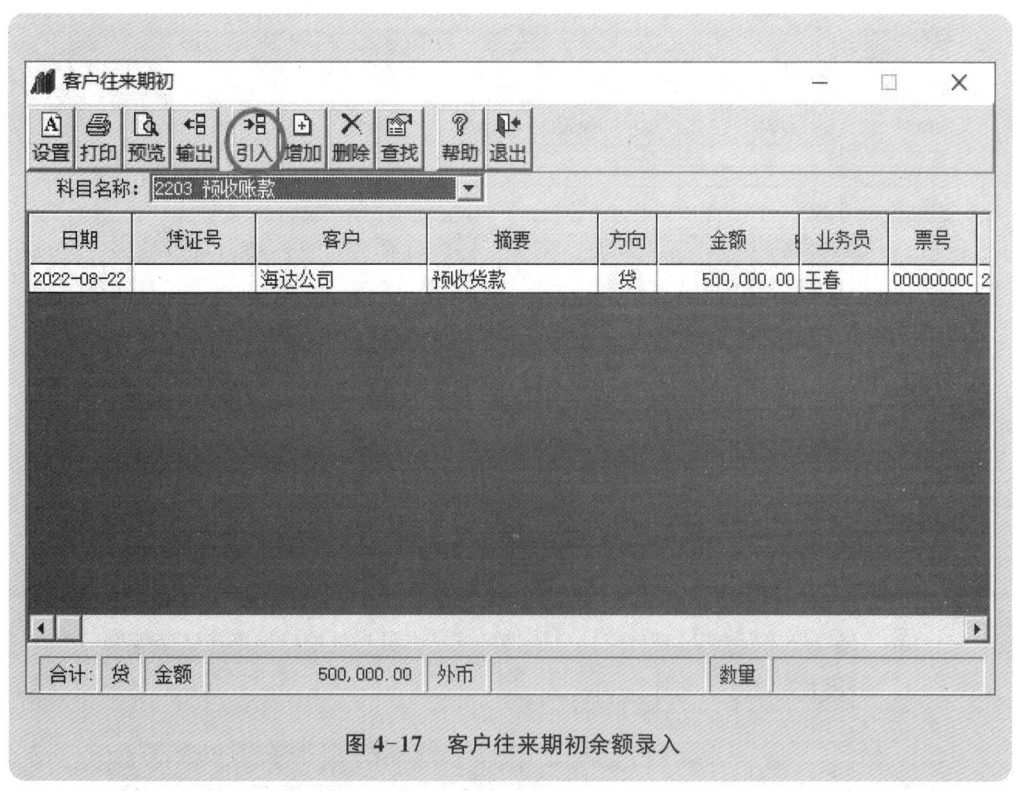

图 4-17 客户往来期初余额录入

业务 4：为生产成本录入项目大类期初余额，T231 期初在产品如表 4-7 所示。

表 4-7 T231 期初在产品

摘　　要	直接材料	直接人工	制造费用
期初在产品成本	900	326	211

任务实施

执行"总账"/"设置"/"期初余额"命令，双击"▭"，进入项目核算，点击【增加】按钮，相应在科目名称内选择直接材料、直接人工和制造费用，录入 T231 的期初金额（图 4-18）。

业务 5：赋予吴军捷应收账款、预付账款、应付账款、预收账款等 4 个科目的明细账查询权限。

任务实施

执行"总账"/"设置"/"明细账权限"命令，在"明细账权限设置"对话框中，单击应收账款，然后点击"▶"，按相同操作将"预付账款""应付账款""预收账款"等 4 个科目由"待选科目"选入"已选科目"中（图 4-19）。

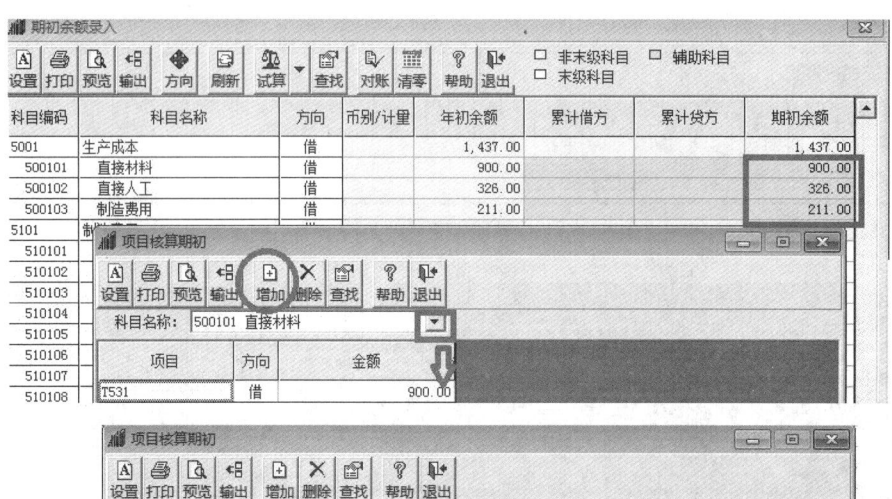

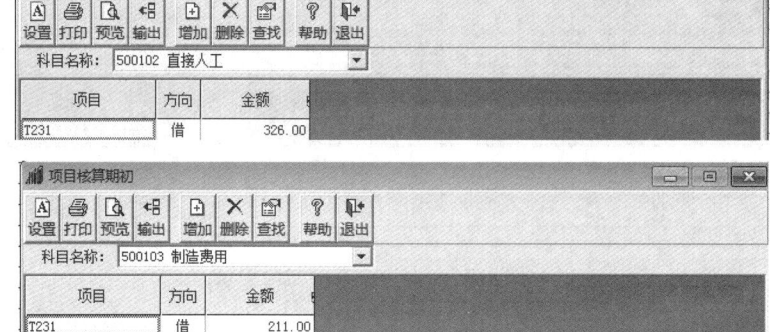

图 4-18 项目核算期初余额录入

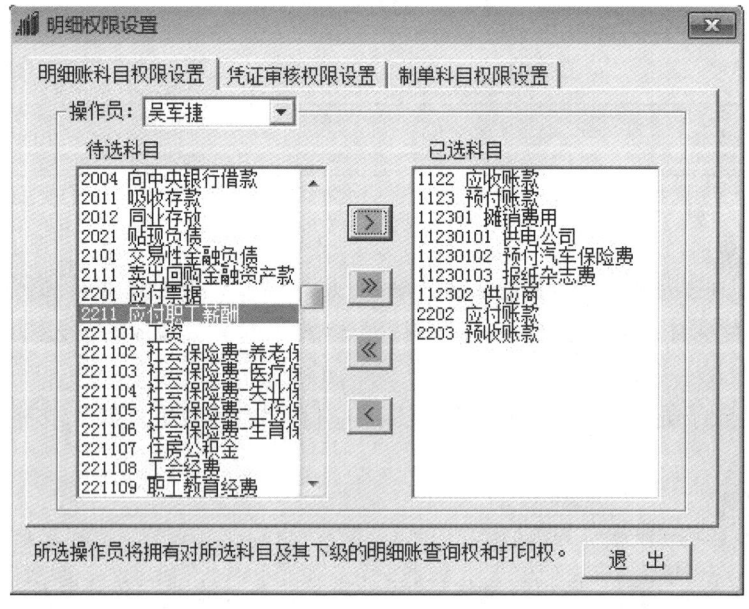

图 4-19 明细权限设置

任务二 工资初始设置

工资初始设置操作流程,如图 4-20 所示。

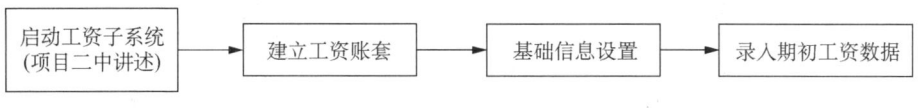

图 4-20 工资初始设置

 **知识认知**

在处理工资业务之前,要对工资子系统进行必要的初始设置。第一次进入工资子系统时,系统会自动按照 4 步建账向导提示进行相关设置,分别为参数设置、扣税设置、扣零设置和人员编码设置。工资类别根据企业人员工资标准可选择"单个"或"多个",选择"多个"工资类别的情况如正式职工和临时职工。建立工资账套后,需要对一些基础信息进行设置,包括人员类别、人员档案、工资项目等。

 工作任务

按企业如下要求,新建工资账套,完成工资初始设置。具体要求如下。

业务 1:启动工资子系统,要求:单一工资,计算个人所得税、预置工资项目、职工编号 5 位。

任务实施

进入工资子系统,第一次进入工资子系统会自动提示建立工资套,按照参数、扣税、扣零、人员编码的设置顺序,完成企业参数设置(图 4-21 至图 4-24)。

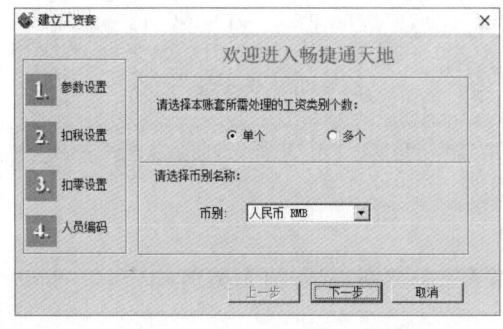

图 4-21 参数设置

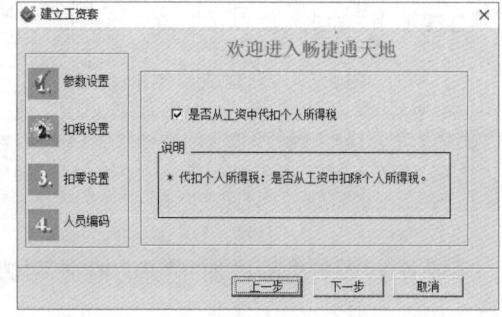

图 4-22 扣税设置

■ 常见财务软件应用(用友畅捷通 T3)

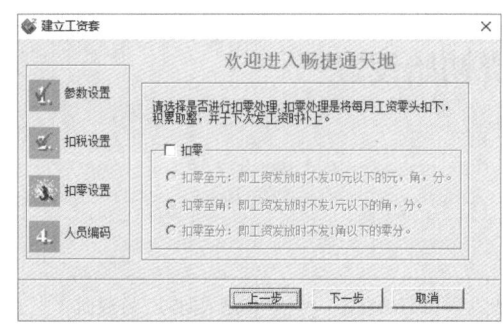

图 4-23　扣零设置

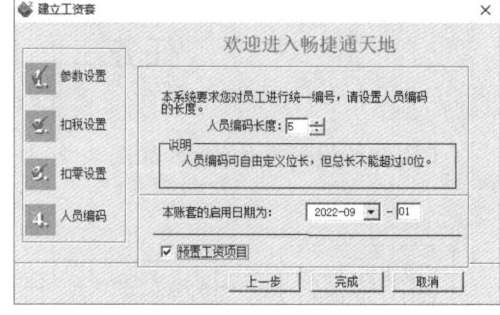

图 4-24　人员编码设置

> 注意
>
> (1) 当再次启动时,想二次修改工资账套的参数,则通过执行"工资"/"设置"/"选项"命令进行修改,但是工资类别一旦启用设置完成,则不能随意修改。
>
> (2) 若企业的职员构成有在职人员、临时人员、退休人员等多种人员类别,则在建立工资账套时,应该选择多个工资类别,执行"工资"/"工资类别"/"新建工资类别"命令,建立完成后可以关闭工资类别,再用相同方法新建"临时人员"工资类别(图4-25、图 4-26)。

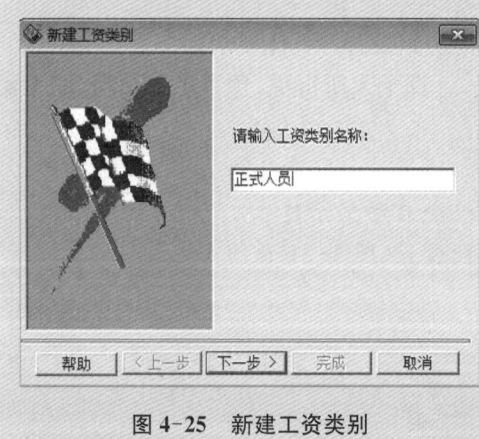

图 4-25　新建工资类别

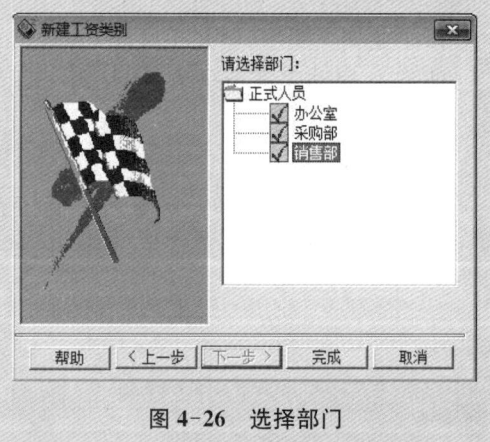

图 4-26　选择部门

业务 2:人员类别增加"管理""生产""销售"三个类别。(保留无类别)

任务实施

执行"工资"/"设置"/"人员类别"命令,在"类别设置"对话框中点击【增加】按钮(图4-27)。

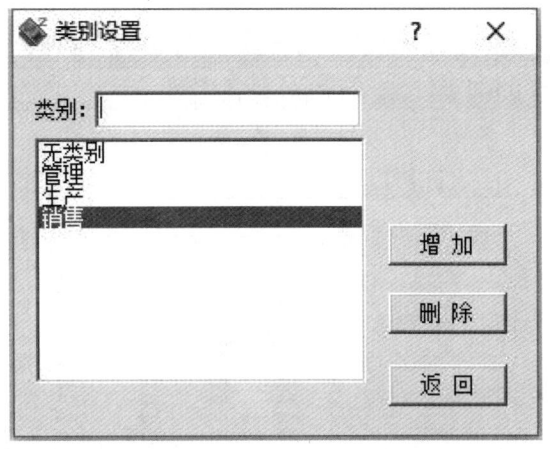

图 4-27 类别设置

业务 3：根据表 4-8 提供的信息，从基础设置中引入并修改人员档案。

表 4-8 人员信息表

职员编号	职员姓名	所属部门	职务	月工资标准（元）
12101	吴文胜	办公室	总经理	8 000
12102	赵 俊	办公室	科员	2 500
12103	黄铁华	办公室	科员	2 300
12201	程双林	财务部	经理	4 000
12202	吴军捷	财务部	会计	2 500
12203	任慧慧	财务部	出纳	2 100
12301	朱晓燕	采购部	经理	3 000
12302	李丽芬	采购部	业务员	2 200
12303	侯国庆	采购部	业务员	2 200
12401	王 春	销售门市部	经理	3 000
12402	金杰明	销售门市部	业务员	2 200
12403	付俊华	销售门市部	业务员	2 200
22101	张 雯	生产车间	车间主任	4 500
22102	周小华	生产车间	生产	2 300
22103	王浩浩	生产车间	生产	2 300
22104	潘吉林	生产车间	生产	2 300
22105	姜 辉	生产车间	生产	2 200
22106	樊 耀	生产车间	生产	2 200
22107	石俊伟	生产车间	生产	2 100

任务实施

执行"工资"/"设置"/"人员档案"命令，点击【批增】按钮，选择需要勾选的部门（图 4-28）。

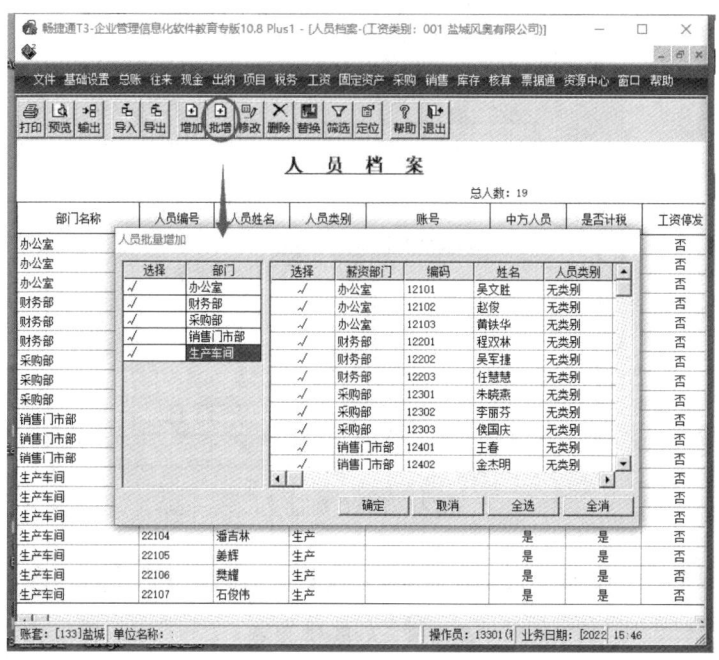

图 4-28　人员档案

 注意

人员档案批增完成后,要根据所属部门和职务信息,修改人员档案,特别是人员类别的选择,这将影响后面账务处理时科目的选择(图 4-29)。

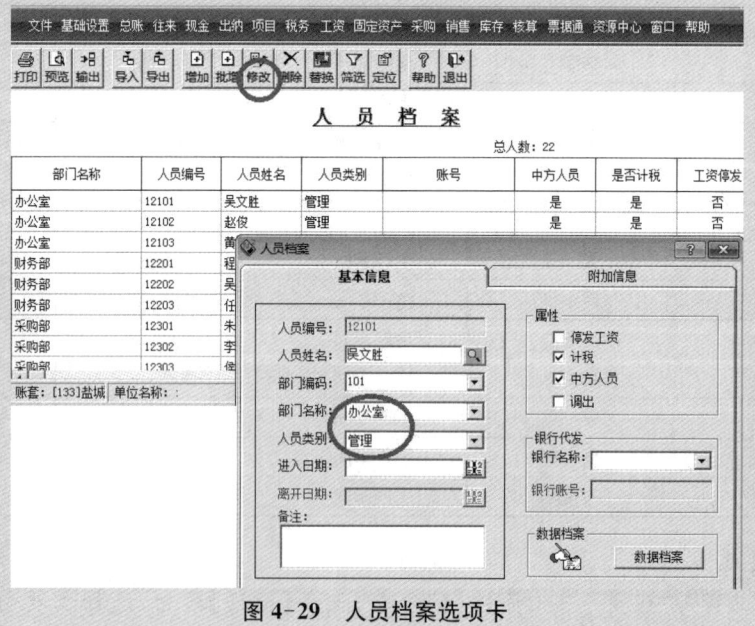

图 4-29　人员档案选项卡

业务4：增加工资项目(表4-9)。

表4-9 项 目 名 称

项目名称	类型	长度	小数位	属性
月标准工资	数字	10	2	增项
个人养老保险	数字	8	2	减项
个人医疗保险	数字	8	2	减项
个人失业保险	数字	8	2	减项
个人住房公积金	数字	8	2	减项
生产工时	数字	8	2	其他
分配金额	数字	10	2	其他
大病救助金	数字	8	2	其他
社保计提基数	数字	10	2	其他
住房公积金计提基数	数字	10	2	其他
分配社保	数字	10	2	其他
分配住房公积金	数字	10	2	其他
计税基数	数字	10	2	其他

任务实施

执行"工资"/"设置"/"工资项目设置"命令，点击【增加】按钮(图4-30)。

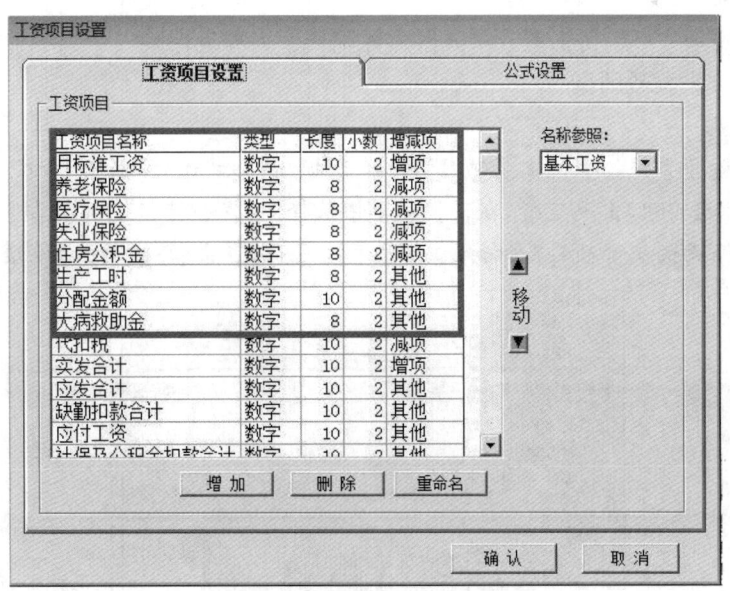

图4-30 工资项目设置

> **注意**
>
> ① 工资项目设置的增加方式有两种：一种通过名称参照，先点击【增加】按钮，然后在名称参照下拉菜单栏里选择；另外一种就是增加适合企业的工资项目，手动输入工资项目名称。在该工资项目未使用之前，可以进行删除或者是重命名。② 如果企业是建立两种或两种以上的工资类别，如类别一是"正是人员"，类别二是"临时人员"，那么一定要在"关闭工资类别"的状态下，建立工资项目，为两类工资类别的二次参照做准备。

业务 5：计算公式。（政策说明：个人承担部分为养老保险金 8%，医疗保险金 2%，失业保险金 1%，住房公积金 10%，大病补助每人 6 元）

(1) 应付工资＝月标准工资。

(2) 社保计提基数 ＝ iff(应付工资＝0,0,iff(应付工资＜2100,2100,iff(应付工资＞10500,10500,应付工资)))。

(3) 住房公积金计提基数 ＝ iff(应付工资＝0,0,iff(应付工资＜1650,1650,iff(应付工资＞8250,8250,应付工资)))。

(4) 个人养老保险＝社保计提基数＊8%。

(5) 个人医疗保险＝社保计提基数＊2%。

(6) 个人失业保险＝社保计提基数＊1%。

(7) 个人住房公积金＝住房公积金计提基数＊10%。

(8) 社保及公积金扣款合计＝个人医疗保险＋个人养老保险＋个人失业保险＋个人住房公积金。

(9) 计税基数＝应付工资－个人医疗保险－个人养老保险－个人失业保险－个人住房公积金＋大病救助金

任务实施

进入工资子系统，执行"工资项目"命令，切换到"公式设置"选项卡，在左边"工资项目"点击【增加】按钮，出现空行，在下拉菜单中选择"应发合计"，此时在右边公式定义空白框中选择下面的工资项目"月标准工资"（图 4-31），点击【公式确认】按钮，再点击【确

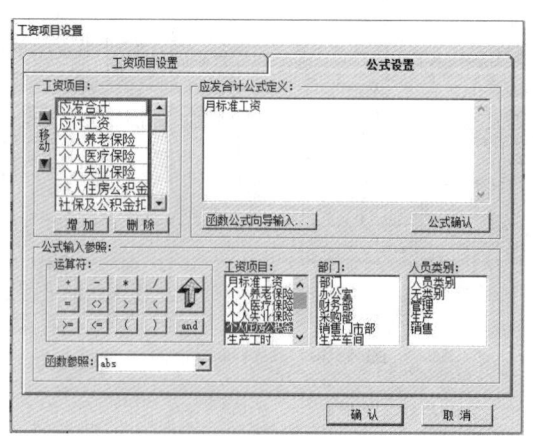

图 4-31　公式输入

认】按钮。其他公式操作方法同上,凡是公式中需要使用的符号和工资项目、部门以及人员类别都要在下面的参照框中进行选择,即使是在公式定义对话框中采用人工录入方式,录入的项目也必须是已设置的项目。

业务 6:设置个人所得税的计税依据是"计税基础"。

任务实施

执行"工资"/"业务处理"/"扣缴所得税"命令,选择"计税依据"为"计税基础",点击【确定】按钮(图 4-32),在"个人所得税扣缴申报表"中点击【税率】按钮,选择扣税基数(图 4-33)。

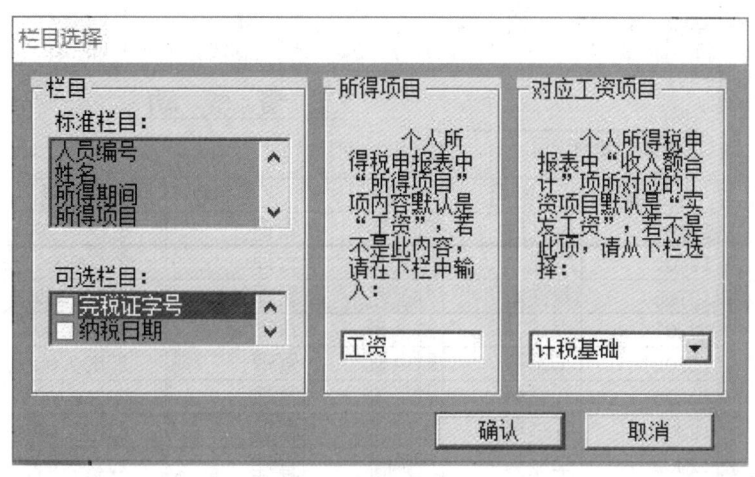

图 4-32 扣缴个人所得税

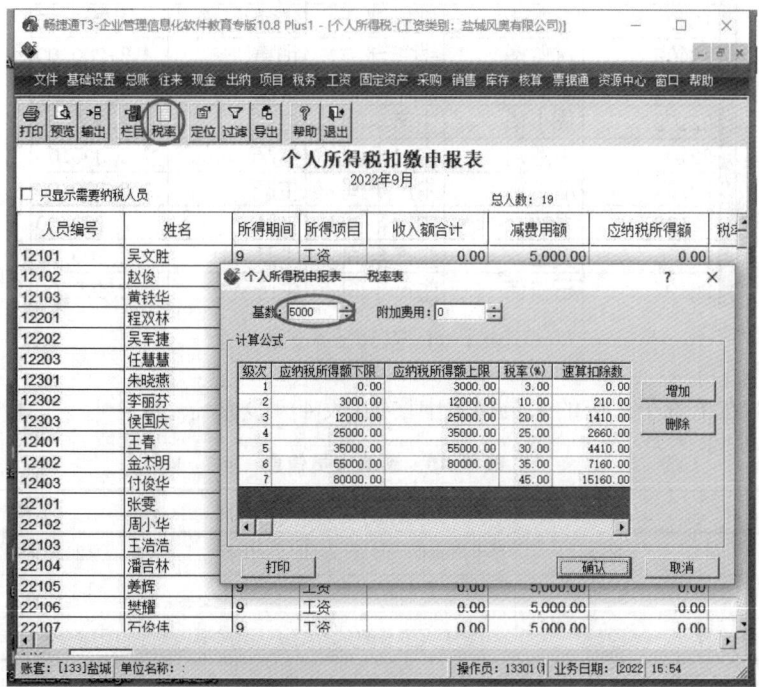

图 4-33 个人所得税扣缴表

业务7:将表4-8中的期初月标准工资数据录入工资变动中,并对工资变动表进行计算、汇总。

任务实施

执行"工资"/"业务处理"/"工资变动"命令,手工输入月标准工资(图4-34)。

图4-34 录入工资变动

业务8:在工资子系统的人员档案中增加(表4-10)。

表4-10 新增人员信息

编号	姓名	部门	类别	入职时间
22108	刘玲	生产车间	生产	2022年9月1日
23101	S105	S105人工分配	生产	
24101	T231	T231人工分配	生产	

注:若相关部门系统中没有,在部门档案中增加。

任务实施

执行"工资"/"设置"/"人员档案"命令,点击【增加】按钮(图4-35)。

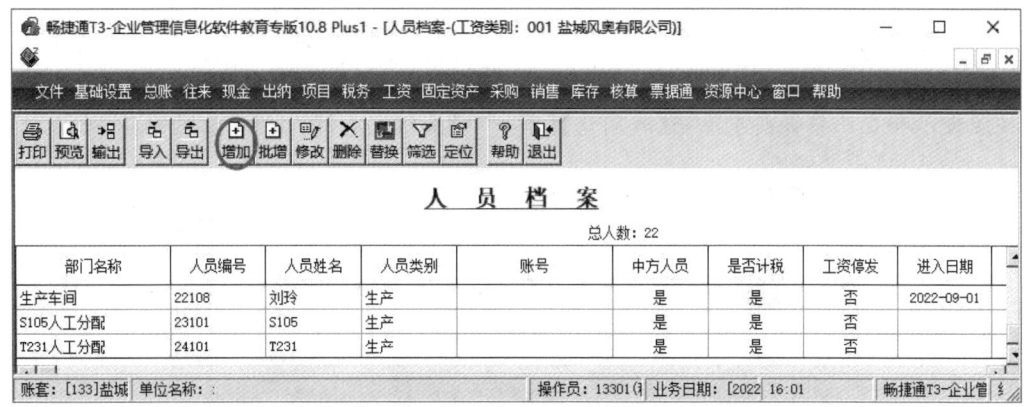

图4-35 新增人员档案

 **注意**

也可以在部门档案中增加该人员信息,在人员档案中【批增】。

任务三 固定资产初始设置

固定资产初始设置操作流程,如图4-36所示。

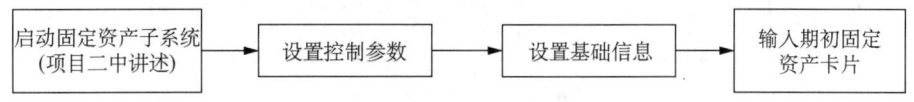

图4-36 固定资产初始设置

 **知识认知**

在使用固定资产子系统之前,首先要根据企业的具体情况,通过在系统中选择相应的业务控制参数建立固定资产账套,包括启用月份、折旧信息、编码方式、账务接口等;其次要完成部门对应折旧科目、资产类别、增减方式、使用状况等基础设置。

原始卡片是指企业在使用固定资产子系统前就已有的固定资产情况的卡片,输入期初固定资产卡片是在建账日期以前必须录入的信息,要用启用日期的1日进行原始卡片的录入,否则一旦录入完成后,录入日期不允许修改。

 工作任务

按企业如下要求,新建固定资产账套,完成固定资产初始设置。

业务1：对固定资产子系统初始化，修改要求：主要折旧方法为平均年限法（一）；编码长度使用默认；对账科目为固定资产1601、累计折旧1602；在对账不平情况下不允许固定资产月末结账。

任务实施

进入固定资产子系统，出现建立固定资产账套的对话框（图4-37），点击【是】按钮，按照提示和企业参数要求点击【我同意】【下一步】按钮完成（图4-38至图4-45）。

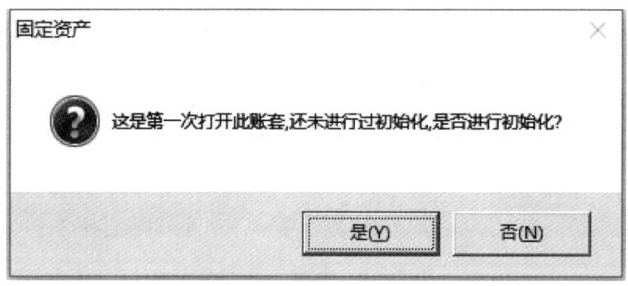

图4-37 第一次进入界面

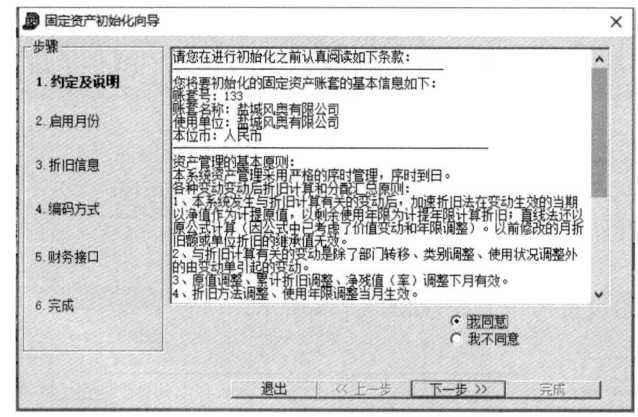

图4-38 约定及说明

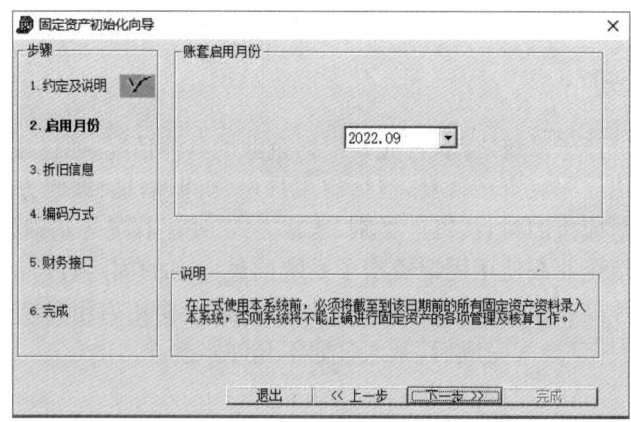

图4-39 启用月份

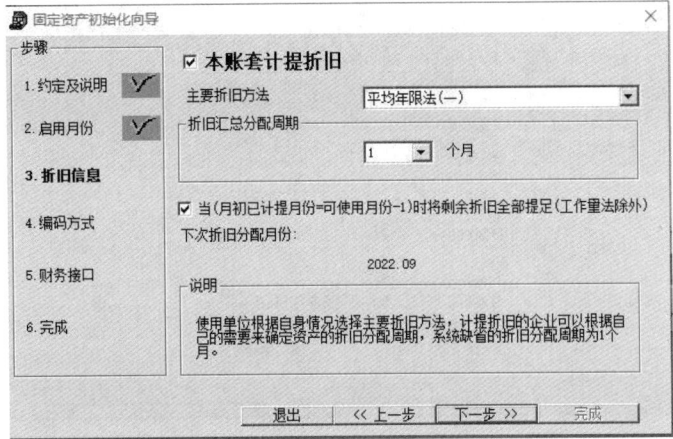

图 4-40　折旧信息

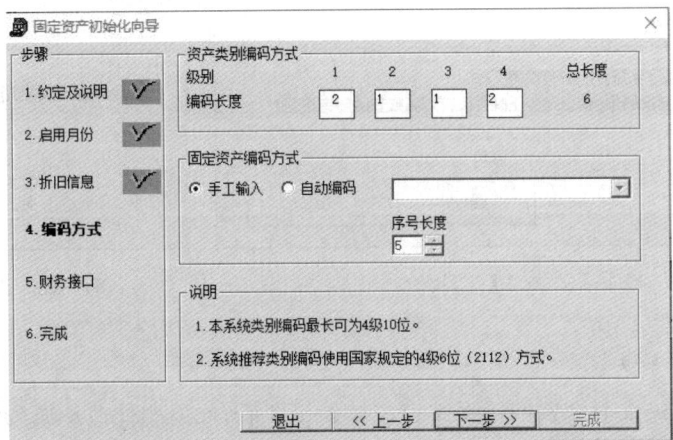

图 4-41　编码方式

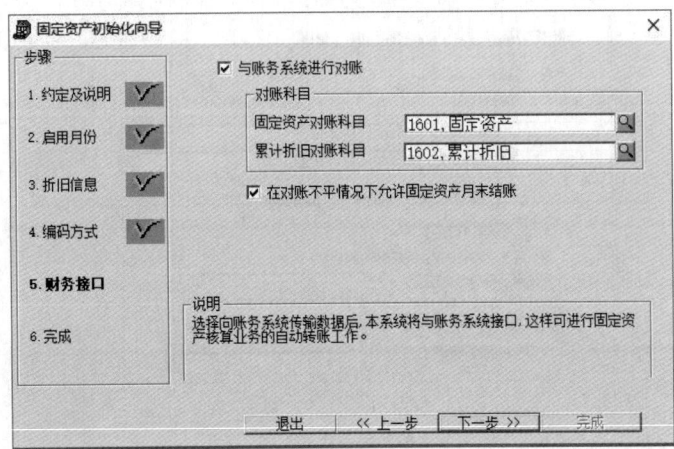

图 4-42　财务接口

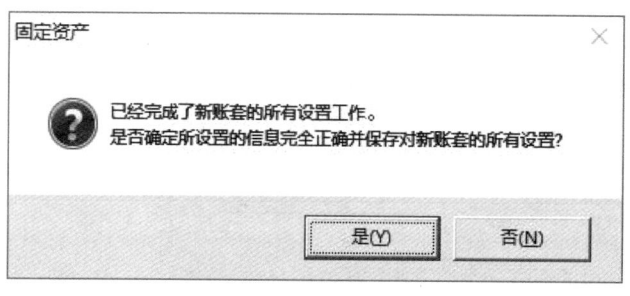

图 4-43　点击【完成】按钮

图 4-44　点击【是】按钮　　　　　　图 4-45　设置完成

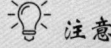 注意

第一次进入固定资产子系统完成初始设置后，如果想修改相应参数，则可通过执行"固定资产"/"设置"/"选项"命令进行修改（图 4-46）。

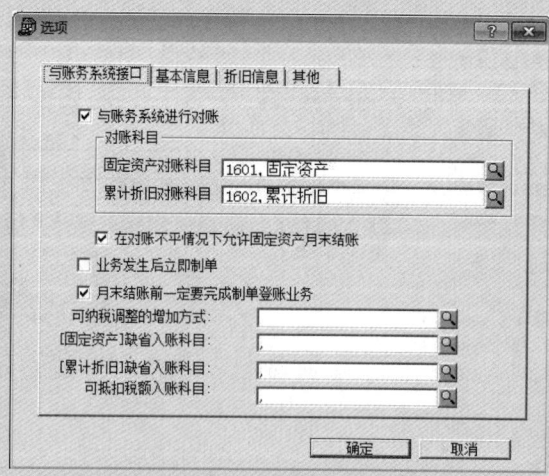

图 4-46　固定资产选项卡

业务2:根据企业主要会计政策、相关说明及表4-11修改或增加固定资产类别的所有项目。

表 4-11 固定资产类别信息

类别编号	01	02	03	04	041	042
类别名称	房屋建筑物	机器设备	运输工具	电子设备	空调	电脑
使用年限(年)	20	10	4	3	3	3
净残值率	4%	4%	4%	4%	4%	4%
计量单位	栋	台	辆	台	台	台
计提折旧	总提折旧	正常计提	正常计提	正常计提	正常计提	正常计提

任务实施

执行"固定资产"/"设置"/"资产类别"命令,点击【增加】按钮,录入相关信息后点击【保存】按钮(图4-47)。

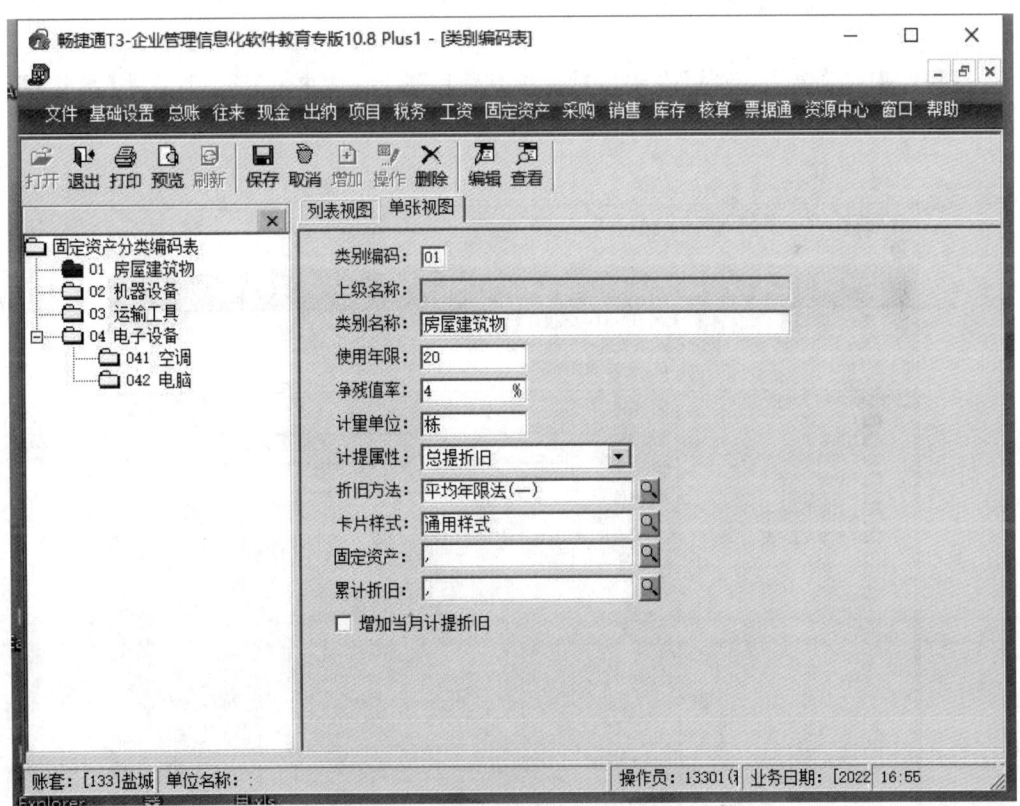

图 4-47 增加资产类别

相同操作完成后如图4-48所示。

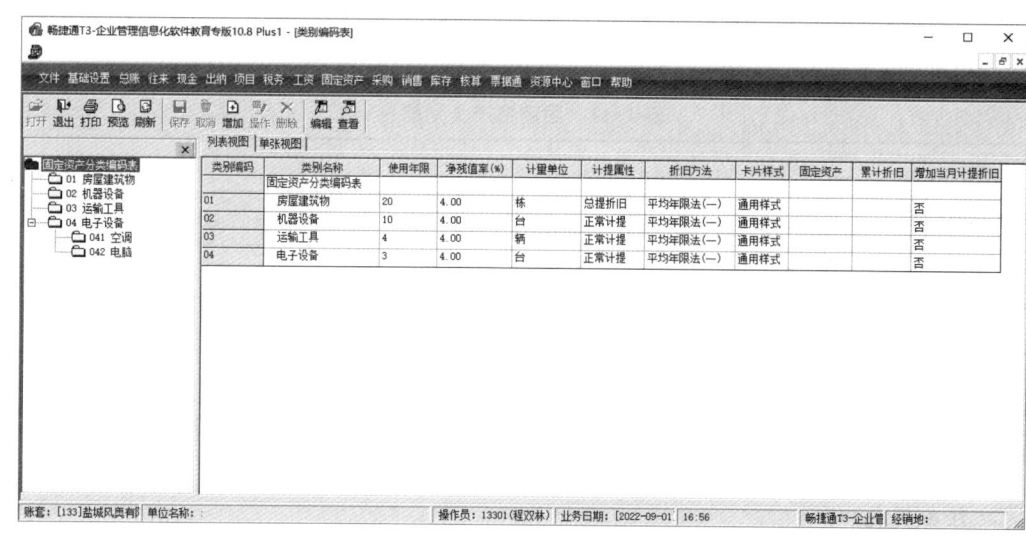

图 4-48　全部资产类别增加完成

业务 3：设置各部门固定资产折旧的对应科目。

任务实施

执行"固定资产"/"设置"/"部门对应折旧科目"命令，选中末级部门，点击【操作】按钮，按要求录入"折旧科目"(图 4-49)，点击【保存】按钮。

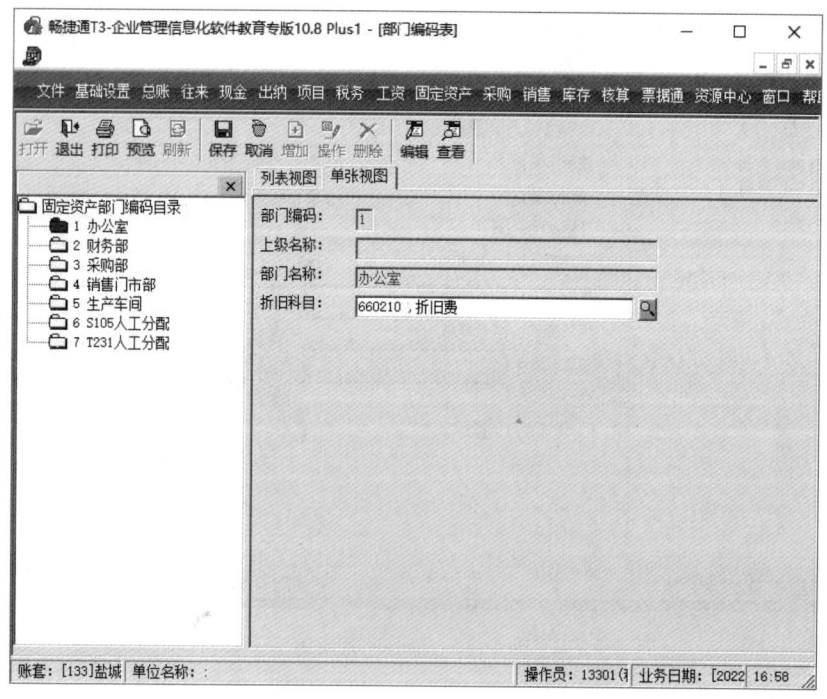

图 4-49　录入折旧科目

其他部门操作方法同上,结果如图 4-50 所示。

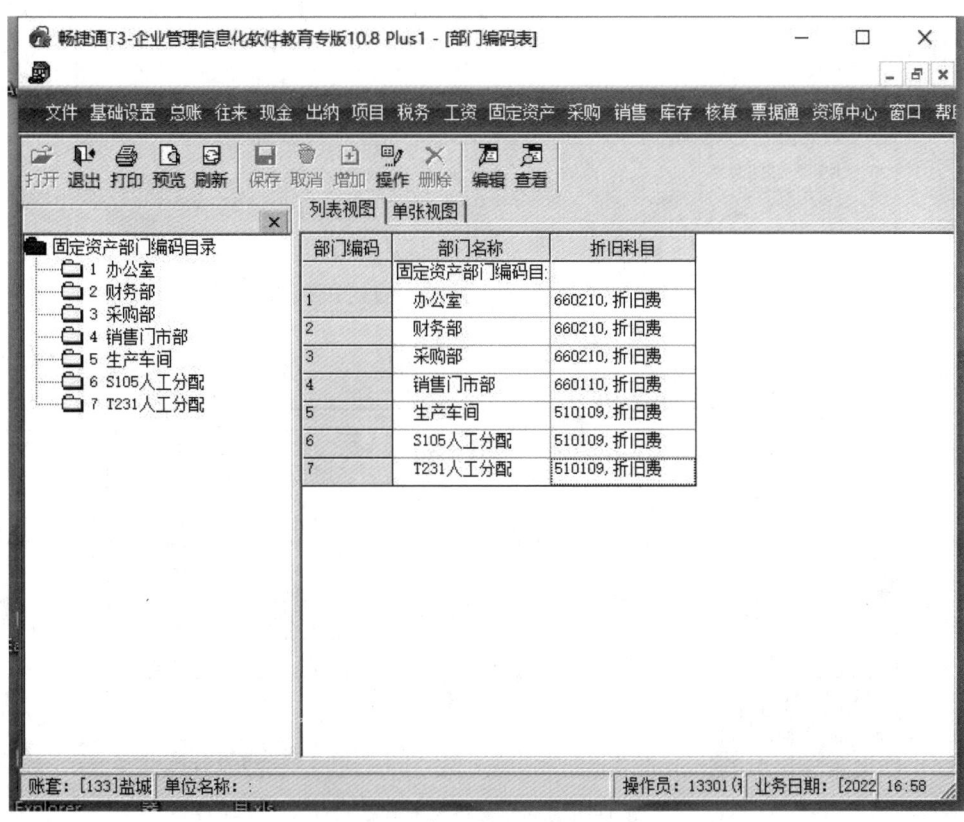

图 4-50　部门的所有折旧科目

业务 4:录入原始卡片(增加方式:房屋为在建工程转入,其他均为直接购入;固定资产均为在用),如表 4-12 所示。

表 4-12　固定资产明细表

固定资产类别		使用部门	品　名	编　号	原价(元)	开始使用时间	已提折旧额(元)
房屋建筑物		办公室	办公楼	110101	500 000	2018-1-05	110 765.00
		生产车间	厂房	210101	1 000 000	2018-11-01	132 000.00
机器设备		生产车间	机器设备 X	210301	200 000	2018-12-01	70 400.00
		生产车间	机器设备 Y	210302	150 000	2019-7-16	44 400.00
		生产车间	机器设备 Z	210303	250 000	2018-11-12	90 000.00
运输工具		办公室	轿车 B	110501	180 000	2020-12-13	72 000.00
电子设备	空调	生产车间	空调 N	216101	40 000	2020-10-4	23 496.00
		销售门市部	空调 M	116101	20 000	2020-3-17	15 486.00
	电脑	生产车间	电脑 G	216201	15 000	2019-10-10	13 617.00
		财务部	电脑 F	126201	12 500	2020-1-20	10 346.25

任务实施

进入固定资产子系统,在主界面中点击【原始卡片录入】按钮,输入办公楼的相关资料(图4-51)。

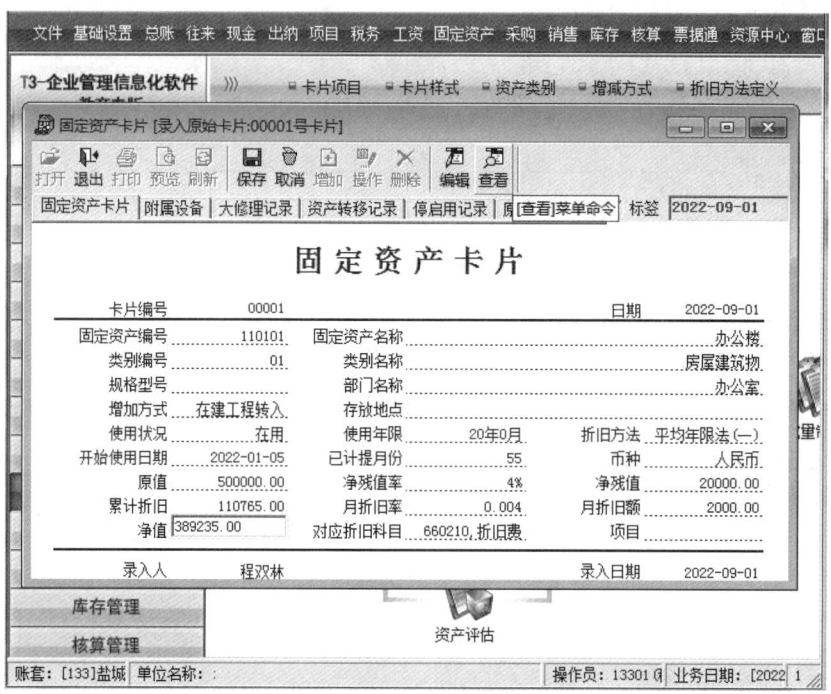

图4-51 办公楼原始卡片信息

相同操作,按照企业的资料信息,把11张原始卡片录入(图4-52),录入完毕的原始卡片结果需要修改或删除就通过执行"固定资产"/"卡片"/"卡片管理"命令进行。

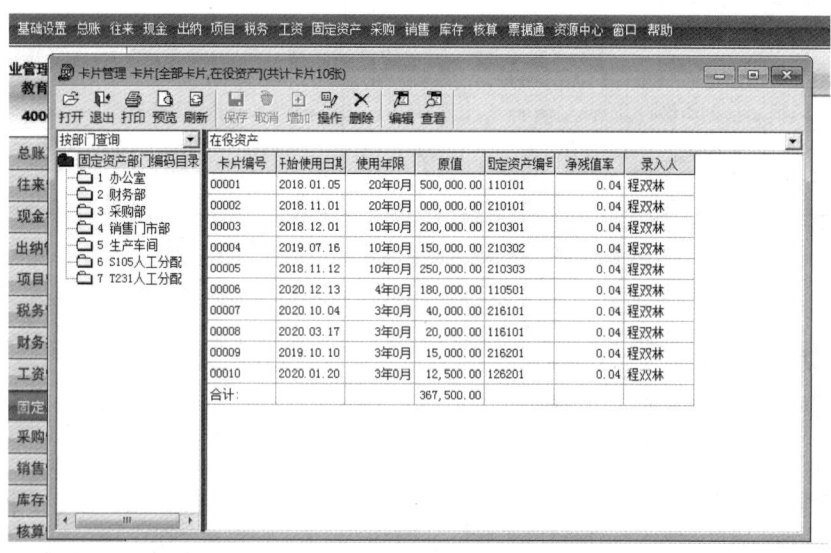

图4-52 11张原始卡片结果

任务四 购销存和核算初始设置

1. 采购管理初始设置(图 4-53)

图 4-53 采购管理初始设置

2. 销售管理初始设置(图 4-54)

图 4-54 销售管理初始设置

3. 库存管理初始设置(图 4-55)

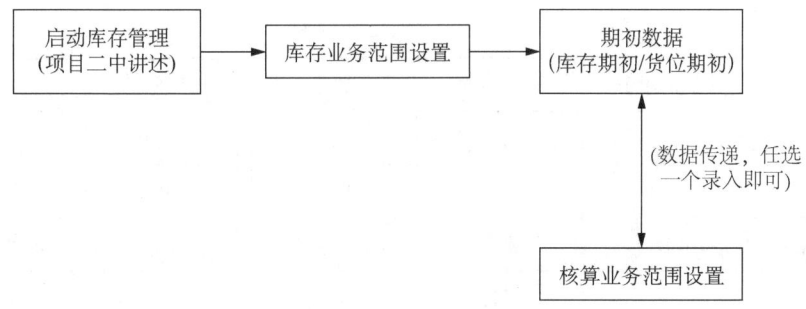

图 4-55 库存管理初始设置

4. 核算管理初始设置(图 4-56)

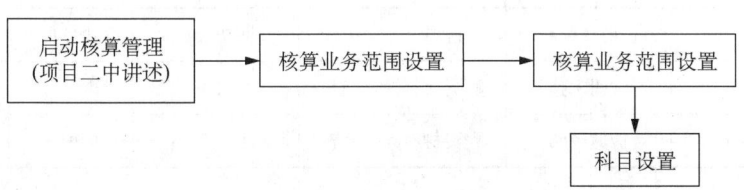

图 4-56 核算管理初始设置

 知识认知

购销存和核算子系统的期初包括三部分:一部分是参数设置;一部分是科目设置;最后一部分是期初余额的录入。采购管理模块有采购业务范围设置,销售管理模块有

销售业务范围设置,库存管理模块有库存业务范围设置,核算有核算业务范围设置。所有的业务范围设置都是根据企业购销存业务具体操作流程的个性化设置,由企业自己根据实际情况进行恰当的选择。科目设置的目的是为凭证的生成提供模板设置,能够简化制单时科目选择的重复工作。期初余额和总账是信息共享的,在客户往来期初和供应商往来期初录入的期初余额可以传递到总账期初余额中。供应商往来期初单据增加的名称有采购发票、应付单、预付款三种选择,根据企业当时取得的原始凭证和业务情况进行选择,客户往来期初单据增加的名称也有销售发票、应收单、预收款三种,也是根据企业当时取得的原始凭证和业务情况进行选择。

如果企业在业务启用月份之前有订单,则可以在采购管理和销售管理模块录入采购订单或者是销售订单,但要注意的是在启用月份当月或之后,由于是连续性业务,采购或销售订单的材料或商品一旦入库,有发票了,那就要从订单流转生成入库单、发票等。

工作任务

业务1:按企业如下要求,在购销存及核算子系统中设置"允许零出库""销售生成出库单""显示现金折扣",对"原材料""周转材料""库存商品"存货设置对应的存货科目,并检查相关系统参数设置是否正确并予以保存,并录入期初资料如表4-13至表4-17所示。

表4-13 存货期初余额

仓库	存货编码	存货名称	数量	无税金额	入库日期
材料库	101	C112	3 000	96 000	2022-8-31
材料库	102	D328	1000	9 000	2022-8-31
材料库	20101	手套	300	300	2022-8-31
成品库	301	S105	500	175 410	2022-8-31
成品库	302	T231	1000	14 220	2022-8-31

表4-14 供应商往来期初余额(会计科目:220202 应付账款,格式:应付单)

日期	供应商简称	摘要	方向	期初余额	业务员	部门
2022-08-24	常州宏达	购买材料	贷	30 000.00	李丽芬	采购部
2022-08-26	盐城辉腾	购买材料	贷	801 346.40	侯国庆	采购部

表4-15 供应商往来期初余额明细(会计科目112301:预付账款,格式:付款单)

日期	供应商简称	摘要	方向	期初余额	业务员	部门
2022-08-27	常州前进	预付货款	借	30 000	李丽芬	采购部
2022-08-28	供电公司	预付电款	借	45 789	朱晓燕	采购部

表 4-16　客户往来期初余额明细（会计科目：1122 应收账款，格式：应收单）

日期	客户简称	摘要	方向	期初余额	部门	业务员
2022-8-22	扬州永达	销售商品	借	122 519.44	销售门市部	金杰明
2022-8-25	盐城远扬	销售商品	借	110 000.00	销售门市部	付俊华

表 4-17　客户往来期初余额明细（会计科目：2203 预收账款，格式：收款单）

日期	客户简称	摘要	方向	期初余额	部门	业务员
2022-8-22	连云港海达	预收货款	贷	500 000	销售门市部	王春

任务实施

步骤一：进入销售管理模块，执行"销售"/"销售业务范围设置"命令，选择"销售生成出库单""允许零出库""显示现金折扣"（图 4-57）。

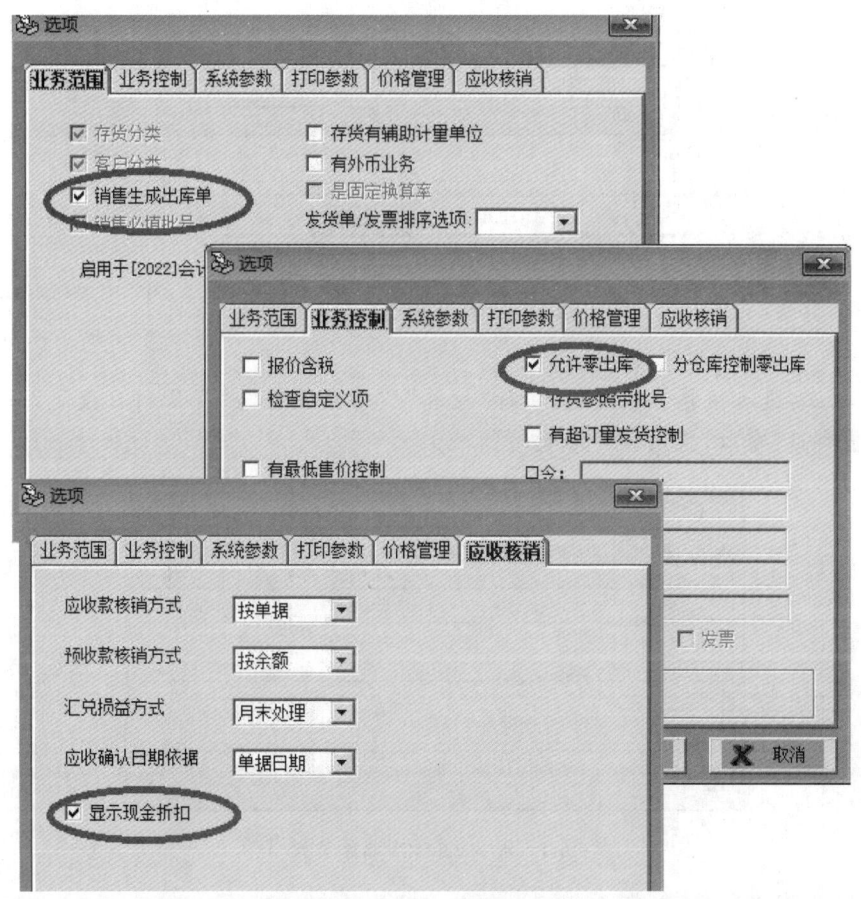

图 4-57　销售管理业务参数

步骤二：进入库存管理模块，执行"库存"/"库存业务范围设置"命令，打开"系统参数设置"窗口，也可以进行"允许零出库"的参数设置（图 4-58）。

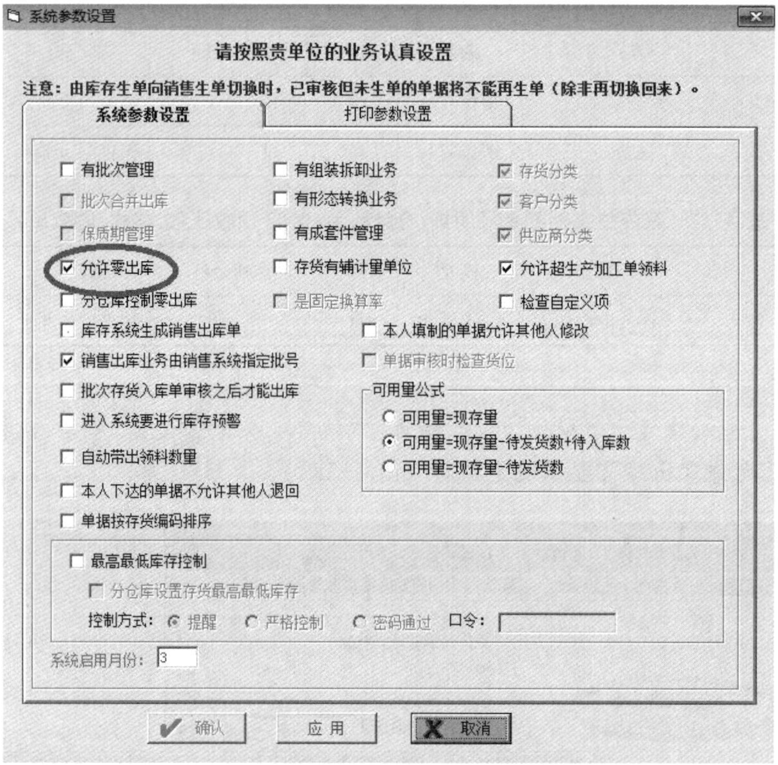

图 4-58　库存管理业务参数

步骤三：进入核算管理模块，执行"核算"/"科目设置"/"存货科目设置"命令，打开"存货科目"窗口，录入相关参数（图4-59）。

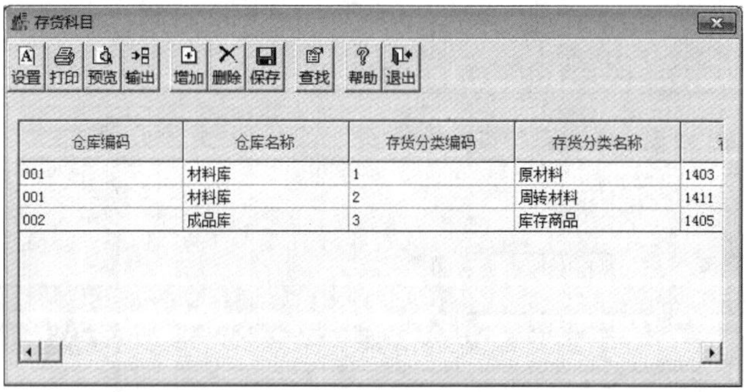

图 4-59　核算管理业务参数

步骤四：录入供应商和客户往来期初明细余额：
进入采购管理模块，执行"供应商往来"/"供应商往来期初"命令，点击【增加】按钮，单据名称选"应付单"，点击【保存】按钮，相同操作再增加"预付款"单据（图4-60至图4-65）。

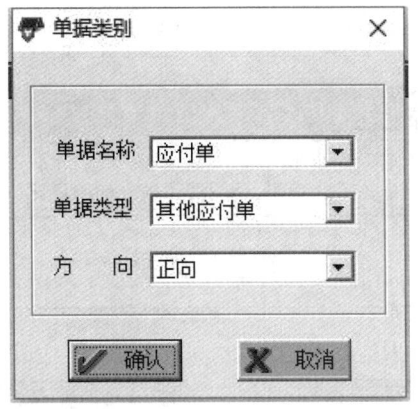

图 4-60 单据类别选择

图 4-61 常州宏达应付单录入

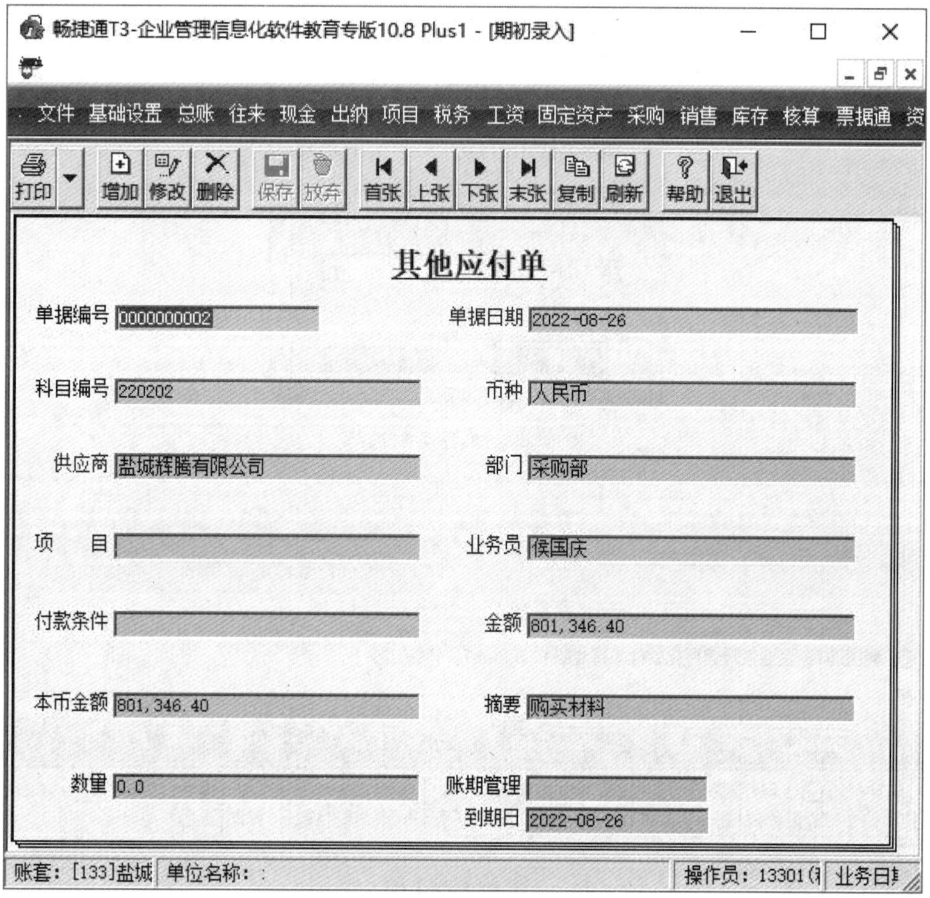

图 4-62　盐城辉腾应付单录入

图 4-63　单据类别选择

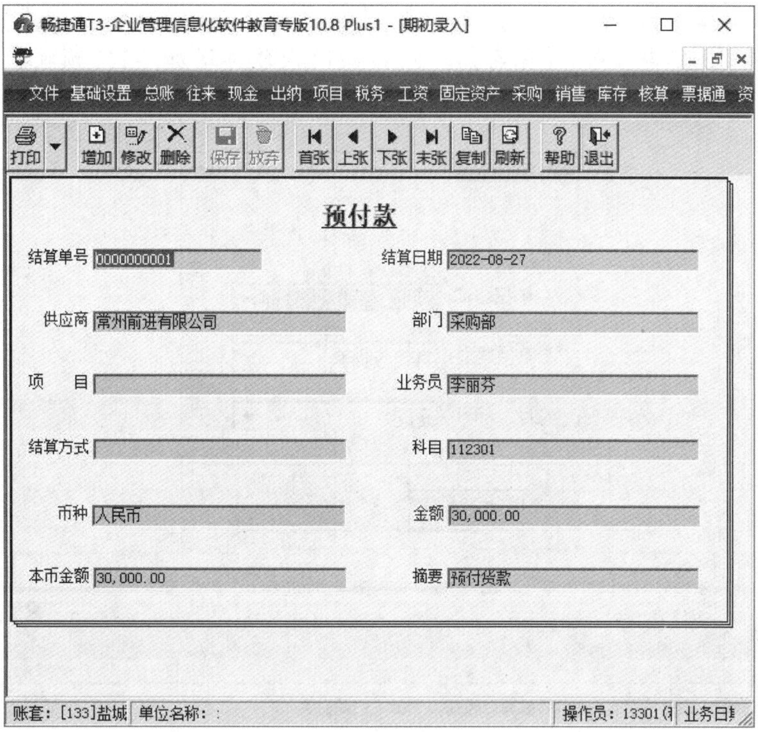

图 4-64　常州前进预付款录入

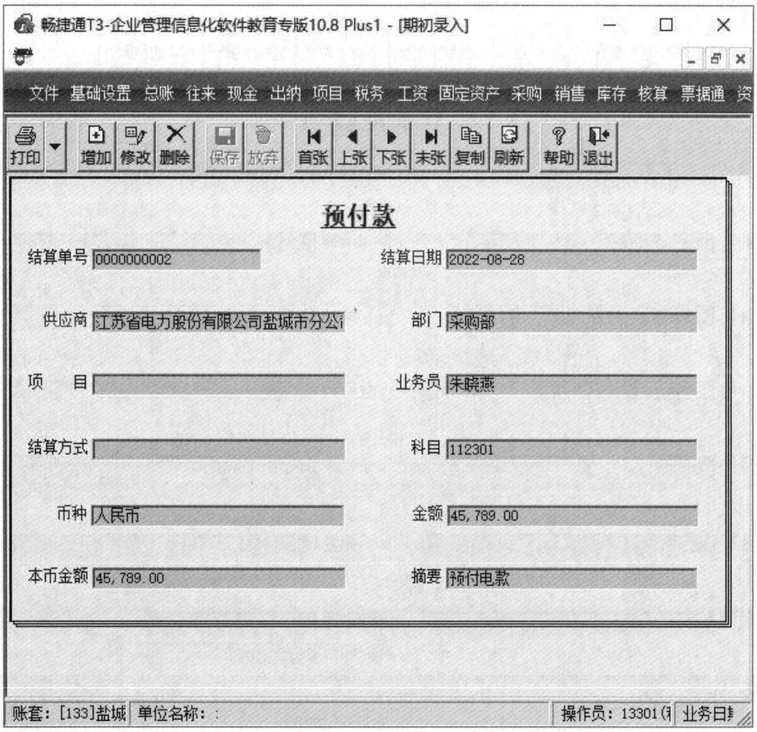

图 4-65　供电公司预付款录入

进入销售管理模块,执行"客户往来"/"客户往来期初"命令,点击【增加】按钮,单据名称选"应收单",点击【保存】按钮,按相同操作再增加单据"预收款"(图4-66至图4-70)。

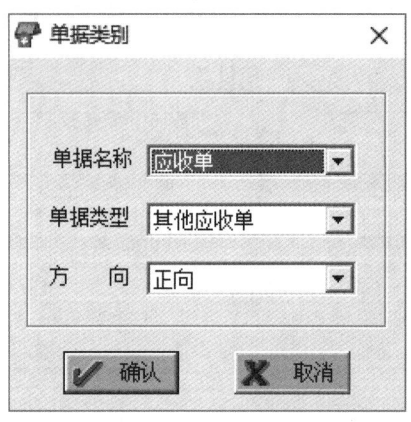

图4-66 单据类别选择

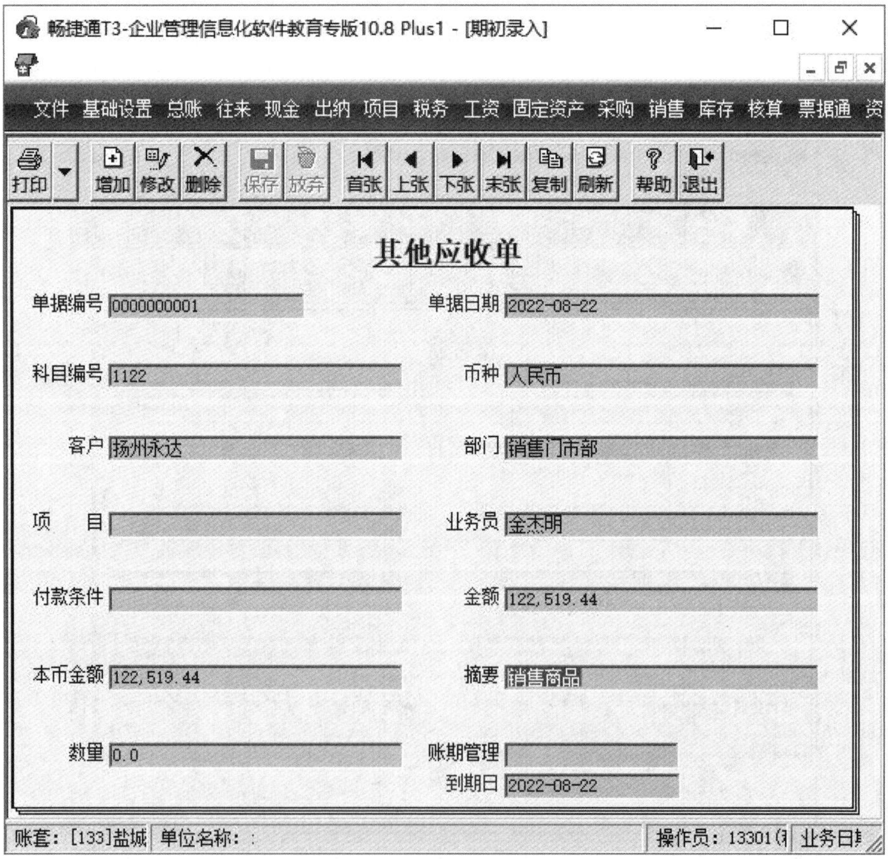

图4-67 扬州永达应收单录入

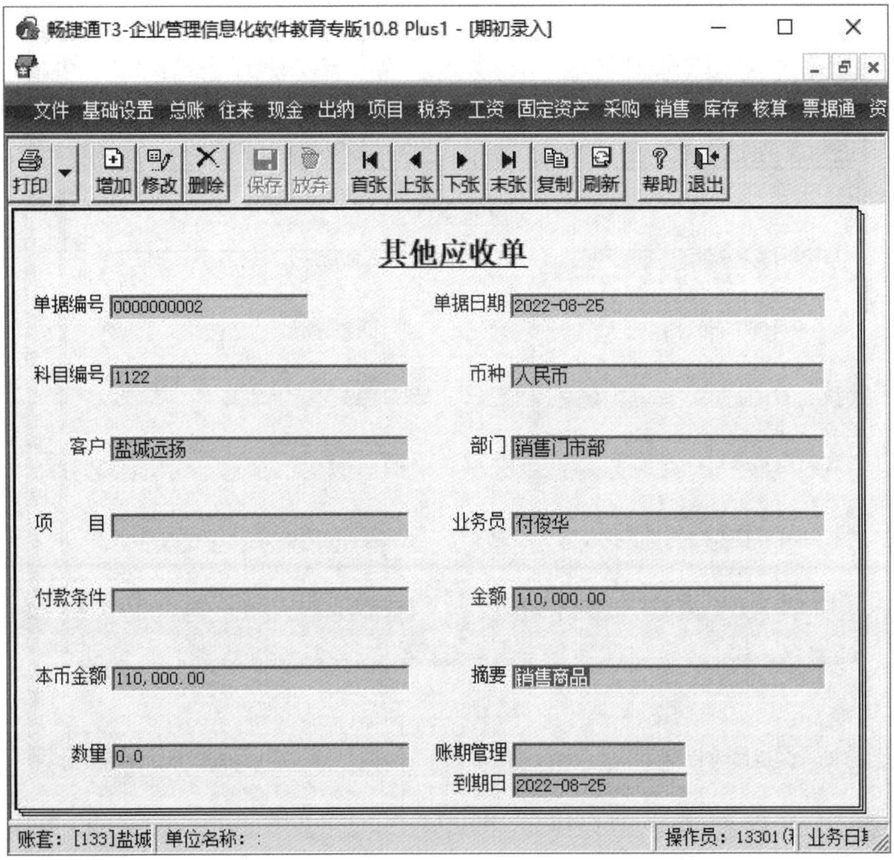

图 4-68　盐城远扬应收单录入

图 4-69　单据类别选择

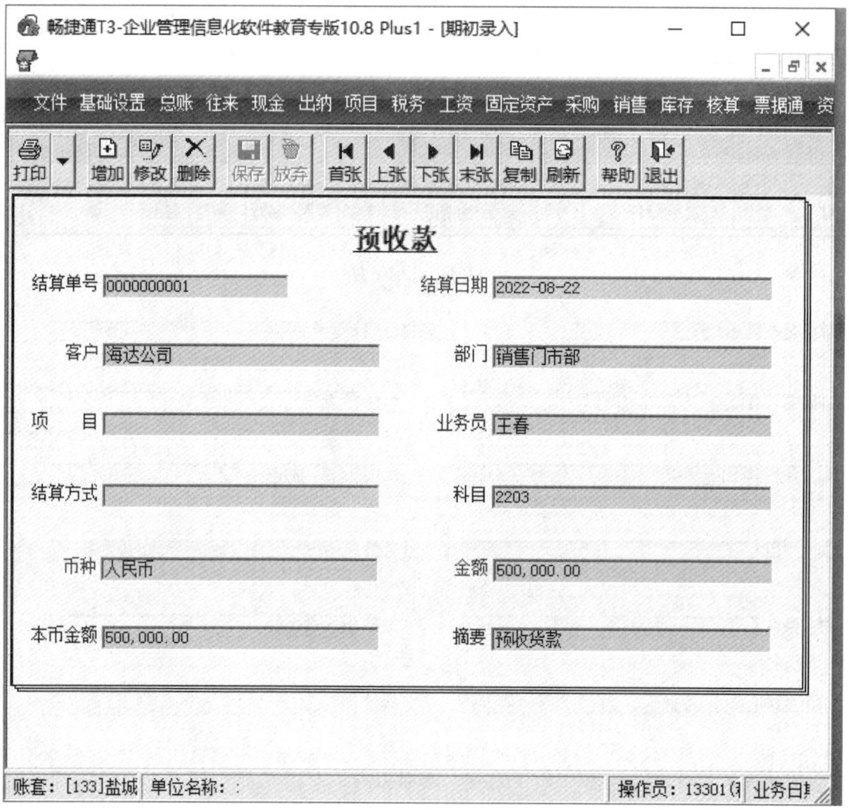

图 4-70 海达公司预收款录入界面

步骤五：录入库存期初：

执行“库存”/“期初数据”/“库存期初”命令，选择材料库，录入资料(图 4-71)，再选择成品库录入相关资料(图 4-72)。

期初余额

仓库：001 材料库 计价方式：全月平均法 存货大类：

存货编码	存货代码	存货名称	规格型号	计量单位	数量	单价	金额	入库日期
101	101	C112		千克	3000.00	32.00	96000.00	2022-08-31
102	102	D328		千克	1000.00	9.00	9000.00	2022-08-31
20101	20101	手套		副	300.00	1.00	300.00	2022-08-31
合计:					4,300.00		105,300.00	

图 4-71 材料库期初

期初余额

仓库：002 成品库 计价方式：全月平均法 存货大类：

存货编码	存货代码	存货名称	规格型号	计量单位	数量	单价	金额	入库日期
301	301	S105		件	500.00	350.82	175410.00	2022-08-31
302	302	T231		件	1000.00	14.22	14220.00	2022-08-31
合计:					1,500.00		189,630.00	

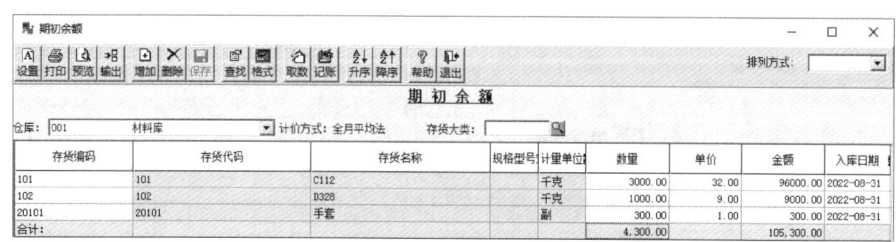

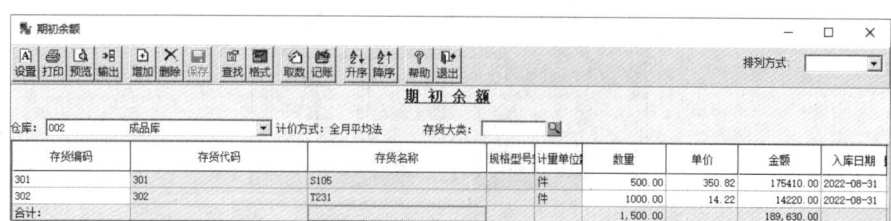

图 4-72 成品库期初

> **注意**
>
> 库存的期初资料也可以在核算管理模块通过"期初数据"/"期初余额"录入，界面和录入方式相同，所以存货的期初余额只要在库存管理或者核算管理两个模块中选择其一即可，数据会在另外一个模块自动生成。

业务 2：上月有两笔订单业务，结合购销合同录入期初单据。

（1）录入采购订单，8 月 22 日采购部李丽芬与常州前进有限公司签订采购合同，购入材料，税率 13%，计划到货期 9 月 2 日。具体合同如表 4-18 所示。

表 4-18 购销合同（简表）

2022 年 8 月 22 日

购货方	盐城风奥有限公司	地址：江苏盐城和平路 190 号		开户行：建行盐城和平路支行	
		电话：82235613		账号：5671893919	
销售方	常州前进有限公司	地址：常州市天宁区蔡丹街张英路 43 号		开户行：中国建设银行常州市天宁区支行	
		电话：051953341507		账号：41622124827219	
销售商品	品名	单位	数量	单价（不含税）	金额（不含税）
	D328	千克	3 000	10.00	30 000.00
	合计				30 000.00
结算方式		运费分担方式			
付款条件					

（2）录入销售订单：8 月 26 日，销售门市部金杰明与盐城远扬有限公司签订销售合同。计划发货期为 9 月 1 日，如表 4-19 所示。

表 4-19 购销合同（简表）

2022 年 8 月 26 日

购货方	盐城远扬有限公司	地址：盐城市亭湖区胡凤街李莉路 20 号		开户行：中国建设银行盐城市亭湖区支行	
		电话：051585211174		账号：41622124100205	
销售方	盐城风奥有限公司	地址：江苏盐城和平路 190 号		开户行：建行盐城和平路支行	
		电话：82235613		账号：5671893919	
销售商品	品名	单位	数量	单价（不含税）	金额（不含税）
	S105	件	60	500.00	30 000.00
	合计				30 000.00
结算方式		运费分担方式			
付款条件					

任务实施

进入采购管理模块,在主界面中点击"采购订单",点击【增加】按钮,录入购销合同内容,点击【保存】按钮(图4-73)。相同原理,进入销售管理,在销售主界面点击"销售订单",点击【增加】按钮,录入购销合同内容,点击【保存】按钮(图4-74)。

图4-73 期初采购订单录入

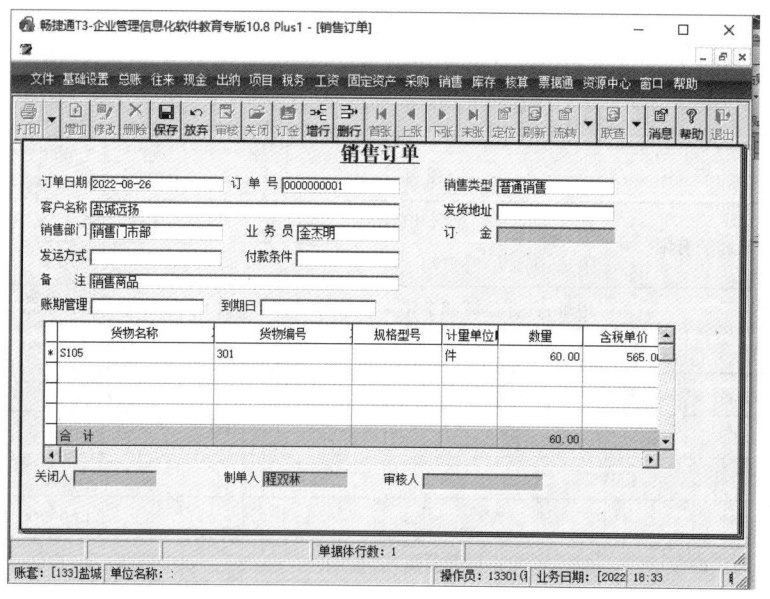

图4-74 期初销售订单录入

业务3:对购销存及核算子系统进行期初记账。

任务实施

执行"采购"/"期初记账"和"库存"/"期初数据"/"库存期初"命令,点击【记账】按钮(图4-75、图4-76)。

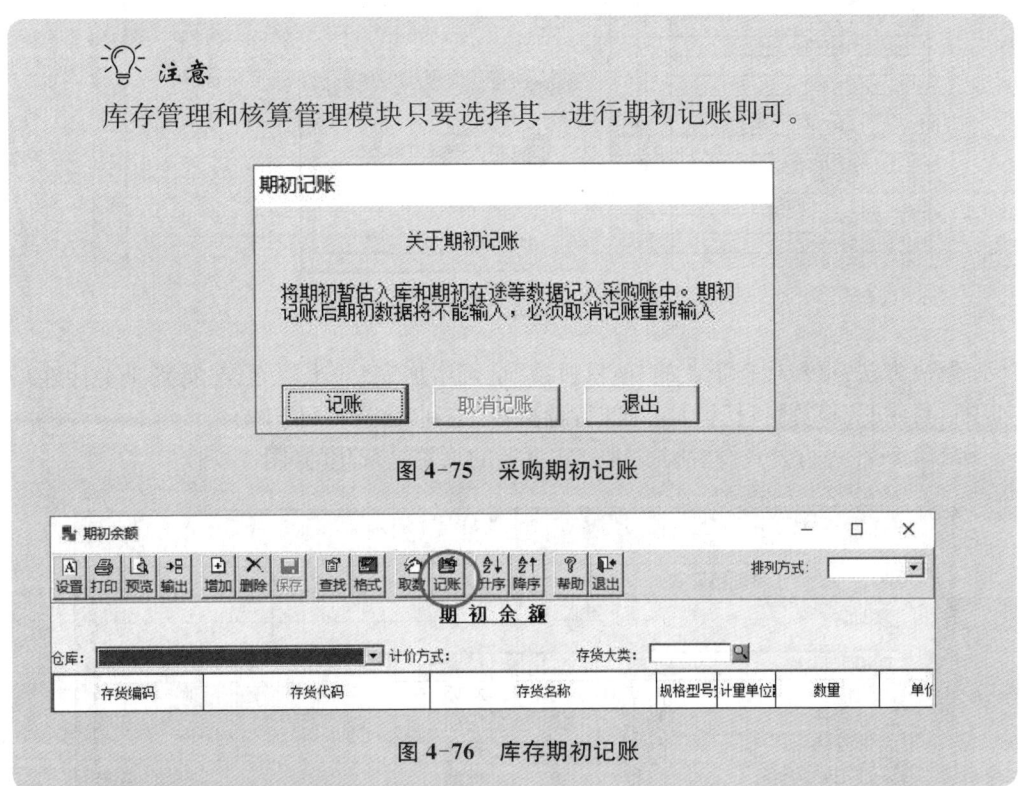

图4-75 采购期初记账

图4-76 库存期初记账

◎ 练一练

期初记账的逆操作:执行"库存"/"期初数据"/"库存期初"/"恢复"和"采购"/"期初记账"命令,点击【取消记账】按钮。

注意

(1)在本期业务还未进行任何操作时,可执行该逆操作。

(2)库存管理和核算管理模块只要选择其一进行取消期初记账即可。

 故障诊断

故障1:在录入生产成本科目期初余额时,双击余额栏出现图4-77提示,可是定义过项目大类了,为什么还会有此提示呢?

原因分析:生产成本科目设置了项目大类的辅助项,那么就应该通过执行"基础设置"/"财务"/"项目目录"命令增加相应的项目目录,但是由于项目目录增加不完整或者不成功,会使得项目目录的操作无效。

■ 常见财务软件应用(用友畅捷通 T3)

图 4-77 项目大类故障提示

解决方法：重新检查企业的"项目目录"是否增加完整，步骤无误，特别是关注在增加项目目录时"核算科目"里是否把"待选科目"选到"已选科目"中。

故障 2：在进行公式设置时发现公式设置的页签是灰化的(图 4-78)。

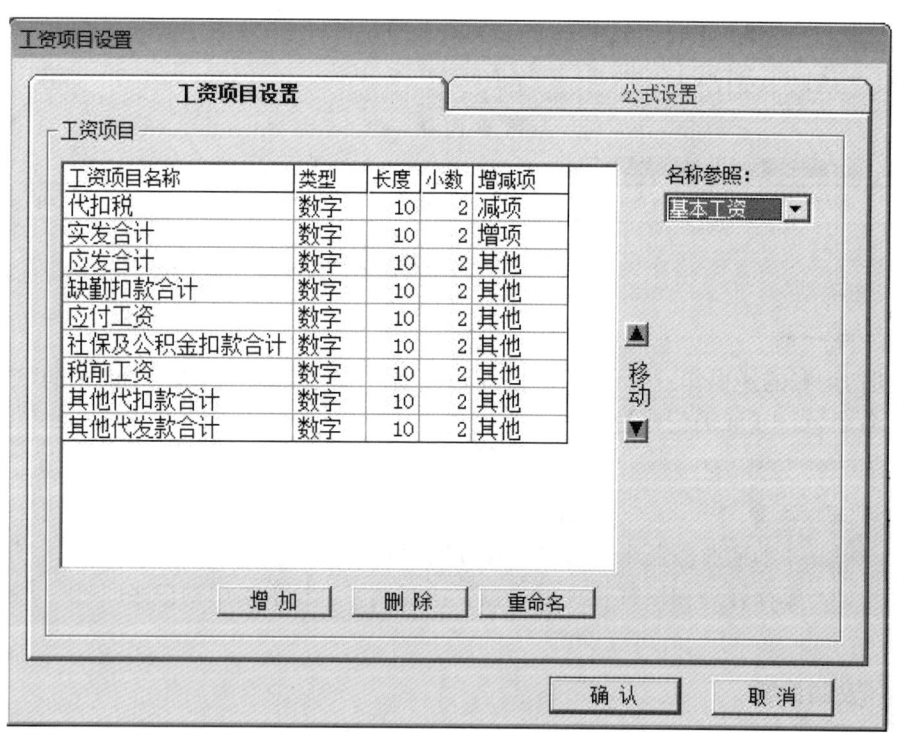

图 4-78 公式设置灰化

原因分析："公式设置"是为人员进行的工资公式设置，在没有人员的情况下，公式设置无法进行。

解决办法：先"批增"人员档案，再进行公式设置。

故障 3：当在采购管理中录入完毕供应商往来期初余额时，会计执行了对账功能，发现总账和明细账的余额之间相差 30 000 元，如图 4-79 所示，检查并未发现有任何的期初资料漏录入。

科目		应付期初		总账期初		差额	
编号	名称	原币	本币	原币	本币	原币	本币
112302	供应商	-45,789.00	-45,789.00	-75,789.00	-75,789.00	30,000.00	30,000.00
2201	应付票据	0.00	0.00			0.00	0.00
220202	供应商	831,346.40	831,346.40	831,346.40	831,346.40	0.00	0.00
	合计		785,557.40		755,557.40		30,000.00

图 4-79　对账界面

原因分析：从图 4-80 中不难看出，预付给常州前进有限公司的货款正好是差额 30 000 元，但是预付款单的科目 112302 没有录入，使得系统无法在对账时，将这笔金额作为预付账款进行核对。

单据类型	单据编号	单据日期	供应商编号	供应商	科目	币种	摘要	方向	原币金额
预付款	0000000001	2022-02-27	2002	常州前进有限公司		人民币	预付货款	借	30,000.00
预付款	0000000002	2022-02-28	1001	江苏省电力公司盐城供	112302	人民币	预付电费	借	45,789.00
其他应付单	0000000001	2022-02-24	2001	常州宏达有限公司	220202	人民币	购买材料	贷	30,000.00
其他应付单	0000000002	2022-02-26	1002	盐城晖腾有限公司		人民币		贷	801,346.40

图 4-80　缺少科目 112302

解决方法：选中常州前进有限公司那条信息双击打开预付款单，点击【修改】功能，将科目 112302 录入后重新保存即可对账成功。另外，在预付款单中漏输科目，还会造成总账的引入功能无法使用，解决方法和此题相同，正确对账结果如图 4-81 所示。

科目		应付期初		总账期初		差额	
编号	名称	原币	本币	原币	本币	原币	本币
112302	供应商	-75,789.00	-75,789.00	-75,789.00	-75,789.00	0.00	0.00
2201	应付票据	0.00	0.00			0.00	0.00
220202	供应商	831,346.40	831,346.40	831,346.40	831,346.40	0.00	0.00
	合计		755,557.40		755,557.40		0.00

图 4-81　正确对账结果图

故障 4：企业发现期初余额录入有误想要取消库存的期初记账，进行修改，遇到如图 4-82 所示问题，恢复的按钮是灰化的，无法进行恢复。

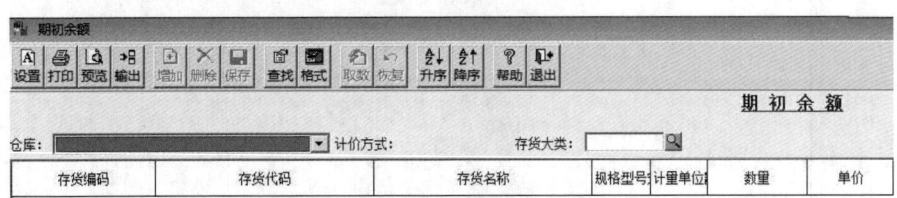

图 4-82　库存期初记账无法恢复

原因分析：本期业务已经开始了操作，有相应的原始单据或者是凭证生成。

解决方法：只有把本期业务进行的所有操作全部删除，才能进行取消期初记账的操作。

故障5：在进行购销存及核算子系统操作时，经常遇到图4-83的问题，应该如何解决？

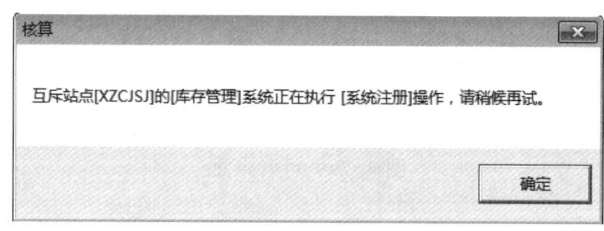

图4-83 互斥站点

原因分析：软件的操作提示是"库存管理"正在执行操作，说明该模块被打开了。

解决方法：鼠标右键单击"库存管理"，会出现"注销"字样，点击【注销】按钮，就会关闭库存管理，然后核算管理的操作就可以继续执行了。

 能力训练

◎ **案例描述1**

盐城风奥有限公司为了严格规范本企业的支票使用和登记工作，避免出现支票登记簿漏登的情况出现，请考虑应该如何控制总账的参数？

◎ **做一做**

步骤一：执行"基础设置"/"财务"/"结算方式"命令，选择"现金支票"，在"票据管理方式"复选框打钩，转账支票作相同操作（图4-84）。

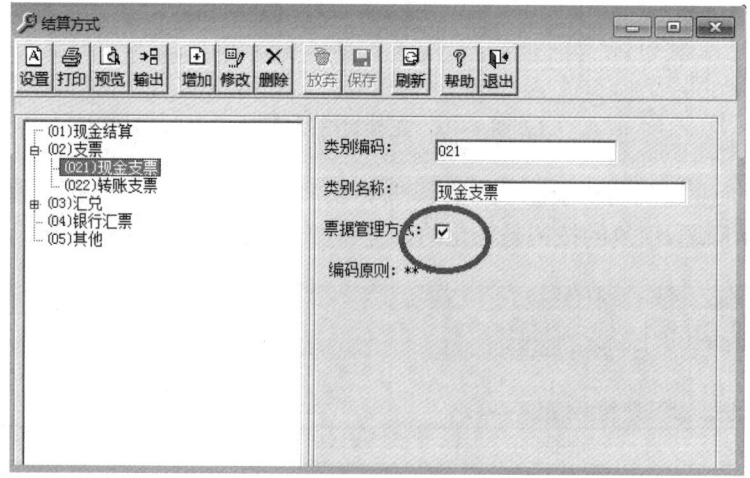

图4-84 结算方式界面

步骤二:执行"总账"/"设置"/"选项"命令,在"支票控制"复选框打钩(图4-85)。

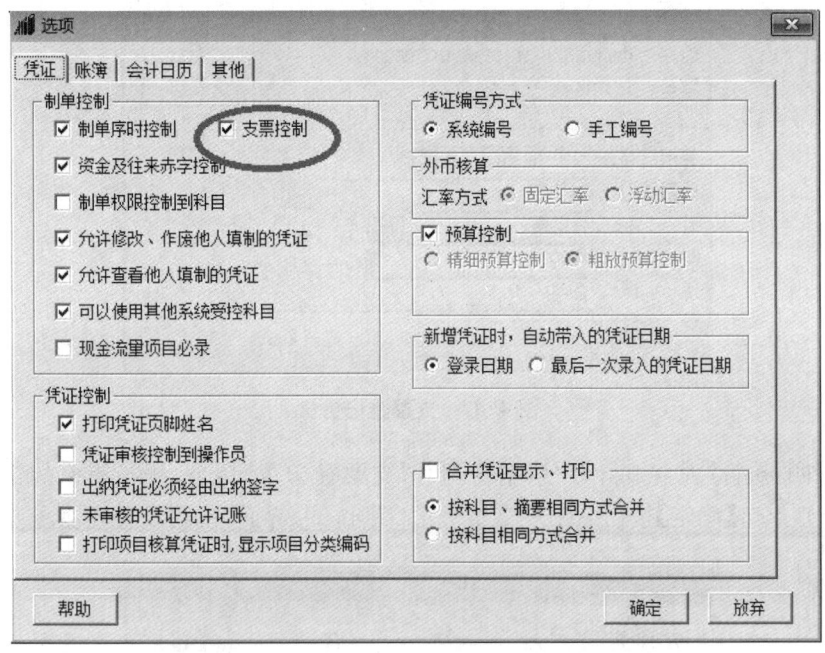

图4-85 凭证参数设置

步骤三:在"总账"中,执行"凭证"/"填制凭证"命令,录入如图4-86所示的账务处理,点击【保存】按钮时,会出现对话框,点击【是】按钮,录入相关信息(图4-87)。

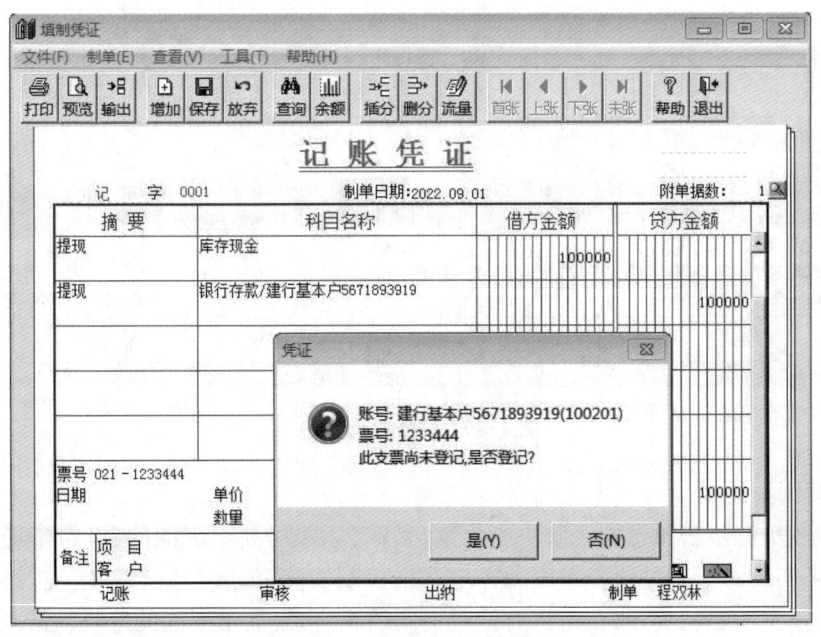

图4-86 保存时提示界面

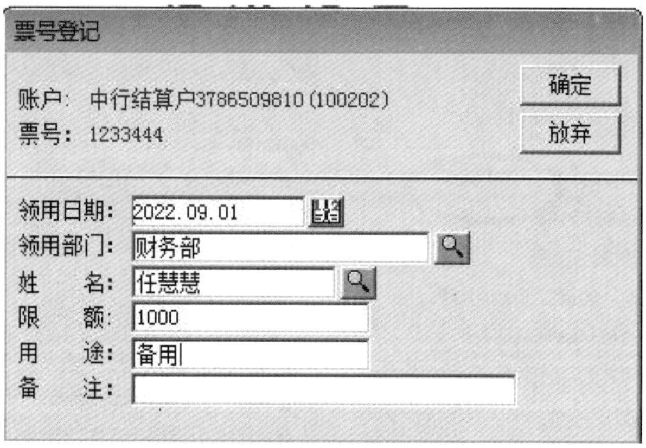

常见财务软件应用(用友畅捷通 T3)

图 4-87 支票登记信息

步骤四:执行"现金银行"/"票据管理"/"支票登记簿"命令,选择正确的银行项目(图 4-88),点击【确定】按钮后出现支票登记(图 4-89)界面,说明设置成功。

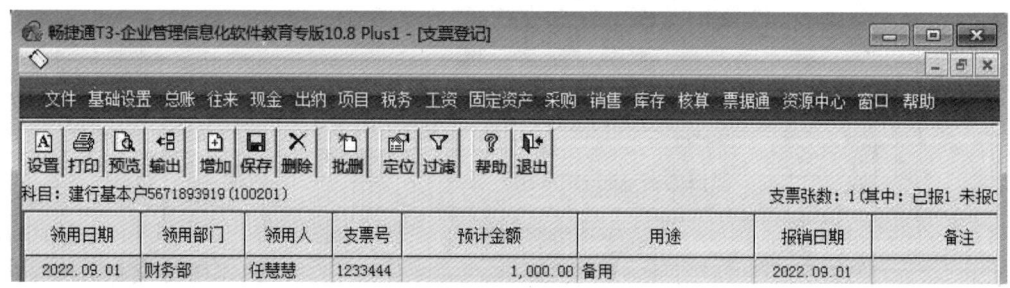

图 4-88 选择银行科目

图 4-89 完成支票登记

◎ **案例描述 2**

盐城风奥有限公司想彻底解决应收款、呆账、坏账居高不下的问题,希望通过用友T3 软件来实现对于超过预警额度的客户严格控制发货,如客户有特殊情况,必须由总经理本人签字才能发货,故在销售时针对不同的客户,设立了不同的应收款最高限制和最长账期。由于盐城远扬以往的回款状况不是太好,为避免金额较大的应收款收不回来而使本公司蒙受损失,故想限制对盐城远扬的应收账款不得超过50 000元,请尝试如何操作?

◎ 做一做

步骤一:执行"基础设置"/"往来单位"/"客户档案"命令,双击打开"盐城远扬"的档案卡片,切换到"信用"选项卡,信用额度录入50 000,最后点击【保存】按钮(图4-90)。

图4-90 客户档案信用选项卡

步骤二:执行"销售"/"销售业务范围设置"命令,切换"业务控制"页签,进行参数打钩,输入口令(图4-91)。

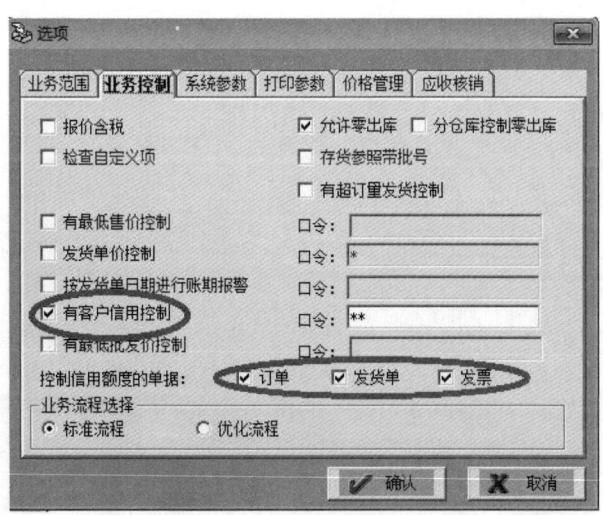

图4-91 销售业务控制页签

步骤三：按下列截图信息在销售管理模块录入"销售专用发票"，当保存时就会出现"口令控制"对话框，说明设置成功（图4-92）。

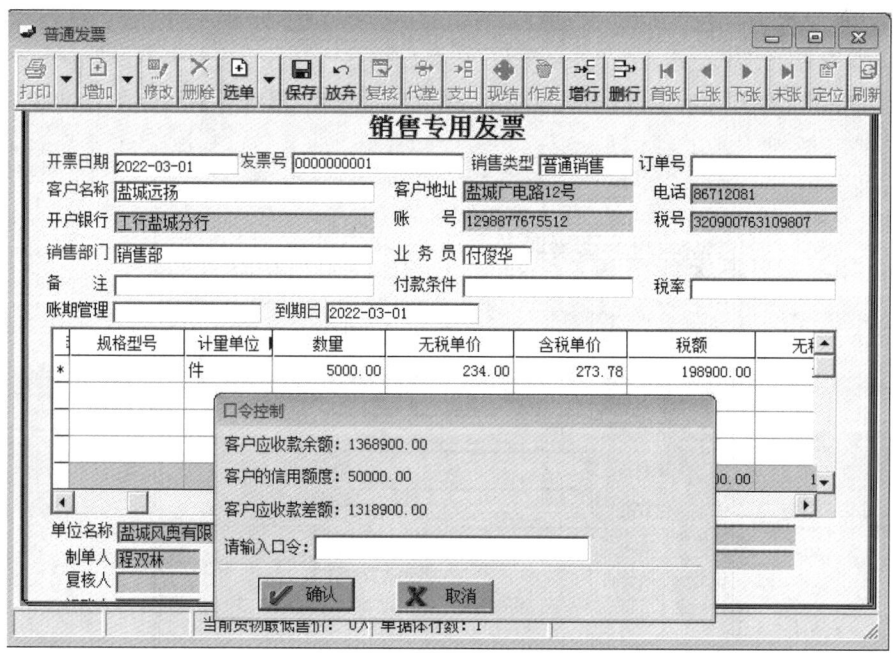

图4-92　销售专用发票录入

项目五　日常账务处理

 **学习目标**

知识目标：学会凭证的填制、修改和查看；审核记账；明细账查询、打印功能；掌握工资变动的数据录入、数据筛选、数据替换和过滤器等；掌握代扣税的设置；掌握资产增加、资产减少、资产变动、资产评估以及计提折旧的业务处理；掌握常见的几种购销存业务。

能力目标：能够根据企业的实际情况进行总账、工资、固定资产和购销存相关岗位的日常工作；能够根据企业的实际情况辨别业务类型进行正确的业务处理，会运用账表管理功能提高固定资产的管理效率；能够理解购销存的内部控制意义。

当企业的系统管理、基础设置和初始化工作完成后，相当于手工的建账工作已完成，即可进行相应会计期间的日常业务操作了。不同岗位的会计人员应该在企业发生经济业务时，根据岗位职责，在自己的权限范围内处理相应业务。

由于不同的权限涉及的业务模块不同，相应的操作流程也有所不同，具体如下所示。

（1）总账日常处理的操作流程及与其他模块的关系（图 5-1、图 5-2）。

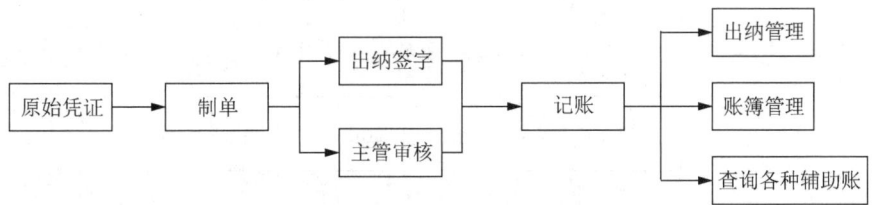

图 5-1　总账日常业务处理流程图

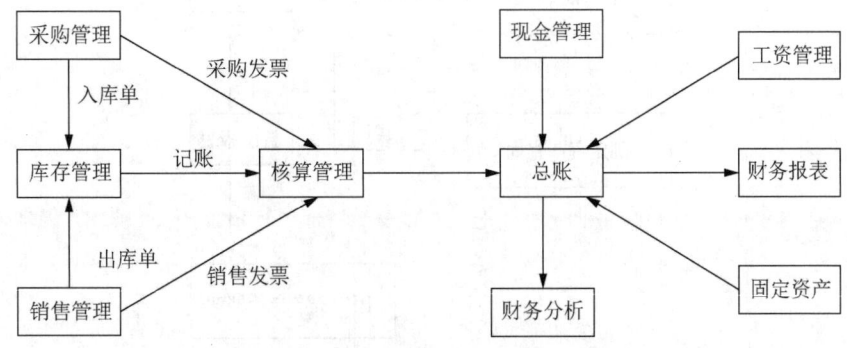

图 5-2　总账与其他模块关系图

（2）工资日常处理的操作流程（图5-3）。

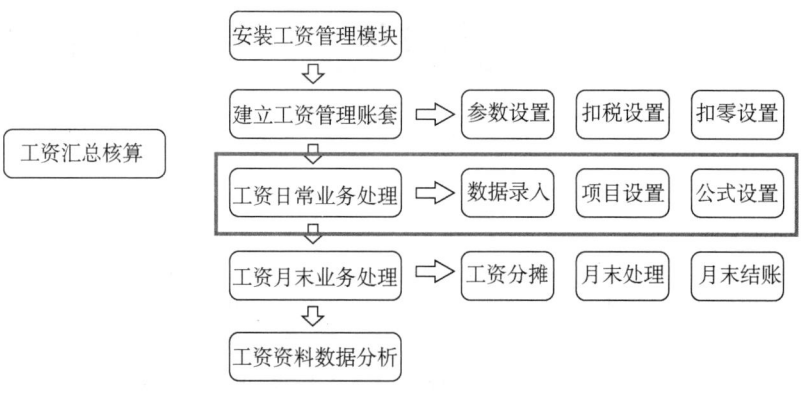

图 5-3　工资日常业务处理流程图

（3）固定资产日常处理的操作流程（图5-4）。

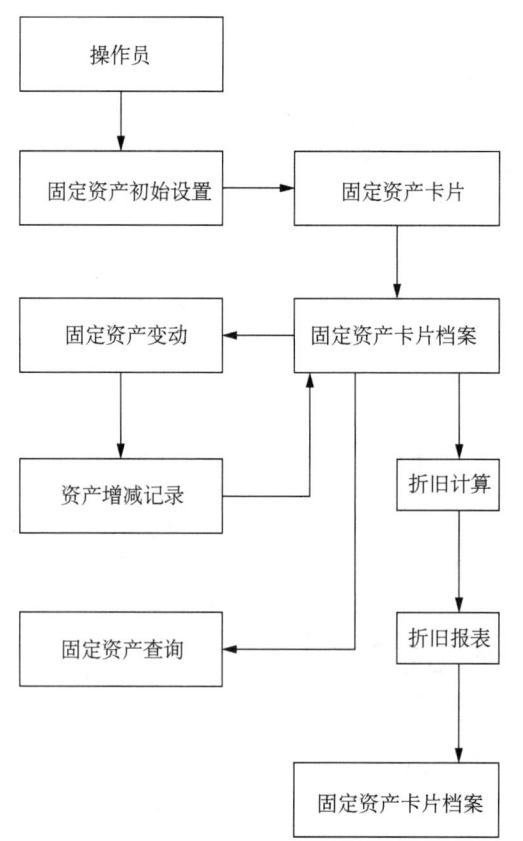

图 5-4　固定资产日常处理流程图

(4) 购销存日常处理的操作流程(图 5-5)。

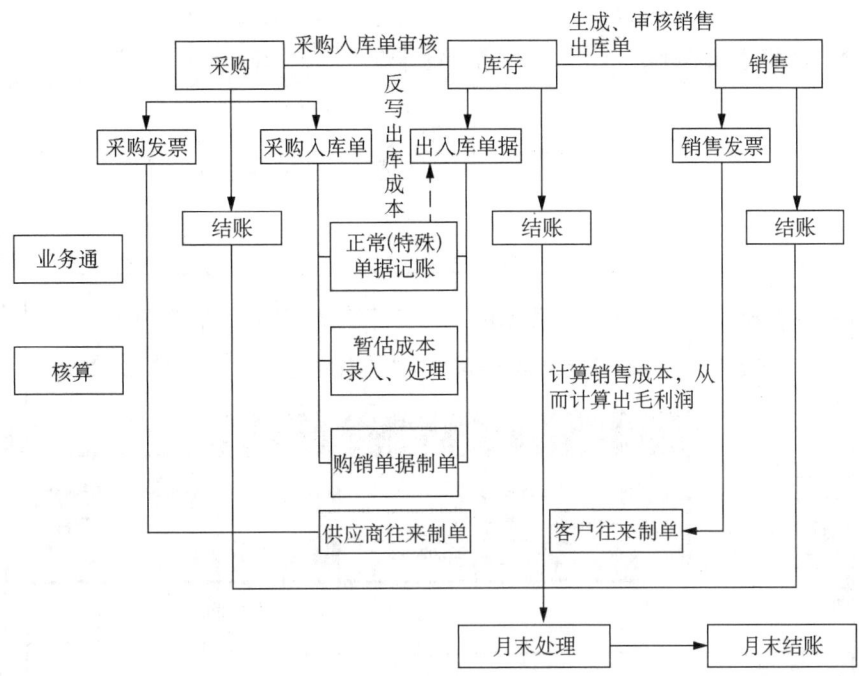

图 5-5 购销存日常处理流程图

任务一 总账日常账务处理

 知识认知

记账凭证是登记账簿的依据,是总账系统的主要数据来源。总账系统中凭证处理是整个总账系统的基础工作,主要完成凭证的填制、审核及记账等工作,它是账务处理中使用最频繁、工作量最大的工作。企业发生的经济业务,经过制单、审核、记账等程序之后,就形成了会计账簿信息,是未来进行账表管理的基础数据。

1. 填制凭证

进入总账,在主界面可以直接执行"填制凭证"命令,点击【增加】按钮,输入凭证日期和附单据数,录入摘要、选择科目、输入金额,借贷平衡后,点【增加】按钮可做下一张凭证(图 5-6)。

(1) 凭证编号:系统默认按时间顺序自动编号。如不需要系统自动编号,请手工编号。

需要手工编写凭证号时(主要针对在整理凭证时,出现提示"是否整理凭证断号时"选择"否"的情况下),执行"总账"/"设置"/"选项"命令,点击【编辑】按钮,修改"系统编号"为"手工编号",最后确定即可。此选项可随时修改。

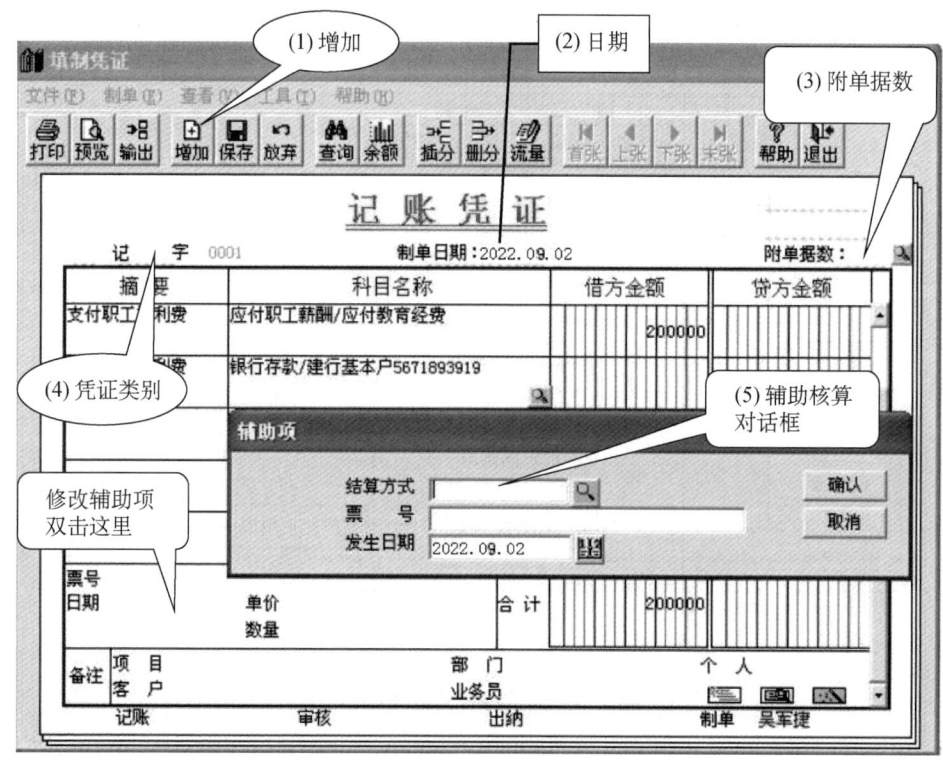

图 5-6 填制凭证窗口

（2）如果科目设置了辅助核算属性,则在填制凭证时系统会自动提示输入辅助信息,如部门、个人、项目、客户、供应商、数量等。录入的辅助信息将在凭证左下方的备注中显示。

（3）若想放弃当前未完成的分录的输入,可按【删除】按钮或【Ctrl+D】键删除当前分录即可。

（4）如果填制凭证使用的科目为现金流量科目,那么在录完本条分录后要求指定该分录的现金流量项目。可将一条分录指定为多个现金流量项目,但总金额必须与分录的金额保持一致。对于未指定为现金流量的科目,如需指定现金流量项目,可在录入一条分录的金额后,点击【流量】按钮,则会弹出现金流量项目指定的窗口,要求您输入此条件分录对应的现金流量项目。

2. 出纳签字

本月所有凭证录入完成后,执行"文件"/"重新注册"命令,操作员改为出纳岗位的操作员进入总账,执行"总账"/"凭证"/"出纳签字"命令,选择月份,点击【确定】【确定】按钮;或"出纳"/"成批出纳签字"命令,点击【确定】【退出】按钮(图 5-7)。

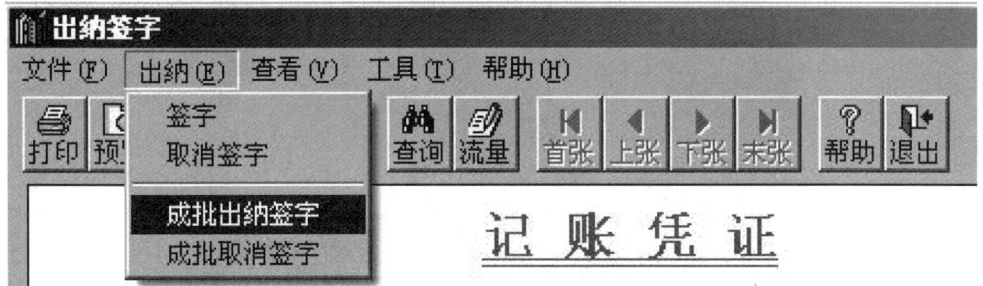

图 5-7 出纳签字

3. 审核凭证

本月所有凭证录入完成后,执行"文件"/"重新注册"命令,改为有审核权限的操作员进入总账,执行"总账"/"凭证"/"审核凭证"命令,选择月份,点击【确定】【确定】按钮;或在主界面直接点击"审核凭证",执行"审核"/"成批审核凭证"命令(提示完成凭证的审核)点击【确定】【退出】按钮(图 5-8)。

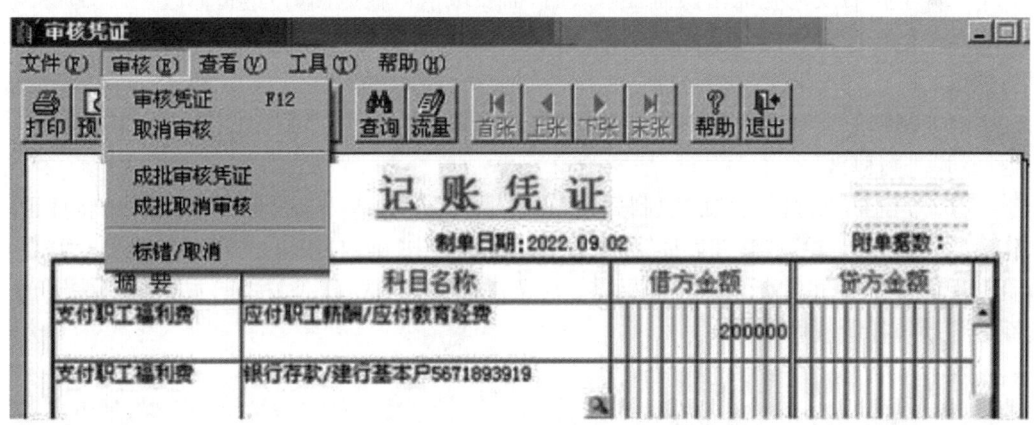

图 5-8 凭证审核

> 注意
> 审核人和制单人不能是同一个人;可单张审核亦可成批审核;取消审核签字只能由审核签字人自己取消;凭证一经审核,就不能被修改、删除,只有取消审核签字后才可以进行修改或删除。

4. 记账

以有记账权限的操作员(或账套主管)进入总账,在主界面点击【记账】按钮,按照系统提示依次点击【全选】【下一步】【记账】按钮(第一次记账时会提示期初试算平衡,点击【确定】按钮即可),提示记账完毕后,点击【确定】按钮,完成记账工作(图 5-9)。

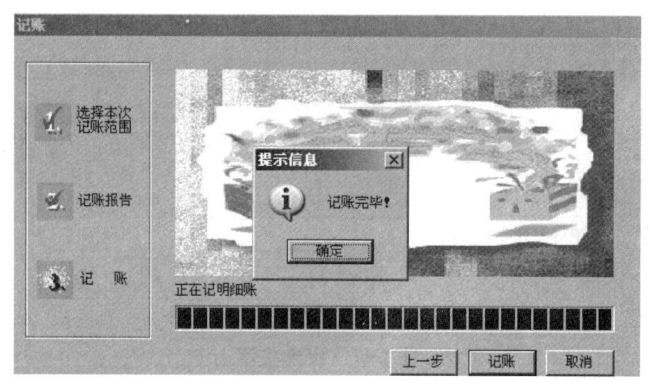

图 5-9 记账完毕图

5. 修改、删除凭证

(1) 修改凭证必须在"填制凭证"窗口下才能进行修改。

(2) 填制后未进行过出纳签字、审核等后续处理的凭证,直接找到需要修改的凭证修改即可。

(3) 审核后发现凭证错误需要修改时,需要取消审核返回(1)进行修改。

(4) 记账后发现凭证错误需要修改时,需要取消记账、取消审核等操作返回(1)进行修改。

(5) 结账后发现凭证错误需要修改时,需要取消结账、取消记账、取消审核等操作返回(1)进行修改。

(6) 凭证需要删除时,在"填制凭证"窗口下,执行"制单"/"作废/恢复"命令,将凭证作废。再执行"制单"/"整理凭证"命令,选择月份,点击【确定】按钮。这时系统会出现"是否整理凭证断号"的提示窗口。如果需要保留凭证号,则选择【否】按钮,点击【是】按钮则系统自动填补凭证号。

> 💡 注意
>
> 会计科目必须为末级科目;金额和摘要不能为空;红字以"一"号表示。费用类科目,如"财务费用"科目,在填制凭证时,必须做在借方,借方蓝字或者借方红字(点击键盘上"一"号),否则报表取数不平。

◎ 练一练

取消结账需要在结账向导中,选择要取消结账的月份上,同时按住键盘上的【Ctrl+Shift+F6】键方可进行,具体操作方法参考项目六结账的内容。

 工作任务

盐城风奥有限公司 2022 年 9 月份发生部分经济业务如凭证 5-1、凭证 5-2、凭证 5-3 所示,依据相关业务填制记账凭证。

业务 1:2022 年 9 月 2 日取得 3 张原始凭证。

凭证 5-1

 3209161140

江苏增值税专用发票

NO.51259092   3209161140
51259092

开票日期：2022 年 09 月 02 日

购买方	名　　称：盐城风奥有限公司 纳税人识别号：320900552800145 地　址、电　话：江苏盐城和平路190号 0515-82235613 开户行及账号：中国建设银行盐城和平路支行 5671698919	密码区	01 * 3187＜4/＋8471＜＋95－59＋7＜ 9576226＜0－－＞＞－6＞525＜724145－＞ 7 * 787 * 3187＜4/＋8490＜＋369039844969 ＋＜712/＜1＋9016＞0055＋＋＞84＞142

货物或应税劳务、服务名称	规格型号	单位	数量	单价	金额	税率	税额
培训费		次	1	1 886.79	1 886.79	6%	113.21
合　计					￥1 886.79		￥113.21

价税合计(大写)　⊗贰仟元整　　　　　　　　　(小写) ￥2 000.00

销售方	名　　称：盐城至诚培训中心人力资源管理有限公司 纳税人识别号：9132090328966635l8 地　址、电　话：江苏省盐城市盐都区社新街宋玉路46号 0515-51051708 开户行及账号：中国建设银行盐城市盐都区支行 41622124332367	备注	（发票专用章）

收款人：　　　复核：　　　开票人：吴洪江　　　销售方：(章)

第二联 抵扣联 购买方扣税凭证

凭证 5-2

 3209161140

江苏增值税专用发票

NO.51259092   3209161140
51259092

开票日期：2022 年 09 月 02 日

购买方	名　　称：盐城风奥有限公司 纳税人识别号：320900552800145 地　址、电　话：江苏盐城和平路190号 0515-82235613 开户行及账号：中国建设银行盐城和平路支行 5671698919	密码区	01 * 3187＜4/＋8471＜＋95－59＋7＜ 9576226＜0－－＞＞－6＞525＜724145－＞ 7 * 787 * 3187＜4/＋8490＜＋369039844969 ＋＜712/＜1＋9016＞0055＋＋＞84＞142

货物或应税劳务、服务名称	规格型号	单位	数量	单价	金额	税率	税额
培训费		次	1	1 886.79	1 886.79	6%	113.21
合　计					￥1 886.79		￥113.21

价税合计(大写)　⊗贰仟元整　　　　　　　　　(小写) ￥2 000.00

销售方	名　　称：盐城至诚培训中心人力资源管理有限公司 纳税人识别号：913209032896663518 地　址、电　话：江苏省盐城市盐都区社新街宋玉路46号 0515-51051708 开户行及账号：中国建设银行盐城市盐都区支行 41622124332367	备注	（发票专用章）

收款人：　　　复核：　　　开票人：吴洪江　　　销售方：(章)

第三联 发票联 购买方记账凭证

凭证 5-3

```
        中国建设银行
        转账支票存根
         10503226
         00001709
附加信息 付款行账号:5671893919

出票日期 2022 年 09 月 02 日
收款人：盐城至诚培训中心人力资源管理有
         限公司
金　额：￥2 000.00
用　途：支付职工教育经费
单位主管              会计
```

任务实施

进入用友 T3 总账,在主界面直接点击"填制凭证",单击【增加】按钮,即可修改凭证日期,输入附单据数,录入摘要、选择科目、输入金额,贷方辅助项自动弹出,结算方式选择转账支票,票号录入 1050322600001709(图 5-10),点击【确认】按钮,贷方金额栏可使用"＝"。

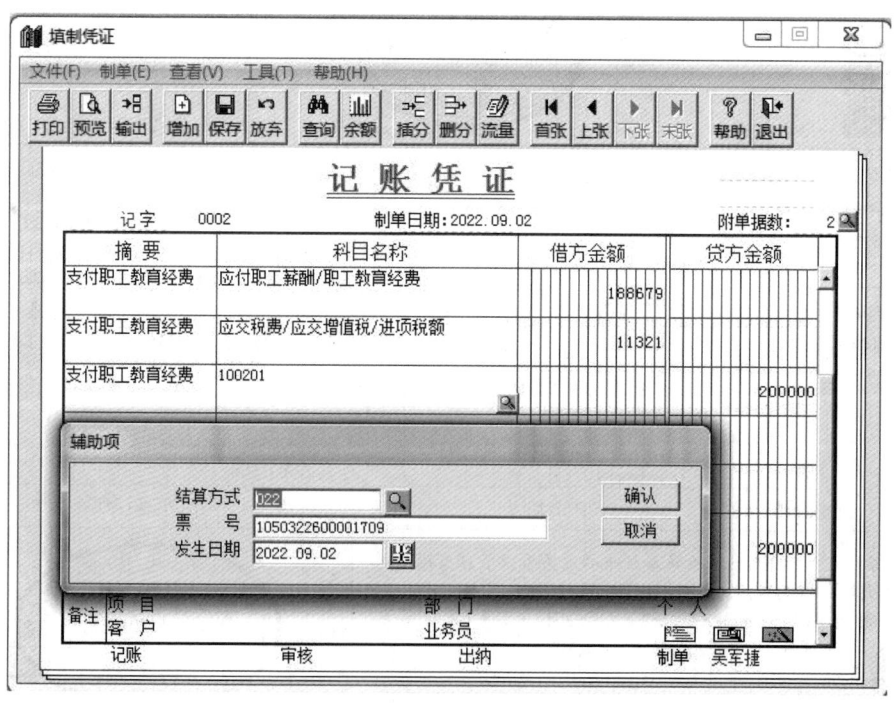

图 5-10 支付职工教育经费

> **注意**
> 当光标单击在银行存款科目名称栏内,移动鼠标至凭证左下角票号日期时,光标会自动变成粗笔头,此时双击,辅助项对话框则自动弹出。只要有辅助核算设置的科目,均可采用此种方法在编制凭证时录入辅助信息。

业务2:2022年9月5日取得2张原始凭证,如凭证5-4、凭证5-5所示。

凭证5-4

任务实施

操作如业务1,贷方银行存款辅助项自动弹出,结算方式选择转账支票,票号录入10503226 00001711(图5-11、图5-12)。

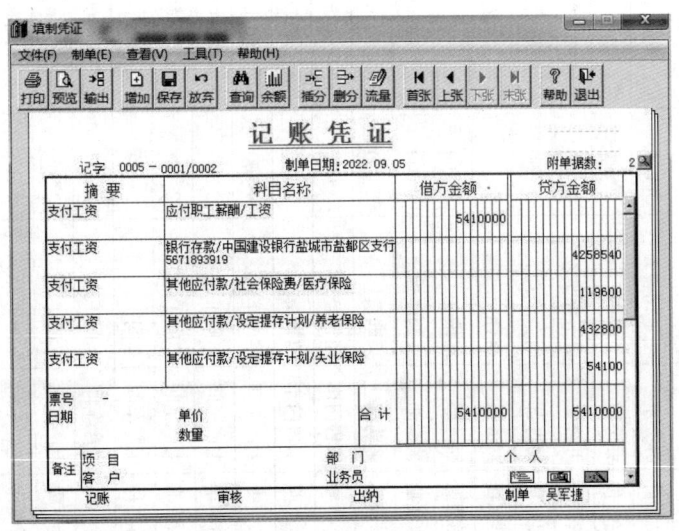

图5-11 制单结果1/2

常见财务软件应用（用友畅捷通T3）

凭证5-5

工资明细及个人承担三险一金计算表

2022-09-05

单位：元

姓名	部门	岗位	应付工资	代扣三险一金				计税基础	代扣个人所得税	代扣款合计	实发工资
				代扣医疗保险	代扣养老保险	代扣失业保险	代扣住房公积金				
吴文胜	办公室	法定代表人	8 000	166.00	640.00	80.00	800.00	6 320.00	39.60	1 725.60	6 274.40
赵 俊	办公室	总经理	2 500	56.00	200.00	25.00	250.00	1 975.00	0.00	531.00	1 969.00
黄铁华	办公室	办公室职员	2 300	52.00	184.00	23.00	230.00	1 817.00	0.00	489.00	1 811.00
程双林	财务部	财务经理	4 000	86.00	320.00	40.00	400.00	3 160.00	0.00	846.00	3 154.00
吴军捷	财务部	会计	2 500	56.00	200.00	25.00	250.00	1 975.00	0.00	531.00	1 969.00
任慧慧	财务部	出纳	2 100	48.00	168.00	21.00	210.00	1 659.00	0.00	447.00	1 653.00
朱晓燕	采购部	采购经理	3 000	66.00	240.00	30.00	300.00	2 370.00	0.00	636.00	2 364.00
李丽芬	采购部	采购员	2 200	50.00	176.00	22.00	220.00	1 738.00	0.00	468.00	1 732.00
王 春	销售门市	销售经理	3 000	66.00	240.00	30.00	300.00	2 370.00	0.00	636.00	2 364.00
金杰明	销售门市	销售员	2 200	50.00	176.00	22.00	220.00	1 738.00	0.00	468.00	1 732.00
张 雯	生产车间	生产车间主任	4 500	96.00	360.00	45.00	450.00	3 555.00	0.00	951.00	3 549.00
周小华	生产车间	车间工人	2 300	52.00	184.00	23.00	230.00	1 817.00	0.00	489.00	1 811.00
王洁洁	生产车间	车间工人	2 300	52.00	184.00	23.00	230.00	1 817.00	0.00	489.00	1 811.00
潘吉林	生产车间	车间工人	2 300	52.00	184.00	23.00	230.00	1 817.00	0.00	489.00	1 811.00
姜 辉	生产车间	车间工人	2 200	50.00	176.00	22.00	220.00	1 738.00	0.00	468.00	1 732.00
樊 耀	生产车间	车间工人	2 200	50.00	176.00	22.00	220.00	1 738.00	0.00	468.00	1 732.00
石俊伟	生产车间	车间工人	2 100	48.00	168.00	21.00	210.00	1 659.00	0.00	447.00	1 653.00
付俊华	销售门市	销售员	2 200	50.00	176.00	22.00	220.00	1 738.00	0.00	468.00	1 732.00
侯国庆	采购部	采购员	2 200	50.00	176.00	22.00	220.00	1 738.00	0.00	468.00	1 732.00
合 计			54 100.00	1 196.00	4 328.00	541.00	5 410.00	42 739.00	39.60	11 514.60	42 585.40

审核：程双林　　　　　编制：吴军捷

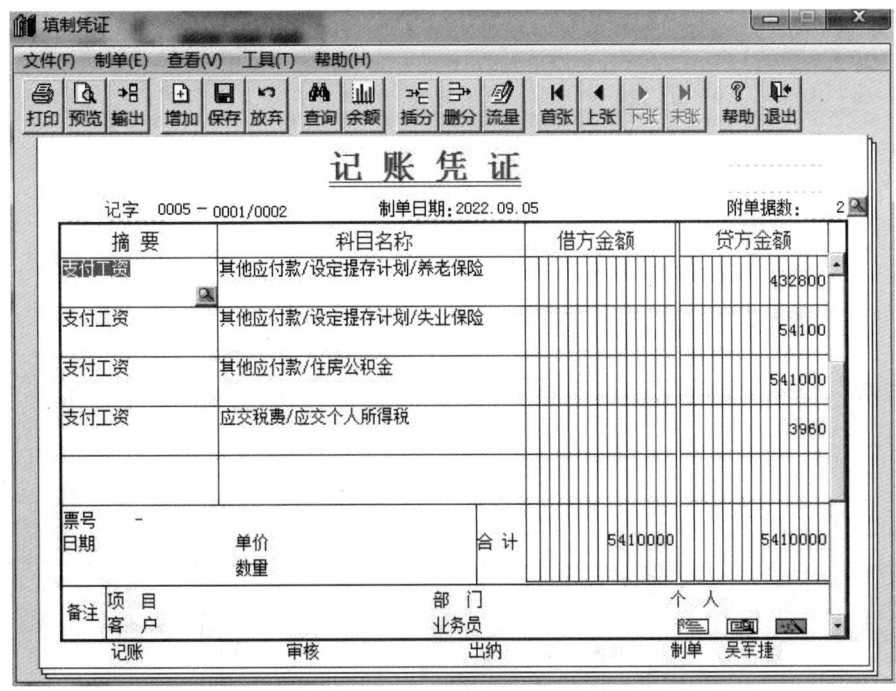

图 5-12 制单结果 2/2

业务 3：2022 年 9 月 9 日取得 1 张原始凭证，如凭证 5-6 所示。

凭证 5-6

中国建设银行银行汇(本)票申请书

币别：人民币　　　　　2022 年 09 月 09 日　　　　　流水号：00038987

业务类型	☑银行汇票 □银行本票	付款方式	☑转账 □现金
申 请 人	盐城风奥有限公司	收 款 人	盐城振华有限公司
账　　号	5671893919	账　　号	41622124408180
用　　途	货款	代理付款行	

金额	(大写)叁万元整	亿 千 百 十 万 千 百 十 元 角 分
		￥ 3 0 0 0 0 0 0

中国建设银行
盐城和平路支行
2022-09-09
办讫
(01)

3257-1033-4234-5202

任务实施

操作如业务 1，贷方银行存款辅助项自动弹出，结算方式选择其他(图 5-13)。

常见财务软件应用(用友畅捷通 T3)

图 5-13　制单结果

业务 4:2022 年 9 月 10 日取得 1 张原始凭证,如凭证 5-7 所示。

凭证 5-7

借　款　借　据

单位编号:4265　　　　　借款日期 2022 年 09 月 10 日　　　　　合同编号:00093

收款单位	名　称	盐城风奥有限公司	借款单位	名　称	盐城风奥有限公司										
	结算户账号	3786509810		账款户账号	41235716901937										
	开户银行	中国银行盐城和平路支行		开户银行	中国银行盐城和平路支行										
借款金额		人民币贰拾万元整			亿	千	百	十	万	千	百	十	元	角	分
								¥	2	0	0	0	0	0	0
借款原因及用途		流动资金不足借款	批准借款利率		年息 6.00%										
借　款　期　限				你单位上列借款,已转入你单位结算户内。借款到期时期我行按期自你单位结算户中转出											
期次	计划还款日期	√	计划还款金额												
1	2022-12-10		200 000.00		中国银行 盐城和平路支行 2022-09-10 转讫 (01)										
2															
3															
备注			借款单位　吴文胜　(银行盖章)												

此联由银行退借款单位作入账通知

任务实施

操作如业务1,借方银行存款辅助项自动弹出,结算方式选择其他(图5-14)。

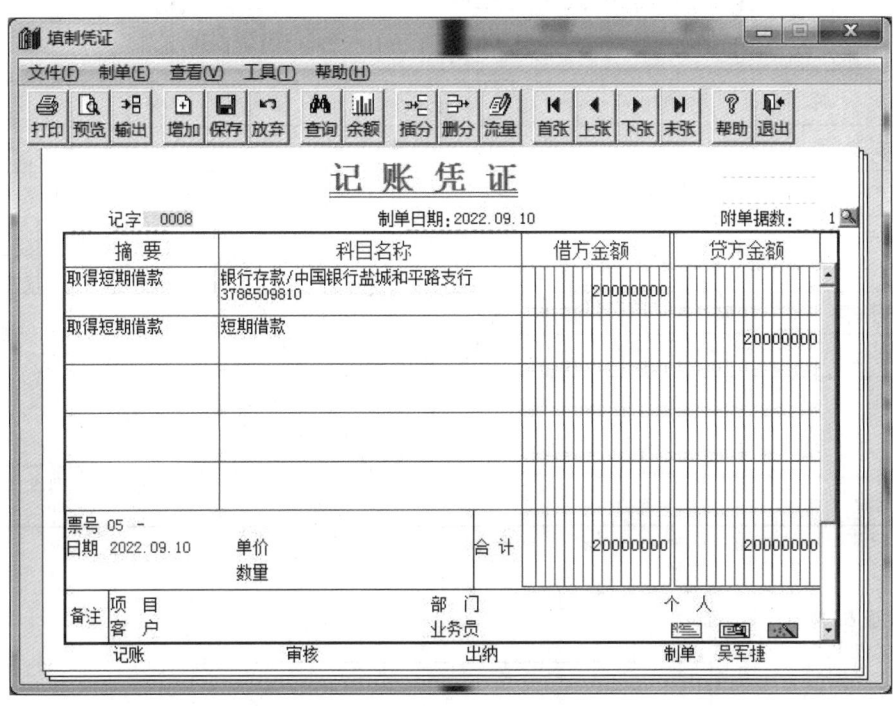

图5-14 制单结果

业务5:2022年9月10日取得3张原始凭证,如凭证5-8、凭证5-9、凭证5-10所示。

凭证5-8

中国建设银行 进账单 (回单) 1

2022 年 09 月 10 日

出票人	全　称	盐城风奥有限公司	收款人	全　称	盐城风奥有限公司	此联是开户银行交给持(出)票人的回单
	账　号	3786509810		账　号	5671893919	
	开户银行	中国银行盐城和平路支行		开户银行	中国建设银行盐城市盐都区支行	

金额	人民币(大写)	贰拾万元整				亿 千 百 十 万 千 百 十 元 角 分
						¥　　　2 0 0 0 0 0 0 0

票据种类	转账支票	票据张数	1	中国建设银行 盐城市盐都区支行 2022-09-10 转讫 (01)
票据号码	1040322600005957			
复核		记账		开户银行签章

凭证 5-9

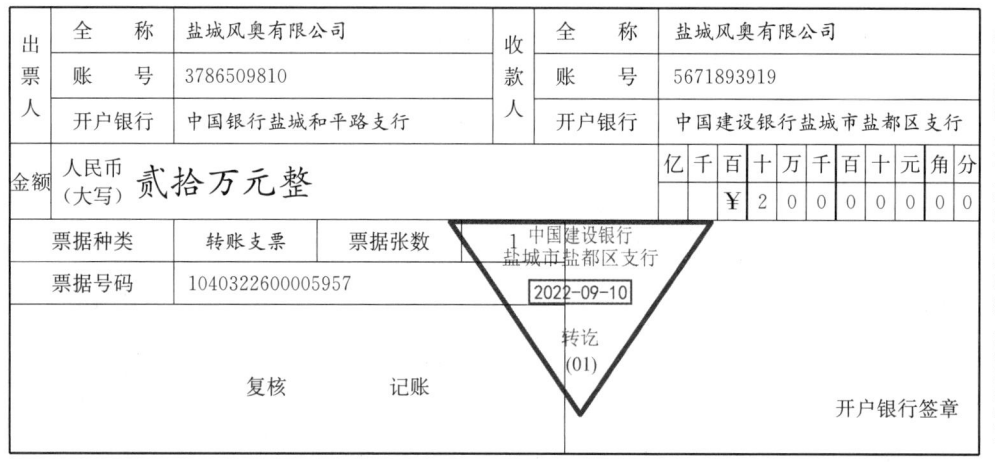

凭证 5-10

任务实施

操作如业务1,借贷方银行存款辅助项自动弹出,结算方式选择转账支票,票号录入 1040322600005957(图 5-15)。

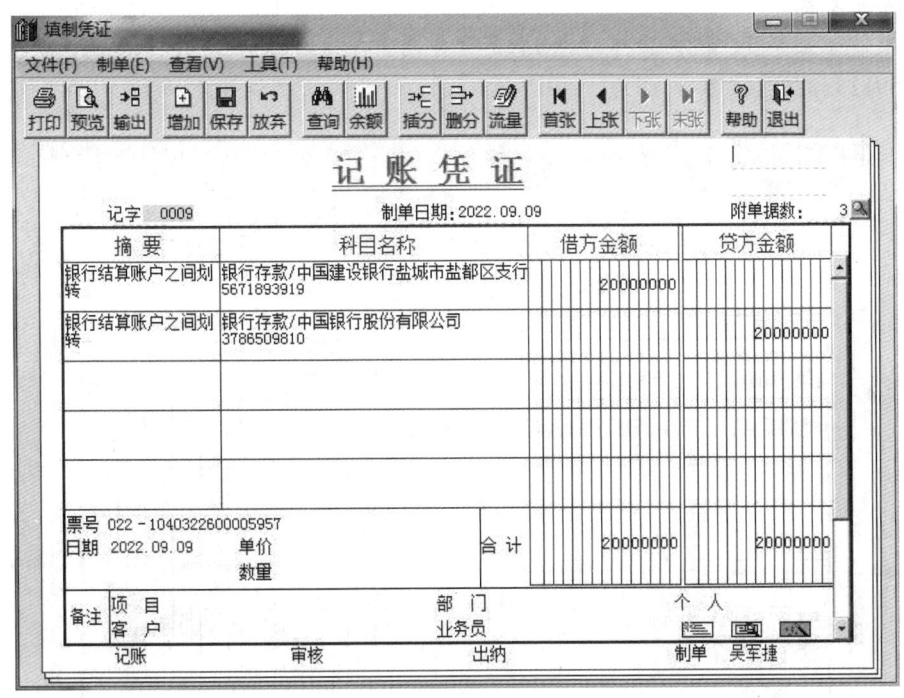

图 5-15 制单结果

业务 6：原始凭证 1 张（凭证 5-11），于 2022 年 9 月 12 日取得，要求：在总账中完成（填制 1 张记账凭证）。

凭证 5-11

中国建设银行客户专用回单

转账日期：2022 年 09 月 12 日
凭证字号：2022091235023055

纳税人全称及纳税人识别号：盐城风奥有限公司 320900552800145	
付款人全称：盐城风奥有限公司	
付款人账号：5671893919	征收机关名称：盐城市盐都区税务局
付款人开户银行：中国建设银行盐城市盐都区支行	收缴国库（银行）名称：国家金库盐城市盐都区支库
小写(合计)金额：￥114 446.70	缴款书交易流水号：202209123572599
大写(合计)金额：人民币壹拾壹万肆仟肆佰肆拾陆元柒角整	税票号码：042018793969748224
税(费)种名称　　所属时期	实缴金额
增值税　　　　　20220801-20220831	￥114 446.70

（中国建设银行 电子回单专用章）

任务实施

操作如业务1，贷方银行存款辅助项自动弹出，结算方式选择其他，票号录入2022091235023055（图5-16）。

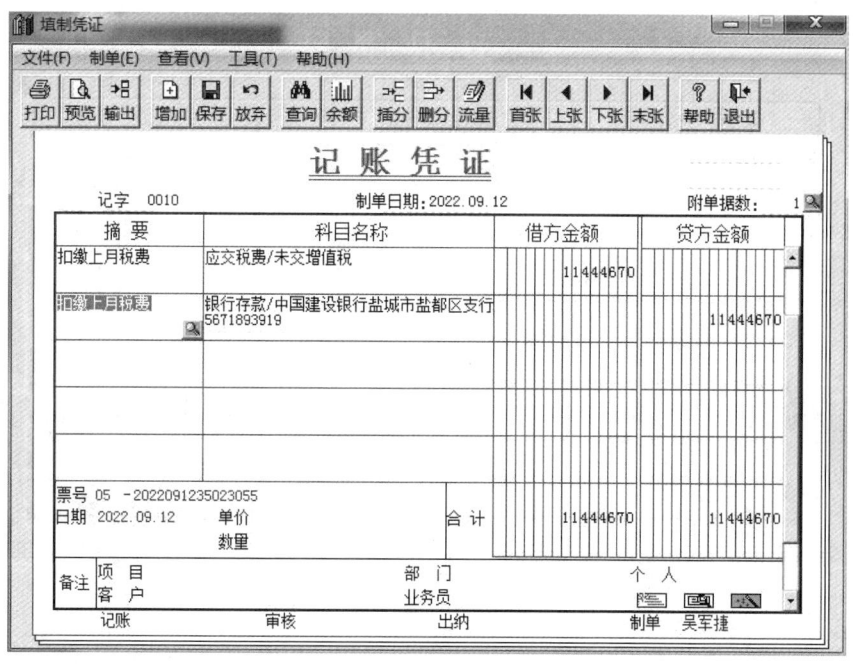

图5-16 制单结果

业务7：2022年9月12日取得1张原始凭证，如凭证5-12所示。

凭证5-12

中国建设银行客户专用回单

转账日期：2022年09月12日
凭证字号：2022091235023088

纳税人全称及纳税人识别号：盐城风奥有限公司 320900552800145	
付款人全称：盐城风奥有限公司	
付款人账号：5671893919	征收机关名称：盐城市盐都区税务局
付款人开户银行：中国建设银行盐城市盐都区支行	收缴国库（银行）名称：国家金库盐城市盐都区支库
小写（合计）金额：￥13 733.60	缴款书交易流水号：202209128434773
大写（合计）金额：人民币壹万叁仟柒佰叁拾叁元陆角整	税票号码：042018896525278427
税（费）种名称　　　　　所属时期	实缴金额
城市维护建设税　　　　20220801-20220831	￥8 011.37
教育费附加　　　　　　20220801-20220831	￥3 433.40
地方教育附加　　　　　20220801-20220831	￥2 288.93

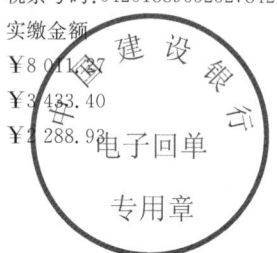

任务实施

操作如业务1,借贷方银行存款辅助项自动弹出,结算方式选择转账支票,票号录入2022091235023088(图5-17)。

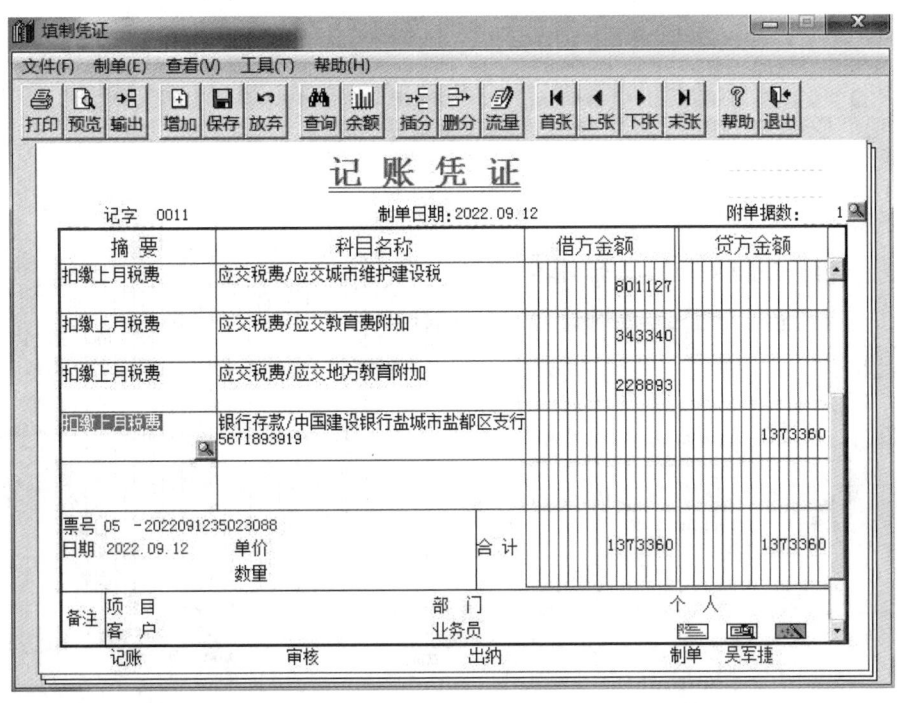

图5-17 制单结果

业务8:2022年9月12日取得1张原始凭证,如凭证5-13所示。

凭证5-13

中国建设银行客户专用回单

转账日期:2022年09月12日
凭证字号:2022091235023025

纳税人全称及纳税人识别号:盐城风奥有限公司 320900552800145
付款人全称:盐城风奥有限公司
付款人账号:5671893919　　　　　　　　征收机关名称:盐城市盐都区税务局
付款人开户银行:中国建设银行盐城市盐都区支行　　收缴国库(银行)名称:国家金库盐城市盐都区支库
小写(合计)金额:¥57 670.05　　　　　　　缴款书交易流水号:202209125064635
大写(合计)金额:人民币伍万柒仟陆佰柒拾元零伍分　税票号码:0420188862658l0289
税(费)种名称　　　　所属时期　　　　　实缴金额
企业所得税　　　　　20220801-20220831　¥57 670.05

常见财务软件应用(用友畅捷通 T3)

任务实施

填制凭证时,借方科目金额的确定如业务7,贷方银行存款辅助项自动弹出,结算方式选择转账支票,票号录入2022091235023025(图5-18)。

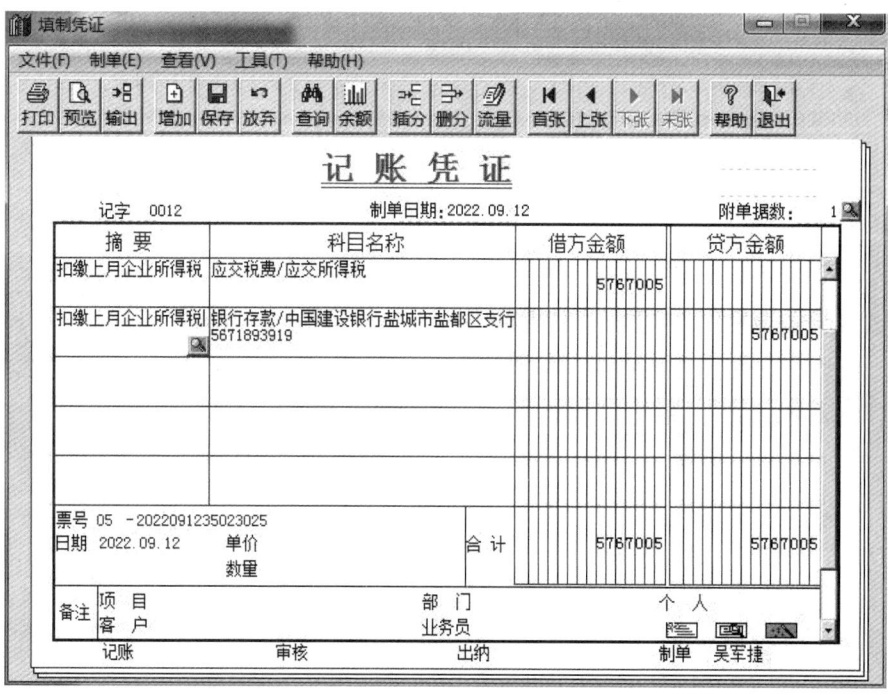

图 5-18 制单结果

业务9:2022年9月12日取得1张原始凭证,如凭证5-14所示。

凭证5-14

中国建设银行客户专用回单

转账日期:2022年09月12日
凭证字号:2022091235023037

纳税人全称及纳税人识别号:盐城风奥有限公司 913209036579335328
付款人全称:盐城风奥有限公司
付款人账号:5671893919　　　　　　　　征收机关名称:盐城市盐都区税务局
付款人开户银行:中国建设银行盐城市盐都区支行　　收缴国库(银行)名称:国家金库盐城市盐都区支库
小写(合计)金额:¥39.60　　　　　　　　缴款书交易流水号:202209122999080
大写(合计)金额:人民币叁拾玖元陆角整　　税票号码:0420181203965114081
税(费)种名称　　　　所属时期　　　　　实缴金额
个人所得税　　　　　20220801-20220831　　¥39.60

任务实施

填制凭证时,借方科目金额的确定如业务9,贷方银行存款辅助项自动弹出,结算方式选择转账支票,票号录入2022091235023037(图5-19)。

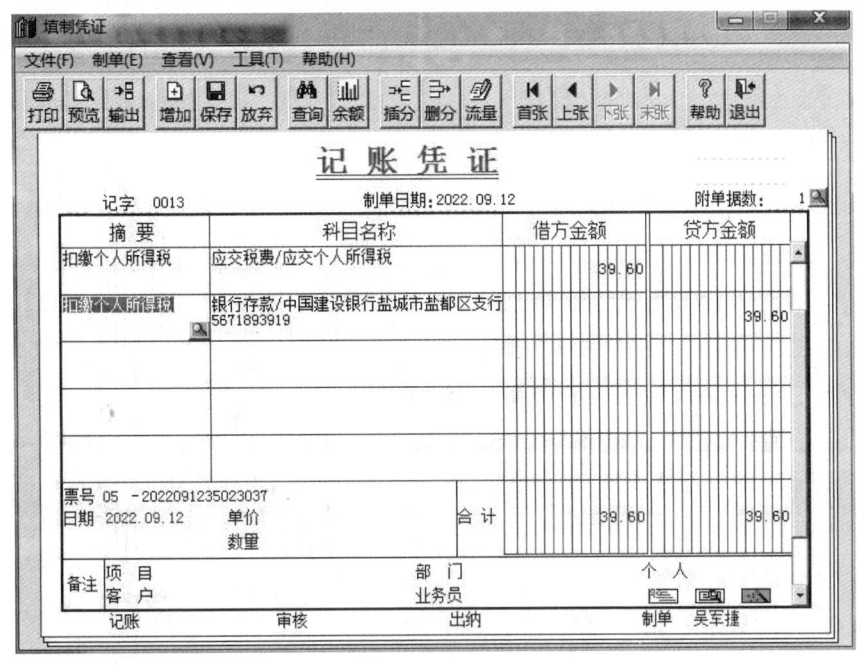

图5-19 制单结果

业务10:2022年9月12日取得1张原始凭证,如凭证5-15所示。

凭证5-15

中国建设银行客户专用回单

转账日期:2022年09月12日
凭证字号:2022091188208902

纳税人全称及纳税人识别号:盐城风奥有限公司 320900552800145
付款人全称:盐城风奥有限公司
付款人账号:5671893919　　　　　　　　征收机关名称:盐城市盐都区税务局
付款人开户银行:中国建设银行盐城市盐都区支行　收缴国库(银行)名称:国家金库盐城市盐都区支库
小写(合计)金额:¥23 220.50　　　　　　缴款书交易流水号:202209120853022
大写(合计)金额:人民币贰万叁仟贰佰贰拾元伍角整　税票号段:042018091264128627342

税(费)种名称	所属时期	实缴金额
医疗保险本金	2022-08-01至2022-08-31	¥5 638.00
养老保险本金	2022-08-01至2022-08-31	¥15 148.00
失业保险本金	2022-08-01至2022-08-31	¥1 623.00
生育保险本金	2022-08-01至2022-08-31	¥541.00
工伤保险本金	2022-08-01至2022-08-31	¥270.50

任务实施

填制凭证时,借方科目金额的确定如业务10,贷方银行存款辅助项自动弹出,结算方式选择其他,票号录入2022091188208902(图5-20、图5-21)。

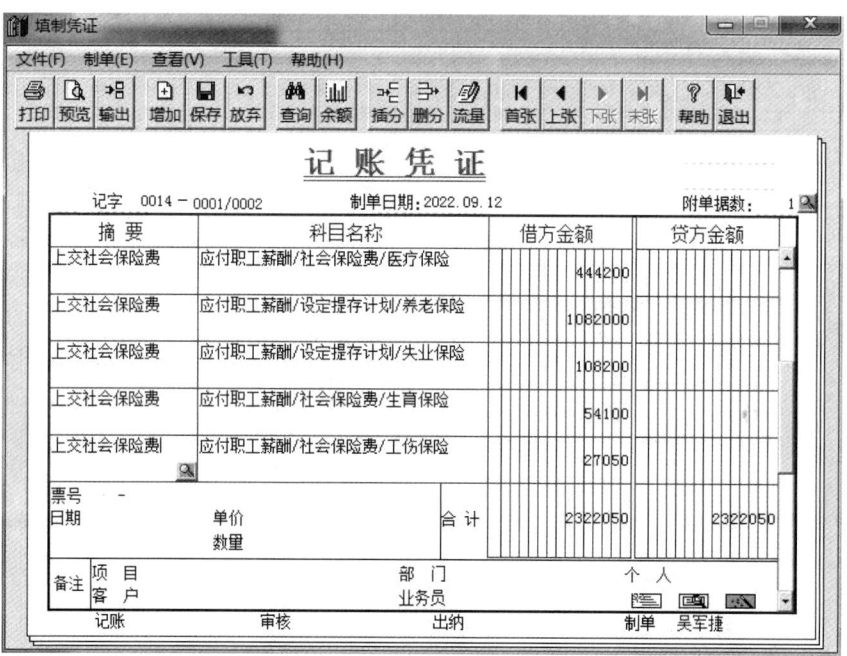

图5-20　制单结果1/2

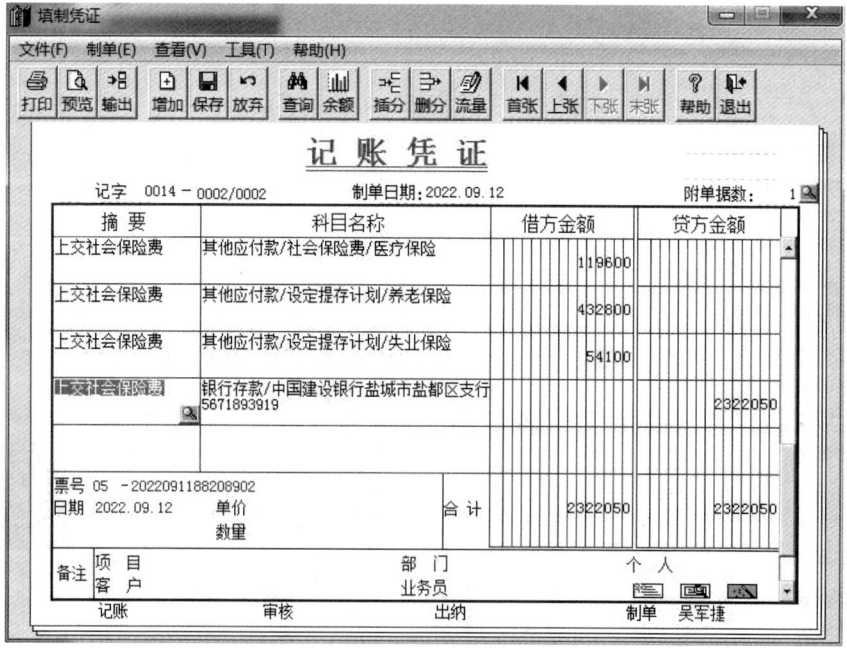

图5-21　制单结果2/2

业务11:2022年9月12日取得2张原始凭证,如凭证5-16、凭证5-17所示。

凭证5-16

凭证5-17

中国建设银行　进账单　（回单）　1

2022年09月12日

出票人	全　称	盐城凤臭有限公司	收款人	全　称	盐城市住房公积金管理中心
	账　号	5671893919		账　号	41622124863148
	开户银行	中国银行盐城市盐都区支行		开户银行	中国建设银行盐城市盐都区支行
金额	人民币（大写）	壹万零捌佰贰拾元整			亿千百十万千百十元角分　¥1　0　8　2　0　0　0
	票据种类	转账支票	票据张数	1	
	票据号码	1050322600001716			
		复核　　　　记账			开户银行签章

（中国建设银行盐城盐都区支行　2022-09-12　办讫(01)）

任务实施

操作如业务1,贷方银行存款辅助项自动弹出,结算方式选择转账支票,票号录入1050322600001716(图5-22)。

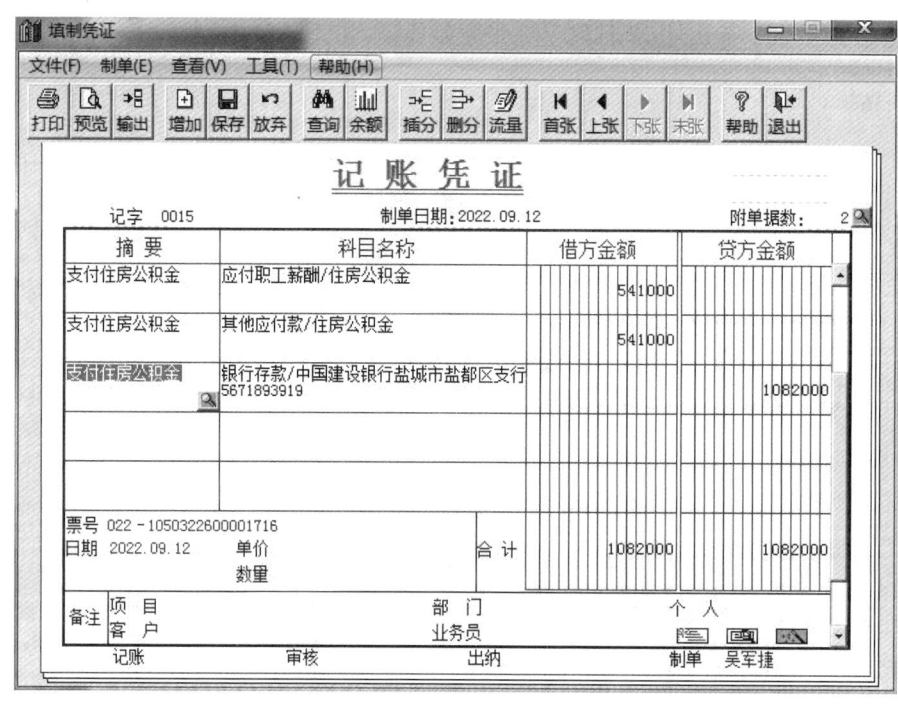

图 5-22 制单结果

业务 12：2022 年 9 月 19 日取得 3 张原始凭证，如凭证 5-18、凭证 5-19、凭证 5-20 所示。

凭证 5-18

凭证 5-19

3204151140

江苏增值税专用发票 NO.85602625

3204151140
85602625

开票日期:2022 年 09 月 17 日

购买方	名　　　称：盐城风奥有限公司 纳税人识别号：320900552800145 地 址、电 话：江苏盐城和平路 190 号 0515-82235613 开户行及账号：中国建设银行盐城和平路支行 5671698919	密码区	04＊3187＜4/＋2377＜＋95－59＋7＜ 3802396＜0－－＞＞－6＞525＜212925－＞ 7＊787＊3187＜4/＋8490＜＋045373870710 ＋＜712/＜1＋9016＞5487＋＋＞84＞087

货物或应税劳务、服务名称	规格型号	单位	数量	单价	金额	税率	税额
电视广告发布费		笔	1	4 245.28	4 245.28	6%	254.72
合　　计					¥4 245.28		¥254.72

价税合计(大写)	⊗肆仟伍佰元整	(小写)¥4 500.00

销售方	名　　　称：宣广传媒服务有限公司 纳税人识别号：913204118450664871 地 址、电 话：江苏省常州市新北区张涛街刘崇路 18 号 0519-48583667 开户行及账号：中国建设银行常州市新北区支行 41622124712649	备注	(销售方章)

收款人：　　　　复核：　　　　开票人：岳强

凭证 5-20

中国建设银行客户专用回单

币别:人民币　　　　2022 年 09 月 19 日　　　　流水号 320920027J0500810058

付款人	全　称	盐城风奥有限公司	收款人	全　称	宣广传媒有限公司
	账　号	5671893919		账　号	41622124712649
	开户行	中国建设银行盐城市盐都区支行		开户行	中国建设银行常州市新北区支行
金额	(大写)肆仟伍佰元整			(小写)¥4 500.00	
凭证种类	网银		凭证号码		
结算方式	转账		用途	支付广告宣传费	
			打印柜员:320925584257		
			打印机构:中国建设银行盐城市盐都区支行		
			打印卡号:5671893919		

打印时间:2022-09-19　　交易柜员:320925584268　　交易机构:320910593

任务实施

操作如业务 1,贷方银行存款辅助项自动弹出,结算方式选择其他,票号录入 320920027J0500810058(图 5-23)。

■ 常见财务软件应用(用友畅捷通 T3)

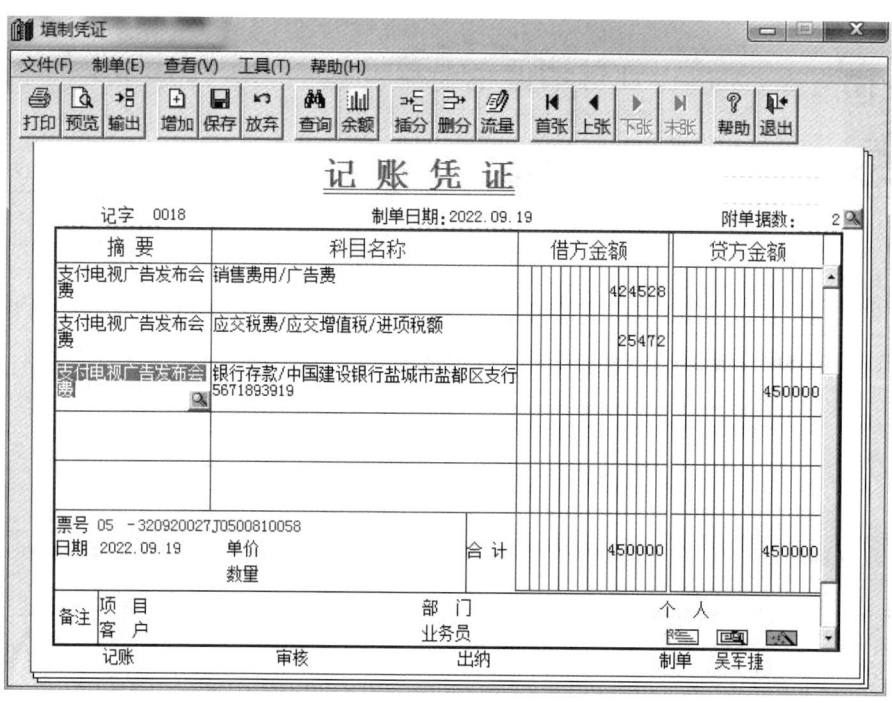

图 5-23　制单结果

业务 13：2022 年 9 月 19 日取得 3 张原始凭证，如凭证 5-21、凭证 5-22、凭证 5-23 所示。

凭证 5-21

中国建设银行客户专用回单

币别：人民币　　　　　　　2022 年 09 月 19 日　　　　　　　流水号 320920027J0500810033

付款人	全　称	盐城风奥有限公司	收款人	全　称	中国建设银行盐城和平路支行
	账　号	5671893919		账　号	41057670432415
	开户行	中国建设银行盐城市盐都区支行		开户行	中国建设银行盐城和平路支行
金额	（大写）人民币贰拾叁元玖角整			（小写）¥23.90	
凭证种类	网银		凭证号码		
结算方式	转账		用途	转账手续费	
			打印柜员：320925584257 打印机构：中国建设银行盐城市盐都区支行 打印卡号：105733417110		

打印时间：2022-09-19　　　交易柜员：320925584268　　　交易机构：320910550124885434

凭证 5-22

江苏增值税专用发票　NO.92932425

3209163140
92932425

开票日期：2022 年 09 月 19 日

购买方	名　　称	盐城风奥有限公司	密码区	35＊3187＜4/＋7634＜＋95－59＋7＜ 9650965＜0－－＞＞－6＞525＜255490－＞ 7＊787＊3187＜4/＋8490＜＋776682250331 ＋＜712/＜1＋9016＞0313＋＋＞84＞669
	纳税人识别号	320900552800145		
	地址、电话	江苏盐城和平路190号 0515-82235613		
	开户行及账号	中国建设银行盐城和平路支行 5671698919		

货物或应税劳务、服务名称	规格型号	单位	数量	单价	金额	税率	税额
直接收费金融服务			1	22.55	22.55	6％	1.35
合　计					￥22.55		￥1.35

价税合计（大写）	⊗贰拾叁元玖角整	（小写）￥23.90

销售方	名　　称	中国建设银行股份有限公司盐城市分行	备注	（中国建设银行股份有限公司盐城市分行 911424126379 发票专用章）
	纳税人识别号	911424126379		
	地址、电话	刘新街鲁俊路62号 0515-727753095		
	开户行及账号	中国建设银行股份有限公司盐城市营业部 32090364		

收款人：　　　　复核：　　　　开票人：董俊明　　　　销售方：（章）

第二联 抵扣联 购买方扣税凭证

凭证 5-23

江苏增值税专用发票　NO.92932425

3209163140
92932425

开票日期：2022 年 09 月 19 日

购买方	名　　称	盐城风奥有限公司	密码区	35＊3187＜4/＋7634＜＋95－59＋7＜ 9650965＜0－－＞＞－6＞525＜255490－＞ 7＊787＊3187＜4/＋8490＜＋776682250331 ＋＜712/＜1＋9016＞0313＋＋＞84＞669
	纳税人识别号	320900552800145		
	地址、电话	江苏盐城和平路190号 0515-82235613		
	开户行及账号	中国建设银行盐城和平路支行 5671698919		

货物或应税劳务、服务名称	规格型号	单位	数量	单价	金额	税率	税额
直接收费金融服务			1	22.55	22.55	6％	1.35
合　计					￥22.55		￥1.35

价税合计（大写）	⊗贰拾叁元玖角整	（小写）￥23.90

销售方	名　　称	中国建设银行股份有限公司盐城市分行	备注	（中国建设银行股份有限公司盐城市分行 911424126379 发票专用章）
	纳税人识别号	911424126379		
	地址、电话	刘新街鲁俊路62号 0515-727753095		
	开户行及账号	中国建设银行股份有限公司盐城市营业部 32090364		

收款人：　　　　复核：　　　　开票人：董俊明　　　　销售方：（章）

第三联 发票联 购买方记账凭证

任务实施

操作如业务1,贷方银行存款辅助项自动弹出,结算方式选择其他,票号录入320920027J0500810033(图5-24)。

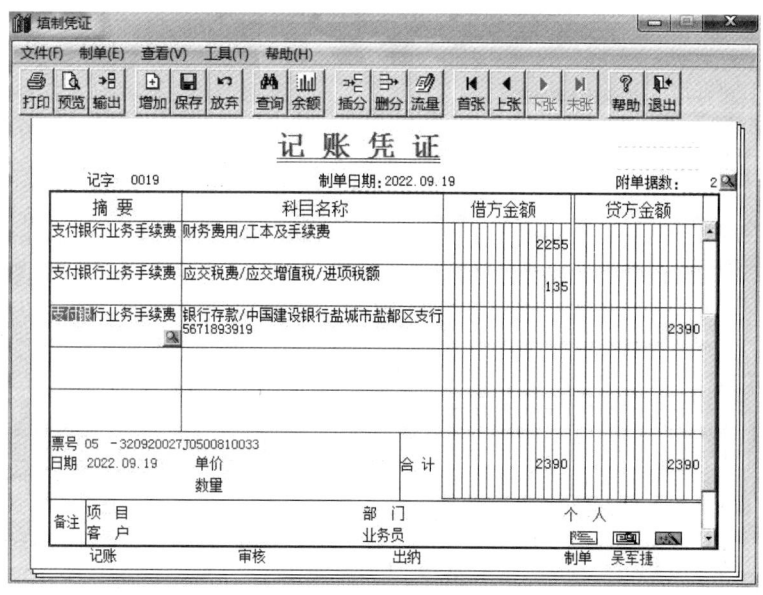

图5-24 制单结果

业务14:2022年9月19日取得4张原始凭证,如凭证5-24至凭证5-25所示。

凭证5-24

	江苏增值税专用发票	NO.17125903	3209188140 17125903
		开票日期:2022年09月19日	

购买方	名　　称:盐城凤奥有限公司 纳税人识别号:320900552800145 地　址、电话:江苏盐城和平路190号 0515-82235613 开户行及账号:中国建设银行盐城和平支行 5671698919	密码区	49＊3187＜4/＋5478＜＋95－59＋7＜ 4221423＜0－－＞＞－6＞525＜614056－＞ 7＊787＊3187＜4/＋8490＜＋256536171989 ＋＜712/＜1＋9016＞0313＋＋＞84＞777

货物或应税劳务、服务名称	规格型号	单位	数量	单价	金额	税率	税额
计算器		个	8	100.00	800.00	13％	104.00
签字笔		支	10	2.50	25.00	13％	3.25
笔记本		本	1	13.85	13.85	13％	1.80
合　计					￥838.85		￥109.05
价税合计(大写)	⊗玖佰肆拾柒元玖角整				(小写)￥947.90		

销售方	名　　称:盐城晨光文具有限公司 纳税人识别号:913209029832892378 地　址、电话:江苏省盐城市亭湖区苗文街李翠路72号 0515-37305113 开户行及账号:中国建设银行盐城市亭湖区支行 41622124297054	备注	盐城晨光文具有限公司 913209029832892378 发票专用章

收款人: 　　复核: 　　开票人:李红珍 　　销售方:(章)

凭证5-25

 3209188140

江苏增值税专用发票

NO.17125903　3209188140
　　　　　　　17125903

开票日期:2022 年 09 月 19 日

购买方	名　称	盐城凤奥有限公司				密码区	49＊3187＜4/＋5478＜＋95－59＋7＜
	纳税人识别号	320900552800145					4221423＜0－－＞＞－6＞525＜614056－＞
	地　址、电　话	江苏盐城和平路190号 0515-82235613					7＊787＊3187＜4/＋8490＜＋256536171989
	开户行及账号	中国建设银行盐城和平路支行 5671698919					＋＜712/＜1＋9016＞0313＋＋＞84＞777

货物或应税劳务、服务名称	规格型号	单位	数量	单价	金额	税率	税额
计算器		个	8	100.00	800.00	13％	104.00
签字笔		支	10	2.50	25.00	13％	3.25
笔记本		本	1	13.85	13.85	13％	1.80
合　计					¥838.85		¥109.05
价税合计（大写）	⊗玖佰肆拾柒元玖角整				（小写）¥947.90		

销售方	名　称	盐城晨光文具有限公司	备注	盐城晨光文具有限公司
	纳税人识别号	913209029832892378		913209029832892378
	地　址、电　话	江苏省盐城市亭湖区苗文街李翠路72号 0515-37305113		发票专用章
	开户行及账号	中国建设银行盐城市亭湖区支行 41622124297054		

收款人：　　　　复核：　　　　开票人：李红珍　　　　销售方：（章）

凭证5-26

中国建设银行客户专用回单

币别：人民币　　　　2022 年 09 月 19 日　　　　流水号 320920027J0500810053

付款人	全　称	盐城凤奥有限公司	收款人	全　称	盐城晨光文具有限公司
	账　号	5671893919		账　号	41622124297054
	开户行	中国建设银行盐城市盐都区支行		开户行	中国建设银行盐城市亭湖区支行
金额		（大写）人民币玖佰肆拾柒元玖角整		（小写）¥947.90	
凭证种类		网银	凭证号码		
结算方式		转账	用途	支付办公费	

打印柜员：320925584257
打印机构：中国建设银行盐城市盐都区支行
打印卡号：5671893919

中国建设银行
电子回单
专用章

打印时间：2022-09-19　　　　交易柜员：320925584268　　　　交易机构：320910530

凭证 5-27

办公用品领用单

2022-09-19

单位:元

领用部门	计算器		签字笔		笔记本		领用人	合计
	数量	金额	数量	金额	数量	金额		
办公室	1	100.00					黄铁华	100.00
财务部	3	300.00					吴军捷	300.00
销售门市	3	300.00					金杰明	300.00
生产车间	1	100.00	10	25.00	1	13.85	周小华	138.85
合计		800.00		25.00		13.85		838.85

审核:程双林　　　　　　　　　　　编制:吴军捷

任务实施

操作如业务 1,贷方银行存款辅助项自动弹出,结算方式选择其他,票号录入 320920027J0500810053(图 5-25)。

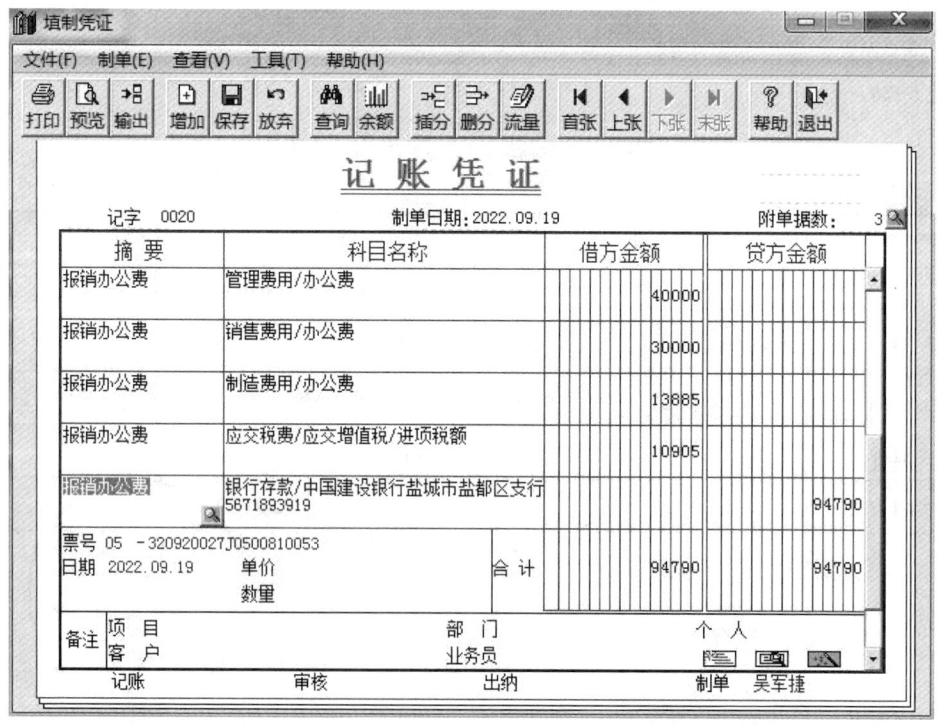

图 5-25　制单结果

业务15:2022年9月21日取得1张原始凭证,如凭证5-28所示。

凭证5-28

中国建设银行客户专用回单

币别:人民币　　　　　　　2022年09月21日　　　　　　流水号 320920027J05008100

户名:盐城风奥有限公司			账号:5671893919		
计息项目	起息日	结息日	本金/积数	利率	利息金额
	2022-06-21	2022-09-20	＊＊＊　＊＊＊	0.385％	1 621.98
合计金额	(大写)壹仟陆佰贰拾壹元玖角捌分			￥1 621.98	
上列存款利息,已照收你单位 5671893919 账户			打印柜员:320925584257 打印机构:中国建设银行盐城市盐都区支行 打印卡号:5671893919		

打印时间:2022-09-21　　　　　交易柜员:320925584268　　　　　交易机构:320910577

任务实施

在总账模块中,点击"填制凭证",增加一张新的凭证,录入辅助项信息,结算方式选其他,录入票号320920027J05008100,贷方财务费用属于费用类科目,点击键盘上"—"号,以红字显示(图5-26)。

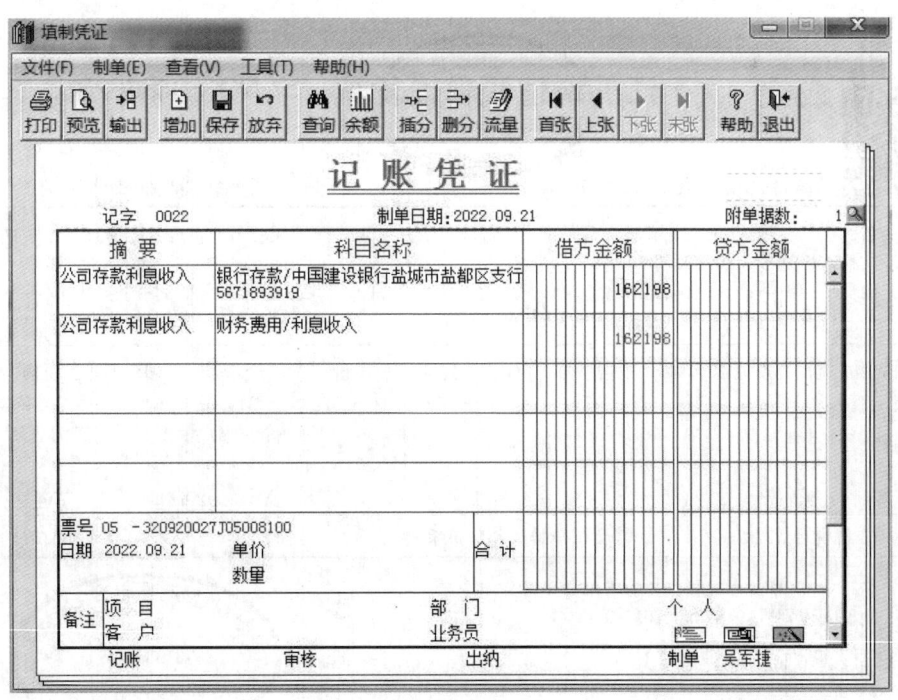

图5-26　制单结果

> **注意**
>
> 费用类科目,如本题"财务费用"科目,在填制凭证时,必须做在借方,借方蓝字或者借方红字(点击键盘上"—"号),否则报表取数不平。

业务16:2022年9月21日取得2张原始凭证,如凭证5-29、凭证5-30所示。

凭证5-29

中国银行股份有限公司贷款还息凭证

打印日期 2022 年 09 月 21 日

客户号:4265		机构代码:105	
借款单位:盐城凤奥有限公司			
产生利息账号	还息金额	Osp 现有余额	备注
41235716901937	366.67		00093
金额合计	(大写) 人民币叁佰陆拾陆元陆角柒分 (小写) CNY＊＊＊＊366.67		
付款账号:3786509810			
合同编号:00093			
交易业务号:105LAA110089008			
开票:姜志忠	记账	复核	(盖章)

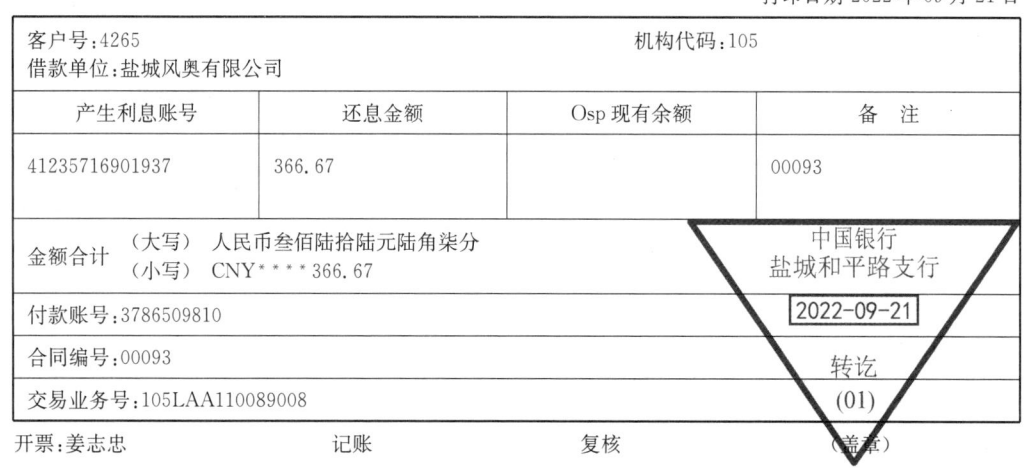

凭证5-30

 320982120

江苏增值税普通发票

NO.60486626   320982120
60486626

检验码 38124 28499 43319 50394   开票日期 2022 年 09 月 21 日

购买方	名 称	盐城凤奥有限公司			密码区	47＊3187＜4/＋6298＜＋95－59＋7＜ 6270140＜0－－＞－6＞525＜,976789－＞ 7＊787＊3187/4/＋8490＜＋001769524277 ＋＜712/＜1＋9016＞3392＋＋＞84＞107		
	纳税人识别号	320900552800145					
	地址、电话	江苏盐城和平路190号 0515-82235613					
	开户行及账号	中国建设银行盐城和平路支行 5671698919					
货物或应税劳务、服务名称	规格型号	单位	数量	单价	金额	税率	税额
贷款服务			1	345.92	345.92	6%	20.75
合 计					¥345.92		¥20.75
价税合计(大写)	⊗叁佰陆拾陆元陆角柒分					(小写)¥366.67	
销售方	名 称	中国银行股份有限公司盐城市分行			备注		
	纳税人识别号	918138347591					
	地址、电话	申金街魏志路77号 0515-175127640					
	开户行及账号	中国银行股份有限公司盐城市营业部 320903472915					

收款人: 复核: 开票人:张英敏   销售方:(章)

任务实施

支付短期借款利息凭证,银行存款结算方式选"其他"(图5-27)。

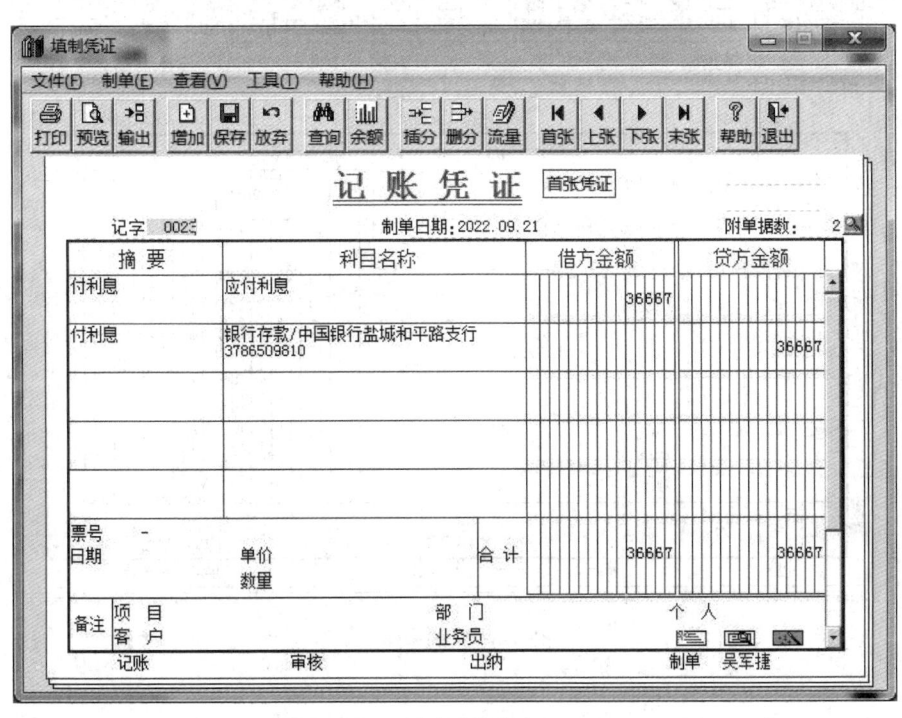

图 5-27　制单结果

业务17:2022年9月23日取得1张原始凭证,如凭证5-31所示。

凭证 5-31

收 款 收 据

NO. 000821

2022 年 09 月 23 日

今收到吴文胜

交来:罚款　　　　　　　　　　现金收讫

金额(大写)　零佰零拾零万贰仟零佰零拾零元零角零分

¥2 000.00　　☑现金　□转账支票　□其他　　　　收款单位(盖章)

核准　　　　会计　　　　记账　　　　出纳 任慧慧　　　经手人 吴文胜

任务实施

进入总账,点击"填制凭证",新增1张凭证(图5-28)。

图 5-28 制单结果

业务 18:2022 年 9 月 26 日取得 1 张原始凭证,如凭证 5-32 所示。

凭证 5-32

股东会决议

时间:2022 年 09 月 26 日

应到会股东人数:5 人,实际到会股东人数:5 人

经全体股东审议,一致通过如下决议:本公司截至 2021 年 12 月 31 日的资本公积(资本溢价)253 000.00 元,现以资本公积(资本溢价)转增注册资本 200 000.00 元,将公司注册资本由 1 600 000.00 元增加到 1 800 000.00 元。公司增加注册资本后,股东的出资额和持股比例如下:

盐城森茂有限公司:出资额为 360 000.00 元,持股比例为 20.00%;

盐城清远有限公司:出资额为 360 000.00 元,持股比例为 20.00%;

盐城长明有限公司:出资额为 360 000.00 元,持股比例为 20.00%;

盐城恒利有限公司:出资额为 360 000.00 元,持股比例为 20.00%;

盐城金力有限公司:出资额为 360 000.00 元,持股比例为 20.00%。

股东签名: 阎浩然 刘中学 晋保玲 李越 任玉敏

2022 年 09 月 26 日

任务实施

资本公积的金额可以同业务 8 使用查余额的方式确定金额,新增 1 张凭证(图 5-29、图 5-30)。

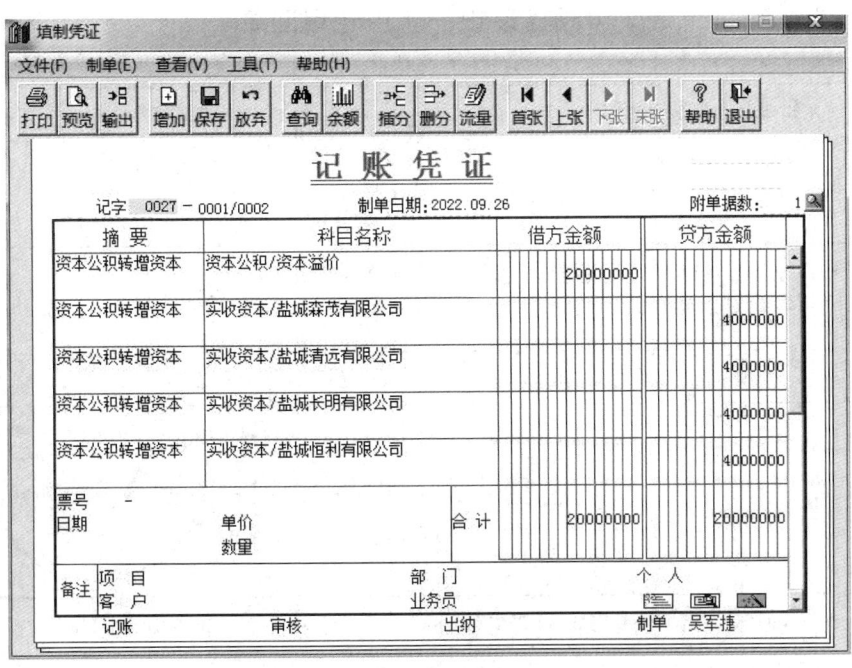

图 5-29　制单结果 1/2

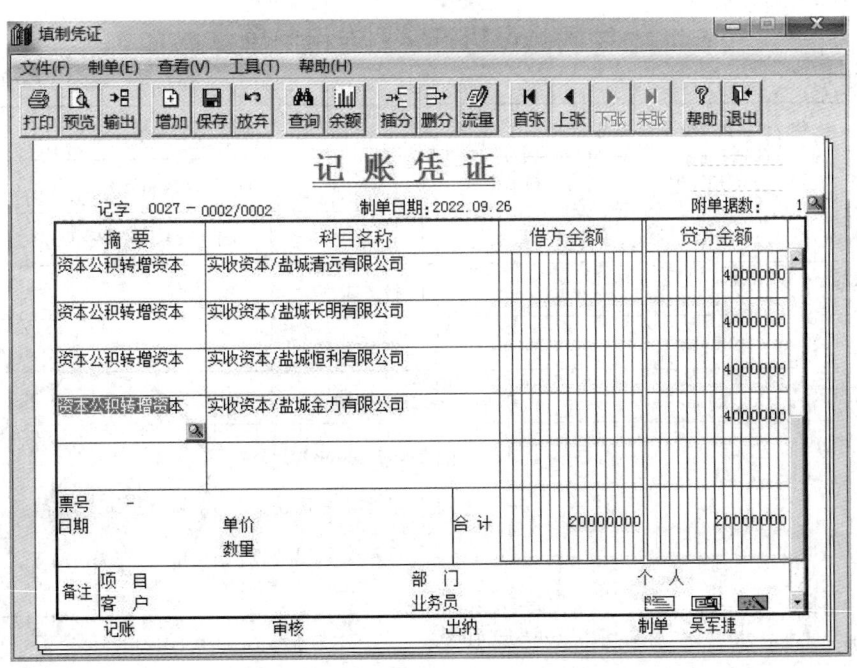

图 5-30　制单结果 2/2

业务 19：2022 年 9 月 28 日取得 5 张原始凭证，如凭证 5-33 至凭证 5-37 所示。

凭证 5-33

中国建设银行客户专用回单

币别：人民币　　　　　　　2022 年 09 月 28 日　　　　　　流水号 320920027J0500810081

付款人	全　　称	盐城凤奥有限公司	收款人	全　　称	盐城森茂有限公司
	账　　号	5671893919		账　　号	41384135488077
	开户行	中国建设银行盐城市盐都区支行		开户行	中国建设银行盐城和平路支行
金　　额		（大写）人民币贰万元整		（小写）¥20 000.00	
凭证种类		网银	凭证号码		
结算方式		转账	用途		支付股利
			打印柜员：320925584257 打印机构：中国建设银行盐城市盐都区支行 打印卡号：5671893919		（中国建设银行电子回单专用章）

打印时间：2022-09-28　　　交易柜员：320925584268　　　交易机构：320910550124885446

凭证 5-34

中国建设银行客户专用回单

币别：人民币　　　　　　　2022 年 09 月 28 日　　　　　　流水号 320920027J0500810082

付款人	全　　称	盐城凤奥有限公司	收款人	全　　称	盐城清远有限公司
	账　　号	5671893919		账　　号	41179972866883
	开户行	中国建设银行盐城市盐都区支行		开户行	中国建设银行盐城和平路支行
金　　额		（大写）人民币贰万元整		（小写）¥20 000.00	
凭证种类		网银	凭证号码		
结算方式		转账	用途		支付股利
			打印柜员：320925584257 打印机构：中国建设银行盐城市盐都区支行 打印卡号：5671893919		（中国建设银行电子回单专用章）

打印时间：2022-09-28　　　交易柜员：320925584268　　　交易机构：320910550124885446

凭证 5-35

中国建设银行客户专用回单

币别：人民币　　　　　　　2022 年 09 月 28 日　　　　流水号 320920027J0500810083

付款人	全　称	盐城风奥有限公司	收款人	全　称	盐城长明有限公司
	账　号	5671893919		账　号	41951124120500
	开户行	中国建设银行盐城市盐都区支行		开户行	中国建设银行盐城和平路支行

金额	（大写）人民币贰万元整	（小写）¥20 000.00	
凭证种类	网银	凭证号码	
结算方式	转账	用途	支付股利
		打印柜员：320925584257	
		打印机构：中国建设银行盐城市盐都区支行	
		打印卡号：5671893919	

打印时间：2022-09-28　　　交易柜员：320925584268　　　交易机构：320910550124885446

凭证 5-36

中国建设银行客户专用回单

币别：人民币　　　　　　　2022 年 09 月 28 日　　　　流水号 320920027J0500810084

付款人	全　称	盐城风奥有限公司	收款人	全　称	盐城恒利有限公司
	账　号	5671893919		账　号	41838020697678
	开户行	中国建设银行盐城市盐都区支行		开户行	中国建设银行盐城和平路支行

金额	（大写）人民币贰万元整	（小写）¥20 000.00	
凭证种类	网银	凭证号码	
结算方式	转账	用途	支付股利
		打印柜员：320925584257	
		打印机构：中国建设银行盐城市盐都区支行	
		打印卡号：5671893919	

打印时间：2022-09-28　　　交易柜员：320925584268　　　交易机构：320910550124885446

凭证 5-37

中国建设银行客户专用回单

币别：人民币　　　　2022 年 09 月 28 日　　　　流水号 320920027J0500810085

付款人	全　称	盐城风奥有限公司	收款人	全　称	盐城金力有限公司
	账　号	5671893919		账　号	41743753516202
	开户行	中国建设银行盐城市盐都区支行		开户行	中国建设银行盐城和平路支行
金额		（大写）人民币贰万元整		（小写）¥20 000.00	
凭证种类		网银	凭证号码		
结算方式		转账	用途		支付股利
			打印柜员：320925584257		
			打印机构：中国建设银行盐城市盐都区支行		
			打印卡号：5671893919		

打印时间：2022-09-28　　　交易柜员：320925584268　　　交易机构：320910550124885446

任务实施

新增 1 张凭证，借方的应付利润金额采用查询余额的方法确定，如业务 8，贷方银行存款辅助项，结算方式选其他，票号录入分别为 320920027J0500810081、320920027J0500810082、320920027J0500810083、320920027J0500810084、320920027J0500810085（图 5-31、图 5-32）。

> **注意**
> 有几张支票存根就写几个银行存款，便于日后的银行存款日记账的登账和查询工作。

图 5-31　制单结果 1/2

图 5-32　制单结果 2/2

业务 20：2022 年 9 月 30 日取得 5 张原始凭证，如凭证 5-38 至凭证 5-42 所示。

凭证 5-38

3209165140

江苏增值税专用发票　　NO.38165370　　3209165140
38165370

开票日期：2022 年 09 月 30 日

购买方	名　　　称：盐城风奥有限公司 纳税人识别号：320900552800145 地　址、电话：江苏盐城和平路 190 号 0515-82235613 开户行及账号：中国建设银行盐城和平路支行 5671698919	密码区	47＊3187＜4/＋5546＜＋95－59＋7＜ 6185166＜0－－＞＞－6＞525＜892336－＞ 7＊787＊3187＜4/＋8490＜＋667687500030 ＋＜712/＜1＋9016＞3845＋＋＞84＞565

货物或应税劳务、服务名称	规格型号	单位	数量	单价	金额	税率	税额
水费		吨	600	2.028 3	1 216.98	3%	36.51
合　计					￥1 216.98		￥36.51

价税合计（大写）	⊗壹仟贰佰伍拾叁元肆角玖分		（小写）￥1 253.49

销售方	名　　　称：江苏水务股份有限公司 纳税人识别号：913209031167476863 地　址、电话：江苏省盐城市盐都区解红街胡春路 01 号 0515-246439372 开户行及账号：中国建设银行江苏省盐城市盐都区支行 4162152648	备注	江苏水务股份有限公司 913209031167476863 发票专用章

收款人：　　　　　复核：　　　　　开票人：张勇　　　　　销售方：（章）

凭证 5-39

3209165140

江苏增值税专用发票　　NO.38165370　3209165140
38165370

开票日期：2022 年 09 月 30 日

购买方	名　　称：盐城凤奥有限公司 纳税人识别号：320900552800145 地　址、电　话：江苏盐城和平路190号 0515-82235613 开户行及账号：中国建设银行盐城和平支行 5671698919	密码区	47 * 3187＜4/＋5546＜＋95－59＋7＜ 6185166＜0－－＞＞－6＞525＜892336－＞ 7 * 787 * 3187＜4/＋8490＜＋667687500030 ＋＜712/＜1＋9016＞3845＋＋＞84＞565

货物或应税劳务、服务名称	规格型号	单位	数量	单价	金额	税率	税额
水费		吨	600	2.028 3	1 216.98	3%	36.51
合　计					￥1 216.98		￥36.51

价税合计（大写）	⊗壹仟贰佰伍拾叁元肆角玖分	（小写）￥1 253.49

销售方	名　　称：江苏水务股份有限公司 纳税人识别号：913209031167476863 地　址、电　话：江苏省盐城市盐都区解红街胡春路 01号 0515-246439372 开户行及账号：中国建设银行江苏省盐城市盐都区支行 4162162648	备注	（江苏水务股份有限公司 913209031167476863 发票专用章）

收款人：　　　　复核：　　　　开票人：张勇　　　　销售方：（章）

凭证 5-40

3209166120

江苏增值税普通发票　　NO.38164110　3209166120
38164110

检验码 66279 40544 54697 48385

开票日期：2022 年 09 月 30 日

购买方	名　　称：盐城凤奥有限公司 纳税人识别号：320900552800145 地　址、电　话：江苏盐城和平路190号 0515-82235613 开户行及账号：中国建设银行盐城和平支行 5671698919	密码区	30 * 3187＜4/＋8329＜＋95－59＋7＜ 4586403＜0－－＞＞－6＞525＜536726－＞ 7 * 787 * 3187＜4/＋8490＜＋440146242928 ＋＜712/＜1＋9016＞2375＋＋＞84＞757

货物或应税劳务、服务名称	规格型号	单位	数量	单价	金额	税率	税额
污水处理费		吨	600	1.35	810.00	0	***
合　计					￥810.00		￥0

价税合计（大写）	⊗捌佰壹拾元整	（小写）￥810.00

销售方	名　　称：江苏水务股份有限公司 纳税人识别号：913209031167476863 地　址、电　话：江苏省盐城市盐都区解红街胡春路 01号 0515-246439372 开户行及账号：中国银行银行江苏省盐城市盐都区支行 4162162648	备注	（江苏水务股份有限公司 913209031167476863 发票专用章）

收款人：　　　　复核：　　　　开票人：刘进梅　　　　销售方：（章）

凭证 5-41

费 用 分 配 表

2022-09-30

单位:元

部门	实际用量(吨)	水费分摊金额	污水处理费分摊金额	合计
办公室	100	202.83	135.00	337.83
生产车间	500	1 014.15	675.00	1 689.15
合计	600	1 216.98	810.00	2 026.98

审核:程双林　　　　　　　　　编制:吴军捷

凭证 5-42

中国建设银行
转账支票存根
10503226
00001719

附加信息 付款银行账号:5671893919
盐都区支行

出票日期 2022 年 09 月 30 日
收款人: 江苏水务股份有限公司
金　额: ¥2 063.49
用　途: 支付水费

单位主管　　　　　　会计

任务实施

　　填制凭证时,借方管理费用的金额可采用倒挤方式求得,贷方银行存款辅助项结算方式选"转账支票",票号录入1050322600001719(图5-33)。

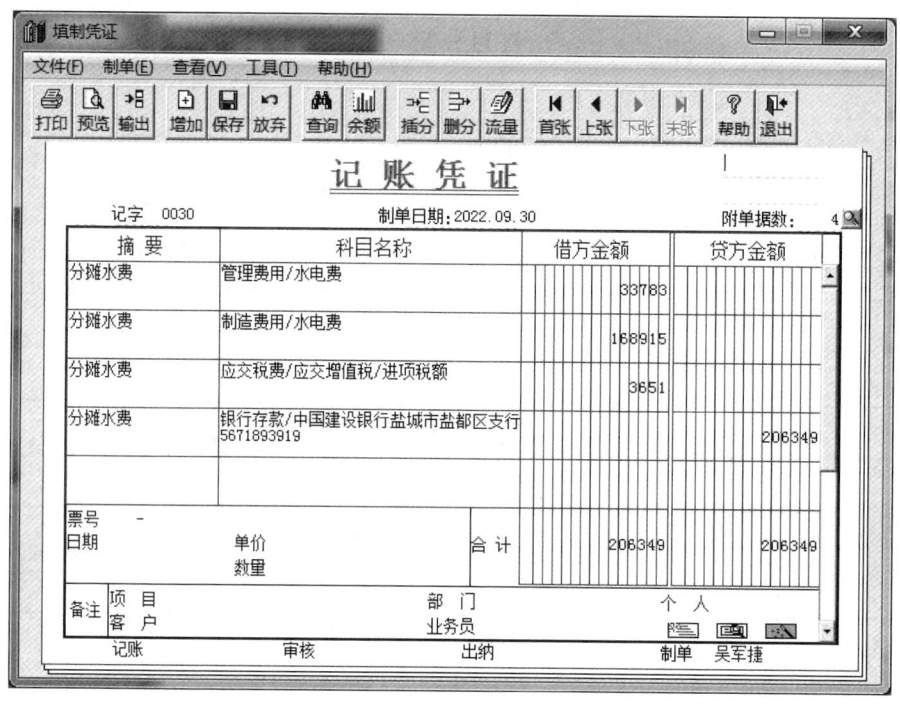

图 5-33 制单结果

业务 21：2022 年 9 月 30 日取得 3 张原始凭证，如凭证 5-43、凭证 5-44、凭证 5-45 所示。

凭证 5-43

3209165140

江苏增值税专用发票　　NO.60270863　　3209165140
60270863

开票日期:2022 年 09 月 30 日

购买方	名　称：盐城风奥有限公司 纳税人识别号：320900552800145 地址、电话：江苏盐城和平路190号 0515-82235613 开户行及账号：中国建设银行盐城和平路支行 5671698919	密码区	84＊3187＜4/＋5605＜＋95－59＋7＜ 0897661＜0－－＞＞－6＞525＜244281－＞ 7＊787＊3187＜4/＋8490＜＋216086766186 ＋＜712／＜1＋9016＞6198＋＋＞84＞143
货物或应税劳务、服务名称	规格型号	单位	数量	单价	金额	税率	税额
电					11 760.00	13%	1 528.80
合　计					￥11 760.00		￥1 528.80
价税合计（大写）	⊗壹万叁仟贰佰捌拾捌元捌角整				（小写）￥13 288.80		
销售方	名　称：江苏省电力股份有限公司盐城市分公司 纳税人识别号：913209030645002233 地址、电话：江苏省盐城市盐都区韩春街刘海路39号 0515-730497580 开户行及账号：中国建设银行江苏省盐城市盐都区支行 4124765053	备注	

收款人：　　　　复核：　　　　开票人：史月兰　　　　销售方（章）

凭证 5-44

江苏增值税专用发票

NO.60270863

3209165140
60270863

3209165140

开票日期：2022 年 09 月 30 日

购买方	名　　称：盐城凤奥有限公司 纳税人识别号：320900552800145 地　址、电　话：江苏盐城和平路190号 0515-82235613 开户行及账号：中国建设银行盐城和平路支行 5671698919	密码区	84＊3187＜4/＋5605＜＋95－59＋7＜ 0897661＜0－－＞－6＞525＜244281－＞ 7＊787＊3187＜4/＋8490＜＋216086766186 ＋＜712/＜1＋9016＞6198＋＋＞84＞143

货物或应税劳务、服务名称	规格型号	单位	数量	单价	金额	税率	税额
电					11 760.00	13%	1 528.80
合　计					￥11 760.00		￥1 528.80
价税合计(大写)	⊗壹万叁仟贰佰捌拾捌元捌角整				(小写) ￥13 288.80		

销售方	名　　称：江苏省电力股份有限公司盐城市分公司 纳税人识别号：913209030645002233 地　址、电　话：江苏省盐城市盐都区韩春街刘海路39号 0515-730497580 开户行及账号：中国建设银行江苏省盐城市盐都区支行 4124765053	备注	江苏省电力股份有限公司盐城市分公司 913209030645002233 发票专用章

收款人：　　　　　　复核：　　　　　　开票人：史月兰　　　　　　销售方：(章)

凭证 5-45

费 用 分 配 表

2022-09-30

单位:元

部门	实际用量(度)	分配率	分配金额
办公室	150	1.20	180.00
财务部	100	1.20	120.00
采购部	50	1.20	60.00
生产车间	9 500	1.20	11 400.00
合计	9 800		11 760.00

审核：程双林　　　　　　编制：吴军捷

任务实施

　　填制凭证时，先求出电费分配率，即 11 760÷9 800＝1.2，各部门使用度数×1.2 求得金额记入借方相关费用科目，预付账款辅助项选择盐城供电(图 5-34)。

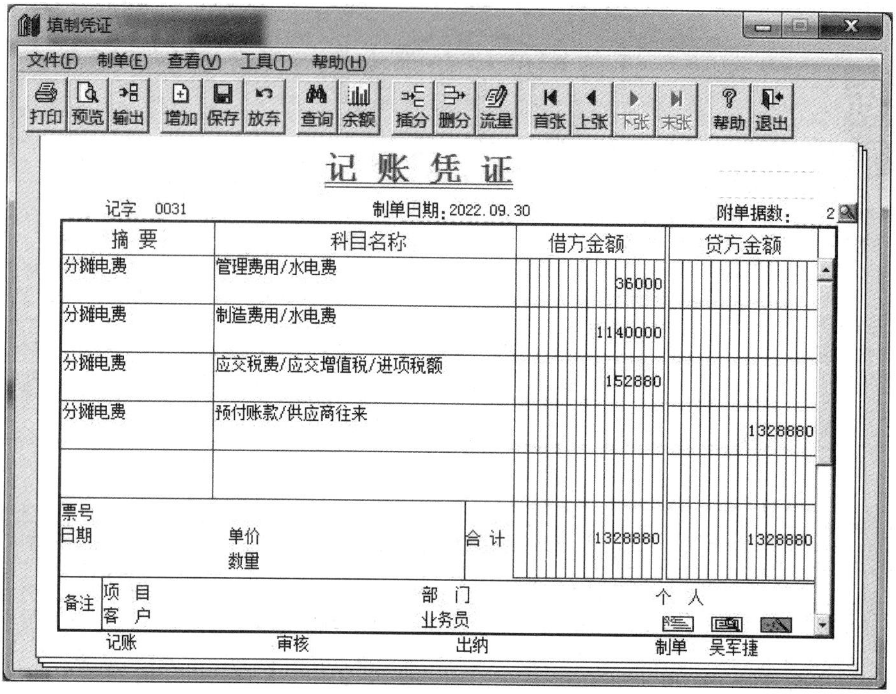

图 5-34 制单结果

业务 22:2022 年 9 月 30 日取得 1 张原始凭证,如凭证 5-46 所示。

凭证 5-46

报纸杂志征订费分摊表

2022-09-30

单位:元

部门	实际发生金额	受益起始日期	受益截止日期	受益期限(月)	月分摊金额
办公室	1 200.00	2021-12	2022-11	12	100.00
合计	1 200.00				100.00

审核:程双林　　　　　　　　　　　　编制:吴军捷

任务实施

填制凭证时,本期金额＝总金额÷摊销期限(图 5-35)。

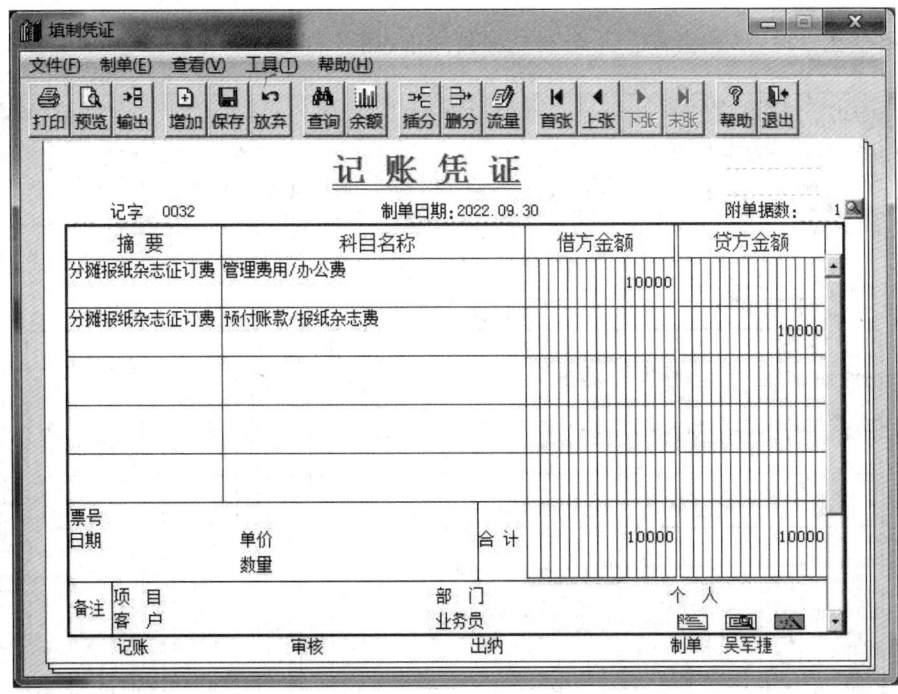

图 5-35 制单结果

业务 23:2022 年 9 月 30 日取得 1 张原始凭证,如凭证 5-47 所示。

凭证 5-47

汽车保险费分摊表

2022-09-30

单位:元

部门	实际发生金额	受益起始日期	受益截止日期	受益期限(月)	月分摊金额
办公室	3 600.00	2021-12	2022-11	12	300.00
采购部	3 000.00	2021-12	2022-11	12	250.00
合计	6 600.00				550.00

审核:程双林　　　　　　　　　　编制:吴军捷

任务实施

填制凭证时,本期金额＝总金额÷摊销期限(图5-36)。

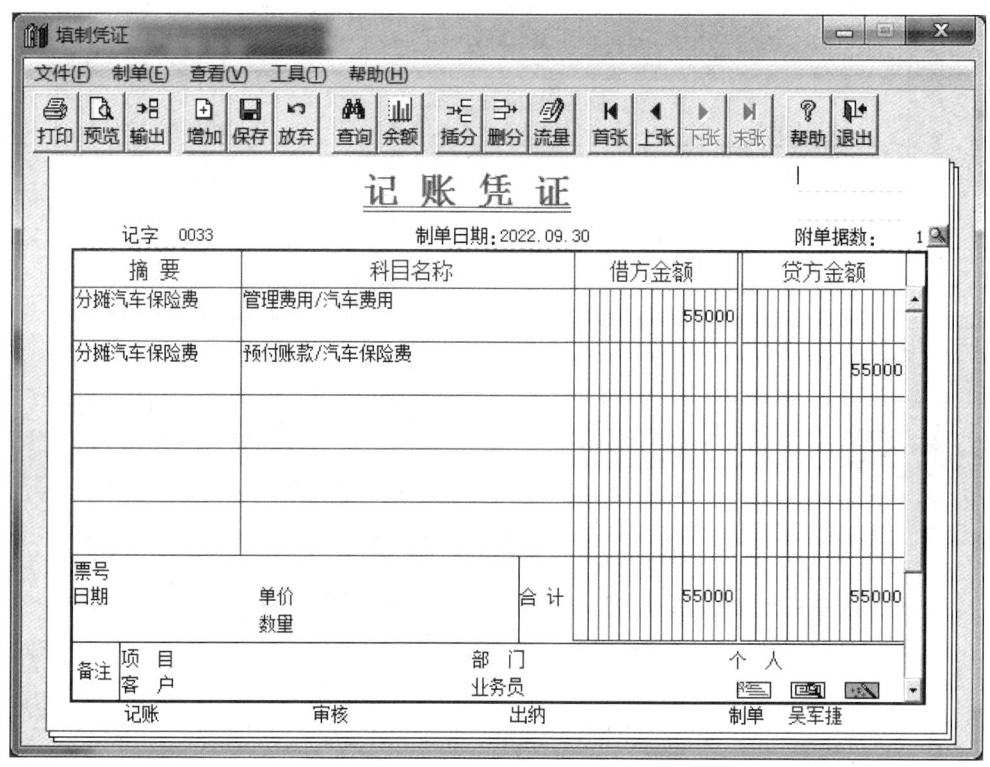

图 5-36　制单结果

业务24：2022年9月30日查询相关凭证,并对记账凭证进行出纳签字、审核及记账。

任务实施

步骤一：出纳签字：本月所有凭证录入完成后,点左上角文件"重新注册",操作员改为出纳操作员(任慧慧)进入总账,执行"总账"/"凭证"/"出纳签字"命令,进入选择条件窗口后,出现凭证一览表,用鼠标双击待签字凭证,执行"签字"或"成批出纳签字"命令(图5-37),即可完成出纳签字。再次点击"签字"命令即可取消签字结果(图5-38)。

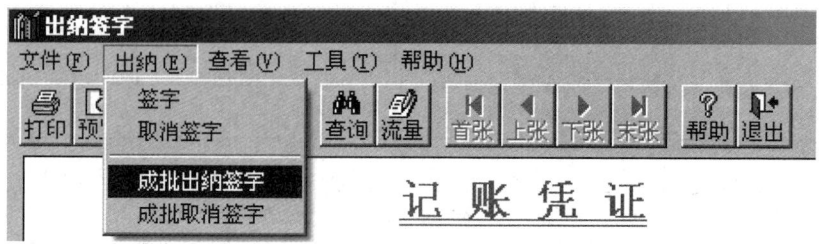

图 5-37　执行出纳签字

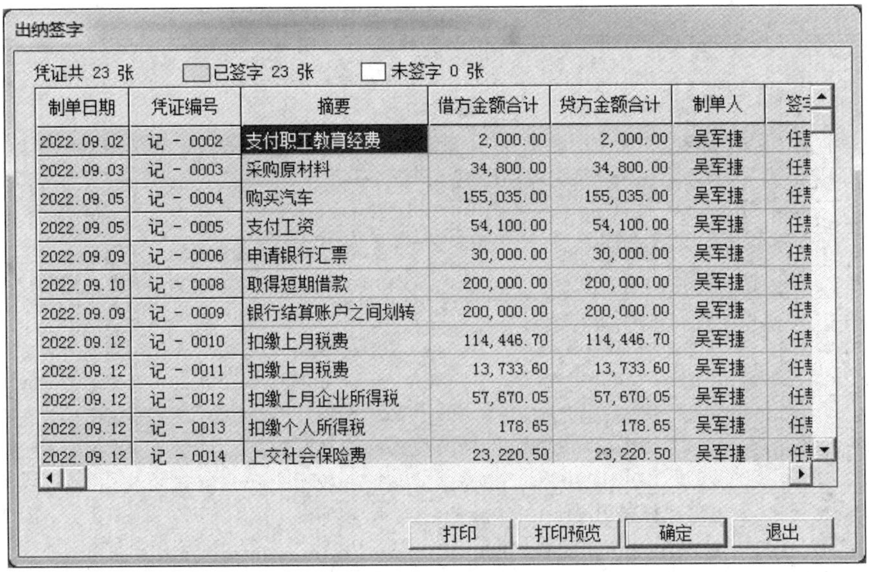

图 5-38 签字结果

步骤二：审核凭证：本月所有凭证录入完成后，点左上角文件"重新注册"，操作员改为有审核权限的操作员（程双林）进入总账，执行"总账"/"凭证"/"审核凭证"命令，进入选择条件窗口，确定后出现凭证一览表，用鼠标双击待审核凭证，执行"审核"/"审核凭证"或"成批审核凭证"命令（图 5-39），即可完成凭证审核。再次执行"审核"命令即可取消审核，若发现凭证有误，还可使用"标错"功能，当修改时需取消标错。审核结果，如图 5-40 所示。

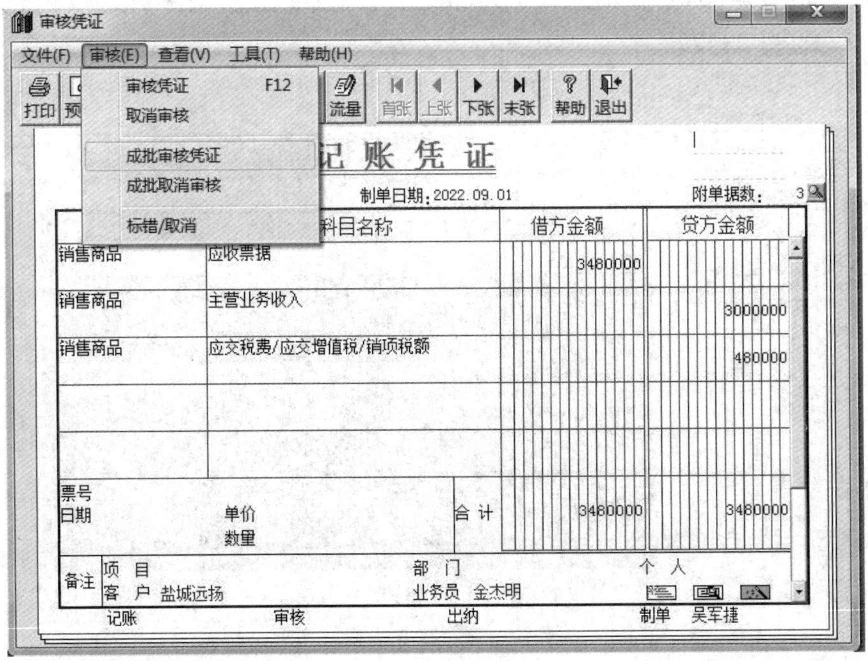

图 5-39 审核凭证

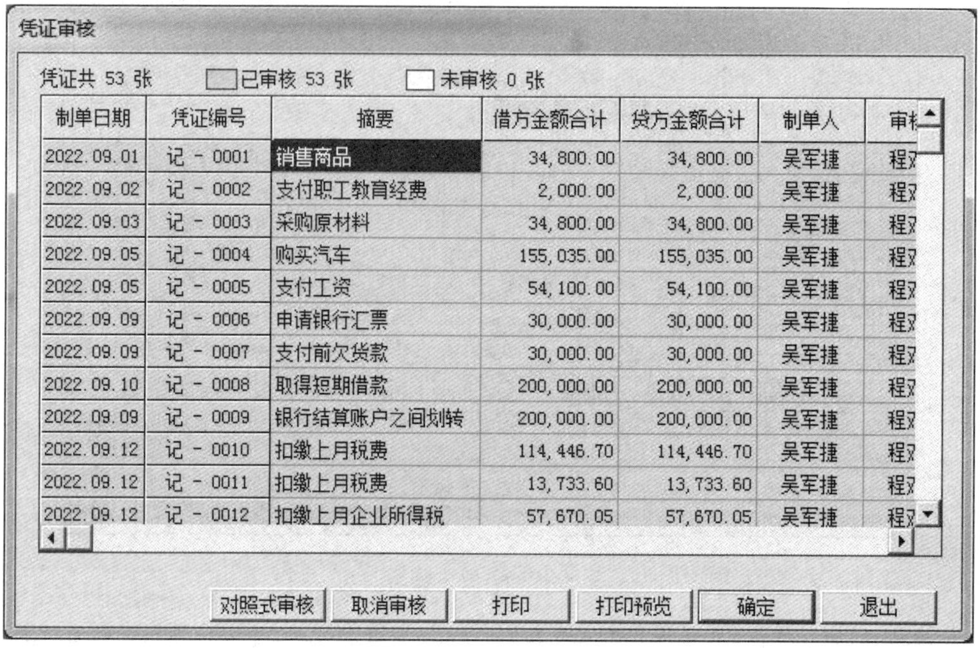

制单日期	凭证编号	摘要	借方金额合计	贷方金额合计	制单人	审核
2022.09.01	记 - 0001	销售商品	34,800.00	34,800.00	吴军捷	程双
2022.09.02	记 - 0002	支付职工教育经费	2,000.00	2,000.00	吴军捷	程双
2022.09.03	记 - 0003	采购原材料	34,800.00	34,800.00	吴军捷	程双
2022.09.05	记 - 0004	购买汽车	155,035.00	155,035.00	吴军捷	程双
2022.09.05	记 - 0005	支付工资	54,100.00	54,100.00	吴军捷	程双
2022.09.09	记 - 0006	申请银行汇票	30,000.00	30,000.00	吴军捷	程双
2022.09.09	记 - 0007	支付前欠货款	30,000.00	30,000.00	吴军捷	程双
2022.09.10	记 - 0008	取得短期借款	200,000.00	200,000.00	吴军捷	程双
2022.09.09	记 - 0009	银行结算账户之间划转	200,000.00	200,000.00	吴军捷	程双
2022.09.12	记 - 0010	扣缴上月税费	114,446.70	114,446.70	吴军捷	程双
2022.09.12	记 - 0011	扣缴上月税费	13,733.60	13,733.60	吴军捷	程双
2022.09.12	记 - 0012	扣缴上月企业所得税	57,670.05	57,670.05	吴军捷	程双

图 5-40　完成凭证审核

步骤三：记账：以记账权限的操作员（程双林）进入总账，执行“记账”/“全选”命令，按照系统提示依次点击【下一步】【下一步】【记账】按钮（第一次记账时会提示期初试算平衡，点击【确定】按钮即可），提示记账完毕后，点击【确定】按钮，完成记账工作（图 5-41、图 5-42）。

期间	类别	未记账凭证	已审核凭证	记账范围
2022.09	记	1-53	1-53	1-53

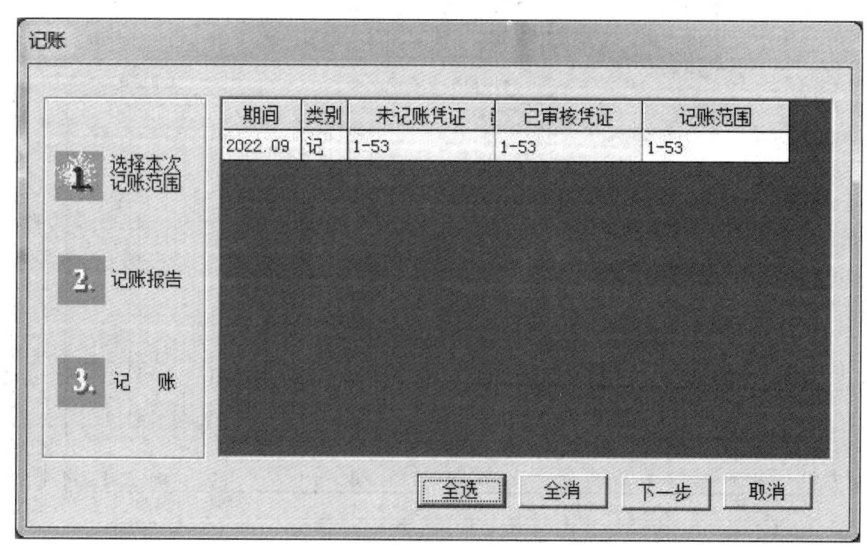

图 5-41　记账范围

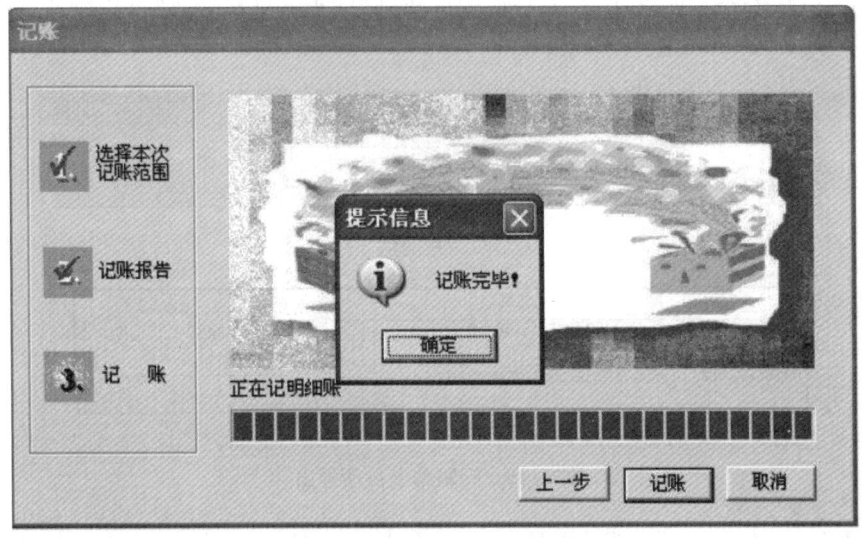

图 5-42 记账完毕

 故障诊断

故障 1：在进入总账后，点击"填制凭证"，点击【增加】按钮后，系统弹出对话框（图 5-43）而无法正常填制凭证。

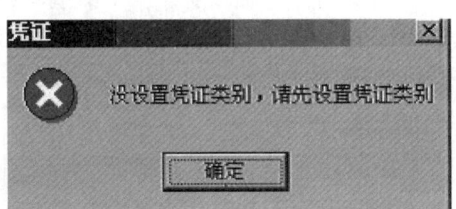

图 5-43 错误提示

原因分析：完整的基础设置是进行日常业务处理的前提，出现图 5-43 的错误提示，原因是凭证类别未设置而导致的无法正常填制会计凭证。

解决办法：在"基础设置"/"财务"/"凭证类别"窗口中选择分类方式（通常选择"记账凭证"或"收付转凭证"），点击【确定】按钮并退出（图 5-44）。再次打开填制凭证窗口就可以正常录入会计凭证。

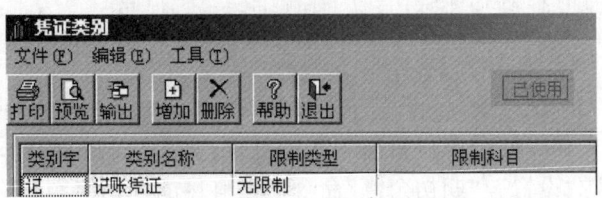

图 5-44 凭证类别设置

故障 2：在填制凭证过程中，遇到辅助核算科目（如银行存款、往来科目等）时，无法弹出辅助核算窗口（图 5-45）。

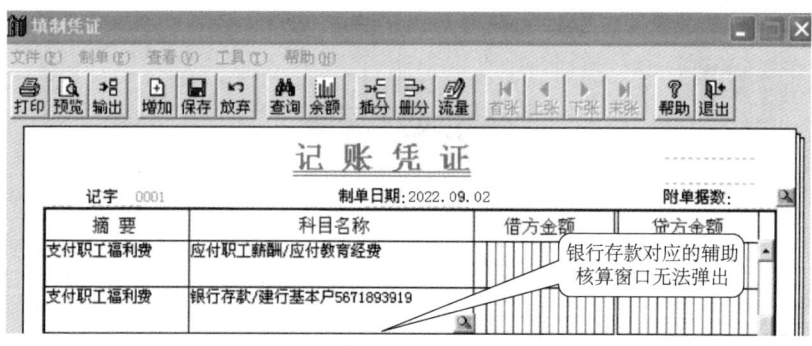

图 5-45　无辅助项自动弹出

原因分析：在"基础设置"/"财务"/"会计科目"中对于辅助核算科目未设置辅助核算属性，则在填制凭证用到该科目时无法弹出相应的辅助核算窗口（图 5-46）。

图 5-46　会计科目的辅助信息

解决办法：要先删除使用该科目所填制的凭证，如果该科目已经录入了期初余额，则需要执行"总账"/"设置"/"期初余额"命令把该科目的期初余额删除，再执行"基础设置"/"财务"/"会计科目"命令修改科目，设置该科目的辅助核算属性。

故障 3：在实施凭证出纳签字时，找不到符合条件的凭证（图 5-47）。

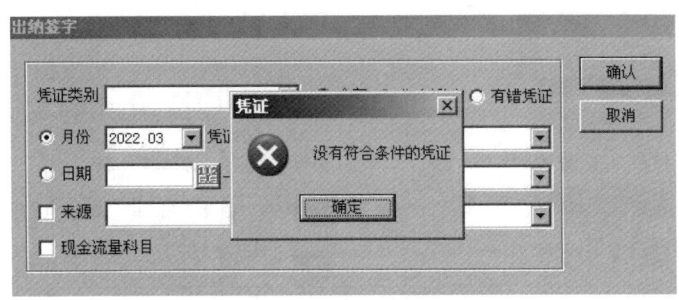

图 5-47 没有符合条件的凭证

原因分析：实施出纳签字的前提是"指定科目"，即指定出纳的专管科目，只有指定科目后，才能执行"出纳签字"功能，才能查看现金、银行存款日记账，从而实现现金、银行存款管理的保密性。

解决办法：执行"基础设置"/"财务"/"会计科目"命令，单击"编辑"菜单中的"指定科目"，分别指定现金总账科目为"1001 库存现金"，银行总账科目为"1002 银行存款"（图 5-48）。

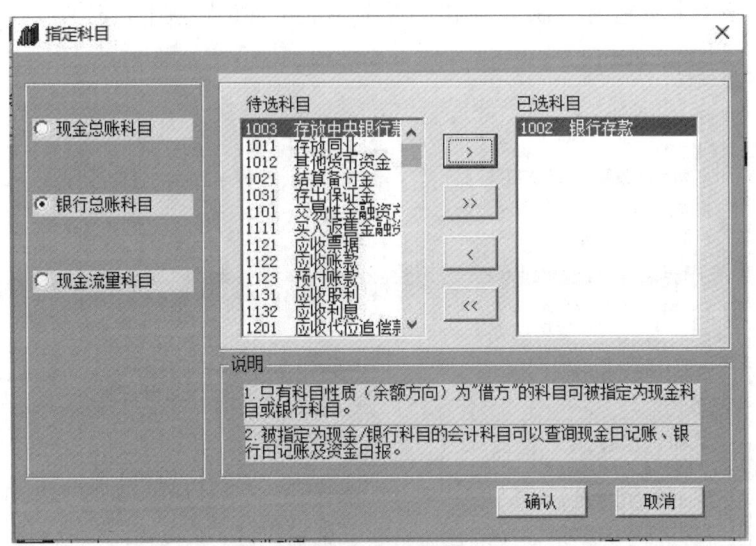

图 5-48 指定会计科目

故障 4：已审核完的凭证不能正常、完全记账（图 5-49）。

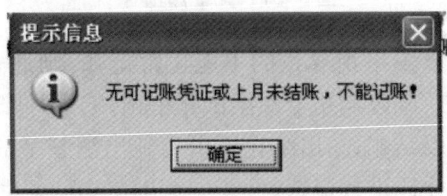

图 5-49 不能记账

原因分析:凭证无法正常记账的原因通常有:
(1) 期初试算不平衡(图 5-50)。

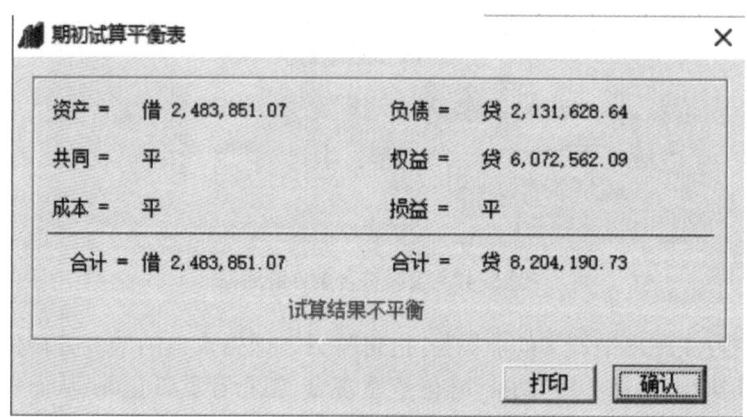

图 5-50　期初试算不平衡

(2) 上月账套未结账。
(3) 如果"总账"/"设置"/"选项"对话框中,设置了"出纳凭证必须经由出纳签字",但在凭证复核中未实施出纳签字,则出纳凭证不能正常记账(图 5-51)。

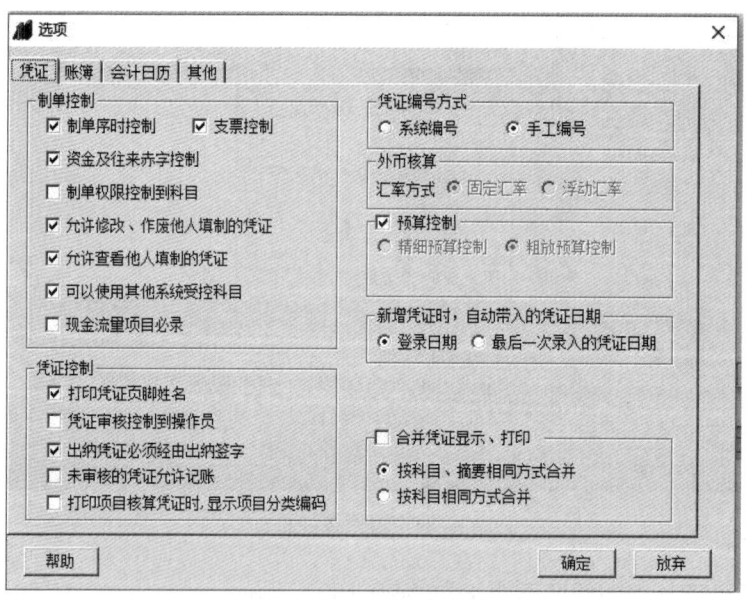

图 5-51　凭证选项卡

解决办法:①期初试算不平衡导致的不能正常记账,则通过执行"总账"/"设置"/"期初余额"命令进行检查、修改期初金额至试算平衡;②上月账套未结账导致的不能正常记账,则把上月账套予以结账;③出纳凭证未实施出纳签字的,换出纳身份进行出纳签字并审核后,可对出纳凭证进行记账。

能力训练

◎ **案例描述 1**

如何对已记账的错误凭证进行有痕迹修改？

对已记账的错误凭证进行有痕迹修改，可采用红字冲销法，即制作红字冲销凭证将错误凭证冲销，再编制正确的蓝字凭证进行补充。

◎ **做一做**

步骤一：以会计人员身份注册，执行"总账"/"凭证"/"填制凭证"命令单打开填制凭证窗口。

步骤二：选择"制单"菜单下"冲销凭证"（图 5-52）。

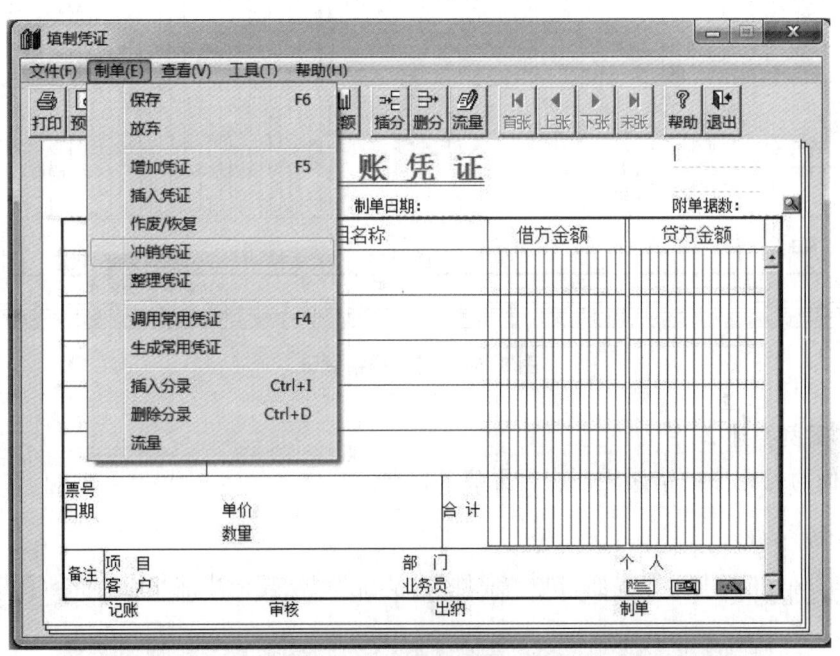

图 5-52　冲销凭证

步骤三：选择需红字冲销的已记账凭证，输入凭证类别和凭证号后确定（图 5-53）。

图 5-53　选择冲销的对话框

步骤四:将自动产生的红字冲销凭证保存(图5-54),然后编制正确的蓝字凭证进行补充。

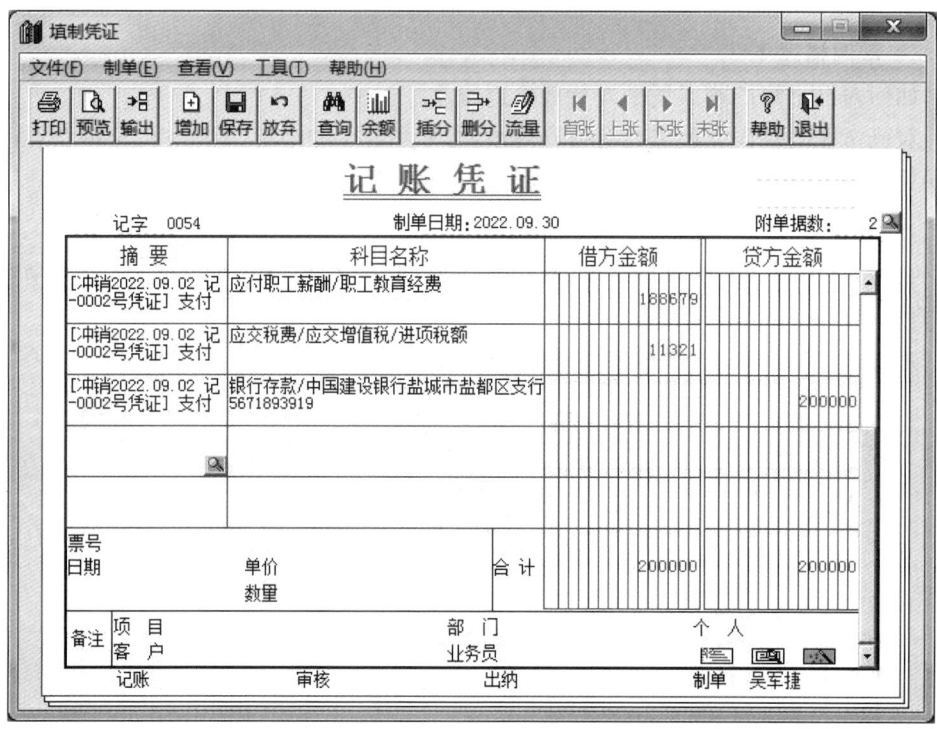

图5-54 红字冲销凭证

◎ **案例描述2**

如何对已记账的错误凭证进行无痕迹修改?

◎ **做一做**

步骤一:在期末对账界面,执行"总账"/"凭证"/"恢复记账前状态"命令(图5-55)。

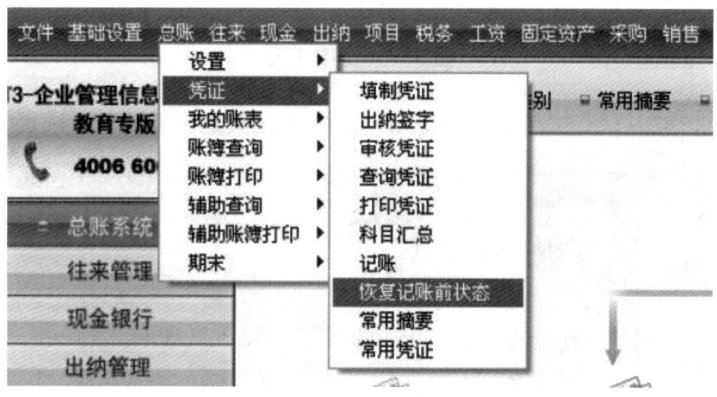

图5-55 恢复记账前状态

步骤二:在恢复记账前状态窗口选择恢复方式,输入主管密码后取消记账(图5-56)。

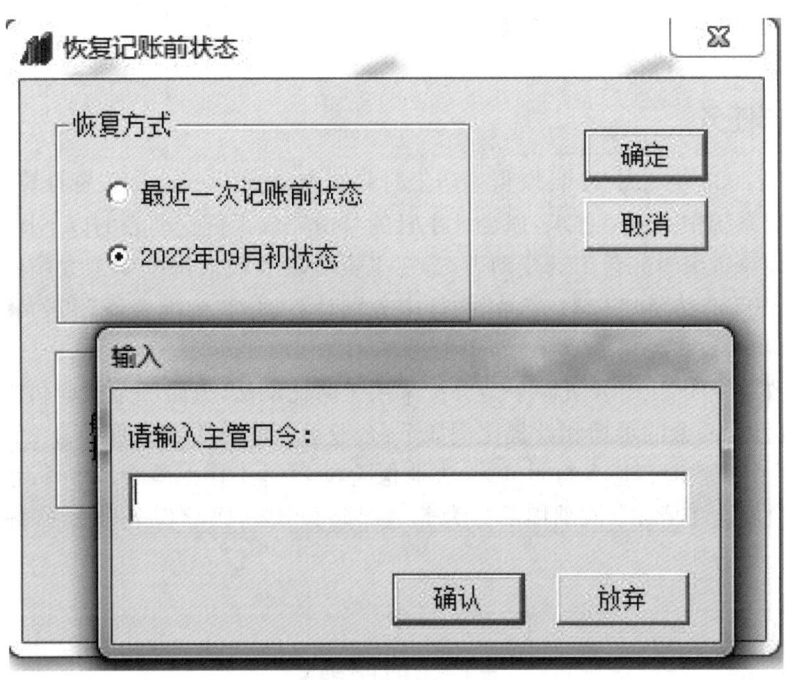

图 5-56 恢复方式选择

步骤三:取消审核、取消出纳签字,实施错误凭证删除,最后增加新的凭证,即可完成无痕迹修改。

任务二 工资日常账务处理

 知识认知

(1) 工资核算直接关系到每个职工的切身利益,同时也是企业人力资源管理的基本内容。不同行业、不同企业工资核算和管理的要求不同,如工业企业职工工资核算时,主要根据职工考勤记录、产量记录、工时记录来进行工资核算,而商业企业进行工资核算则主要与职工产品销售情况联系,根据职工的基本工资与提成工资进行工资核算与管理。

(2) 工资管理的基本内容。企业职工工资主要由基本工资、工龄工资、各种奖金津贴,以及应从职工工资中扣除的各种款项(包括各种社会保险、住房公积金、个人所得税等)构成。工资管理包括以下方面的内容。① 工资的计算。财务部门根据企业职工的

考勤记录、工时记录、产量记录、职工工资计算标准、等级、奖金和津贴等资料编制出各职工的工资单,准确、及时地计算出职工的应付工资、应扣工资和实发工资,并按各部门编制工资计算单,便于部门工资核算。② 工资汇总、发放。财务部门根据各部门工资计算单,汇总成企业"工资汇总表",编制职工"工资发放表","工资发放表"经企业领导审核、签字后可以发放职工工资。

工作任务

业务 1:2022 年 9 月 30 日取得生产工时明细表(凭证 5-48)和工资计算单(凭证 5-49),在工资系统中完成。要求:以会计主管的身份完成工资变动表的以下操作:①根据月末工资计算单编辑完善工资变动表;②在工资变动表输入每个职工大病救助金的数据;③在"S105 产品"和"T231 产品"两行中分别计算填列"分配金额"和"大病救助金"的金额。

企业政策说明:工资及五险一金分配采用工时比例法,五险一金按应付工资项目的金额计提,五险一金的承担和计提比例如下:企业承担部分为养老保险金 20%,医疗保险金 8% 及大病救助金每人每月 6 元,失业保险金 2%,工伤保险金 0.5%,生育保险金 1%,住房公积金 10%;个人承担部分为养老保险金 8%,医疗保险金 2%,失业保险金 1%,住房公积金 10%。

凭证 5-48

生产工时明细表

2022-09-30

车间	产品	生产工时(小时)
生产车间	S105	6 000
生产车间	T231	4 000
合计		10 000

审核:程双林　　　　　　　　　　　　　　　　　　　　　　编制:吴军捷

凭证5-49

工 资 明 细 单

2022-09-30

单位:元

姓名	部门	岗位	应付工资
吴文胜	办公室	法定代表人	8 000
赵　俊	办公室	总经理	2 500
黄铁华	办公室	办公室职员	2 300
程双林	财务部	财务经理	4 000
吴军捷	财务部	会计	2 500
任慧慧	财务部	出纳	2 100
朱晓燕	采购部	采购经理	3 000
李丽芬	采购部	采购员	2 200
王　春	销售门市	销售经理	3 000
金杰明	销售门市	销售员	2 200
张　雯	生产车间	生产车间主任	4 500
周小华	生产车间	车间工人	2 300
王洁洁	生产车间	车间工人	2 300
潘吉林	生产车间	车间工人	2 300
姜　辉	生产车间	车间工人	2 200
樊　耀	生产车间	车间工人	2 200
石俊伟	生产车间	车间工人	2 100
刘　玲	生产车间	车间工人	2 000
付俊华	销售门市	销售员	2 200
侯国庆	采购部	采购员	2 200
合计			56 100

审核:程双林　　　　　　　　　　　　　　　　　　　　　　编制:吴军捷

任务实施

步骤一:进入工资管理模块,执行"工资"/"业务处理"/"工资变动"命令。

方法一：直接录入，即在"刘玲"对应工资项目"月标准工资"中直接输入月标准工资2 000。工资变动表会根据公式设置，自动计算出其他工资项目（图5-57）。

人员编号	姓名	部门	人员类别	月标准工资
12101	吴文胜	办公室	管理	8,000.00
12102	赵俊	办公室	管理	2,500.00
12103	黄铁华	办公室	管理	2,300.00
12201	程双林	财务部	管理	4,000.00
12202	吴军捷	财务部	管理	2,500.00
12203	任慧慧	财务部	管理	2,100.00
12301	朱晓燕	采购部	管理	3,000.00
12302	李丽芬	采购部	管理	2,200.00
12303	侯国庆	采购部	管理	2,200.00
12401	王春	销售门市部	销售	3,000.00
12402	金杰明	销售门市部	销售	2,200.00
12403	付俊华	销售门市部	销售	2,200.00
22101	张雯	生产车间	管理	4,500.00
22102	周小华	生产车间	生产	2,300.00
22103	王浩浩	生产车间	生产	2,300.00
22104	潘吉林	生产车间	生产	2,300.00
22105	姜辉	生产车间	生产	2,200.00
22106	樊耀	生产车间	生产	2,200.00
22107	石俊伟	生产车间	生产	2,100.00
22108	刘玲	生产车间	生产	2,000.00
23101	S105	S105人工分配	生产	
24101	T231	T231人工分配	生产	

图5-57　工资录入图

录入完成后，点击【汇总】按钮。（【汇总】按钮有重新计算功能）

方法二：选择【页编辑】按钮，按职工信息进行工资数据的录入（图5-58）。

步骤二：与步骤一操作相同，录入大病救助金每人每月6元。在"工资变动表"或"页编辑"中输入每个职工大病救助金的数据。

步骤三：工资分配采用工时比例法，将"S105产品"和"T231产品"两行中分别计算填列"分配金额"，计算结果如表5-1所示。（从工资计算单中，可以得出生产工人共7人，工资合计为15 400元）

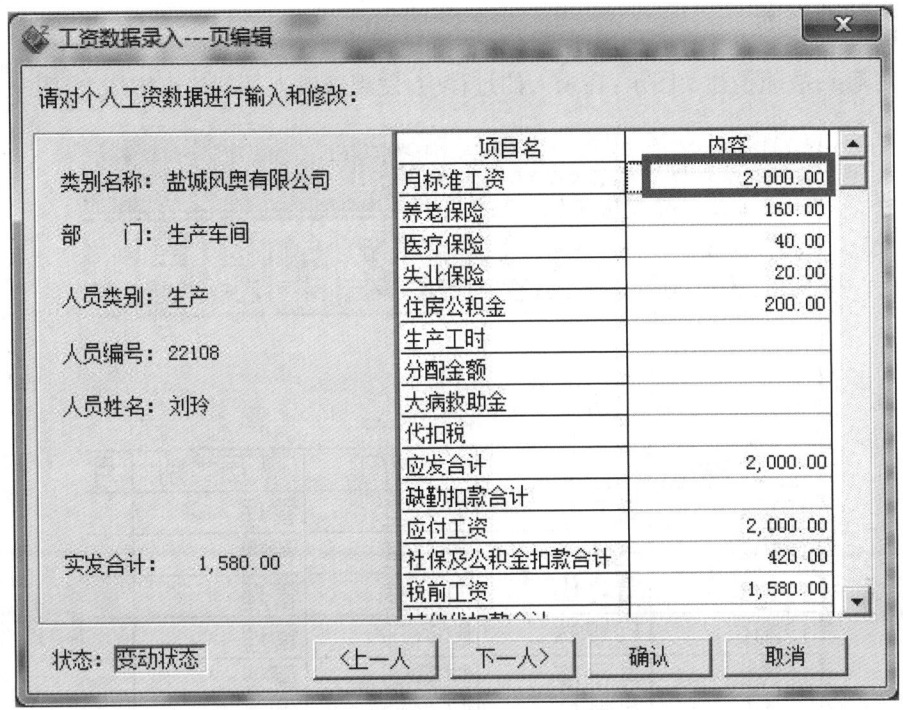

图 5-58　页编辑

表 5-1　工资费用分配表

2022-09-30　　　　　　　　　　　　　　　　　　　　　　　　　　　　单位:元

应借账户		直接计入	分配计入			合计
			生产工时(小时)	分配率	分配金额	
管理费用		28 800.00				28 800.00
销售费用		7 400.00				7 400.00
制造费用		4 500.00				4 500.00
生产成本	S105		6 000	1.54	9 240.00	9 240.00
生产成本	T231		4 000	1.54	6 160.00	6 160.00
合计		40 700.00	10 000		15 400.00	56 100.00

审核:程双林　　　　　　　　　　　　　　　　　　　　　　　　　编制:吴军捷

◎ 思考

此时为什么只对应付工资进行分配,其他工资项目为什么不进行分配?

故障诊断

故障1: 故障描述及图示:在录入的过程中,发现新增人员刘玲未增加上(图5-59)。

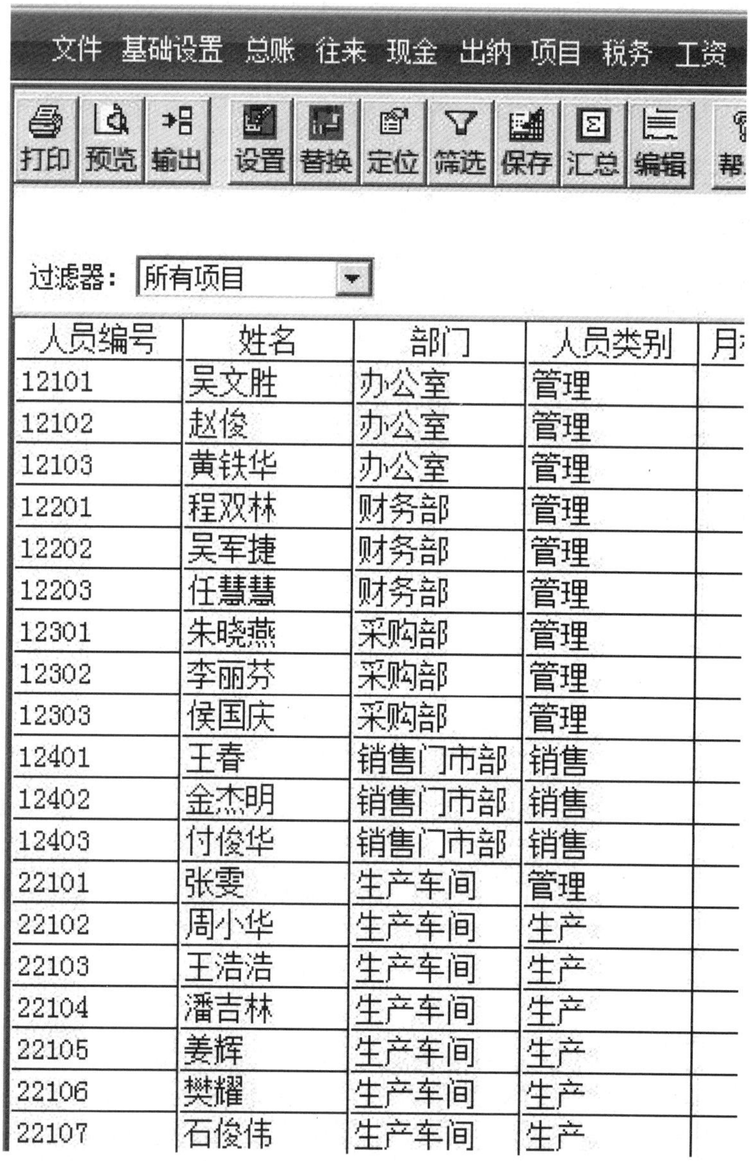

图5-59 工资录入故障

原因分析: 此时发现人员未增加上,是由于在工资基础设置时,人员增加未进行新增,因此无此人员。

解决办法: 退出工资变动表的录入,执行"工资"/"设置"/"人员档案"命令,进行重新添加,添加完成后再进入"工资变动表"录入(图5-60)。

故障2: 在录入的过程中,发现工资项目少录入或工资项目涉及的公式录入错误。

图 5-60　工资档案

原因分析：此时发现工资项目少录入或公式编写错误，是因为工资基础设置时产生错误，应退出"工资变动表"的录入，进入"工资项目设置"中，进行工资项目和工资项目公式的修改（图 5-61、图 5-62）。

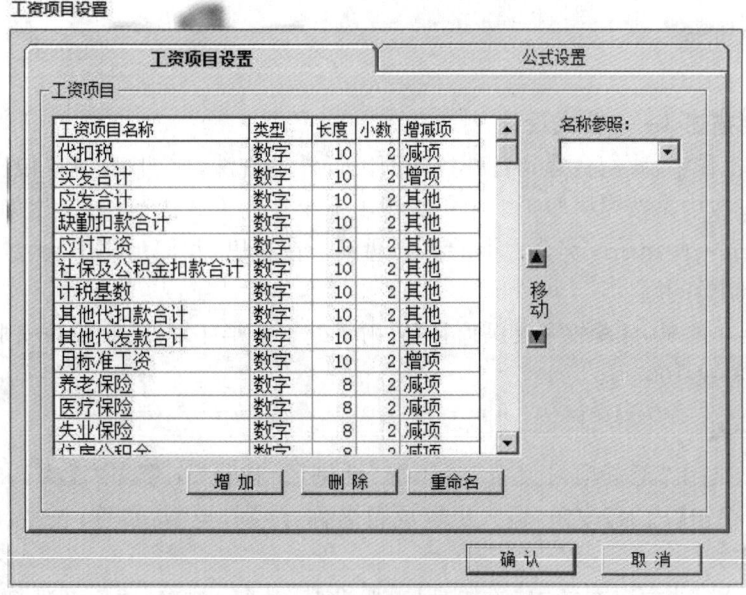

图 5-61　工资项目设置图

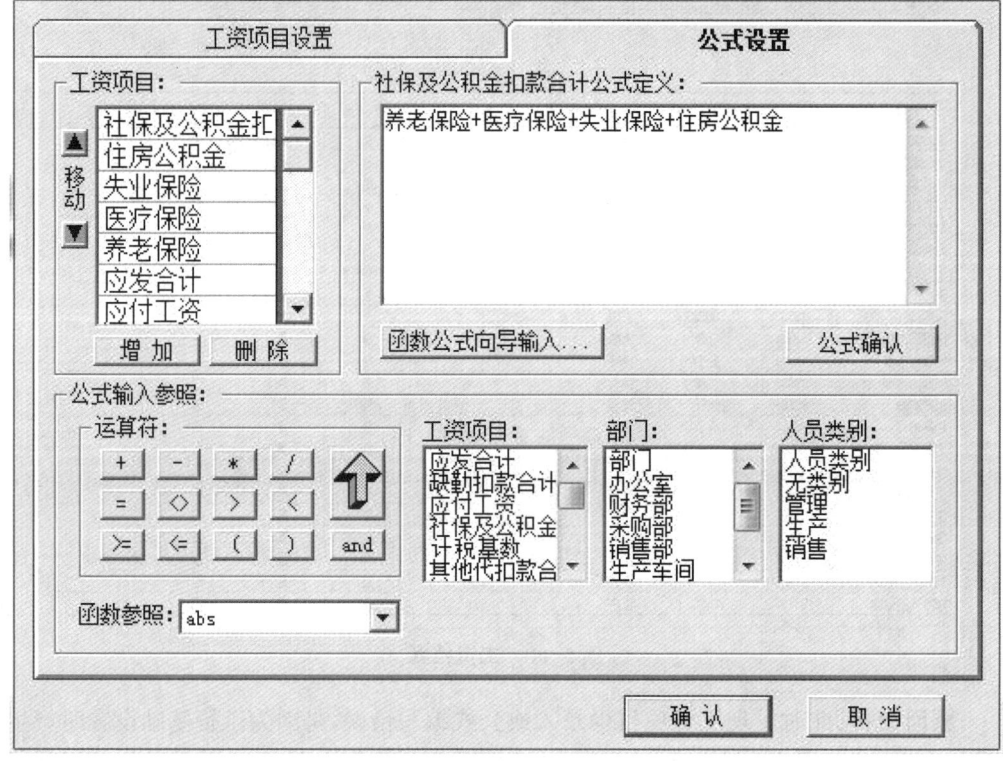

图 5-62　公式设置

能力训练

◎ **案例描述 1——公式设计**

在实际工作中,我们会遇到各种各样的工资计算方法,比如,有些单位实行子女医疗补贴,在发放中是按照男职工上半年女职工下半年的方式进行的;又比如,按照工作年限不同发放一些津贴或奖金之类的都会遇到。在这里,我们巧用 IF 函数,来解决实际工作中遇到的问题。

2022 年 9 月 30 日发放子女医疗补贴,由于处于下半年期间,则每位女职工本月发放子女医疗补贴 100 元。

◎ **做一做**

步骤一:先在"工资项目设置"中添加"性别"。执行"工资"/"设置"/"工资项目设置"命令,单击【增加】按钮,输入工资项目名称:性别,类型:字符,长度:8,增减项:其他(图 5-63)。

步骤二:进入"工资变动表"将职员性别填列。执行"工资"/"业务处理"/"工资变动"命令,输入"性别"(图 5-64)。

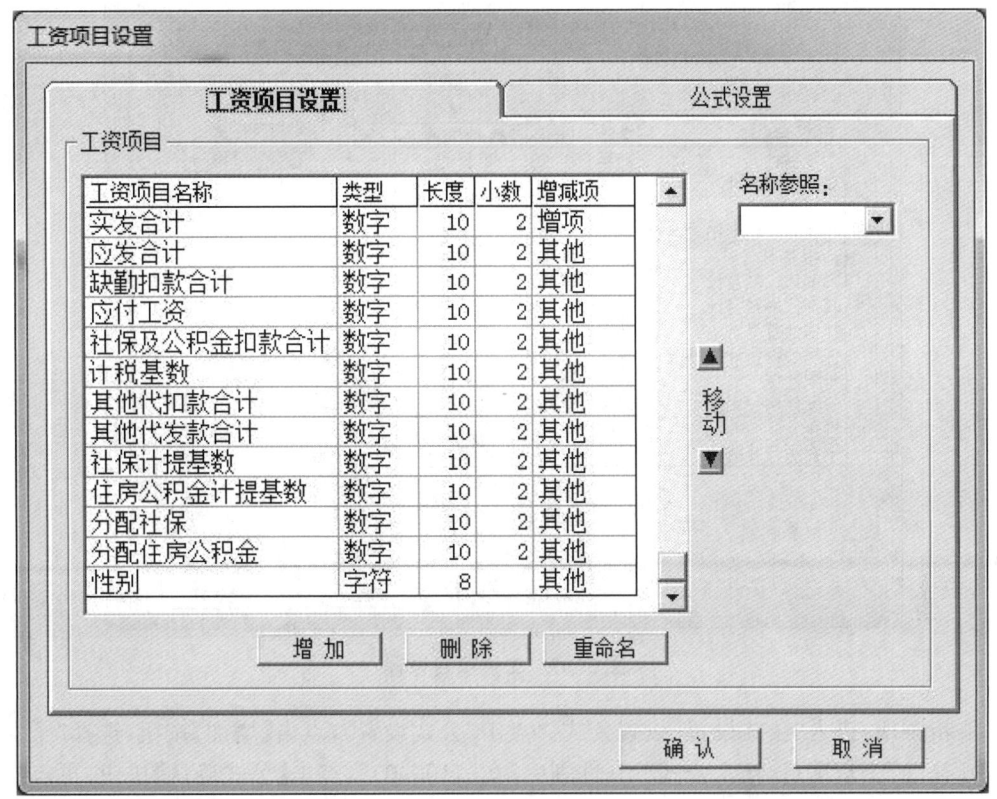

图 5-63 工资项目设置

工 资 变 动

人员编号	姓名	部门	人员类别	社保及公积金扣款合计	计税基数	其他代扣款合计	其他代发款合计	社保计提基数	住房公积金计提基数	分配社保	分配住房公积金	性别
12101	吴文胜	办公室	管理	1,680.00	6,320.00			8,000.00	8,000.00			男
12102	赵俊	办公室	管理	525.00	1,975.00			2,500.00	2,500.00			男
12103	黄铁华	办公室	管理	483.00	1,817.00			2,300.00	2,300.00			男
12201	程双林	财务部	管理	840.00	3,160.00			4,000.00	4,000.00			女
12202	吴军捷	财务部	管理	525.00	1,975.00			2,500.00	2,500.00			男
12203	任慧慧	财务部	管理	441.00	1,659.00			2,100.00	2,100.00			女
12301	朱晓燕	采购部	管理	630.00	2,370.00			3,000.00	3,000.00			女
12302	李丽芬	采购部	管理	462.00	1,738.00			2,200.00	2,200.00			女
12303	侯国庆	采购部	管理	462.00	1,738.00			2,200.00	2,200.00			男
12401	王春	销售门市部	销售	630.00	2,370.00			3,000.00	3,000.00			女
12402	金杰明	销售门市部	销售	462.00	1,738.00			2,200.00	2,200.00			男
12403	付俊华	销售门市部	销售	462.00	1,738.00			2,200.00	2,200.00			男
22101	张雯	生产车间	管理	945.00	3,555.00			4,500.00	4,500.00			女
22102	周小华	生产车间	生产	483.00	1,817.00			2,300.00	2,300.00			女
22103	王浩浩	生产车间	生产	483.00	1,817.00			2,300.00	2,300.00			男
22104	潘吉林	生产车间	生产	483.00	1,817.00			2,300.00	2,300.00			男
22105	姜辉	生产车间	生产	462.00	1,738.00			2,200.00	2,200.00			女
22106	樊耀	生产车间	生产	462.00	1,738.00			2,200.00	2,200.00			女
22107	石俊伟	生产车间	生产	441.00	1,659.00			2,100.00	2,100.00			男
22108	刘玲	生产车间	生产	420.00	1,580.00			2,100.00	2,000.00			女
23101	S105	S105人工分	生产							9,300.00	8,700.00	
24101	T231	T231人工分	生产							6,200.00	5,800.00	

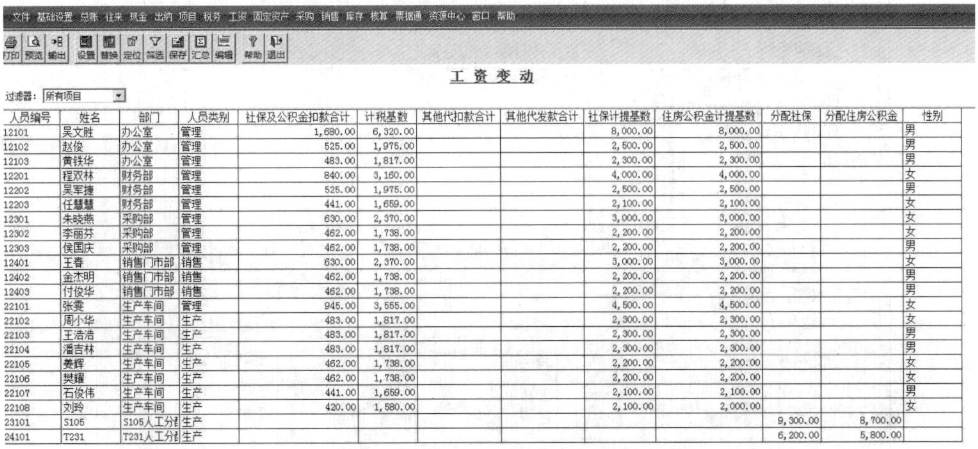

图 5-64 工资变动

步骤三:进入“工资项目设置”增加工资项目名称:子女医疗补助,类型:数值,长度:8,小数:2,减项:数值(图 5-65)。

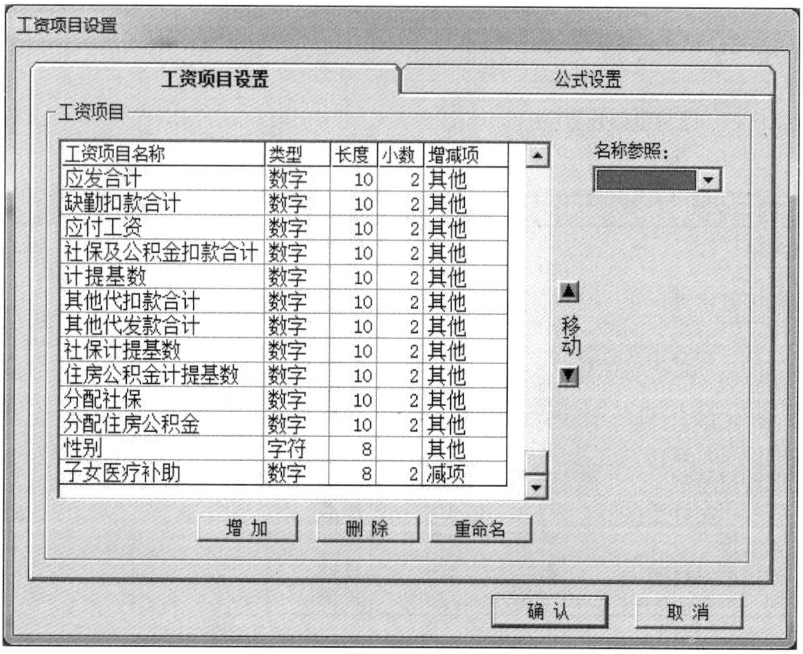

■ 常见财务软件应用(用友畅捷通 T3)

图 5-65 工资项目设置

步骤四:进入"公式设置"设置公式。点击"公式设置",点击【增加】按钮,选择"子女医疗补助"工资项目,输入公式"iff(性别="女",100,0)",点击【公式确认】按钮,再点击【确认】按钮(图 5-66)。

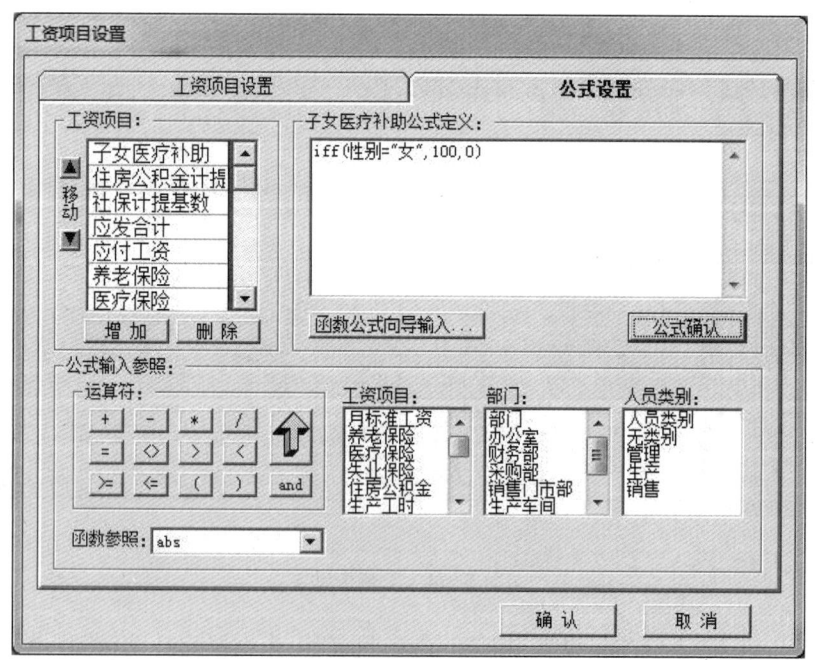

图 5-66 公式设置

步骤五：进入“工资变动”汇总查看。执行“工资”/“业务处理”/“工资变动”命令，点击【汇总】按钮查看(图 5-67)。

工 资 变 动

过滤器：所有项目

人员编号	姓名	部门	人员类别	税前工资	其他代扣款合计	其他代发款合计	社保计提基数	住房公积金计提基数	分配社保	分配住房公积金	性别	子女医疗补助
12101	吴文胜	办公室	管理	6,320.00			8,000.00	8,000.00			男	
12102	赵俊	办公室	管理	1,975.00			2,500.00	2,500.00			男	
12103	黄铁华	办公室	管理	1,817.00			2,300.00	2,300.00			男	
12201	程双林	财务部	管理	3,160.00			4,000.00	4,000.00			女	100.00
12202	吴军捷	财务部	管理	1,975.00			2,500.00	2,500.00			男	
12203	任慧慧	财务部	管理	1,659.00			2,100.00	2,100.00			女	100.00
12301	朱晓燕	采购部	管理	2,370.00			3,000.00	3,000.00			女	100.00
12302	李丽芬	采购部	管理	1,738.00			2,200.00	2,200.00			女	100.00
12303	侯国庆	采购部	管理	1,738.00			2,200.00	2,200.00			男	
12401	王春	销售门市部	销售	2,370.00			3,000.00	3,000.00			女	100.00
12402	金杰明	销售门市部	销售	1,738.00			2,200.00	2,200.00			男	
12403	付俊华	销售门市部	销售	1,738.00			2,200.00	2,200.00			男	
22101	张雯	生产车间	管理	3,555.00			4,500.00	4,500.00			女	100.00
22102	周小华	生产车间	生产	1,817.00			2,300.00	2,300.00			女	100.00
22103	王浩浩	生产车间	生产	1,817.00			2,300.00	2,300.00			男	
22104	潘吉林	生产车间	生产	1,817.00			2,300.00	2,300.00			男	
22105	姜辉	生产车间	生产	1,738.00			2,200.00	2,200.00			女	100.00
22106	樊耀	生产车间	生产	1,738.00			2,200.00	2,200.00			女	100.00
22107	石俊伟	生产车间	生产	1,659.00			2,100.00	2,100.00			男	
22108	刘玲	生产车间	生产	1,580.00			2,100.00	2,000.00			女	100.00
23101	S105	S105人工分配	生产						9,300.00	8,700.00		
24101	T231	T231人工分配	生产						6,200.00	5,800.00		

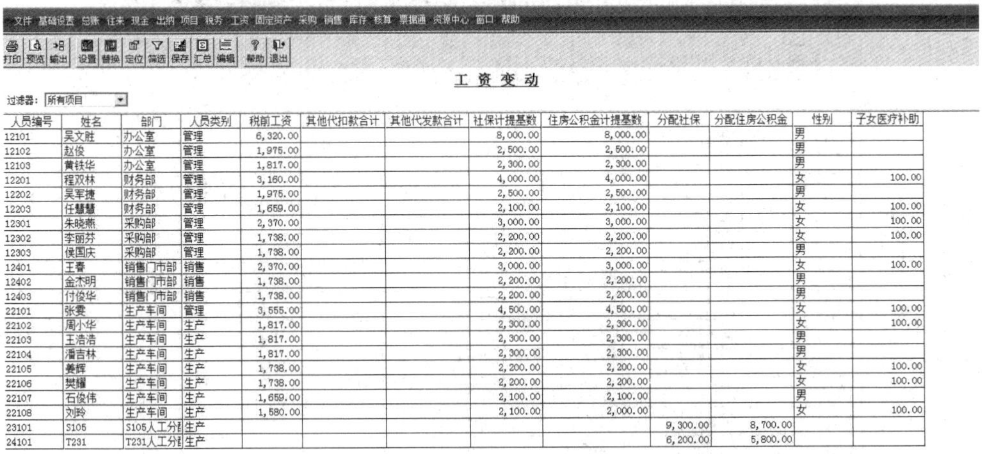

图 5-67　工资变动

◎ 案例描述 2——工资变动表替换

工作中，我们会遇到一些特殊情况，比如，生产部门的人员处于较危险的工作中，为了给生产部门人员提供一些津贴，而其他部门人员津贴不变，此时就会涉及“替换”的功能。

2022 年 9 月 30 日仅给生产车间人员在原有大病补助金 6 元的基础上多发放 200 元津贴。

◎ 做一做

步骤一：进入“工资变动”，点击【替换】按钮，并进行设置。具体为执行“工资”/“业务处理”/“工资变动”命令，点击【替换】按钮，将工资项目“大病救助金”替换成填写“大病救助金＋200”，替换条件选择“部门＝生产车间”，点击【确认】按钮(图 5-68)。

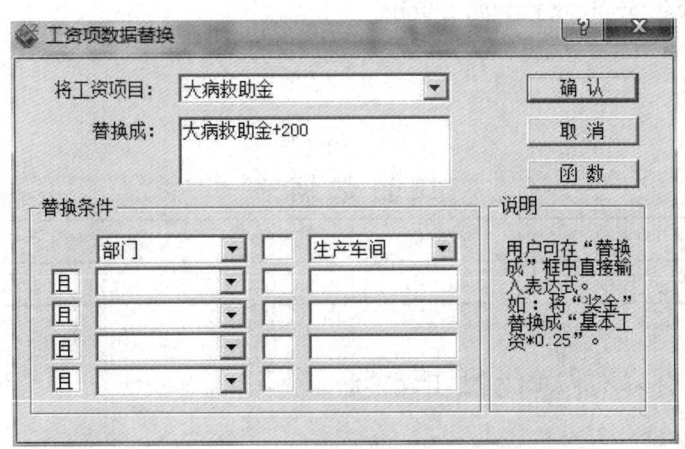

图 5-68　工资项数据替换

步骤二:查看结果(图 5-69)。

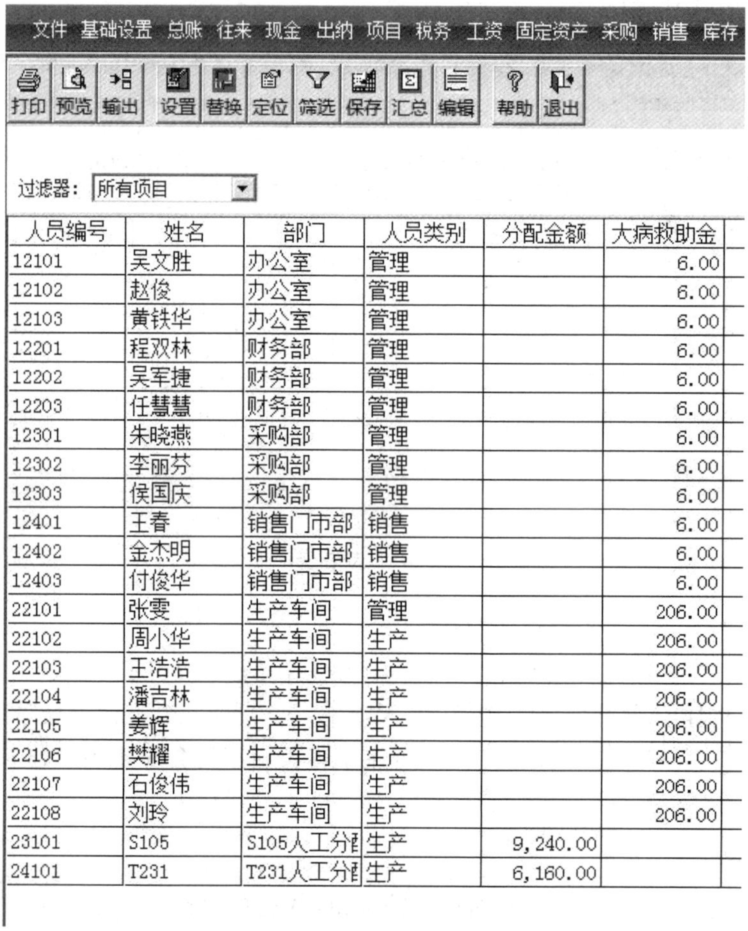

人员编号	姓名	部门	人员类别	分配金额	大病救助金
12101	吴文胜	办公室	管理		6.00
12102	赵俊	办公室	管理		6.00
12103	黄铁华	办公室	管理		6.00
12201	程双林	财务部	管理		6.00
12202	吴军捷	财务部	管理		6.00
12203	任慧慧	财务部	管理		6.00
12301	朱晓燕	采购部	管理		6.00
12302	李丽芬	采购部	管理		6.00
12303	侯国庆	采购部	管理		6.00
12401	王春	销售门市部	销售		6.00
12402	金杰明	销售门市部	销售		6.00
12403	付俊华	销售门市部	销售		6.00
22101	张雯	生产车间	管理		206.00
22102	周小华	生产车间	生产		206.00
22103	王浩浩	生产车间	生产		206.00
22104	潘吉林	生产车间	生产		206.00
22105	姜辉	生产车间	生产		206.00
22106	樊耀	生产车间	生产		206.00
22107	石俊伟	生产车间	生产		206.00
22108	刘玲	生产车间	生产		206.00
23101	S105	S105人工分配	生产	9,240.00	
24101	T231	T231人工分配	生产	6,160.00	

图 5-69 工资变动

◎ 案例描述 3——设计一张工资条

将以下工资数据的信息在工资系统中进行录入,计算出工资变动表,如凭证 5-50 所示。

凭证 5-50

工 资 数 据 表

职员编号	职员姓名	所属部门	职务	月工资标准(元)	请假扣款
12204	(学生自己)	财务部	核算	2 100	

2022 年 3 月××进入财务部,并在工资系统中填写各信息。

◎ 做一做

步骤一:进入“人员档案”中添加学生自己的姓名。执行“工资”/“设置”/“人员档案"命令,点击【增加】按钮,然后填写相关信息(图5-70)。

图 5-70 人员档案设置

步骤二:进入"工资分摊"中填写"月工资标准"。执行"工资"/"业务处理"/"工资变动"命令,然后填写相关信息(图5-71)。

人员编号	姓名	部门	人员类别	其他代扣款合计	其他代发款合计	月标准工资	养老保险	医疗保险	失业保险	住房公积金
12101	吴文胜	办公室	管理			8,000.00	640.00	160.00	80.00	800.00
12102	赵俊	办公室	管理			2,500.00	200.00	50.00	25.00	250.00
12103	黄铁华	办公室	管理			2,300.00	184.00	46.00	23.00	230.00
12201	程双林	财务部	管理			4,000.00	320.00	80.00	40.00	400.00
12202	吴军捷	财务部	管理			2,500.00	200.00	50.00	25.00	250.00
12203	任慧慧	财务部	管理			2,100.00	168.00	42.00	21.00	210.00
12204	学生	财务部	管理			2,100.00	168.00	42.00	21.00	210.00

图 5-71 工资变动

任务三 固定资产日常账务处理

 **知识认知**

(1) 固定资产管理系统的日常业务管理工作包括固定资产卡片管理、增减管理、资产在使用过程中发生的变动处理、计提折旧和凭证管理。

(2) 在录入增加、减少的固定资产卡片时,录入日期无法修改,系统默认登录日期。

(3) 只有当账套计提折旧后,才可以使用资产减少的功能。

(4) 如果要减少的资产存在比较多的共同点，则可以点击"资产减少"窗口中的【条件】按钮，即可显示"查询定义"对话框如图 5-72 所示。用户输入相应的查询条件，即可将符合条件的资产挑选出来进行减少操作。

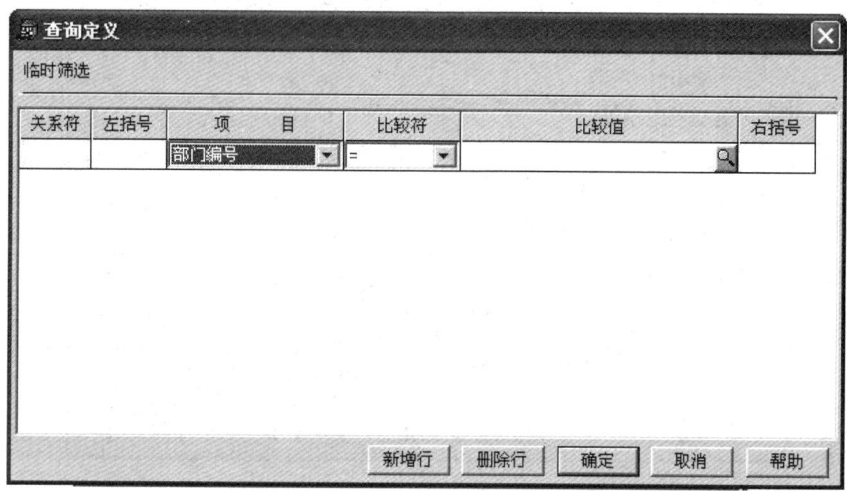

图 5-72　资产减少查询自定义窗口

(5) 对已减少的固定资产进行撤销。

① 在"卡片管理"窗口中选择已减少资产（图 5-73）。

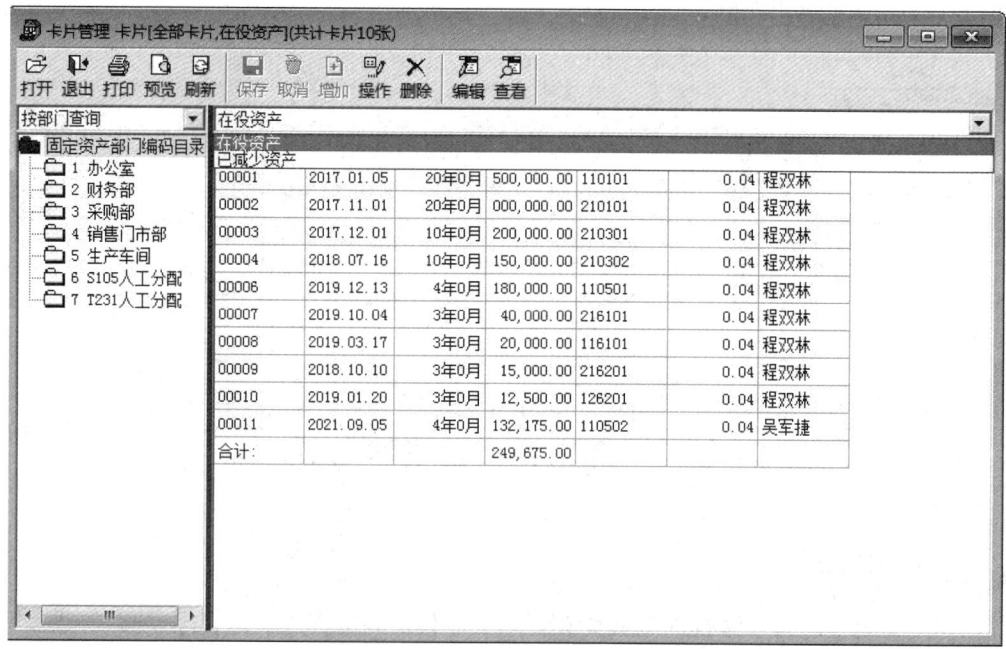

图 5-73　"卡片管理"窗口

② 在固定资产卡片中选择撤销减少（选择撤销减少时，必须保证卡片管理已减少

资产处于打开状态,如图 5-74 所示)。

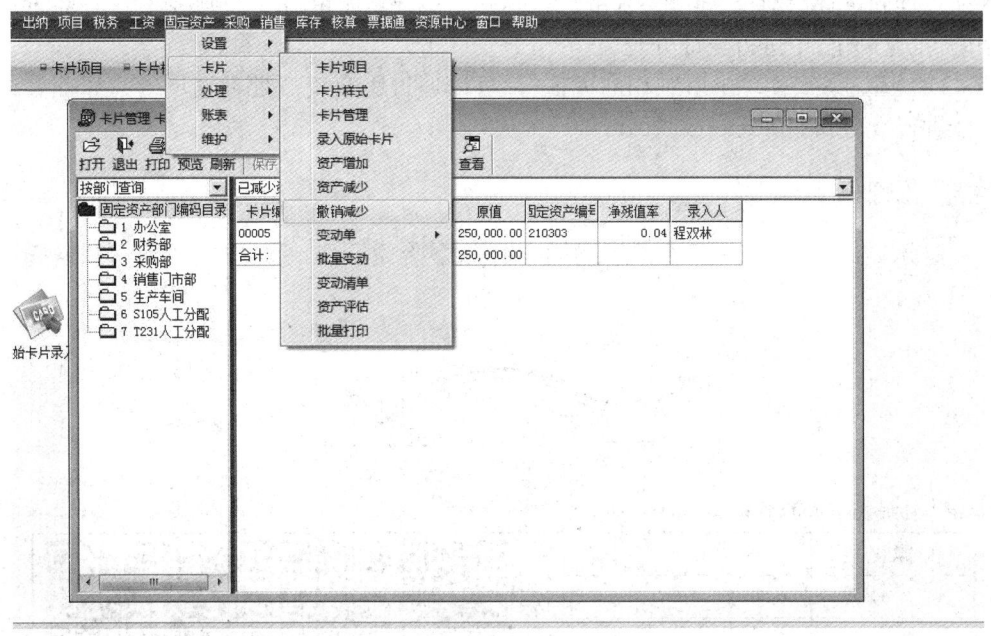

图 5-74　撤销减少操作窗口

③ 选择【是】完成资产减少撤销(图 5-77)。

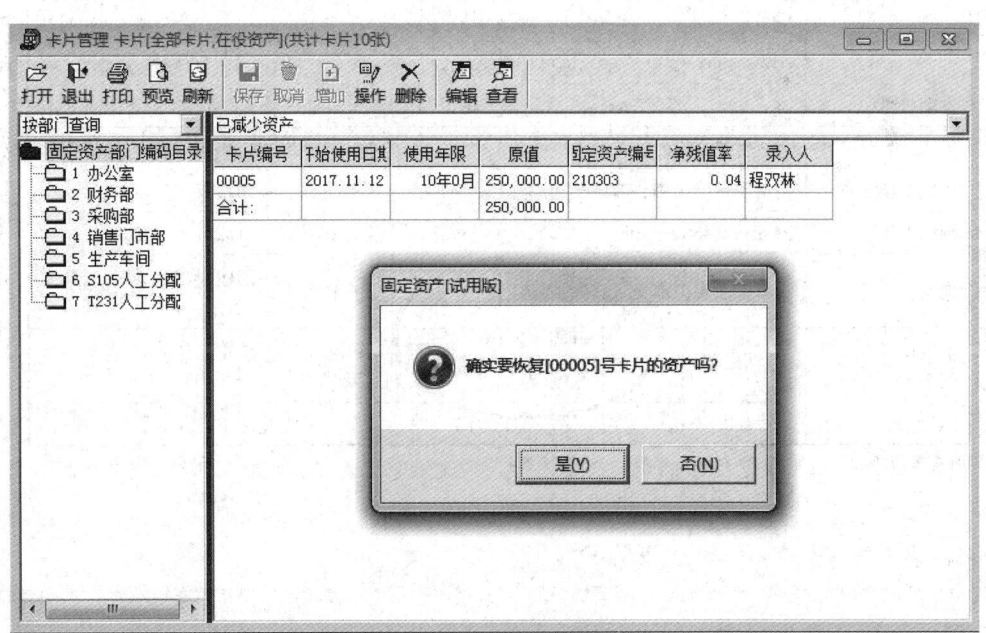

图 5-75　资产减少撤销窗口

(6) 如果资产减少已生成凭证,必须删除凭证才能恢复。

(7) 只有勾选固定资产"设置"/"选项"中的"业务发生后立即制单"复选框,系统才会在处理固定资产新增、减少等业务后自动弹出凭证填制窗口。否则,必须在固定资产中的"批量制单"中进行凭证处理。

(8) 固定资产模块中所制作的凭证,都可以通过固定资产处理选项中的凭证查询功能进行查看和删除。

  工作任务

业务1:2022年9月5日购买轿车,取得原始凭证11张,如凭证5-51至凭证5-61所示。

凭证5-51

机动车销售统一发票

开票日期 2022 年 09 月 05 日　　　　　　　　发票代码 132081820002
　　　　　　　　　　　　　　　　　　　　　　发票号码 00663524

机打代码	132081820002		税控码	
机打号码	00663524			
机器编号				
购买方名称及身份证号码/组织机构代码	盐城凤奥有限公司	纳税人识别号	320900552800145
车辆类型	轿车	厂牌型号		产　地	淮安市
合格证号	GWD049612673717	进口证明书号		商检单号	
发动机号码	P450785	车辆识别代号/车架号码		LVGBM51K6FG630031
价税合计	⊗壹拾叁万玖仟贰佰元整	小写 ¥139 200.00	
销货单位名称	北京现代汽车销售有限公司	电话	0517-61784774
纳税人识别号	913208034660363085	账号	41622124078089
地　　址	江苏省淮安市淮安区张以街杨建路27号	开户银行	中国建设银行淮安市淮安区支行
增值税税率或征收率	13%	增值税税额 ¥15 600	主管税务机关及代码	淮安市淮安区税务局 1320803
不含税价	小写¥120 000.00	完税凭证号码		吨位	0	限乘人数	5
销货单位盖章		开票人:李兰		备注:一车一票

凭证 5-52

机动车销售统一发票

发票代码 132081820002
发票号码 00663524

开票日期 2022 年 09 月 05 日

机打代码	132081820002	税控码	
机打号码	00663524		
机器编号			

购买方名称及身份证号码/组织机构代码	盐城风奥有限公司	纳税人识别号	320900552800145
车辆类型	轿车	厂牌型号		产地	淮安市
合格证号	GWD049612673717	进口证明书号		车商单号	
发动机号码	P450785	车辆识别代号/车架号码	LVGBM51K6FG630031
价税合计	⊗壹拾叁万玖仟贰佰元整	小写 ¥139 200.00	
销货单位名称	北京现代汽车销售有限公司	电话	0517-61784774
纳税人识别号	913208034660363085	账号	41622124078089
地址	江苏省淮安市淮安区张以街杨建路27号	开户银行	中国建设银行淮安市淮安区支行
增值税税率或征收率	13%	增值税税额 ¥15 600	主管税务机关及代码	淮安市淮安区税务局 1320803
不含税价	小写¥120 000.00	完税凭证号码		吨位	0	限乘人数	5

销货单位盖章　　　　开票人：李兰　　　　备注：一车一票

凭证 5-53

盐城市政府非税收入一般缴款书

财准印 2021 号　　No 06355056

执收单位号码：096162
执收单位名称：盐城市公安局交通巡逻警察支队　　收款日期 2022 年 09 月 05 日

缴款人	全称	盐城风奥有限公司	收款人	全称	盐城市政府非税收入专户	流水号	00000977
	账号	5671893919		账号	41001432100111		
	开户银行	中国建设银行盐城市盐都区支行		开户银行	中国建设银行盐城市盐都区支行		
代理银行网点代码		开票方式		缴款方式			

项目执行码	收费项目名称	单位	标准	数量	金额	
0675	机动车号牌工本费		汽车号牌(反光)100.00元	1	100.00	复核
0677	机动车行驶证工本费		机动车行驶证15.00元	1	15.00	记账
0684	机动车登记证书工本费		机动车证工本费10.00元	1	10.00	开户行签章
合计人民币(大写)	壹佰贰拾伍元整				¥125.00	
备注：						

执收单位(盖章):　　　　　　　　　　　　　　经办人：赵志伟

凭证 5-54

中华人民共和国印花税票销售凭证 地

填发日期：2022 年 09 月 05 日　　印字 38262597 号

购买单位	盐城风奥有限公司	购买人	

购 买 印 花 税 票

面值种类	数量	金额	面值种类	数量	金额
壹角票			伍元票		
贰角票			拾元票		
伍角票			伍拾元票	1	50.00
壹元票			壹百元票		
贰元票			总　计		50.00

金额总计（大写）：零佰零拾零万零仟零佰伍拾零元零角零分

销售单位（盖章）	售票人 牛瑞营（盖章）	备注

凭证 5-55

中华人民共和国税收通用缴款书

检验码：0618321
缴电：NO 23231915

纳税人编码：657933532
隶属关系：区
注册类型：有限责任公司
填发日期：2022 年 09 月 05 日
征收机关：盐城市税务局车辆购置税征收管理分局

缴款单位（人）	代　码	913209036579335328	预算科目	编号	1011601
	全　称	盐城风奥有限公司		名称	车辆购置税
	开户银行	中国建设银行盐城市盐都区支行		级次	中央100%
	账　号	5671893919		收款国库	国家金库盐城市盐都区支行

税款所属时间　2022 年 09 月 05 日至 2022 年 09 月 30 日　　税款限缴时期　2022 年 11 月 04 日

品目名称	课税数量	计税金额或销售收入	税率或单位税额	已缴或扣除额	实缴金额
车辆购置税		120 000.00			12 000.00
金额合计	（大写）人民币壹万贰仟元整				¥12 000.00

缴款单位（盖章）经办人（章）	税务机关（盖章）填票人（章）	上列款项已收妥并划转收款单位账户。国库（银行）盖章　年　月　日	备注

逾期不缴按税法规定加收滞纳金。

凭证 5-56

新增固定资产登记表

2022 年 09 月 05 日

资产名称	种类	单位	数量	购入日期	投入使用日期	使用部门
轿车	运输工具	辆	1	2022-09-05	2022-09-05	办公室

制表人：吴军捷　　　　　　　　复核人：程双林

凭证 5-57

3209161140

江苏增值税专用发票

抵扣联

NO.14077034　　3209161140
　　　　　　　　14077034

开票日期：2022 年 09 月 05 日

购买方	名　称：盐城凤奥有限公司 纳税人识别号：320900552800145 地址、电话：江苏盐城和平路190号 0515-82235613 开户行及账号：中国建设银行盐城和平路支行 5671698919	密码区	36＊3187＜4/＋1815＜＋95－59＋7＜ 2273786＜0－－＞＞－6＞525＜102096－＞ 7＊787＊3187＜4/＋8490＜＋938683500590 ＋＜712/＜1＋9016＞1501＋＋＞84＞567

货物或应税劳务、服务名称	规格型号	单位	数量	单价	金额	税率	税额
交强险		年	1	1 933.96	1 933.96	6％	116.04
合　计					¥1 933.96		¥116.04

价税合计（大写）　　⊗贰仟零伍拾元整　　　　　　（小写）¥2 050.00

销售方	名　称：江苏平安保险股份有限公司 纳税人识别号：913209031449279991 地址、电话：江苏省盐城市盐都区李博街王军路37号 0515-89234561 开户行及账号：中国建设银行江苏省盐城市盐都区支行 4167122222	备注	平安保险股份有限 保单号：6055775990351201800042 车牌号：苏A439933 车船税：660.00 受益期限：2022年01月01日至 2022年12月31日

收款人：　　　　复核人：　　　　开票人：王志宁　　　　销售方：（章）

凭证 5-58

3209161140

江苏增值税专用发票　　NO.14077034　　3209161140
14077034

开票日期：2022 年 09 月 05 日

购买方	名　称	盐城风奥有限公司	密码区	36＊3187＜4/＋1815＜＋95－59＋7＜ 2273786＜0－－＞＞－6＞525＜102096－＞ 7＊787＊3187＜4/＋8490＜＋938683500590 ＋＜712/＜1＋9016＞1501＋＋＞84＞567
	纳税人识别号	320900552800145		
	地址、电话	江苏盐城和平路190号 0515-82235613		
	开户行及账号	中国建设银行盐城和平路支行 5671698919		

货物或应税劳务、服务名称	规格型号	单位	数量	单价	金额	税率	税额
交强险		年	1	1 933.96	1 933.96	6%	116.04
合　计					¥1 933.96		¥116.04

价税合计（大写）	⊗贰仟零伍拾元整	（小写）¥2 050.00

销售方	名　称	江苏平安保险股份有限公司	备注	保单号：60557759903512018000042 车牌号：苏A28933 车船税：660.00 受益期限：2022年01月01日至 2022年12月31日
	纳税人识别号	913209031449279991		
	地址、电话	江苏省盐城市盐都区李博街王军路37号 0515-89234561		
	开户行及账号	中国建设银行江苏省盐城市盐都区支行 4167122222		

收款人：　　复核：　　开票人：王志宁　　销售方：（章）

凭证 5-59

3209161140

江苏增值税专用发票　　NO.14077035　　3209161140
14077035

开票日期：2022 年 09 月 05 日

购买方	名　称	盐城风奥有限公司	密码区	83＊3187＜4/＋2861＜＋95－59＋7＜ 0395153＜0－－＞＞－6＞525＜507143－＞ 7＊787＊3187＜4/＋8490＜＋237345425373 ＋＜712/＜1＋9016＞6596＋＋＞84＞232
	纳税人识别号	320900552800145		
	地址、电话	江苏盐城和平路190号 0515-82235613		
	开户行及账号	中国建设银行盐城和平路支行 5671698919		

货物或应税劳务、服务名称	规格型号	单位	数量	单价	金额	税率	税额
机动车辆综合险		年	1	896.23	896.23	6%	53.77
合　计					¥896.23		¥53.77

价税合计（大写）	⊗玖佰伍拾元整	（小写）¥950.00

销售方	名　称	江苏平安保险股份有限公司	备注	保单号：60557759903512018000042 车牌号：苏A28933 车船税：660.00 受益期限：2022年01月01日至 2022年12月31日
	纳税人识别号	913209031449279991		
	地址、电话	江苏省盐城市盐都区李博街王军路37号 0515-89234561		
	开户行及账号	中国建设银行江苏省盐城市盐都区支行 4167122222		

收款人：　　复核：　　开票人：刘海峰　　销售方：（章）

凭证 5-60

江苏增值税专用发票 NO.14077035

开票日期：2022 年 09 月 05 日

购买方	名　称：盐城风奥有限公司 纳税人识别号：320900552800145 地　址、电话：江苏盐城和平路190号 0515-82235613 开户行及账号：中国建设银行盐城和平路支行 5671698919	密码区	83＊3187＜4/＋2861＜＋95－59＋7＜ 0395153＜0－－＞＞－6＞525＜507143－＞ 7＊787＊3187＜4/＋8490＜＋237345425373 ＋＜712/＜1＋9016＞6596＋＋＞84＞232

货物或应税劳务、服务名称	规格型号	单位	数量	单价	金额	税率	税额
机动车辆综合险		年	1	896.23	896.23	6%	53.77
合　计					¥896.23		¥53.77

价税合计（大写）　⊗玖佰伍拾元整　　　　　　　　　　　（小写）¥950.00

销售方	名　称：江苏平安保险股份有限公司 纳税人识别号：913209031449279991 地　址、电话：江苏省盐城市盐都区李博街王军路37号 0515-89234561 开户行及账号：中国建设银行江苏省盐城市盐都区支行 4167122222	备注	保单号：60557759903512018000420 车牌号：苏A928999 车船税：660.00 受益期限：2022年01月01日至 2022年12月31日

收款人：　　　复核：　　　开票人：刘海峰　　　销售方：（章）

凭证 5-61

任务实施

步骤一：进入固定资产模块，执行"资产增加"命令，选择"运输工具"，点击【确定】按钮，然后录入固定资产卡片，点击【保存】按钮（图5-76）。

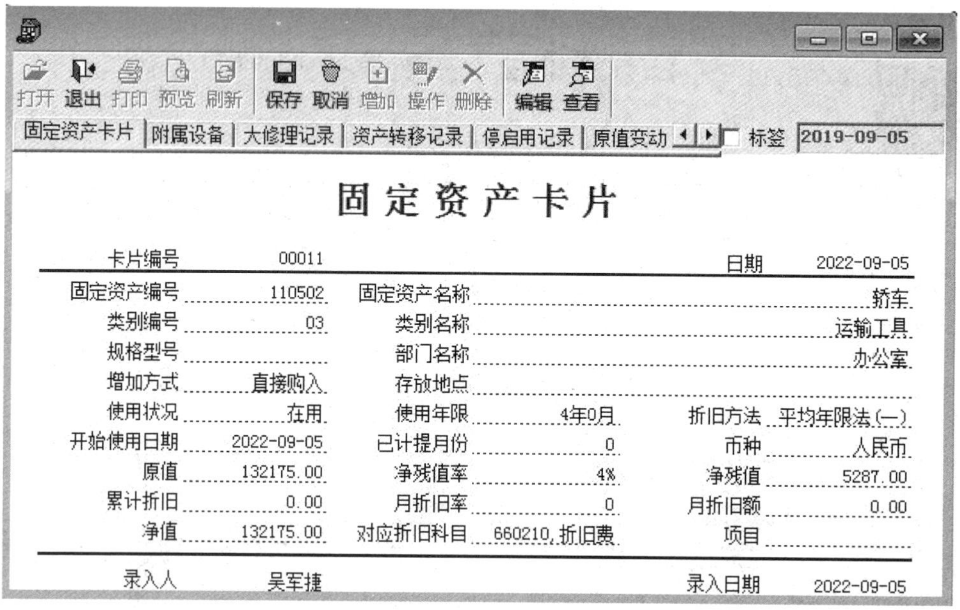

图 5-76 资产增加

步骤二：在固定资产模块中，执行"批量制单"命令，选择制单业务，在"制单设置"页签中录入对应科目(图 5-77)。

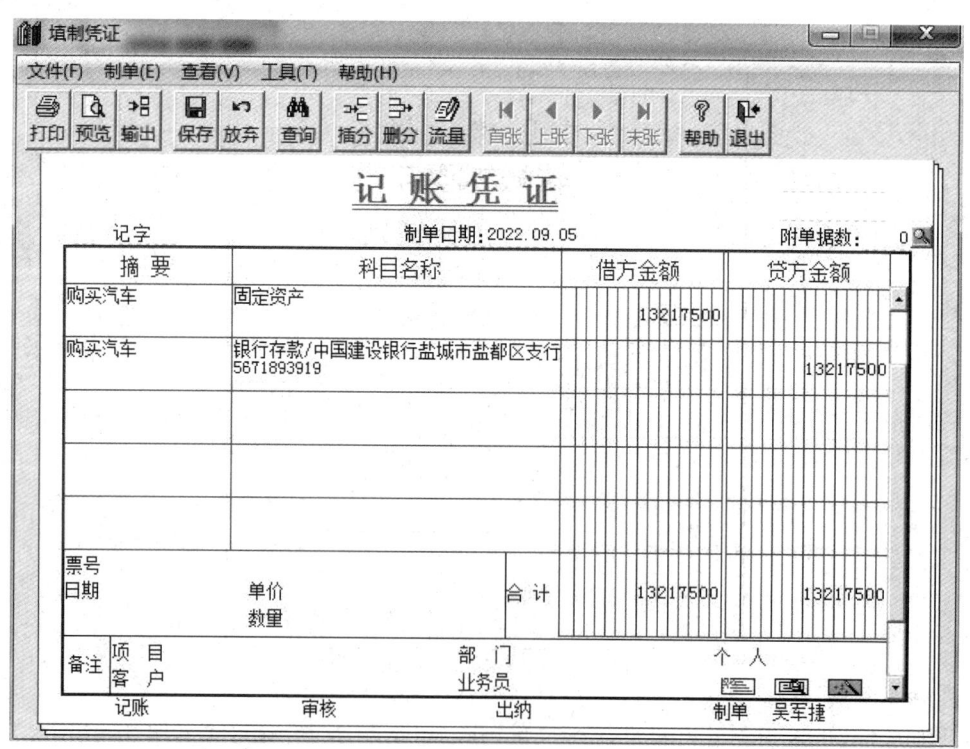

图 5-77 资产增加

步骤三:在凭证中点击【插分】按钮,然后完善凭证,点击【保存】按钮(图5-78)

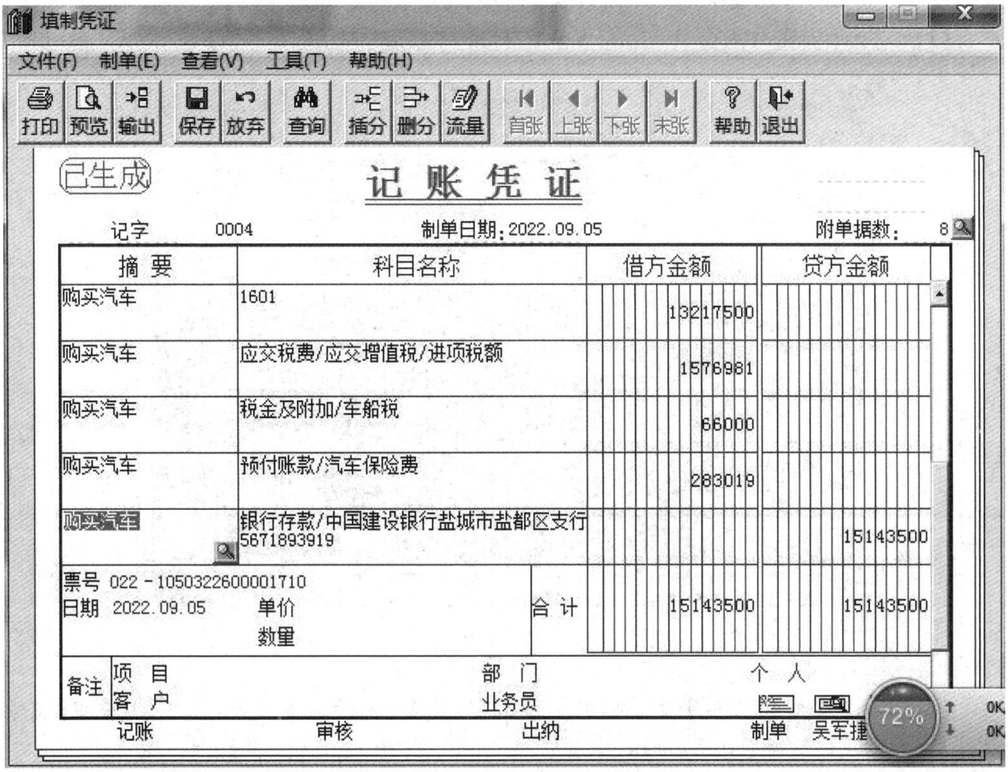

图 5-78 凭证生成

业务2:2022年9月26日对设备Z进行报废处理,取得1张原始凭证如凭证5-62所示。

凭证 5-62

固定资产处置申请单

2022 年 09 月 26 日

固定资产名称	机器设备Z	单位	台	型号		数量	1
资产编号		停用时间	2022-09-26	投入使用时间	2018-12-26	使用部门	生产车间
已提折旧月数	45	原值	250 000.00	累计折旧		90 000.00	
有效使用年限	10	月折旧额	2 000.00	净值		160 000.00	
处置原因:毁损报废							
财务部门意见: 同意报废 程双林 2022 年 09 月 26 日				公司领导意见: 同意报废 赵俊 2022 年 09 月 26 日			

编制人:周小华   使用部门负责人:张雯

任务实施

步骤一：进入固定资产模块，先计提折旧，再进行资产减少，选择相应的卡片编号，点击【增加】按钮，录入减少日期、减少方式和清理原因，点击【确定】按钮（图5-79）。

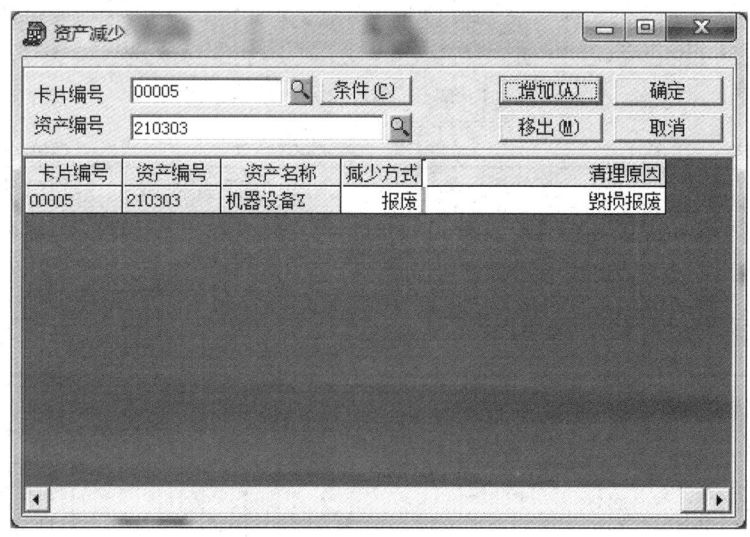

图 5-79　资产减少

步骤二：在固定资产模块中，执行"批量制单"命令，选择制单业务，在"制单设置"窗口中录入对应科目，点击【制单】按钮，完善凭证上其他信息，点击【保存】按钮（图5-80）。

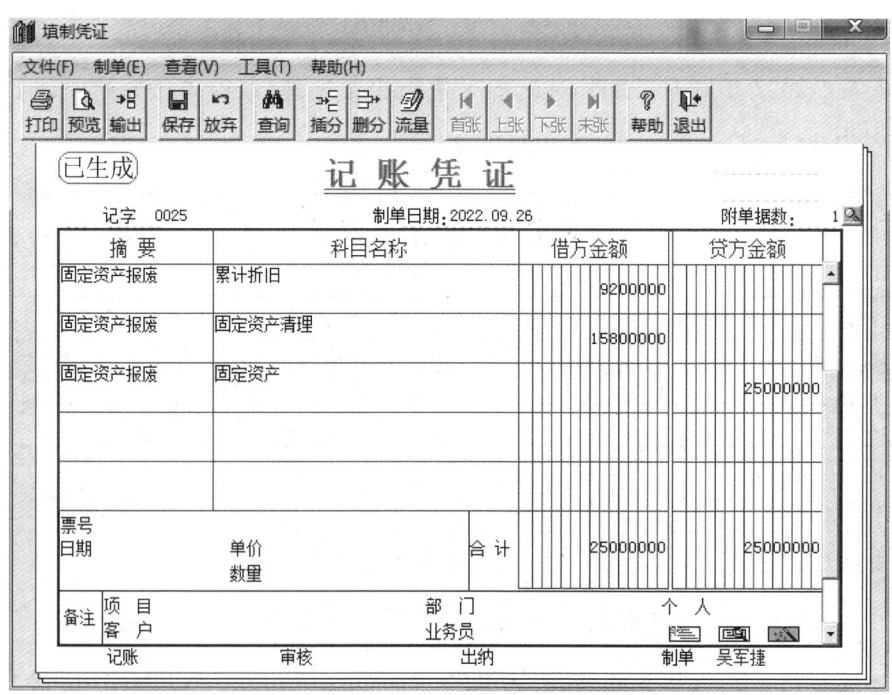

图 5-80　凭证生成

◎ 练一练

撤销减少操作。

步骤一：在固定资产模块中，执行"固定资产"/"卡片"/"卡片管理"命令，选择已减少资产（图5-81）。

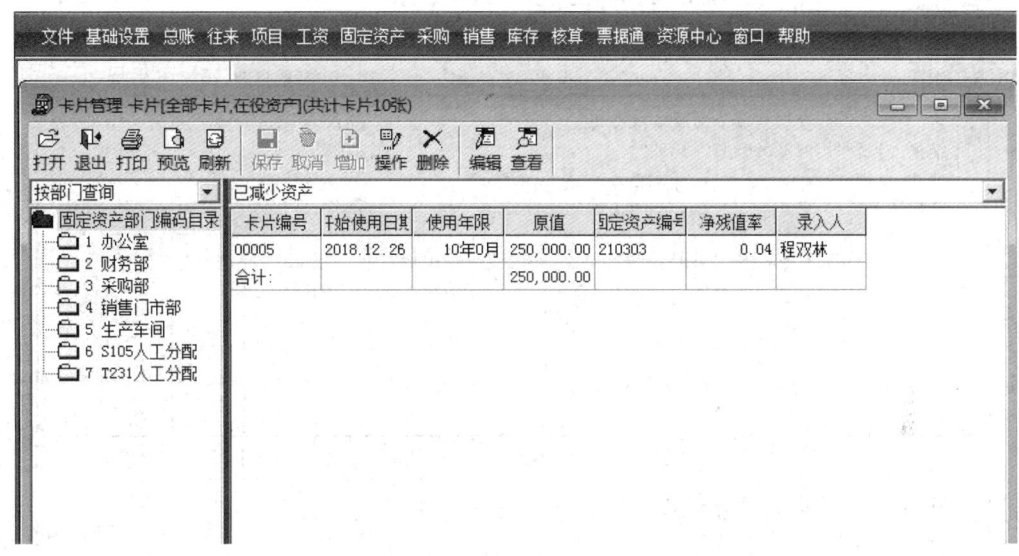

图5-81　卡片管理

步骤二：选中需要撤销减少的卡片，执行"固定资产"/"卡片"/"撤销减少"命令，然后点击【是】按钮完成操作（图5-82）。

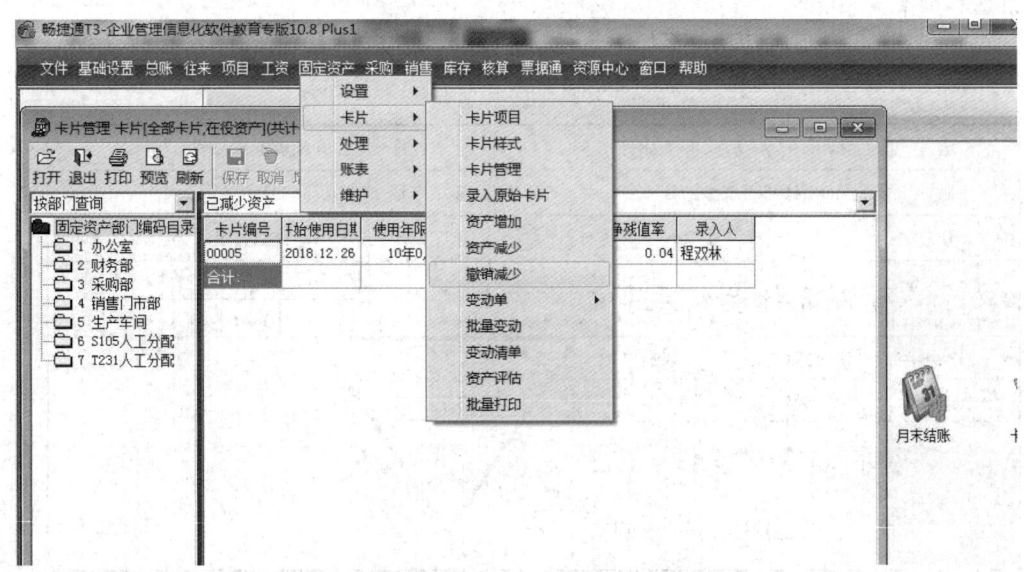

图5-82　卡片删除窗口

业务3:2022年9月26日清理收入,取得2张原始凭证,如凭证5-63、凭证5-64所示。

凭证5-63

 3209161140   NO.01794288   3209161140
01794288

开票日期:2022 年 09 月 26 日

购买方	名　　称	盐城市物资回收有限公司	密码区	60*3187＜4/+2211＜+95-59+7＜ 4812603＜0-->>-6>525＜970238-> 7*787*3187＜4/+8490＜++447945593797 +＜712/＜1+9016>0958++>84>044
	纳税人识别号	913209036579335321		
	地　址、电　话	江苏省盐城市盐都区李辉街王建路01号 0515-77780000		
	开户行及账号	中国建设银行盐城和平路支行 5689240673		

货物或应税劳务、服务名称	规格型号	单位	数量	单价	金额	税率	税额
机器设备Z		台	1	10 000.00	10 000.00	13%	1 300.00
合　计					¥10 000.00		¥1 300.00

价税合计(大写)	⊗壹万壹仟叁佰元整		(小写)¥11 300.00

销售方	名　　称	盐城风奥有限公司	备注
	纳税人识别号	320900552800145	
	地　址、电　话	江苏盐城和平路190号 0515-82235613	
	开户行及账号	中国建设银行盐城和平路支行 5671893919	

收款人:　　　　复核:　　　　开票人:吴军捷　　　　销售方:(章)

凭证5-64

中国建设银行　进账单　(收账通知)　3

2022 年 09 月 26 日

出票人	全　称	盐城市物资回收有限公司	收款人	全　称	盐城风奥有限公司
	账　号	5689240673		账　号	5671893919
	开户银行	中国建设银行盐城和平路支行		开户银行	中国建设银行盐城市盐都区支行

金额	人民币 (大写)	壹万壹仟叁佰元整	亿	千	百	十	万	千	百	十	元	角	分
						¥	1	1	3	0	0	0	0

票据种类	转账支票	票据张数	1
票据号码	1050322604372654		

中国建设银行
盐城市盐都区支行
2022-09-26
办讫
(01)

复核　　　记账　　　　　　　　　　　　开户银行签章

任务实施

进入总账,执行"填制凭证"命令,增加并完善凭证,然后点击【保存】按钮(图5-83)。

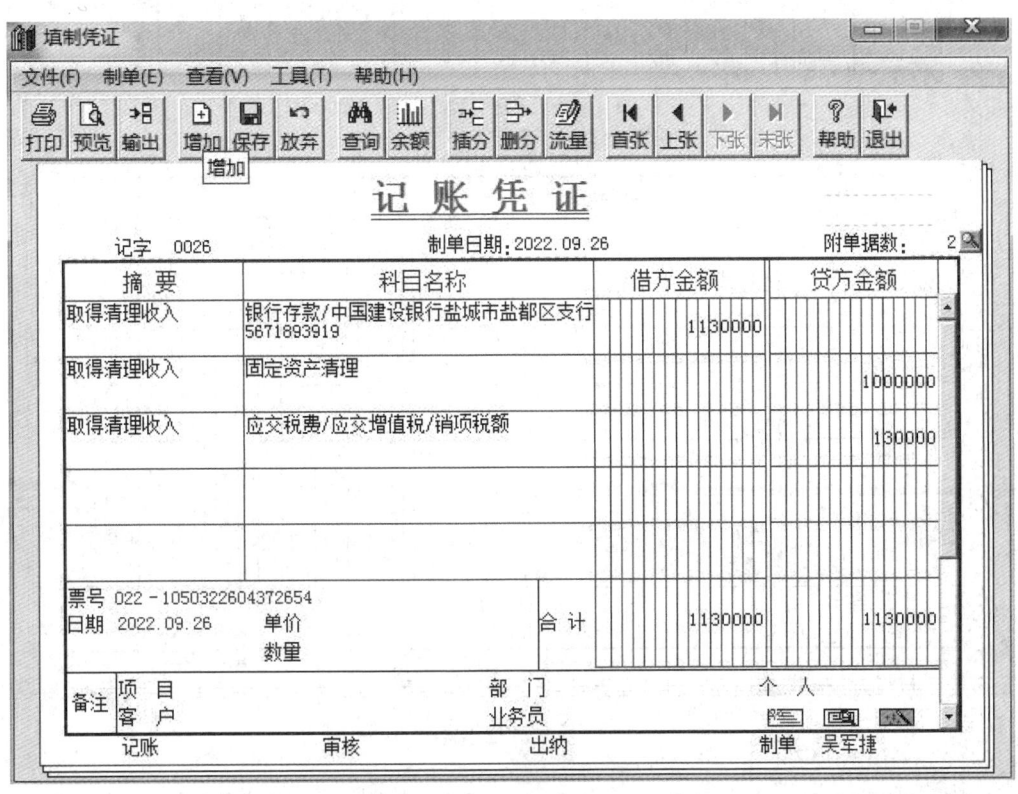

图 5-83 凭证生成窗口

业务 4:2022 年 9 月 28 日结转固定资产清理损益,取得 1 张原始凭证,如凭证5-65所示。

凭证 5-65

固定资产处置结果表

2022 年 09 月 28 日

固定资产名称	机器设备Z	原价	250 000.00	已提折旧	92 000.00
净值	158 000.00	出售价格(不含税)	10 000.00	清理费用	
出售净损益	−148 000.00				
财务部门意见: 净损益按《企业会计准则》处理。 程双林 2022 年 09 月 28 日			公司领导意见: 同意 赵俊 2022 年 09 月 28 日		

任务实施

进入总账,执行"填制凭证"命令,增加并完善凭证,然后点击【保存】按钮(图5-84)。

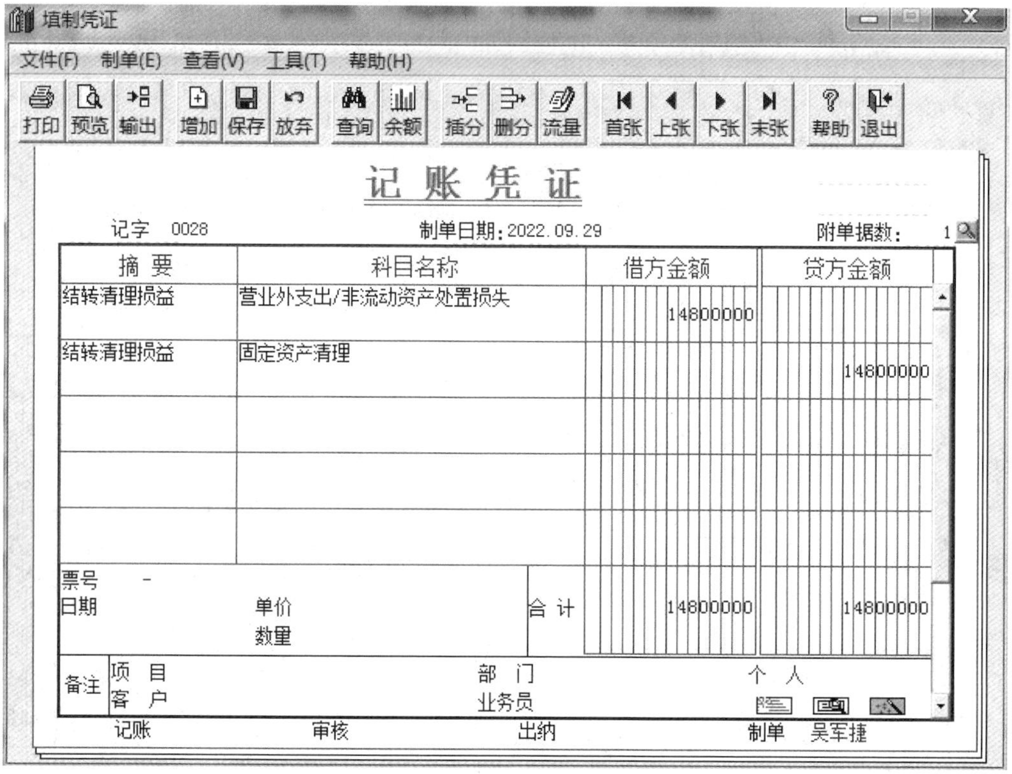

图 5-84　凭证生成窗口

其中结转清理损益金额参照最新余额一览表，在凭证窗口中点击【余额】按钮(图 5-85)。

最新余额一览表

科　目：固定资产清理(1606)
辅助项：
时　间：2022.09　计量单位：　币种：

	方向	金额	外币	数量
期初余额	平			
本期借方发生		158,000.00		
本期贷方发生		10,000.00		
借方累计		158,000.00		
贷方累计		10,000.00		
期末余额	借	148,000.00		

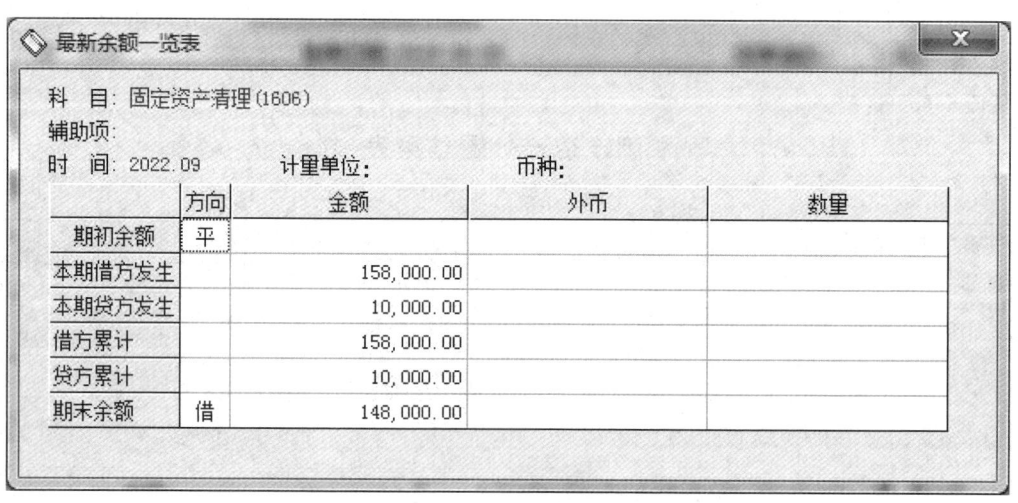

图 5-85　最新余额

业务 5：2022 年 9 月 30 日计提折旧，取得 1 张原始凭证，如凭证 5-66 所示。

凭证 5-66

固定资产折旧表

2022-09-30　　　　　　　　　　　　　　　　　　　　　　　单位：元

固定资产类别	使用部门	名称	单位	数量	单位成本	原值	投入使用日期	预计使用年限	月折旧率	本月折旧额
房屋及建筑物	办公室	办公楼	幢	1	500 000.00	500 000.00	2018-01-05	20		
房屋及建筑物	生产车间	厂房	幢	1	1 000 000.00	1 000 000.00	2018-11-01	20		
生产设备	生产车间	机器设备 X	台	1	200 000.00	200 000.00	2018-12-01	10		
生产设备	生产车间	机器设备 Y	台	1	150 000.00	150 000.00	2019-07-16	10		
运输工具	采购部	轿车 B	辆	1	180 000.00	180 000.00	2020-12-13	4		
电子设备	生产车间	空调 N	台	1	40 000.000	40 000.00	2020-10-04	3		
电子设备	生产车间	电脑 G	台	1	15 000.00	15 000.00	2019-10-10	3		
电子设备	销售门市	空调 M	台	1	20 000.000	20 000.00	2020-03-17	3		
电子设备	财务部	电脑 F	台	1	12 500.000	12 500.00	2020-01-20	3		
合计						2 117 500.00				

审核：　　　　　　　　　　　　　　　　编制：

任务实施

步骤一：进入固定资产模块，计提本月折旧（图 5-86）。

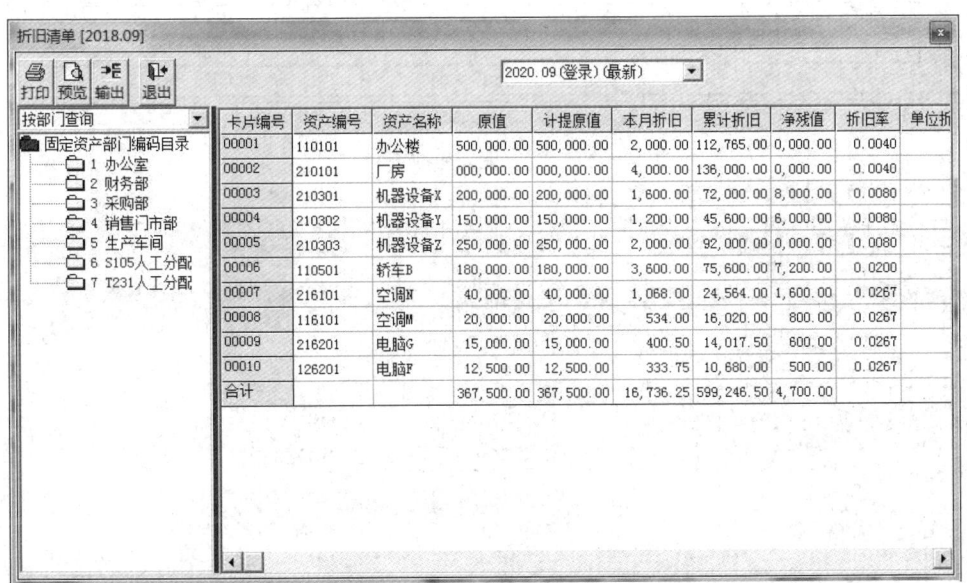

图 5-86　折旧清单窗口

步骤二：在固定资产模块中，执行"批量制单"命令，选择制单业务，在制单设置中录入对应科目，点击【制单】按钮，完善凭证，再点击【保存】按钮（图 5-87）。

 故障诊断

故障：对已经生成凭证的固定资产卡片，在删除的时候必须先删除凭证才能够删除固定资产卡片（图 5-88）。

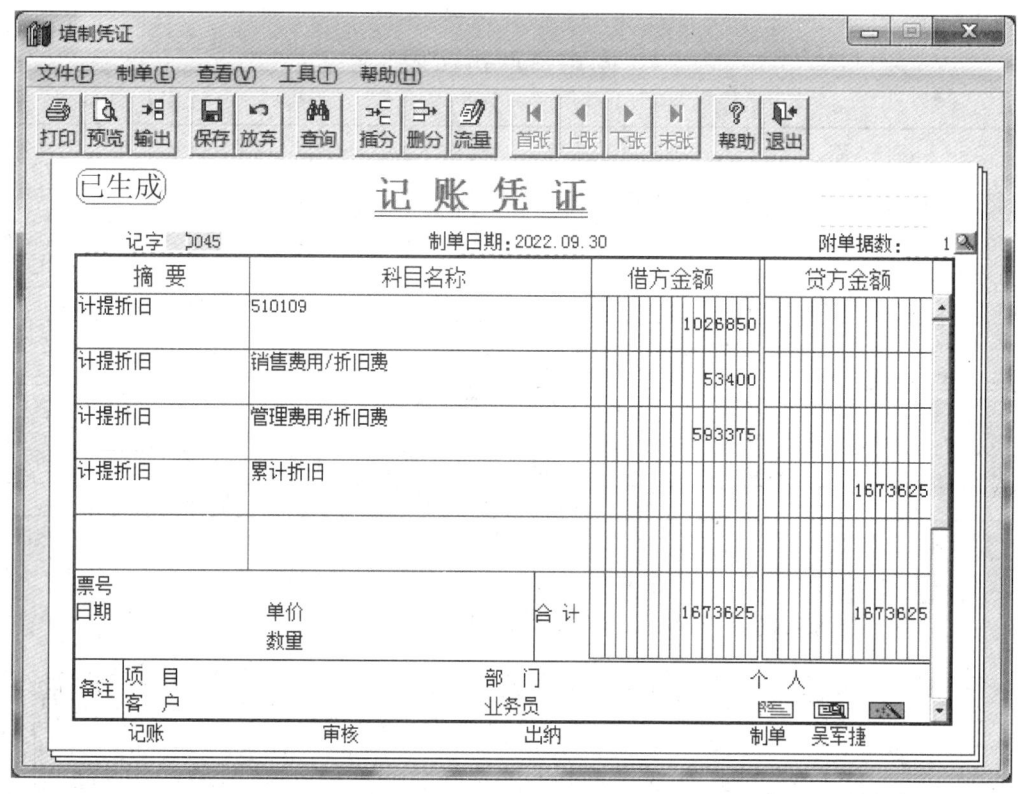

图 5-87　凭证生成窗口

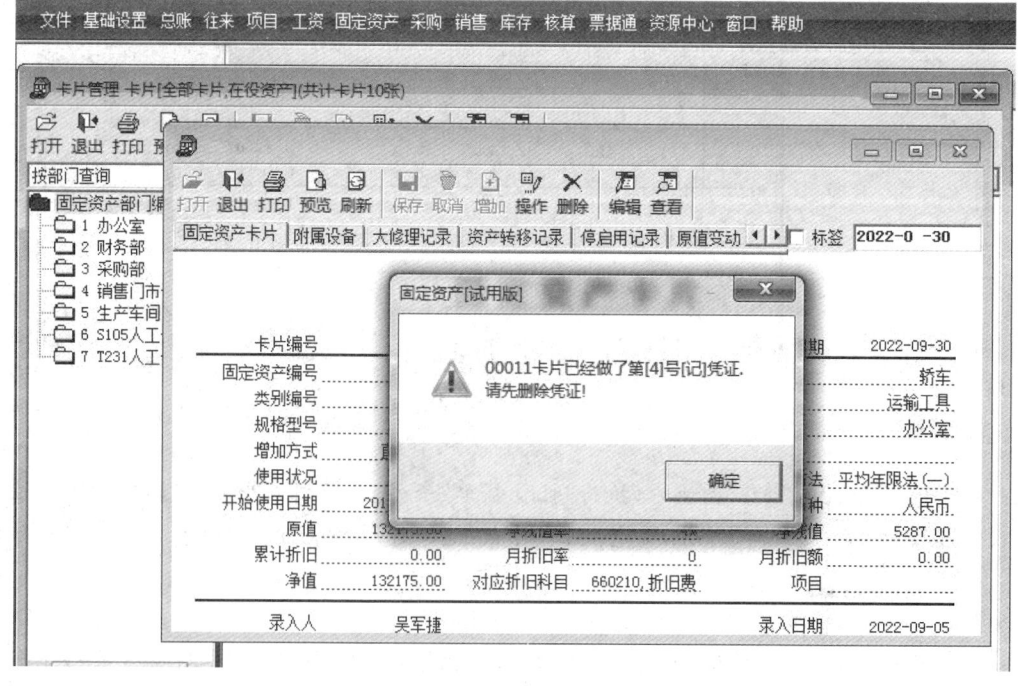

图 5-88　删除卡片时

原因分析：在固定资产模块中，是先录入固定资产卡片再生成凭证，所以在删除时应当逆向操作，先删除凭证，再删除固定资产卡片。

解决办法：执行"固定资产"/"处理"/"凭证查询"命令，选择需要删除的凭证，点击【删除】按钮(图 5-89)。

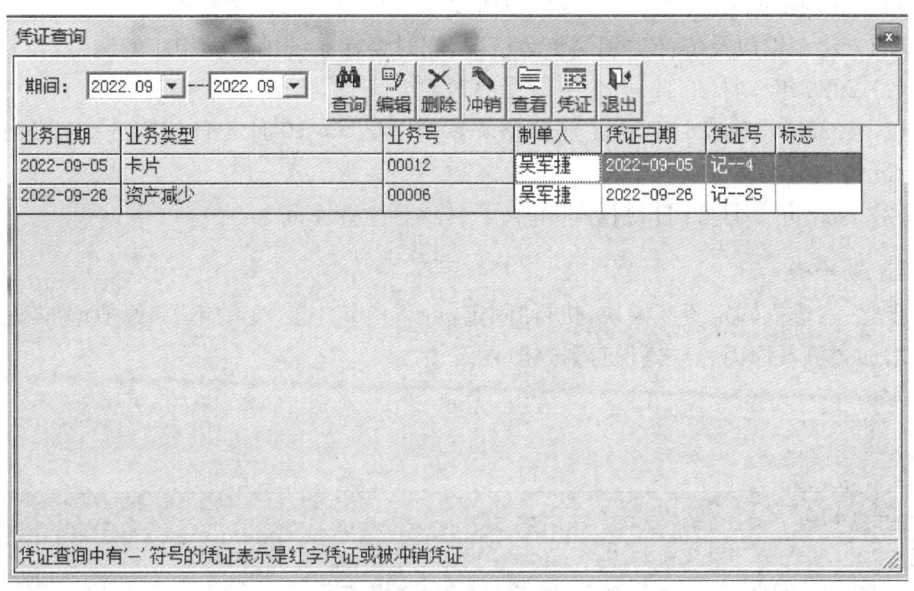

图 5-89　凭证查询

返回固定资产卡片管理，选择需要删除的卡片，点击【删除】按钮(图 5-90)。

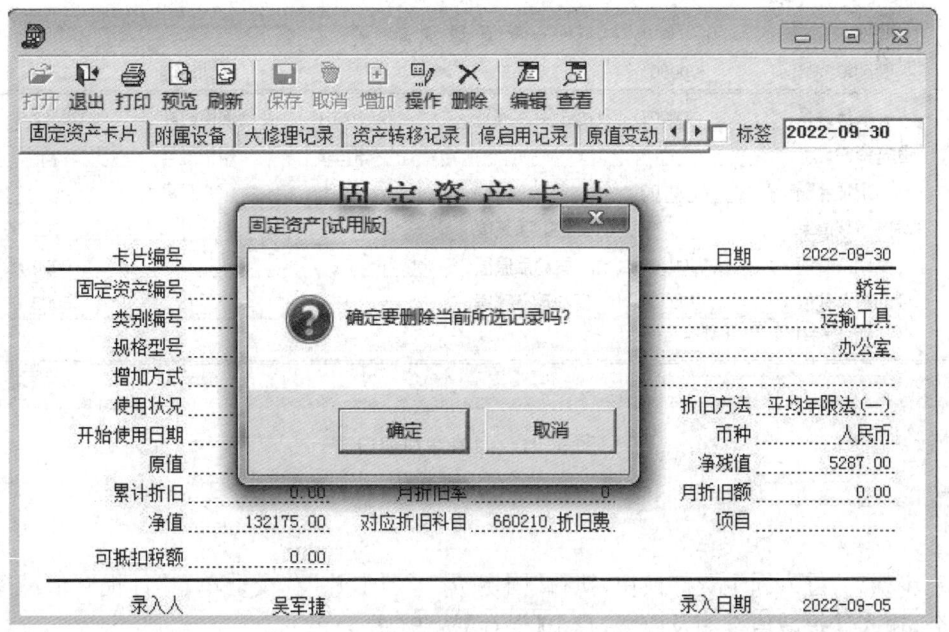

图 5-90　删除卡片

能力训练

◎ 案例描述

固定资产在正常使用过程中发生原值变动、部门转移、使用状况变动、使用年限调整、折旧方法调整以及资产类别调整等情况,同时要在系统中进行相应的调整。

(1) 2022年9月26日,办公室轿车B添置新配件,价值20 000元。

(2) 2022年9月26日,因市场价格下跌对2020年10月4日使用的空调N计提1 000元的减值准备。

(3) 2022年9月29日,财务部电脑F转移到生产车间。

◎ 做一做

步骤一:进入固定资产模块,执行"固定资产"/"卡片"/"变动单"/"原值增加"命令,输入增加金额及原因,点击【保存】按钮(图5-91)。

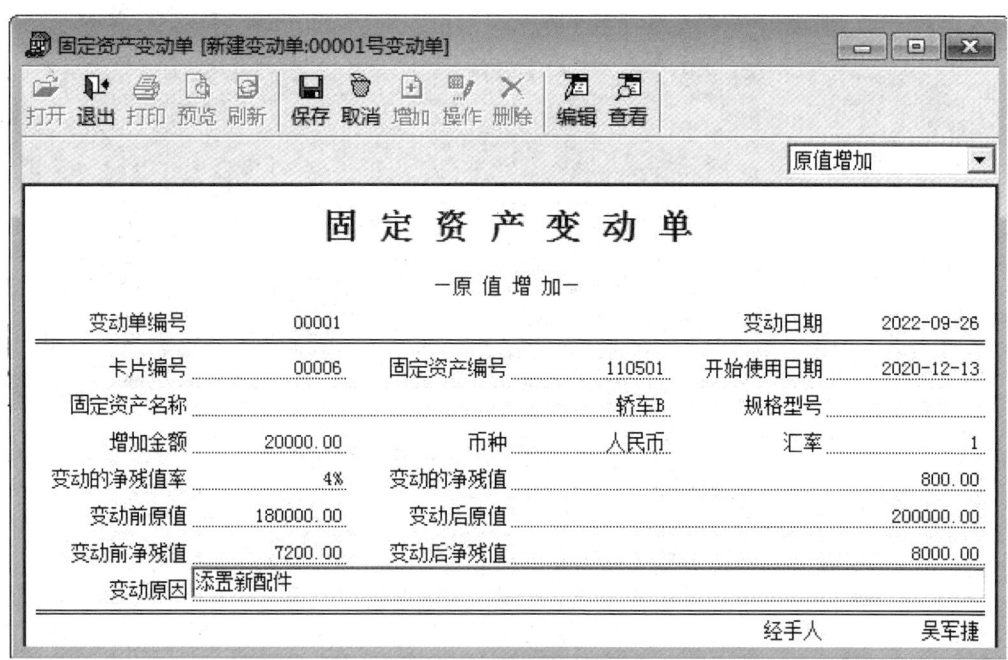

图5-91 原值增加窗口

步骤二:进入固定资产模块,执行"固定资产"/"卡片"/"变动单"/"计提减值准备"命令,输入计提减值金额及原因,点击【保存】按钮(图5-92)。

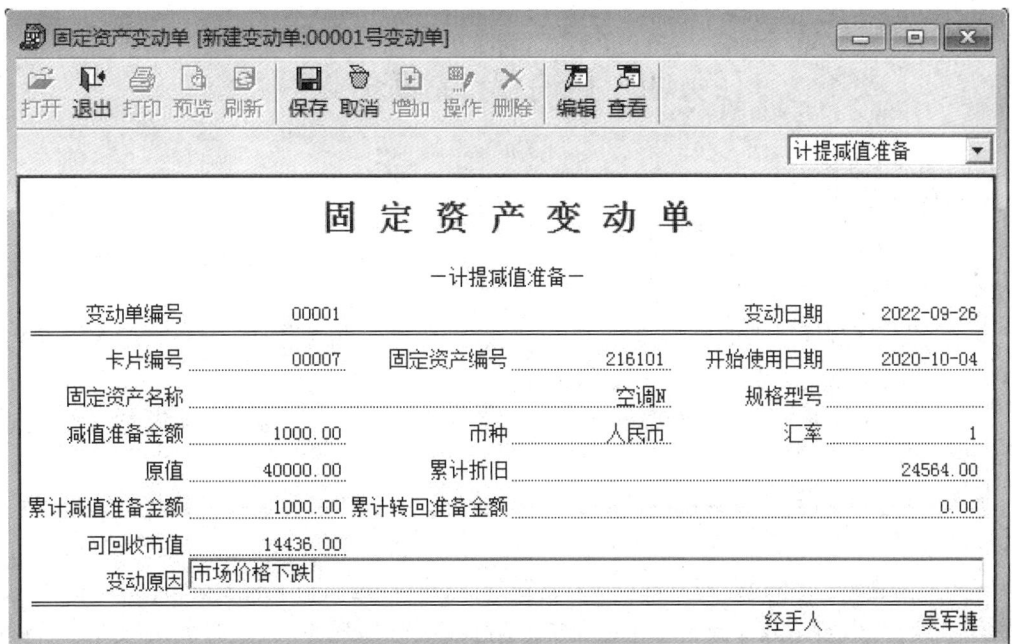

图 5-92 计提减值准备窗口

步骤三：进入固定资产模块，执行"固定资产"/"卡片"/"变动单"/"部门转移"命令，输入要转入的部门及原因，点击【保存】按钮（图 5-93）。

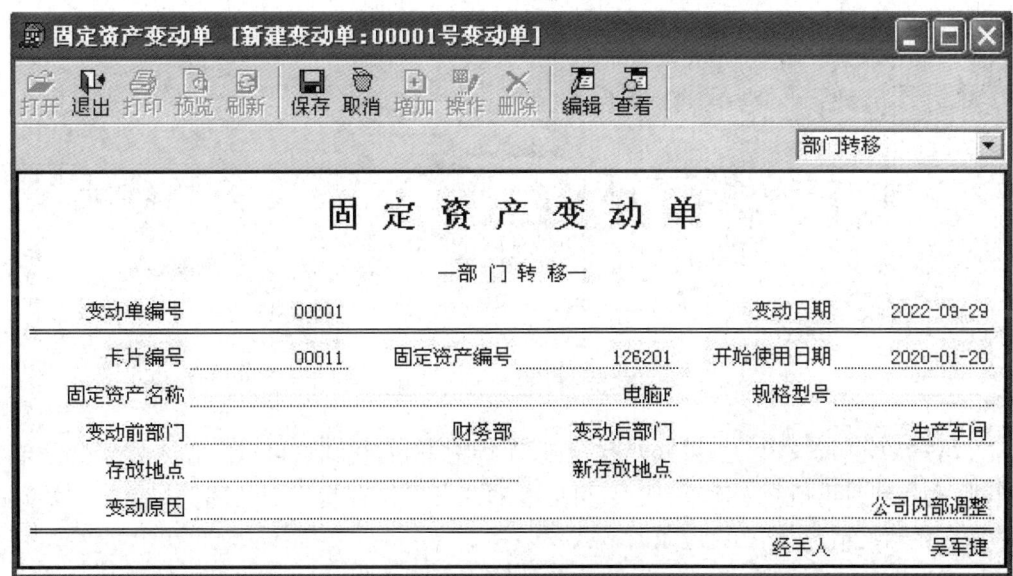

图 5-93 部门转移窗口

步骤四：在固定资产模块中，执行"批量制单"命令，生成凭证。

任务四 购销存日常账务处理

知识认知

（1）在做采购和销售的正常业务之前，需要根据企业的具体情况进行软件模块环境的设置，输入采购和销售业务处理时需要的基础数据。

采购期初数据录入的单据类型可以是采购发票、应付单或者是预付单；销售的期初数据录入的单据类型可以是销售发票、应收单或者是预收单。

（2）根据货物及其采购发票的到达先后顺序可分为单货同到、单到货未到和货到单未到三种情况：

第一，单货同到。当货物及其采购发票同时到达企业时，要检验发票与货物是否一致。如果单货一致：可以先填制采购发票，再填制采购入库单，及时进行采购结算；也可以先填制采购入库单，再参照入库单生成发票，用户可选择自动进行采购结算。如果单货不一致：可以暂不入库或暂不报账结算；也可以区分损耗原因，报有关领导批准后做有损耗的采购结算。

第二，货到单未到暂估入库。当货物先到，而采购发票未到达企业时，企业可根据实际入库数量填制采购入库单，作暂估入库。下月处理该暂估业务时可选择处理的方式：①月初回冲；②单到回冲；③单到补差。处理方式的选择是在核算下拉菜单中点击核算业务范围设置（图5-94）。

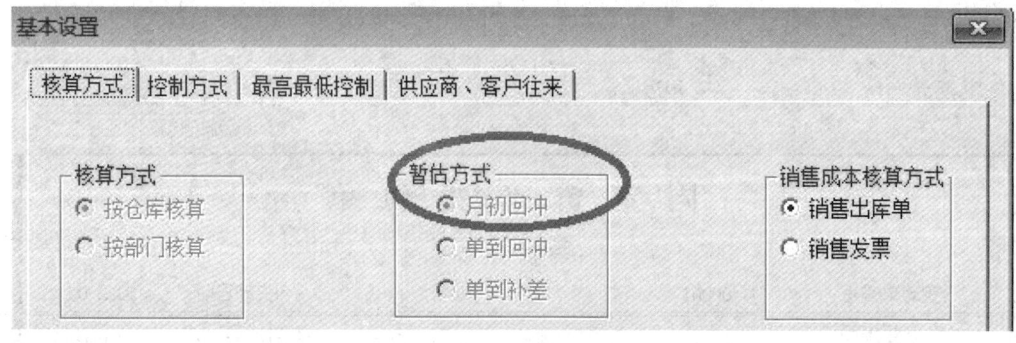

图5-94 暂估方式设置

第三，单到货未到。当采购发票先到，而货物未到企业时，可以不输入发票作压单处理，等货到时再填制入库单、发票；也可以输入发票作在途货物处理。如果想要及时掌握在途货物情况，那么就应及时输入发票。

（3）关于采购业务的结算：采购业务的结算主要有自动结算和手工结算两种。当企业取得采购发票和入库单时，使用发票上的结算按钮，实行的是自动结算功能；当企业同时又取得运费发票时，应该使用流转功能键下的手工结算功能，系统自动进行采购成本的计算。

(4)购销业务是否付款或是否收款,应该通过发票上的现付功能进行实现。

  工作任务

业务1:2022年9月1日,销售商品取得3张原始凭证,如凭证5-67至凭证5-69所示。要求:在购销存及核算模块完成。

凭证5-67

销 售 单

购货单位:盐城远扬有限公司	地址和电话:江苏省盐城市亭湖区胡凤街李莉路20号 0515-85211174	单据编号:XS037
纳税识别号:913209022988695024	开户行及账号:中国建设银行盐城市亭湖区支行 41622124100205	制单日期:2022-09-01

编码	产品名称	规格	单位	单价	数量	金额	备注
	S105		件	565.00	60	33 900.00	
合计	人民币(大写):叁万叁仟玖佰元整				—	¥33 900.00	

销售经理:王春　　经手人:金杰明　　会计:吴军捷　　签收人:庞凤霞

凭证5-68

3209161140

江苏增值税专用发票　NO.01794275　3209161140 01794275

此联不作报销、抵扣凭证使用

开票日期:2022年09月01日

购买方	名　称:盐城远扬有限公司	密码区	87*3187<4/+3115<+95−59+7< 6623698<0−>>−6>525<068988−> 7*787*3187<4/+8490<+631155453937 +<712/<1+9016>3630++>84>663
	纳税人识别号:913209022988695024		
	地　址、电话:江苏省盐城市亭湖区胡凤街李莉路20号 0515-85211174		
	开户行及账号:中国建设银行盐城市亭湖区支行 41622124100205		

货物或应税劳务、服务名称	规格型号	单位	数量	单价	金额	税率	税额
S105		件	60	500.00	30 000.00	13%	3 900.00
合计					¥30 000.00		¥3 900.00
价税合计(大写)	⊗叁万叁仟玖佰元整				(小写)¥33 900.00		

销售方	名　称:盐城风奥有限公司	备注	
	纳税人识别号:320900552800145		
	地　址、电话:江苏盐城和平路190号 0515-82235613		
	开户行及账号:中国建设银行盐城和平路支行 5671893919		

收款人:　　复核:　　开票人:吴军捷　　销售方:(章)

凭证 5-69

银行承兑汇票 2

10503251
23409776

出票日期（大写） 贰零贰贰年零玖月零壹日

出票人全称	盐城远扬有限公司	收款人	全称	盐城凤臭有限公司
出票人账号	41622124100205		账号	5671893919
付款行名称	中国建设银行盐城市亭湖区支行		开户银行	中国建设银行盐城和平路支行
出票金额	人民币（大写）叁万叁仟玖佰元整			亿千百十万千百十元角分 ¥ 3 3 9 0 0 0 0
汇票到期日（大写）	贰零贰贰年零壹拾月零壹日	付款行	行号	105005411534
承兑协议编号	05882526		地址	江苏省盐城市亭湖区彭怀街孟立路29号
本汇票请你向我，到期无条件付款。 财务专用章 出票人签章 于欢		本汇票已经承兑，到期日由本行付款。 105005411534 承兑日期 2022年09月01日	密押 承兑行签章 赵惠 复核 记账	
		备注		

此联收款人开户行随托收凭证寄付款行作借方凭证附件

任务实施

步骤一：进入销售管理模块，执行"销售订单（期初）"命令，点击【流转】按钮，选择"生成专用发票"，点击【保存】【复核】按钮（图5-95）。

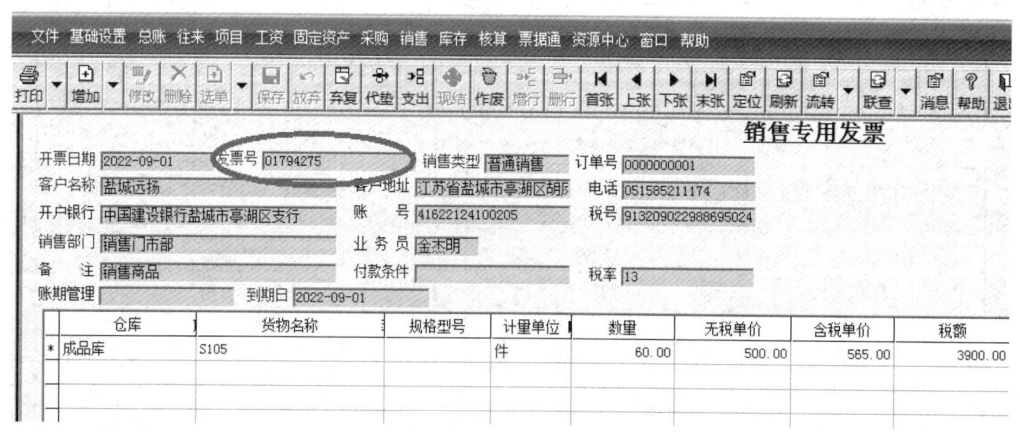

图 5-95 销售发票录入

步骤二：进入库存管理模块，执行"销售出库单"命令，选择【批审】功能键（图5-96）。

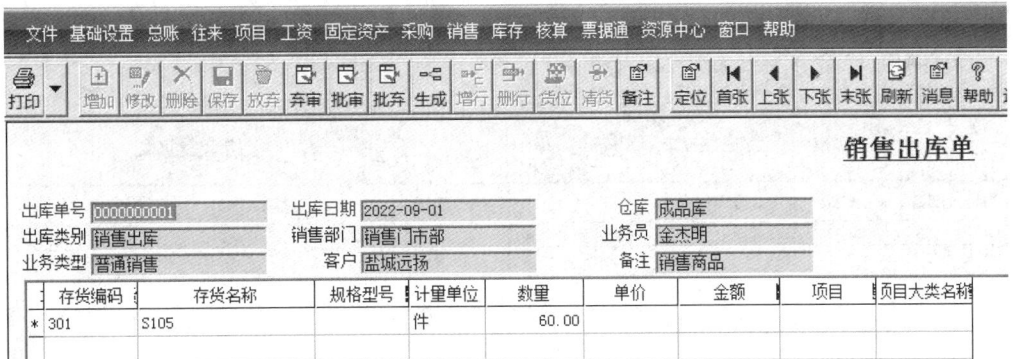

图 5-96　销售出库单审核

步骤三:进入核算管理模块,执行"正常单据记账条件"命令（图 5-97）,点击【全选】【确定】【全选】【记账】按钮（图 5-98）,最后点击【退出】按钮。

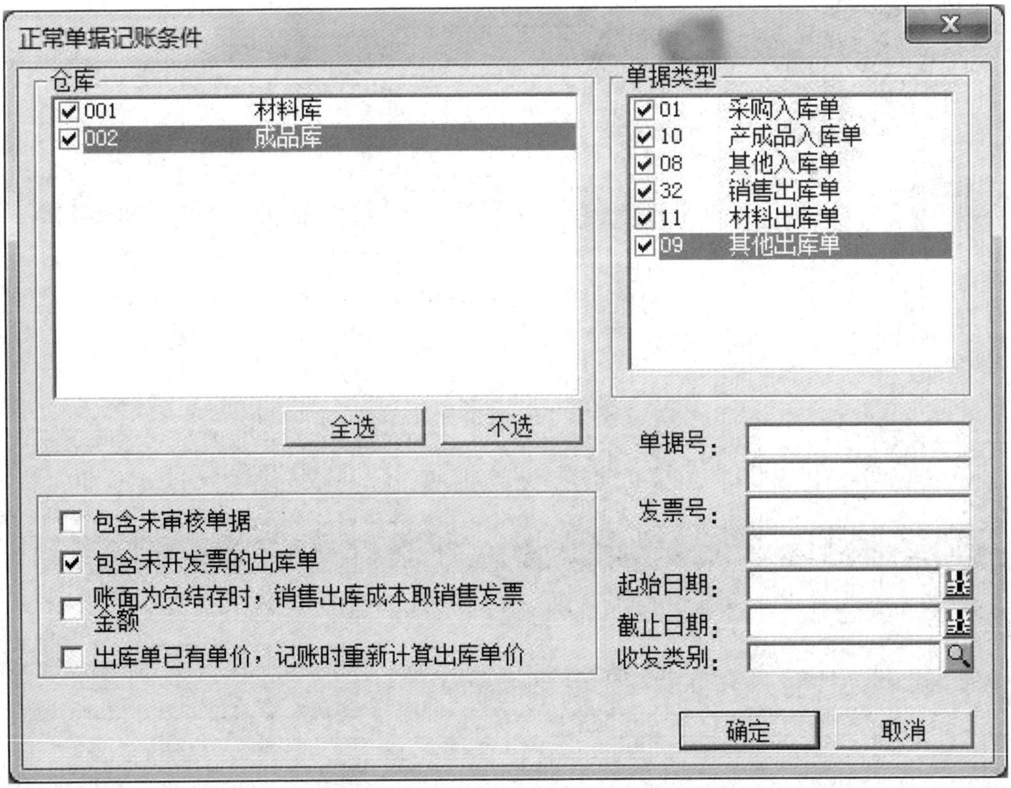

图 5-97　正常单据记账

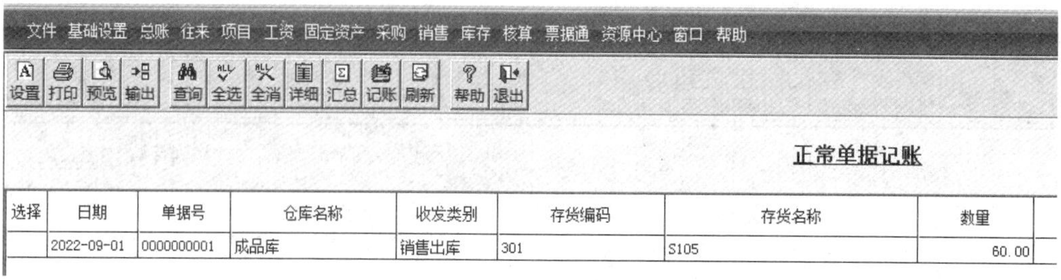

常见财务软件应用(用友畅捷通 T3)

图 5-98 记账界面

步骤四:执行"客户制单查询"/"应收单制单"命令(图 5-99),选择后点击【制单】按钮。

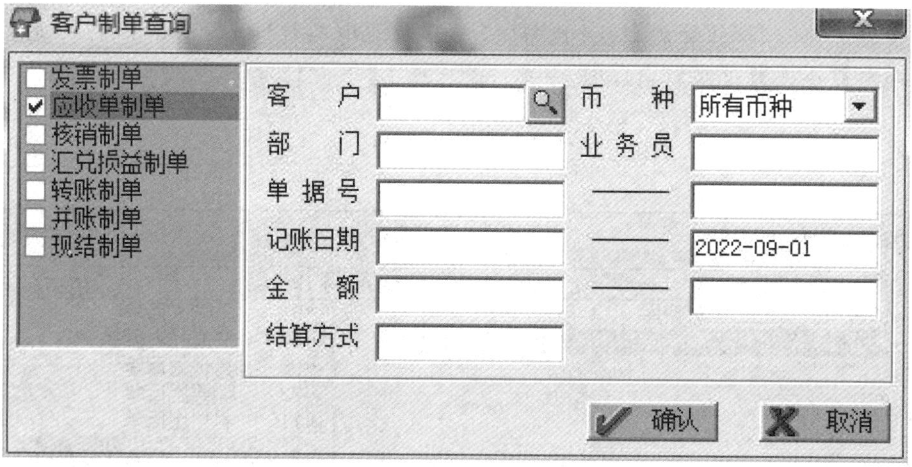

图 5-99 制单查询选择

注意 1

有运费时"应收单制单"必选(图 5-100),点击【制单】按钮(图 5-101)。

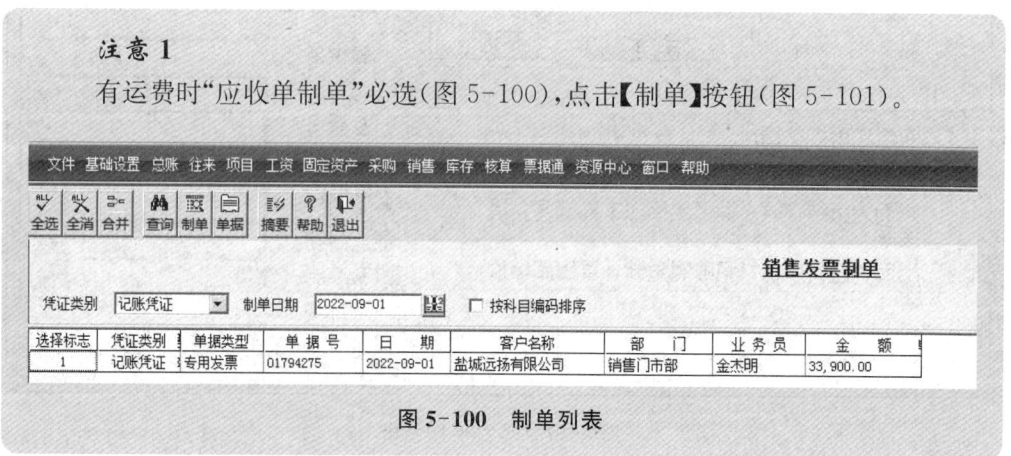

图 5-100 制单列表

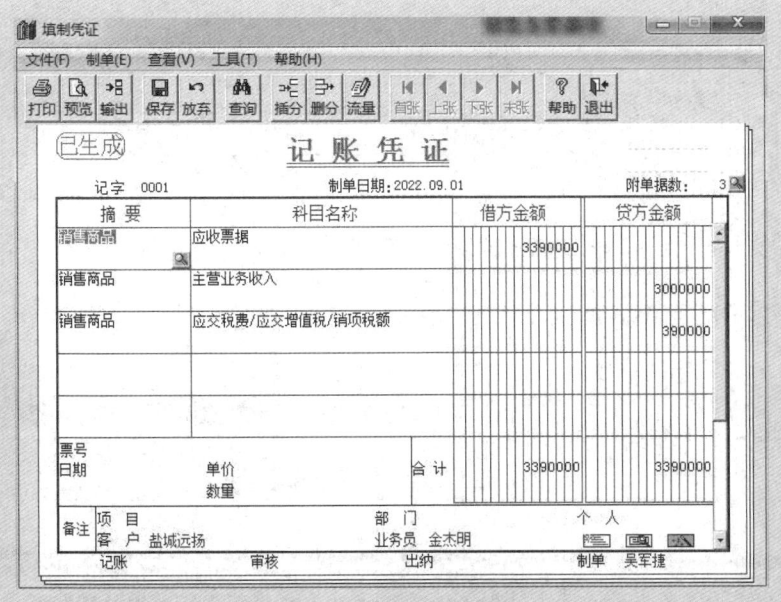

图 5-101　制单结果

注意 2

（1）由于有期初的销售订单，所以本期的销售发票应该由销售订单生成，如果没有期初的销售订单，在做销售业务时可以不录入销售订单，直接从销售发票开始做。

（2）如果是销售时同时收到货款，则：

进入销售管理模块，执行"销售订单（期初）"命令，点击【流转】按钮，选择"生成专用发票"，依次点击【保存】【现结】(图 5-102)【复核】按钮，进入库存管理模块，点击"销售出库单"，然后点击【审核】按钮，执行"核算管理"/"正常单据记账"/"选择"命令，依次点击【确定】【全选】【记账】【退出】按钮，进入"客户制单查询"(图 5-103)，勾选"现结制单"复选框，点击【全选】【制单】按钮(图 5-104)。

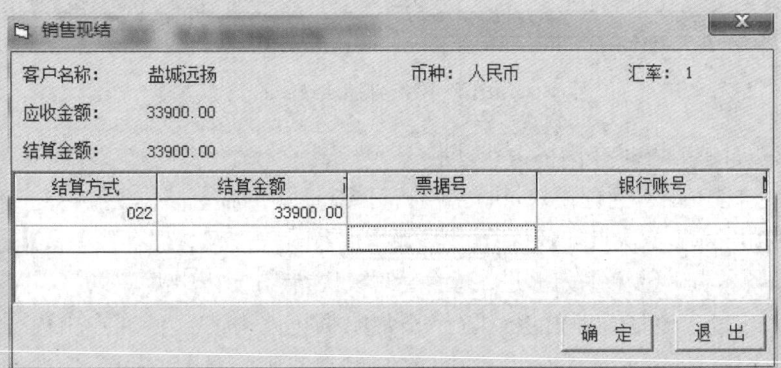

图 5-102　销售现结

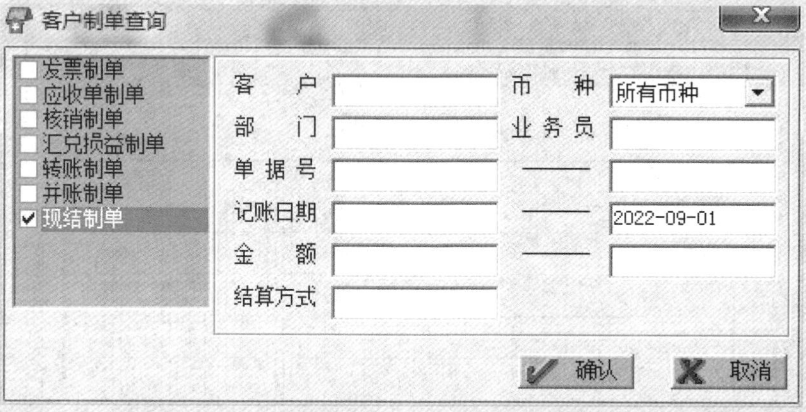

图 5-103 制单选择

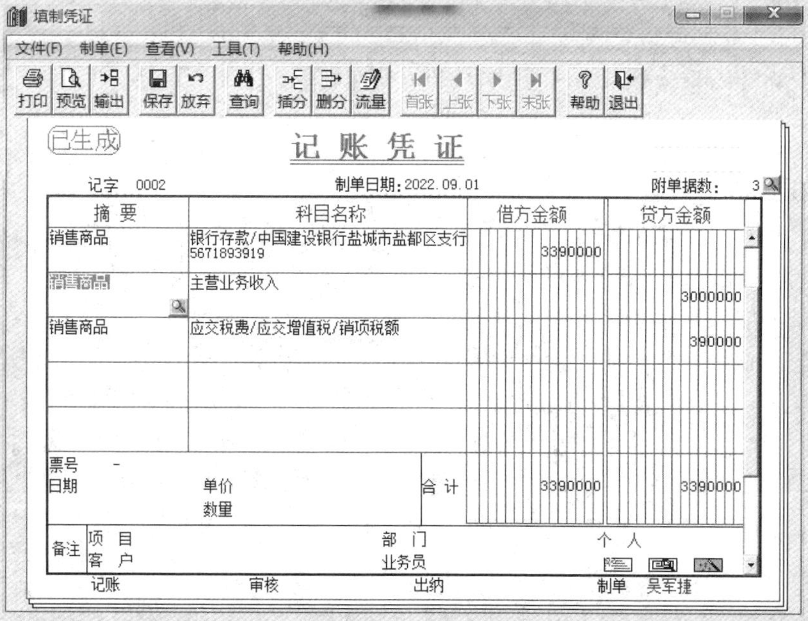

图 5-104 制单结果

(3) 如果销售时有代垫运费,则:

第一,进入销售管理模块,执行"销售订单(期初)"命令,点击【流转】按钮,选择"生成专用发票",依次点击【保存】【代垫】【增加】(图 5-105)、【保存】【审核】【退出】按钮,在发票中点击【复核】按钮,进入库存管理模块,点击"销售出库单"进行审核。

第二,进入核算管理模块,执行"正常单据记账"命令,依次点击【全选】【确定】【全选】【记账】【退出】按钮,点击"客户制单查询",选择"发票、应收单制单"(图 5-106),点击【全选】【合并】【制单】按钮(图 5-107)。

图 5-105 代垫运费单

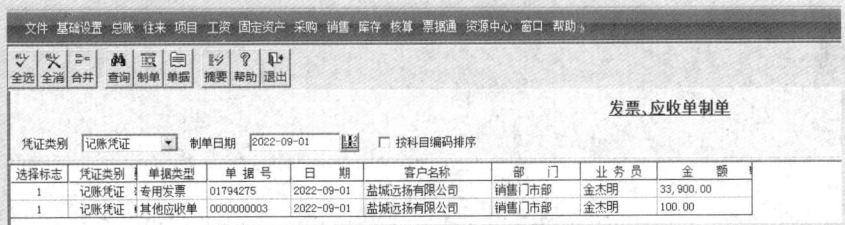

图 5-106 制单列表

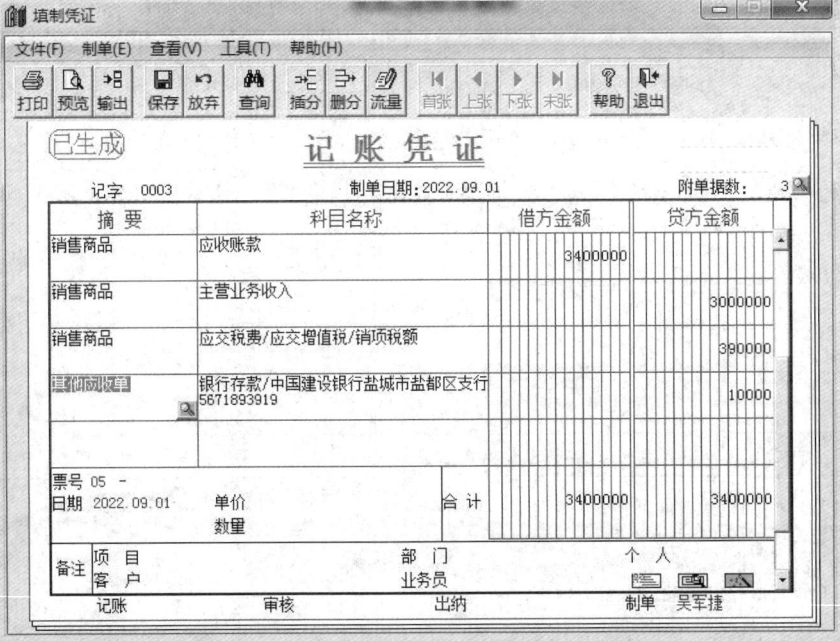

图 5-107 制单结果

◎ 练一练

逆操作：

(1) 修改、删除冲销凭证："核算"/"凭证"/"客户往来凭证列表"。

(2) 取消单据记账："核算"/"核算"/"选则"/"恢复"。

(3) 销售出库单取消审核："库存管理"/"销售出库单生成"，点击【弃审】按钮。

(4) 销售发票必须先弃复再进行修改和删除。

(5) 取消代垫运费："销售"/"客户往来"/"取消操作（其他应收单）"/"销售发票"/"代垫"，点击【弃审】【删除】按钮。

业务2：2022年9月3日取得原始凭证4张，如凭证5-70至凭证5-73所示。要求：在购销存及存货模块完成。

凭证5-70

江苏增值税专用发票　　NO.07169343

3204161140　　　　　　　　　　　　　　　　3204161140
　　　　　　　　　　　　　　　　　　　　　　07169343

开票日期：2022年09月03日

购买方	名　　称	盐城风奥有限公司	密码区	05＊3187＜4/＋4659＜＋95－59＋7＜ 2977059＜0－－＞＞－6＞525＜552683－＞ 7＊787＊3187＜4/＋8490＜＋024041333967 ＋＜712/＜1＋9016＞5344＋＋＞84＞533
	纳税人识别号	320900552800145		
	地址、电话	江苏盐城和平路190号 0515-82235613		
	开户行及账号	中国建设银行盐城和平路支行 5671698919		

货物或应税劳务、服务名称	规格型号	单位 千克	数量	单价	金额	税率	税额
D328			3 000	10.00	30 000.00	13%	3 900.00
合　计					￥30 000.00		￥3 900.00

价税合计（大写）　　⊗叁万叁仟玖佰元整　　　　　　　　　　（小写）￥33 900.00

销售方	名　　称	常州前进有限公司	备注	
	纳税人识别号	913204022797351775		
	地址、电话	江苏省常州市天宁区蔡丹街张英路43号 0519-53341507		
	开户行及账号	中国建设银行常州市天宁区支行 41622124827219		

收款人：　　　复核：　　　开票人：杨静　　　销售方：（章）

凭证 5-71

江苏增值税专用发票

NO.07169343   3204161140
07169343

开票日期：2022 年 09 月 03 日

购买方	名　　称：盐城风奥有限公司 纳税人识别号：320900552800145 地　址、电　话：江苏盐城和平路190号 0515-82235613 开户行及账号：中国建设银行盐城和平支行 5671698919	密码区	05＊3187＜4/＋4659＜＋95－59＋7＜ 2977059＜0－－＞＞－6＞525＜552683－＞ 7＊787＊3187＜4/＋8490＜＋／024041333967 ＋＜712／＜1＋9016＞5344＋＋＞84＋＞533

货物或应税劳务、服务名称	规格型号	单位	数量	单价	金额	税率	税额
D328		千克	3 000	10.00	30 000.00	13％	3 900.00
合　计					¥30 000.00		¥3 900.00

价税合计(大写)　⊗叁万叁仟玖佰元整　　　(小写) ¥33 900.00

销售方	名　　称：常州前进有限公司 纳税人识别号：913204022797351775 地　址、电　话：江苏省常州市天宁区蔡丹街英路43号 0519-53341507 开户行及账号：中国建设银行常州市天宁区支行 41622124827219	备注	常州前进有限公司 913204022797351775 发票专用章

收款人：　　　复核：　　　开票人：杨静　　　销售方(章)

凭证 5-72

收 料 单

供应单位：常州前进有限公司　　　2022 年 09 月 03 日　　　编号 SL075

材料编号	名　称	单位	规格	数量		实际成本			
				应收	实收	单价	发票价格	运杂费	总价
	D328	千克		3 000	3 000				
备注：									

收料人：　　　　　　　　　　　　交料人：解红

凭证 5-73

中国建设银行
转账支票存根
10503226
00001718

附加信息 付款行账号：5671893919

盐都区支行

出票日期 2022 年 09 月 03 日

收款人：常州前进有限公司
金　额：¥33 900.00
用　途：支付货款

单位主管　　　　　　会计

任务实施

步骤一：进入采购管理模块，执行"采购订单（期初）"命令，点击【流转】按钮，选择生成"采购入库单"（图 5-108），然后点击【保存】按钮。

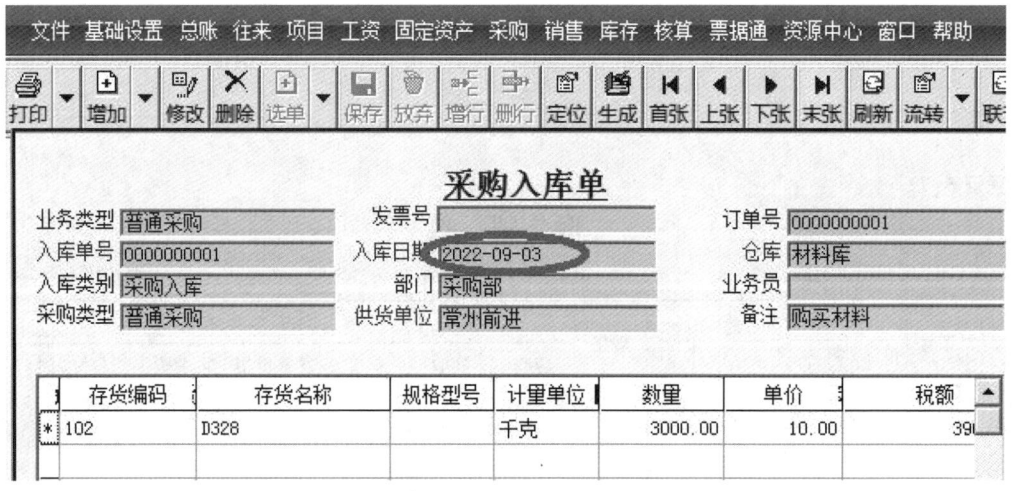

图 5-108　采购入库单录入

点击【流转】按钮后，选择生成"采购专用发票"，依次点击【保存】【现付】按钮（图 5-109），然后点击【复核】【结算】按钮（图 5-110）。

步骤二：进入库存管理模块，点击"采购入库单"（图 5-111），点击【审核】【退出】按钮。

步骤三：进入核算管理模块，点击"正常单据记账"（图 5-112），依次点击【全选】【确定】【全选】【记账】【退出】按钮。

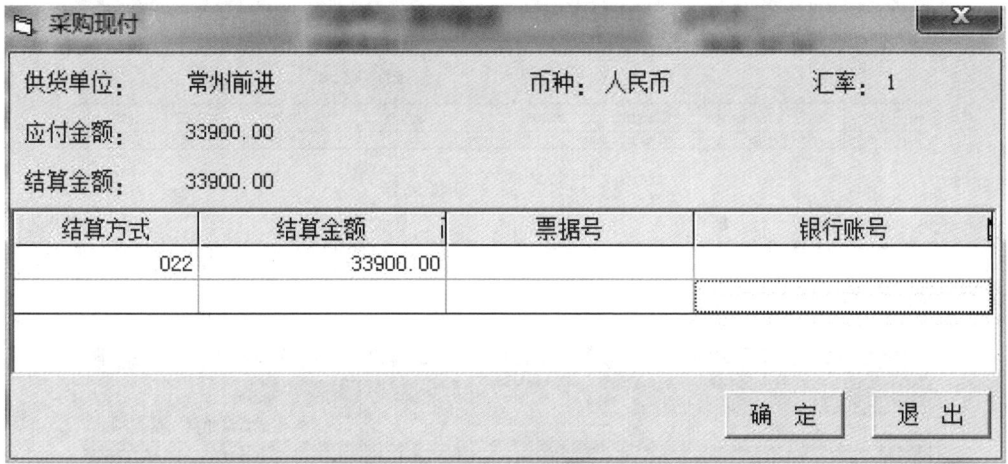

图 5-109　采购现付

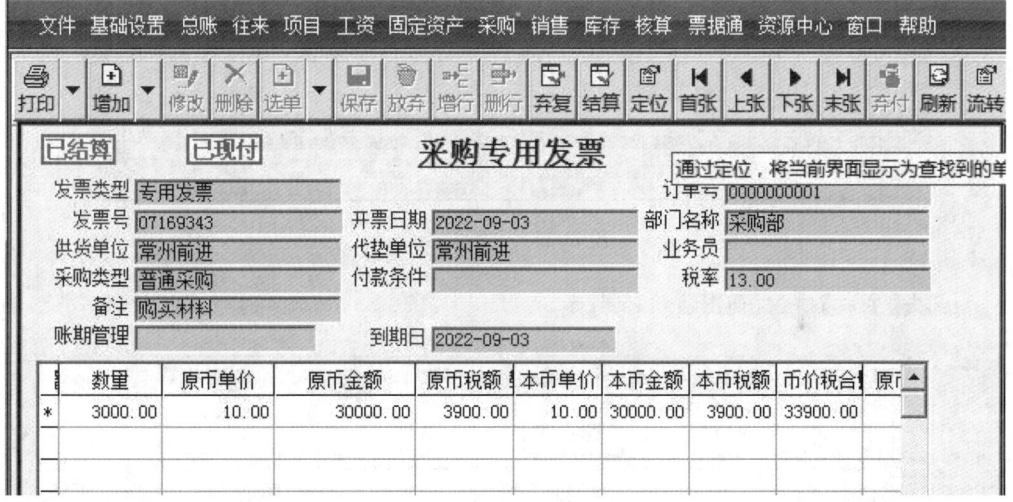

图 5-110　采购专用发票

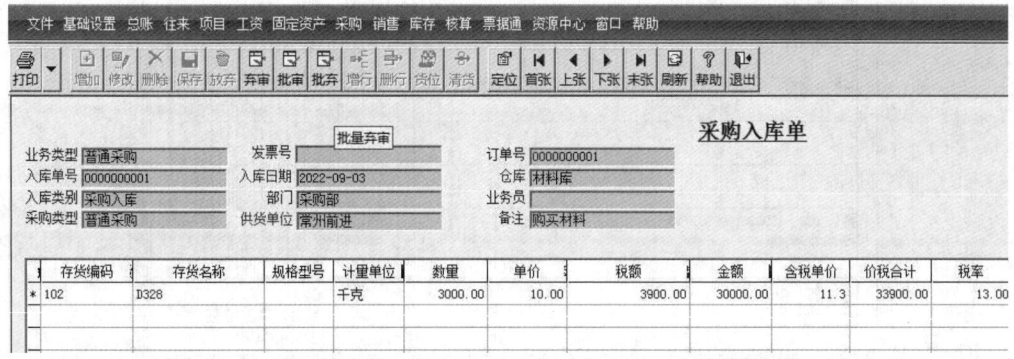

图 5-111　采购入库单审核

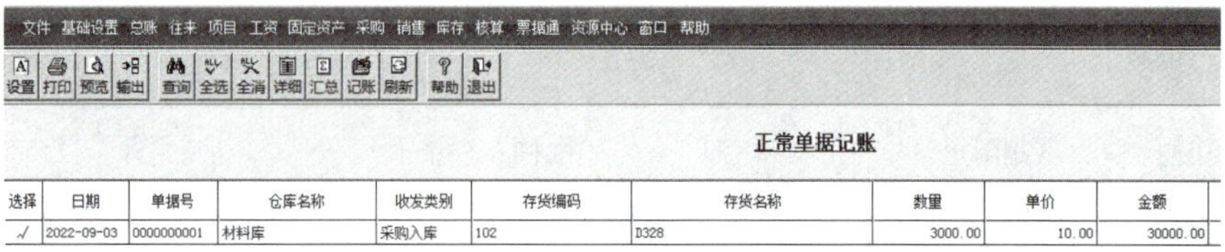

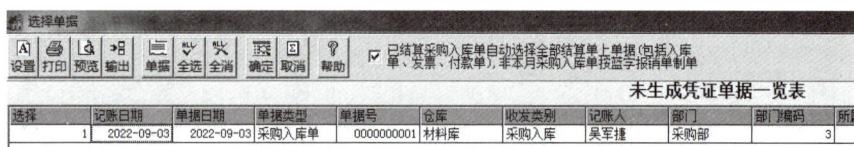

图 5-112　正常单据记账

步骤四:点击"购销单据制单",勾选"采购入库单"(报销记账)(图 5-113),点击【确认】【全选】按钮,然后打钩后点击【确定】按钮(图 5-114)。

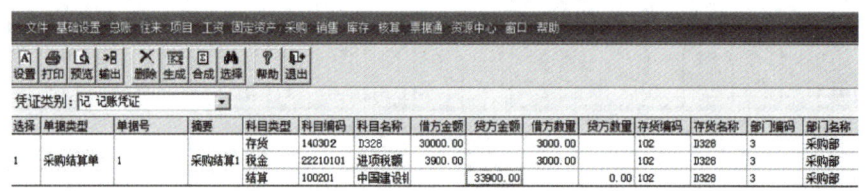

图 5-113　选择单据

图 5-114　凭证模板

点击【生成】按钮,如图 5-115 所示。

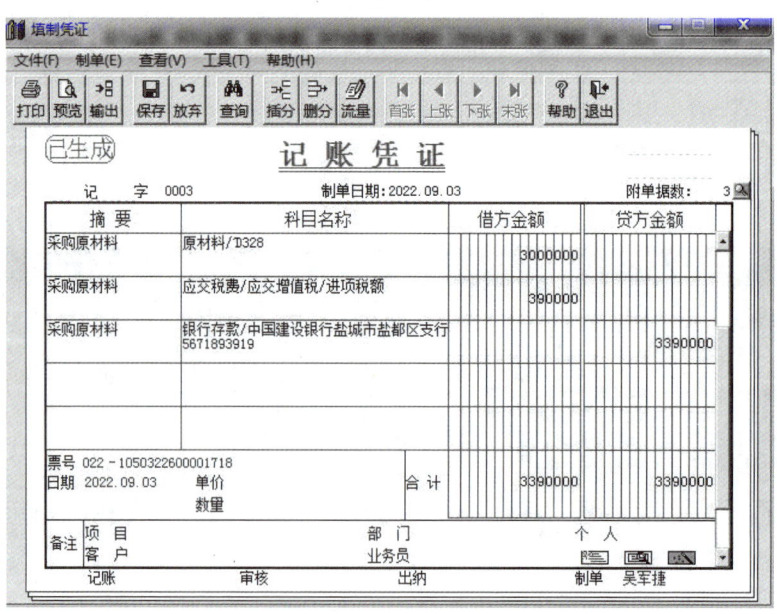

图 5-115　制单结果

注意

(1) 如果该笔采购，期初有预付账款，且当天未入库，则：

第一，进入采购管理模块，执行"采购订单（期初）"命令，点击【流转】按钮选择生成"采购专用发票"依次点击【复核】【退出】按钮，在"供应商往来"单击右键，执行"预付冲应付"（图5-116）/选择"供应商"/"过滤"/录入"转账金额"，切换到"应付款"点击【过滤】按钮，录入"转账金额"后点击【自动转账】按钮（图 5-117）。

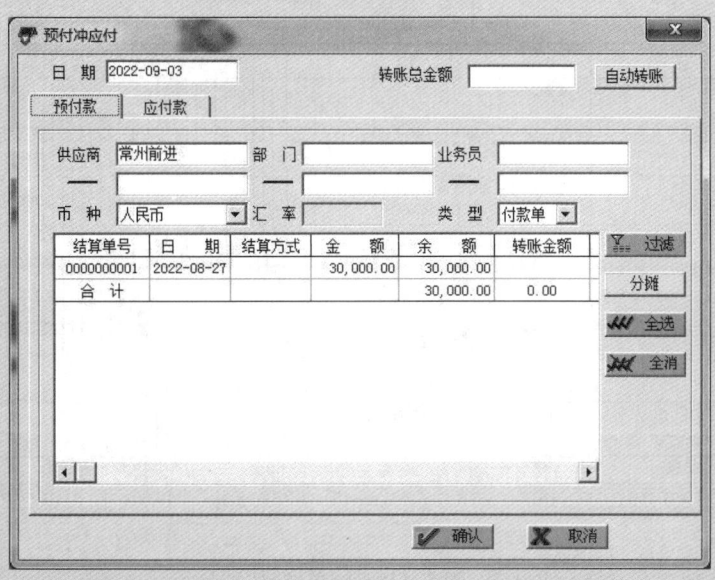

图 5-116 过滤结果

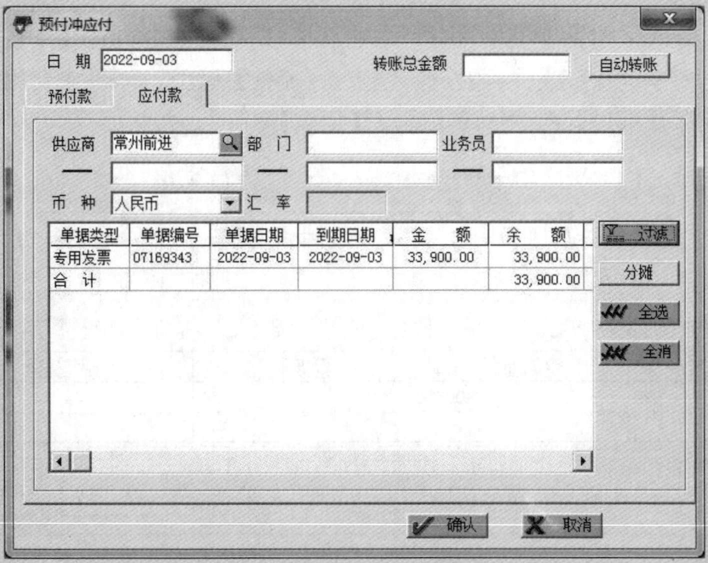

图 5-117 应付单选项卡

第二,执行"核算管理"/"供应商往来制单"命令,选择"应付单制单",在凭证中修改会计科目(图 5-118)。

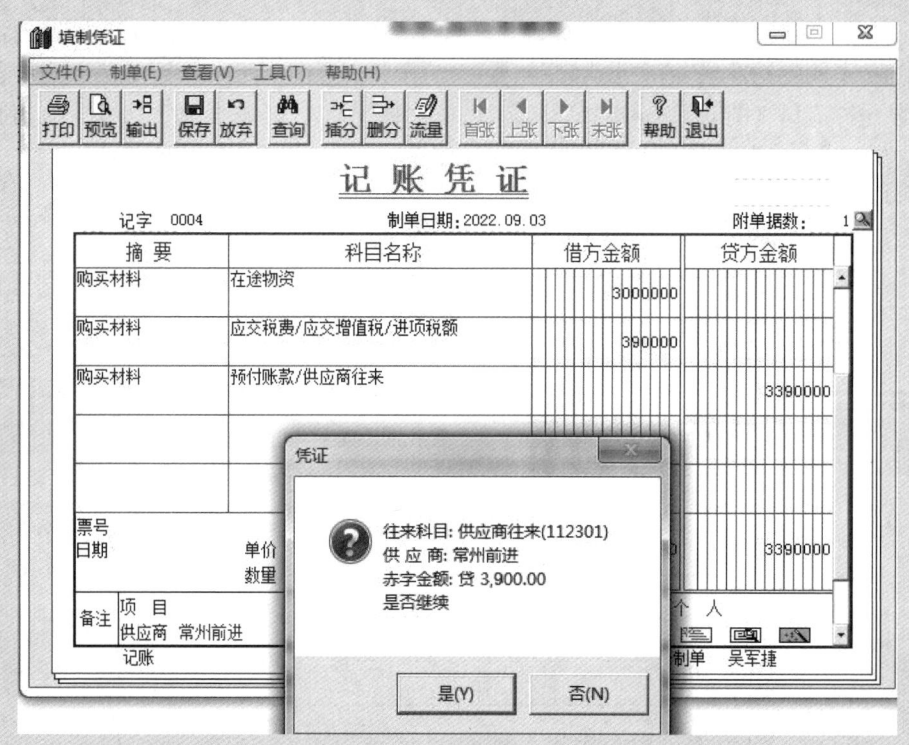

图 5-118 制单结果

(2) 如果采购时还有运费发票且付款,则:

第一,进入采购管理模块,执行"采购订单(期初)"命令,单击【流转】按钮,选择"生成入库单"后点击【保存】按钮,再点击【流转】按钮选择"生成专用发票",依次点击【保存】【现付】(图 5-119)【确定】【复核】按钮。

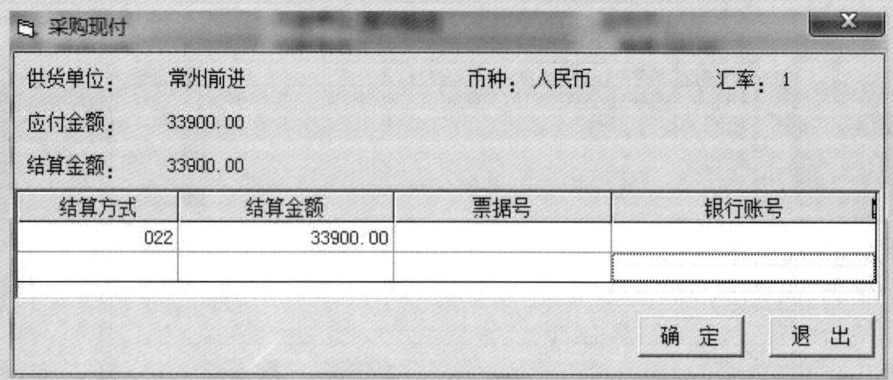

图 5-119 现付录入

第二，执行"采购发票"命令，增加专用发票，修改税率后依次点击【保存】【现付】【确定】【复合】按钮（图5-120）后，点击【流转】按钮，选择"手工结算"，依次点击【全选】（图5-121）【确定】【分摊】【结算】按钮（图5-122）。

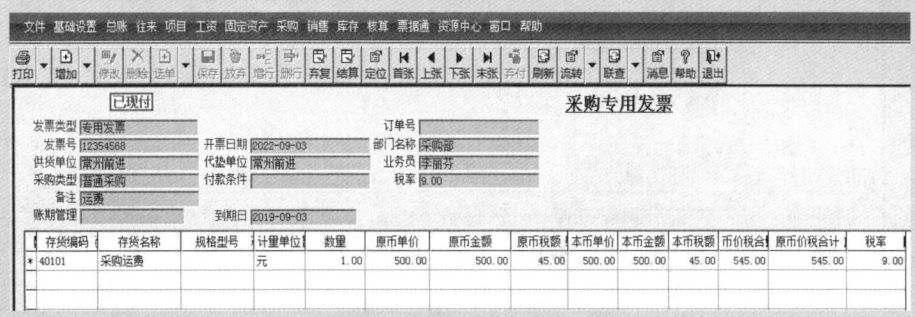

图5-120 采购专用发票录入

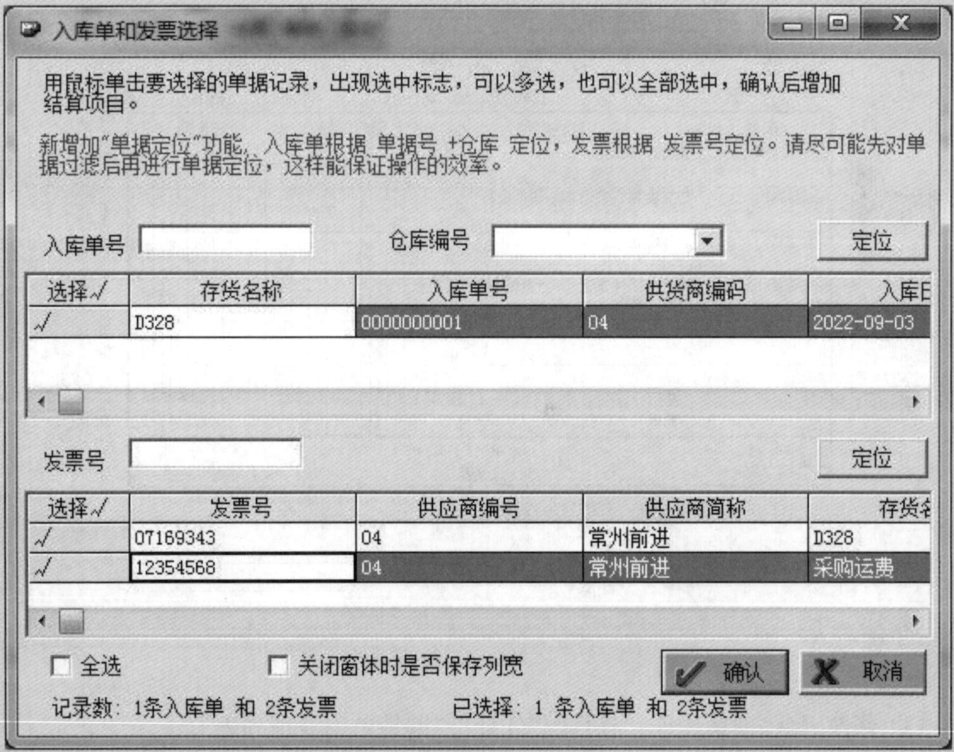

图5-121 手工结算选择

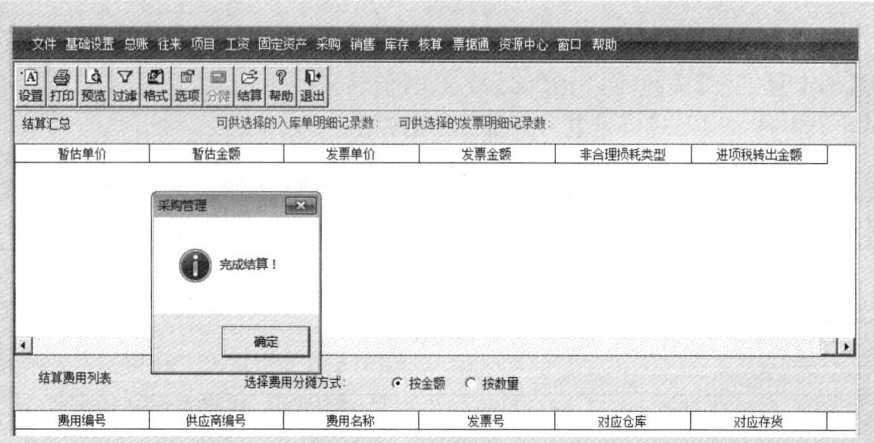

图 5-122 结算完成

第三,进入库存管理模块,执行"入库单审核"命令进行审核,执行"核算管理"/"正常单据记账"命令,点击"购销单据制单",选择"采购入库单(报销记账)"(图 5-123)。

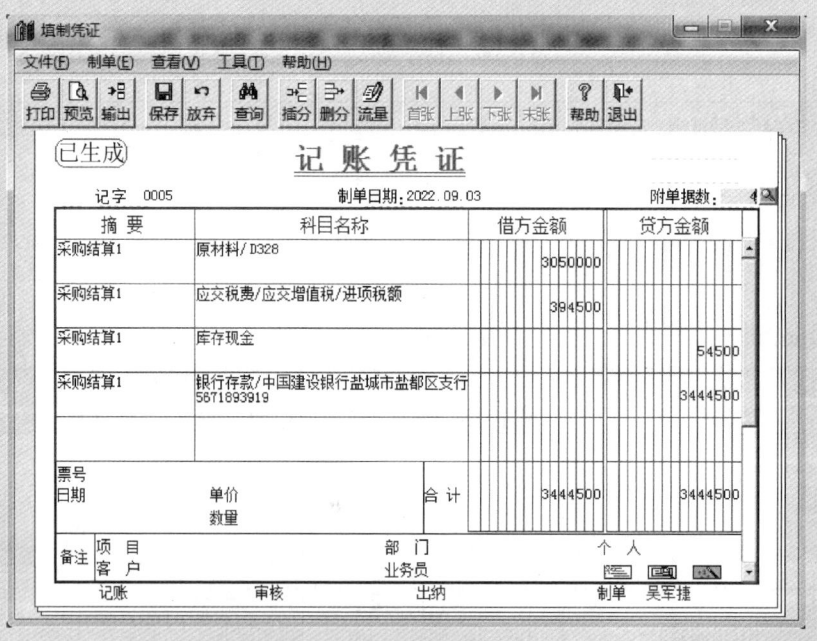

图 5-123 制单结果

◎ 练一练

逆操作:

(1) 修改、删除冲销凭证:"核算"/"凭证"/"购销单据凭证列表"。

(2) 取消入库单审核:"库存"/"入库单",点击【弃审】按钮。

(3) 取消结算:"采购结算"/"结算单明细列表"/"双击打开",点击【删除】按钮。

(4)取消现付:先弃复发票,再点击【弃付】按钮。

业务3:原始凭证1张,如凭证5-74所示,于2022年9月9日取得,要求:在购销存及核算子系统中完成(经办:朱晓燕)。

凭证5-74

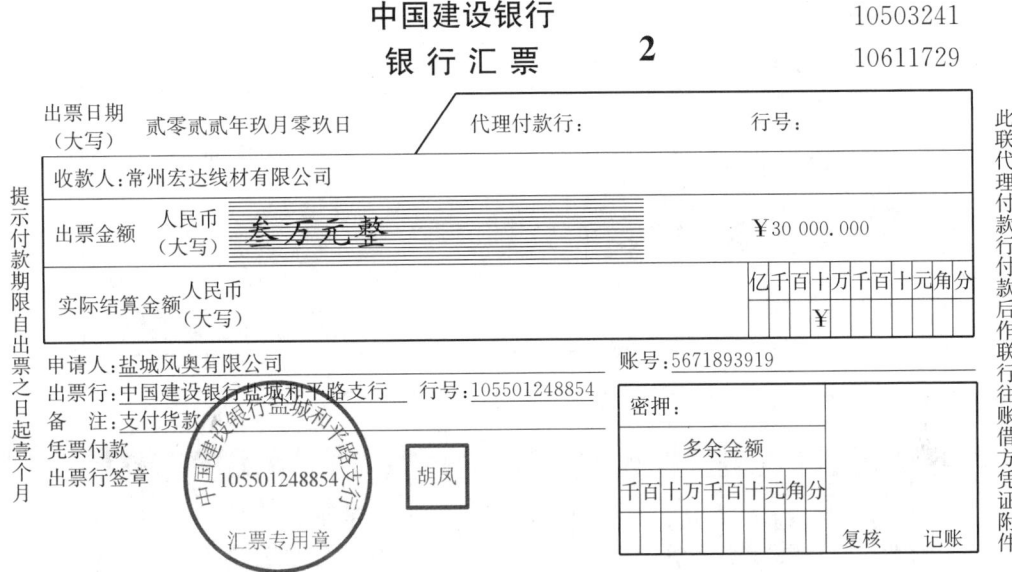

任务实施

步骤一:进入采购管理模块,执行"付款结算"/"供应商"命令,点击【增加】按钮,录入付款单后点击【保存】按钮(图5-124),然后点击【核销】按钮,双击余额后点击【保存】按钮。

图5-124 付款单录入

步骤二:进入核算管理模块,执行"供应商制单查询"命令,选择"核销制单"复选框(图5-125),选择后点击【制单】按钮(图5-126)。

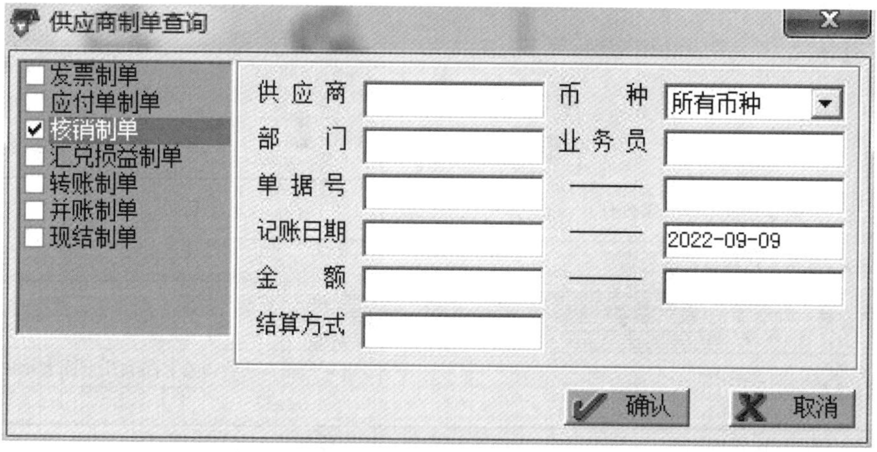

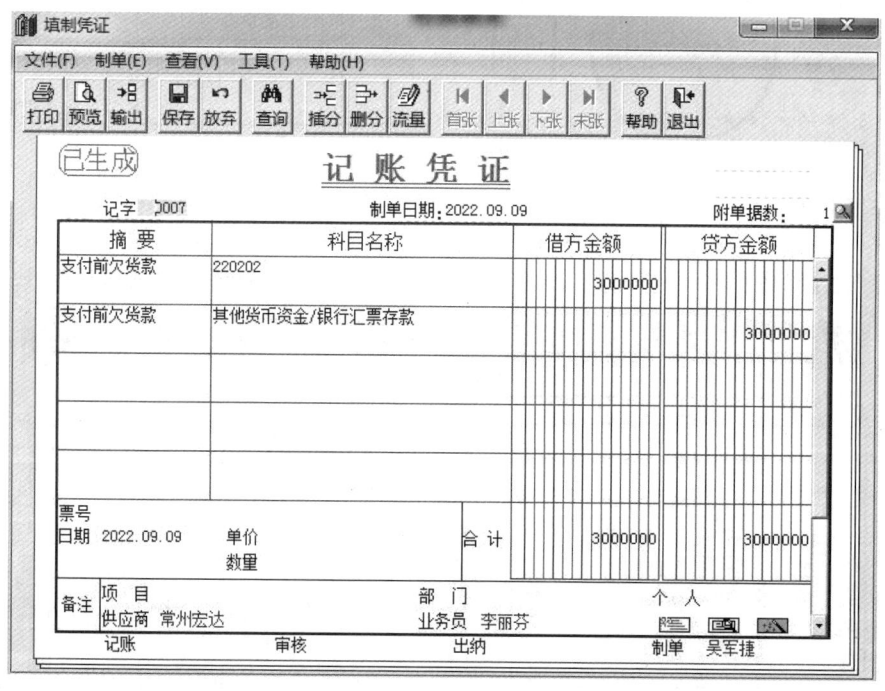

图 5-125　制单选择

图 5-126　制单结果

◎ 做一做

逆操作:

(1) 修改、删除冲销凭证:"核算"/"凭证"/"供应商往来凭证列表"。

(2) 取消已核销的应付单:"采购"/"供应商往来"/"取消操作",操作类型选"核销"(图 5-127、图 5-128)。

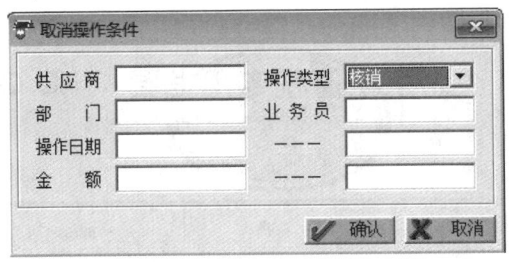

图 5-127 取消操作类型选择

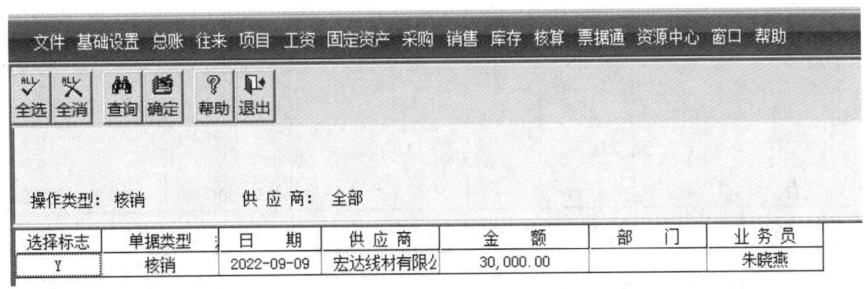

图 5-128 取消操作

(3) 删除付款单:"采购"/"供应商往来"/"付款结算"/"选择供应商",点击【删除】按钮。

业务4:原始凭证共3张,如凭证5-75至凭证5-77所示,于2022年9月14日取得,要求:在购销存及核算子系统完成。

凭证5-75

1101161140

北京增值税专用发票   NO.09171839

1101161140
09171839

开票日期:2022年09月14日

购买方	名　　　称:盐城风奥有限公司 纳税人识别号:320900552800145 地　址、电　话:江苏盐城和平路190号 0515-82235613 开户行及账号:中国建设银行盐城和平路支行 5671698919	密码区	40 * 3187<4/+ 3522<+ 95－59+7< 8710201<0－－>>－6>525<001497－> 7 * 787 * 3187<4/+8490<+452522617238 +<712/<1+9016>0108++>84>529

货物或应税劳务、服务名称	规格型号	单位	数量	单价	金额	税率	税额
C112		千克	2 000	30.00	60 000.00	13%	7 800.00
合　计					¥60 000.00		¥7 800.00

价税合计(大写)	⊗陆万柒仟捌佰元整	(小写)¥67 800.00

销售方	名　　　称:大丰天启有限公司 纳税人识别号:911101016492705423 地　址、电　话:北京市东城区王志街梁树路93号 010-24096923 开户行及账号:中国建设银行北京市东城区支行 41622124761836	备注	

收款人:　　　　复核:　　　　开票人:李翠林　　　　销售方:(章)

凭证5-76

 1101161140　　　NO.09171839　1101161140
　　　　　　　　　　　　　　　　　　　　　　09171839

开票日期：2022年09月14日

购买方	名　　称：盐城凤奥有限公司	密码区	40＊3187＜4/＋3522＜＋95－59＋7＜ 8710201＜0－－＞＞－6＞525＜001497－＞ 7＊787＊3187＜4/＋8490＜＋452522617238 ＋＜712/＜1＋9016＞0108＋＋＞84＞529
	纳税人识别号：320900552800145		
	地　址、电话：江苏盐城和平路190号 0515-82235613		
	开户行及账号：中国建设银行盐城和平平支行 5671698919		

货物或应税劳务、服务名称	规格型号	单位	数量	单价	金额	税率	税额
C112		千克	2 000	30.00	60 000.00	13%	7 800.00
合　计					￥60 000.00		￥7 800.00

价税合计（大写）　　⊗陆万柒仟捌佰元整　　　　　　　　（小写）￥67 800.00

销售方	名　　称：大丰天启有限公司	备注	（大丰天启有限公司发票专用章 911101016492705423）
	纳税人识别号：911101016492705423		
	地　址、电话：北京市东城区王志街梁树路93号 010-24096923		
	开户行及账号：中国建设银行北京市东城区支行 41622124761836		

收款人：　　　　复核：　　　　开票人：李翠林　　　　销售方：（章）

凭证5-77

```
　　中国建设银行
　　转账支票存根
　　10503226
　　00001718

附加信息 付款行账号：5671893919
　　　　　盐都区支行

出票日期 2022年09月14日
收款人：大丰天启有限公司
金　额：￥67 800.00
用　途：支付货款

单位主管　　　　　　会计
```

任务实施

步骤一：进入采购管理模块，执行"采购发票"命令，然后增加1张专用发票（图5-129），点击【保存】【现付】【复核】按钮。

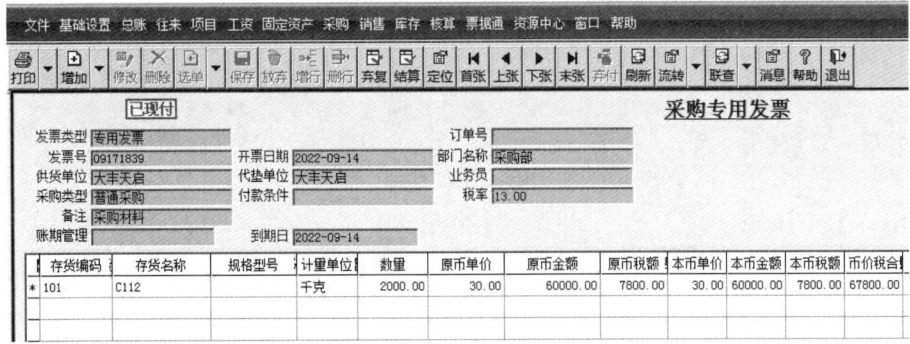

图 5-129 采购专用发票录入

步骤二：执行"核算管理"/"供应商制单查询"命令,选择"现结制单"复选框(图 5-130),点击【制单】按钮(图 5-131)。

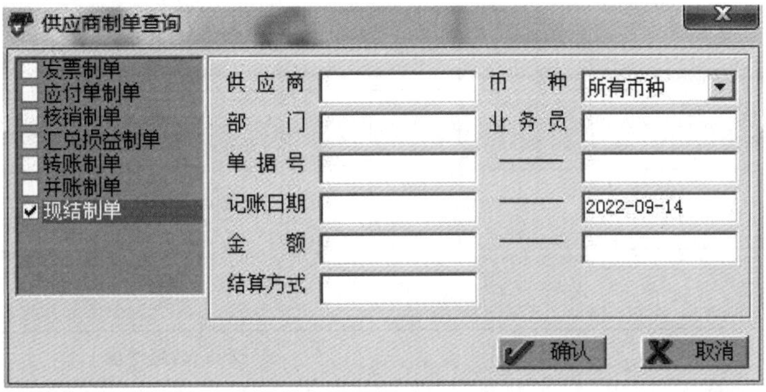

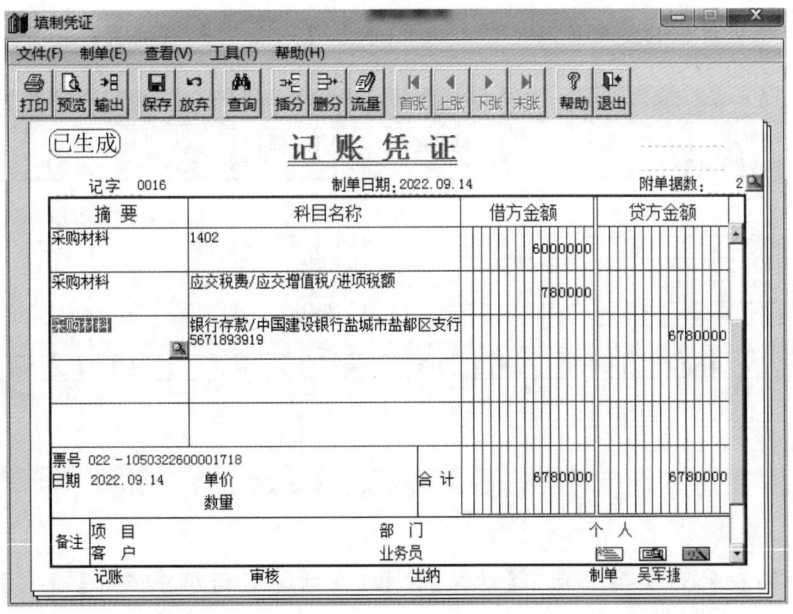

图 5-130 制单类型选择

图 5-131 制单结果

业务5:原始凭证1张,如凭证5-78所示,于2022年9月19日取得,要求:在购销存及核算子系统中完成(经办:侯国庆)。

凭证5-78

收 料 单

供应单位:大丰天启有限公司　　　　2022年09月19日　　　　编号 SL075

材料编号	名 称	单位	规格	数 量		实际成本			
				应收	实收	单价	发票价格	运杂费	总价
	C112	千克		2 000	2 000				
备注:									

收料人:　　　　　　　　　　　　　　　　　　　　交料人:赵继承

第二联　记账联

任务实施

步骤一:根据采购发票流转生成入库单(图5-132),点击【保存】【退出】按钮。

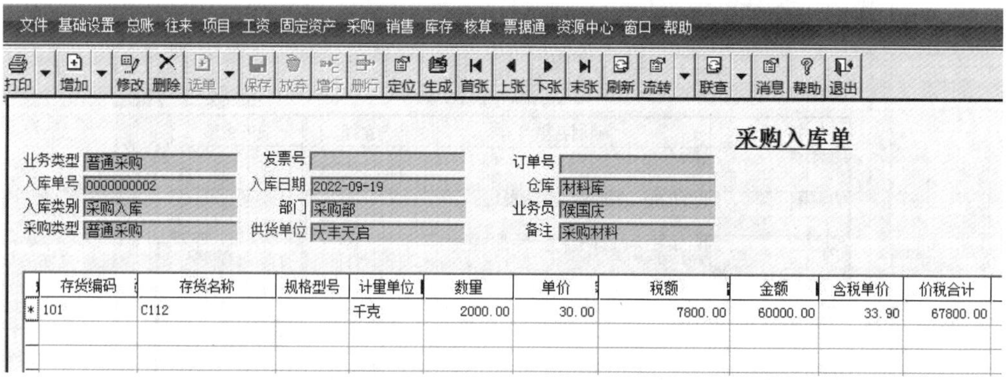

图 5-132　采购入库单录入

步骤二:在采购发票上点击【结算】按钮,在结算对话框中点击【确定】按钮(图5-133)。

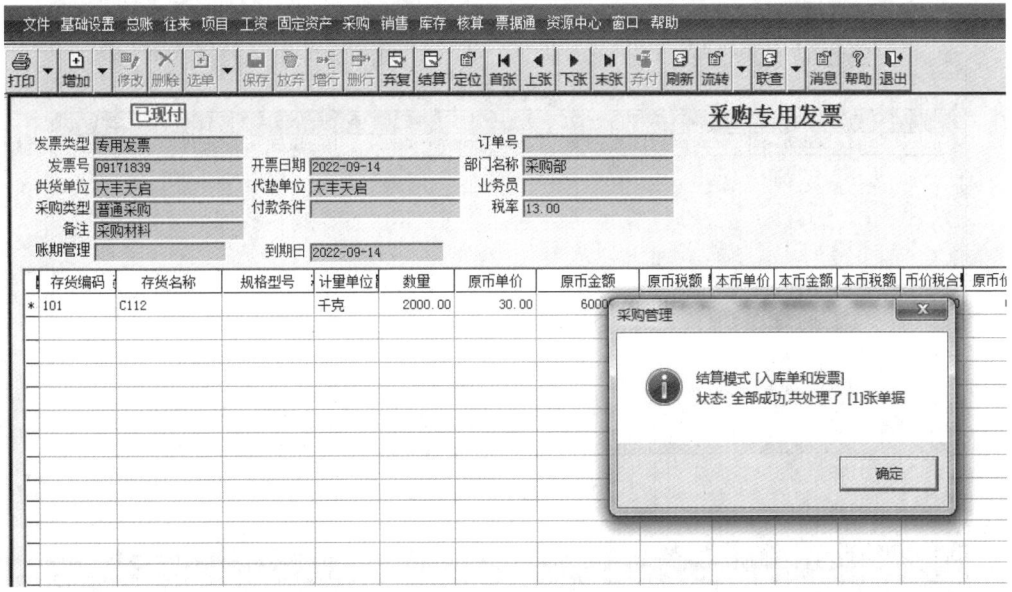

图 5-133 结算结果

步骤三:进入库存管理模块,执行"采购入库单"命令,点击【批审】按钮(图 5-134)。

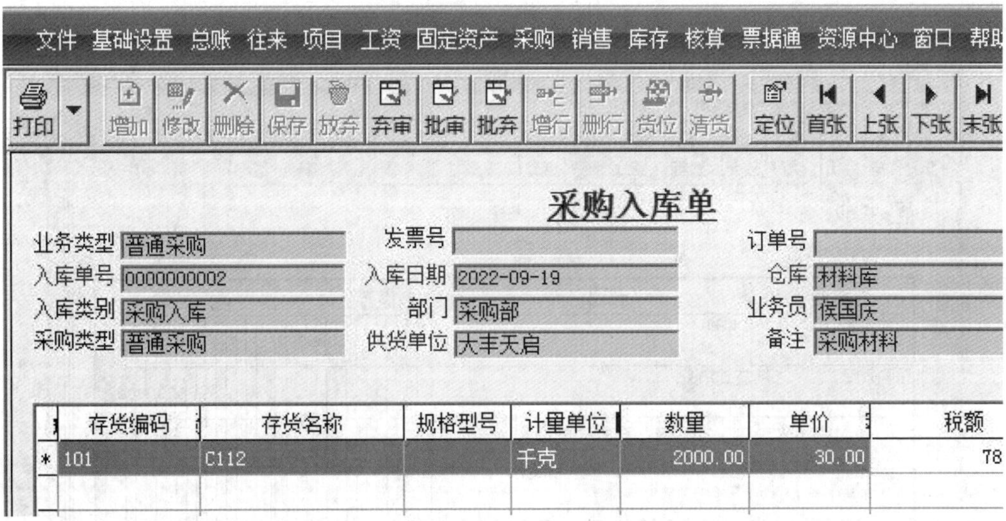

图 5-134 采购入库单审核

步骤四:执行"核算管理"/"正常单据记账"命令,点击"购销单据制单",选择"采购入库单(报销单据)",依次点击【确定】【全选】(去掉勾)(图 5-135)、【确定】按钮。

录入对方科目编码,点击【生成】按钮(图 5-136、图 5-137)。

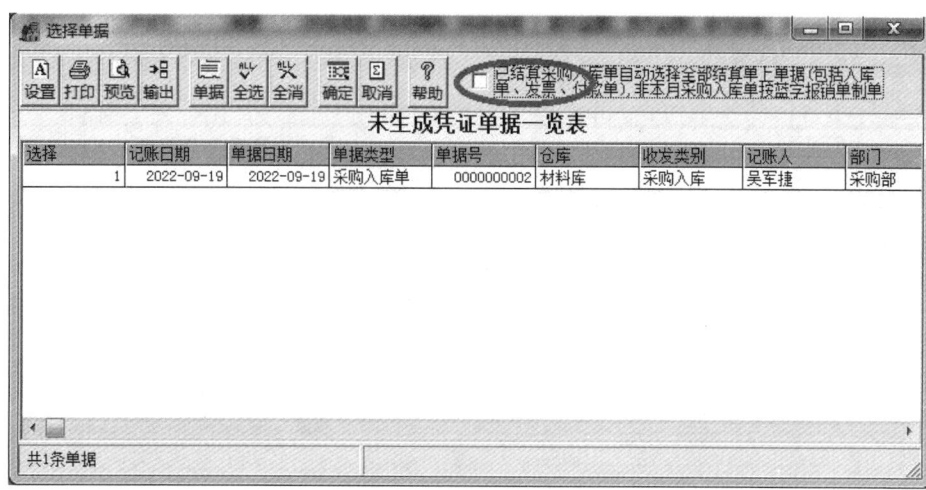

图 5-135　单据选择

图 5-136　制单模板

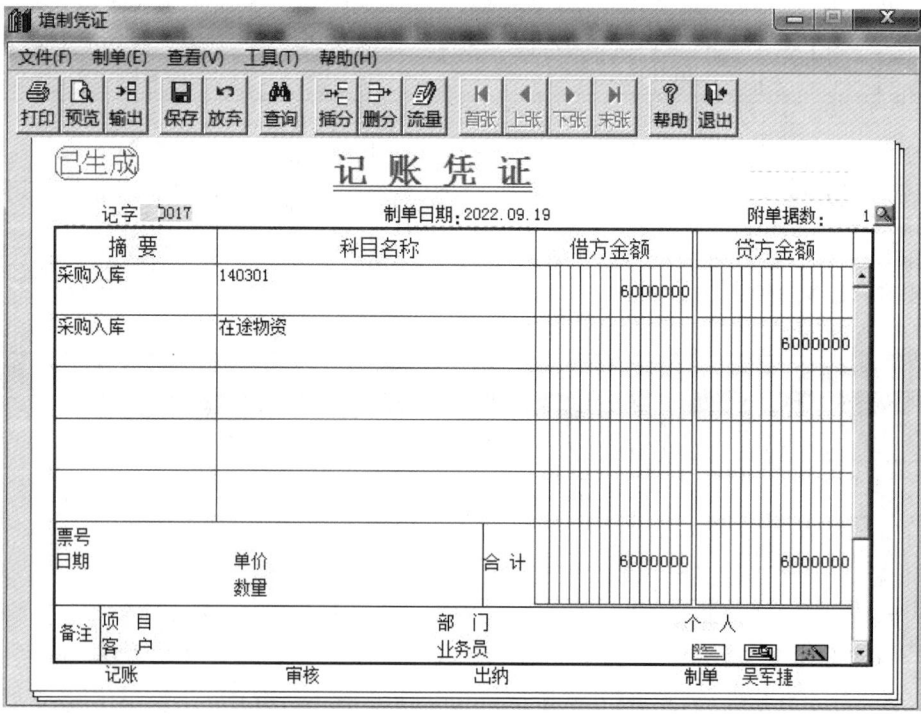

图 5-137　制单结果

业务6：原始凭证共2张，如凭证5-79、凭证5-80所示，于2022年9月21日取得，要求：在购销存及核算子系统中完成（2张记账凭证）。

凭证5-79

销 售 单

购货单位：连云港海达有限公司　　地址和电话：江苏省连云港市新浦区陈艳街　　单据编号：XS038
　　　　　　　　　　　　　　　　　　　　　　宋卫路69号 0518-34426496
纳税识别号：913207056381421121　　开户行及账号：中国建设银行连云港市新浦区　　制单日期：2022-09-21
　　　　　　　　　　　　　　　　　　　　　　支行 41622124555352

编码	产品名称	规格	单位	单价	数量	金额	备注
	T231		件	226.00	2 000	452 000.00	含税价
合计	人民币(大写)：肆拾伍万贰仟元整				—	452 000.00	

销售经理：王春　　　经手人：金杰明　　　会计：吴军捷　　　签收人：杨秋青

凭证5-80

 3209161140　 江苏增值税专用发票　NO.01794280　3209161140
01794280

开票日期：2022年09月21日

购买方	名　　称：连云港海达有限公司	密码区	27 * 3187＜4/+0296＜+95－59+7＜
	纳税人识别号：913207056381421121		9364085＜0－－＞－6＞525＜001530－＞
	地　址、电　话：江苏省连云港市新浦区陈艳街宋卫路69号 0518-34426496		7 * 787 * 3187＜4/+8490＜+402154472722
	开户行及账号：中国建设银行连云港市新浦区支行 41622124555352		+＜712/＜1+9016/1735++＞84＞040

货物或应税劳务、服务名称	规格型号	单位	数量	单价	金额	税率	税额
T231		件	2 000	200.00	400 000.00	13%	52 000.00
合　计					￥400 000.00		￥52 000.00
价税合计(大写)	⊗肆拾伍万贰仟元整				(小写)￥452 000.00		

销售方	名　　称：盐城风奥有限公司	备	
	纳税人识别号：320900552800145	注	
	地　址、电　话：江苏盐城和平路190号 0515-82235613		
	开户行及账号：中国建设银行盐城和平路支行 5671893919		

收款人：　　　　复核：　　　　开票人：吴军捷　　　　销售方：(章)

任务实施

步骤一：进入销售管理模块，点击"销售订单"，增加1张销售订单，录入订单，点击【保存】【审核】按钮（图5-138）。

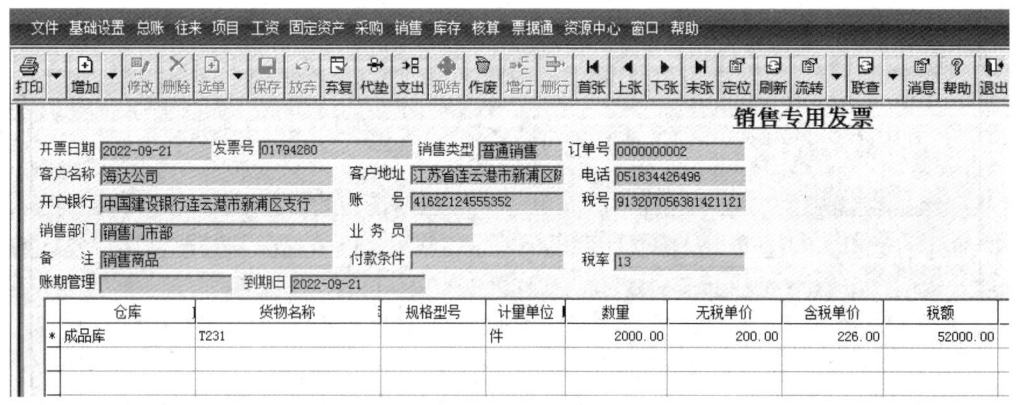

图 5-138 销售订单录入

步骤二：点击"流转—生成专用发票"，录入发票信息，点击【保存】【复核】按钮，(图 5-139)。

图 5-139 销售专用发票录入

步骤三：在销售管理模块中，执行"客户往来"/"预收冲应收"/"选择客户"按钮，点击【过滤】按钮，录入转账金额，点击【自动转账】(图 5-140)、【退出】按钮。

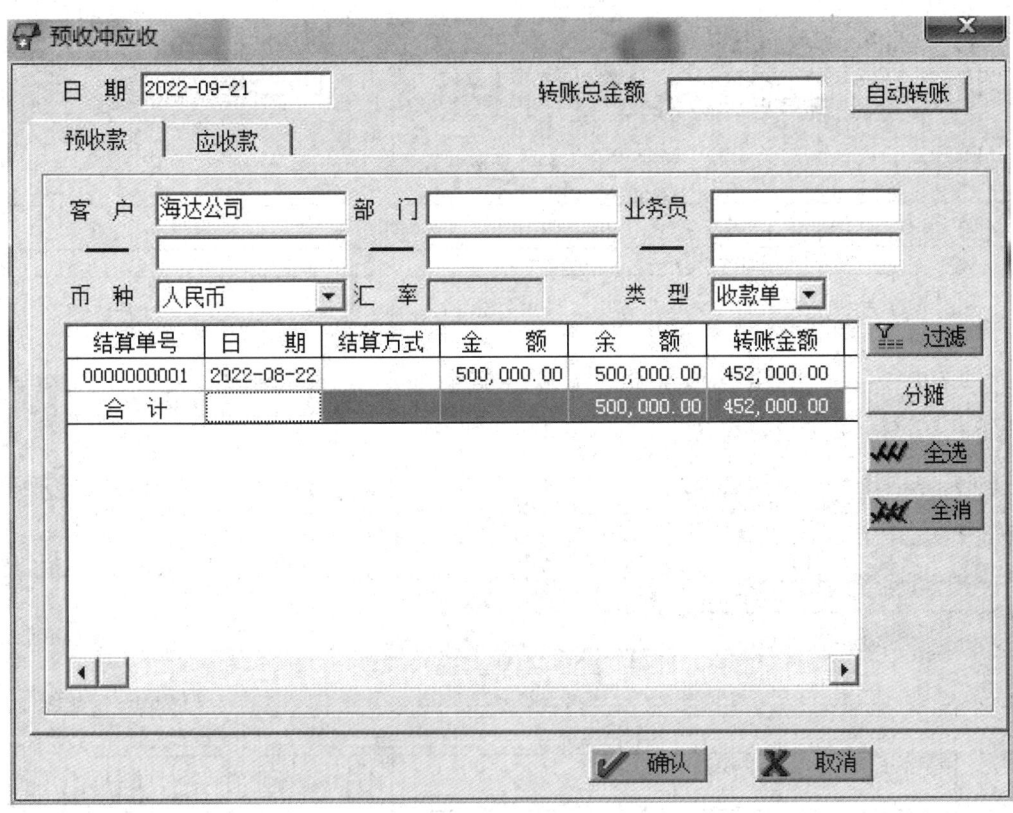

图 5-140　预收冲应收

步骤四：进入库存管理模块，点击"销售出库单"（图 5-141），点击【审核】【退出】按钮。

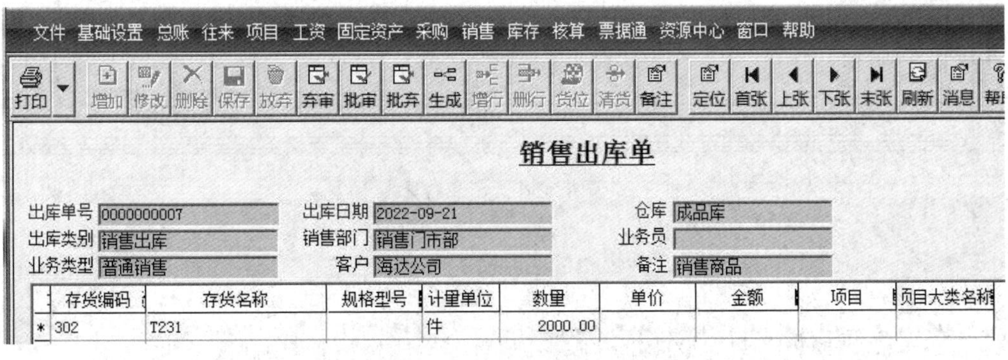

图 5-141　出库单审核

步骤五：进入核算管理模块，执行正常单据记账（图 5-142）。

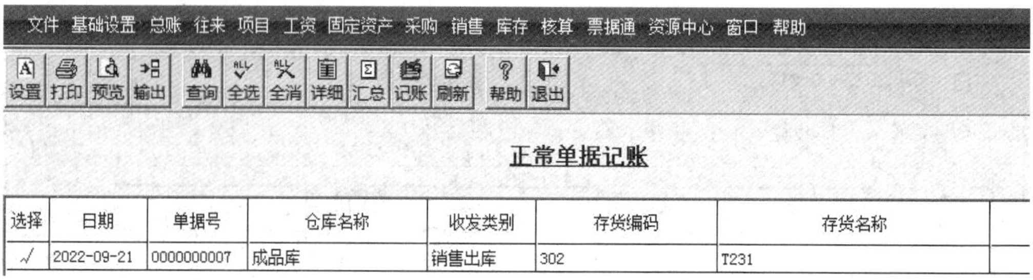

图 5-142 正常单据记账

步骤六:执行"客户制单查询"/"应收单制单"命令,选择制单后修改科目后,点击【保存】按钮(图 5-143)。

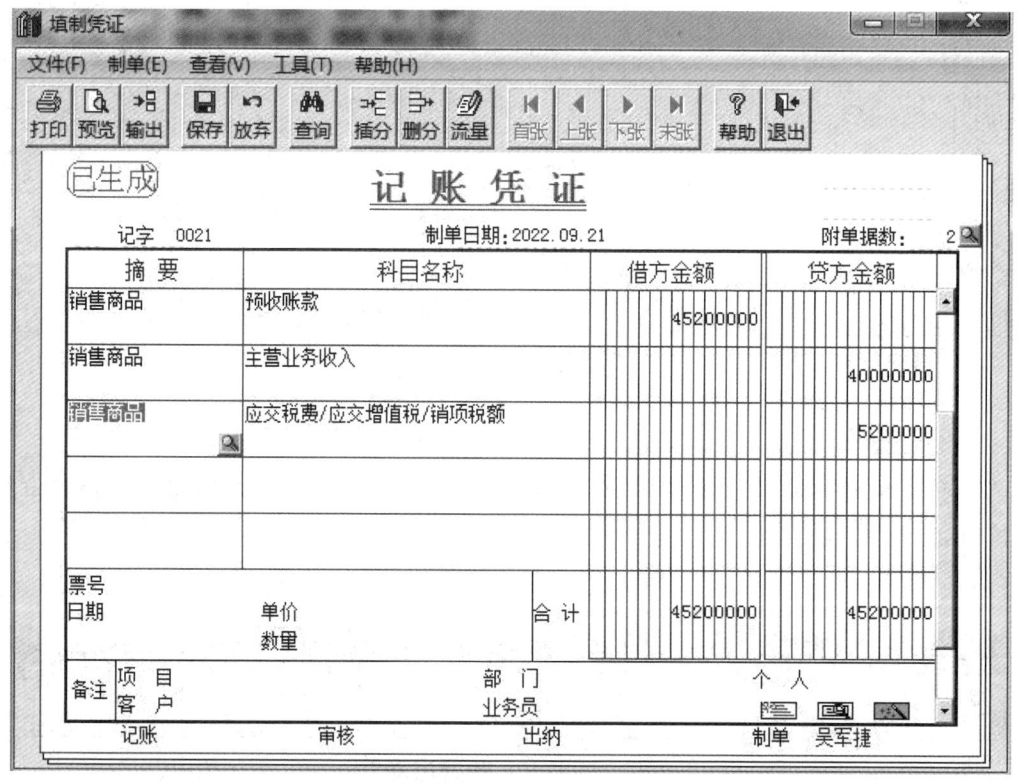

图 5-143 制单结果

> **注意**
> (1)如果销售期初没有预收账款,则直接生成凭证,不用修改科目。
> (2)如果要求分别按销售出库及应收冲预收各生成1张凭证,则通过客户往来制单,一个选择应收单制单,一个选择转账制单。

业务7:原始凭证1张,如凭证5-81所示,于2022年9月30日取得,要求:在购销存及核算子系统中完成(其中,本月投产S105产品400件、T231产品3 500件,领料采用配比出库的方式生成材料出库单)。

凭证5-81

发出材料单位成本计算表

2022-09-30

单位:元

材料名称	单位	期初		本期入库		发出材料单价
		数量	金额	数量	金额	
C112	千克					
D328	千克					
合计						

审核:　　　　　　　　　　　　　编制:

任务实施

步骤一:进入库存管理模块,执行"材料出库单"命令,单击右键(配比出库),点击【确定】按钮(图5-144),随后生成"材料出库单"(图5-145至图5-147)。

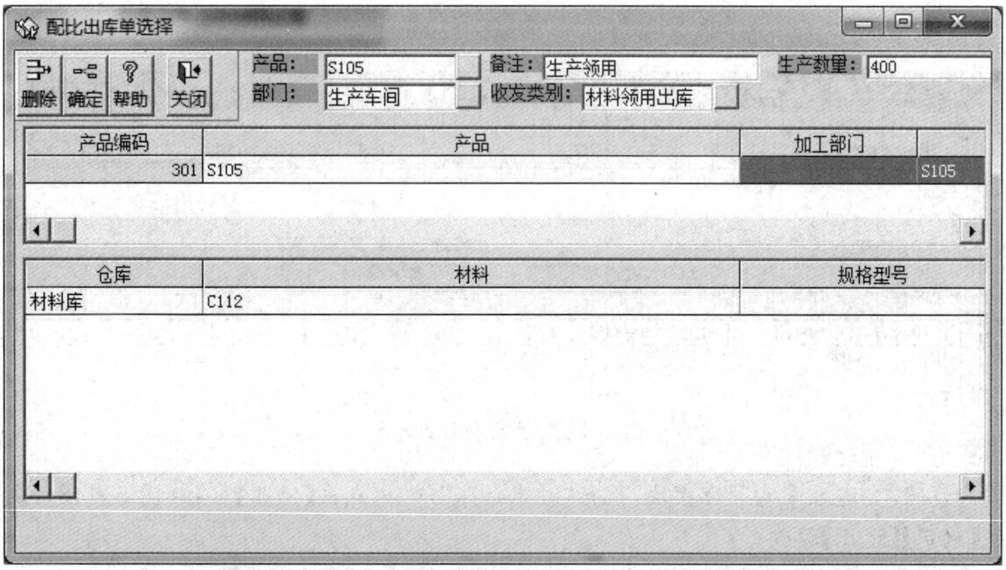

图5-144　配比出库1

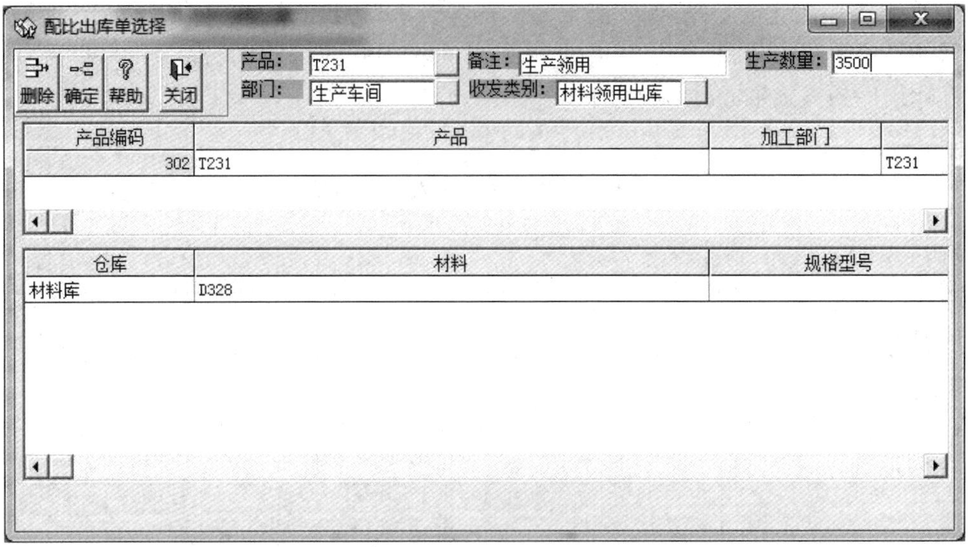

图 5-145 配比出库 2

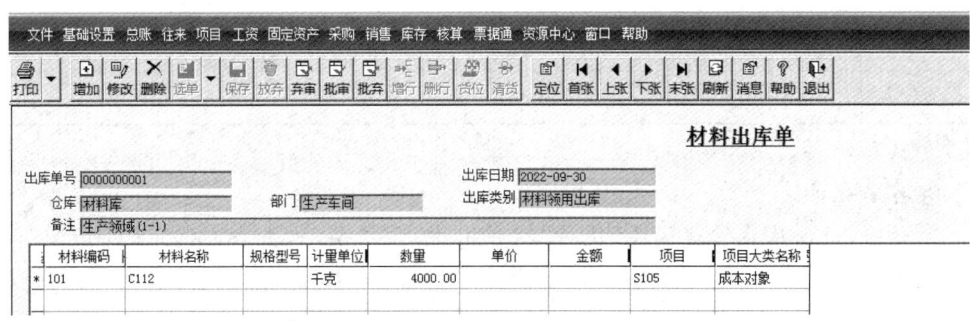

图 5-146 生成材料出库单

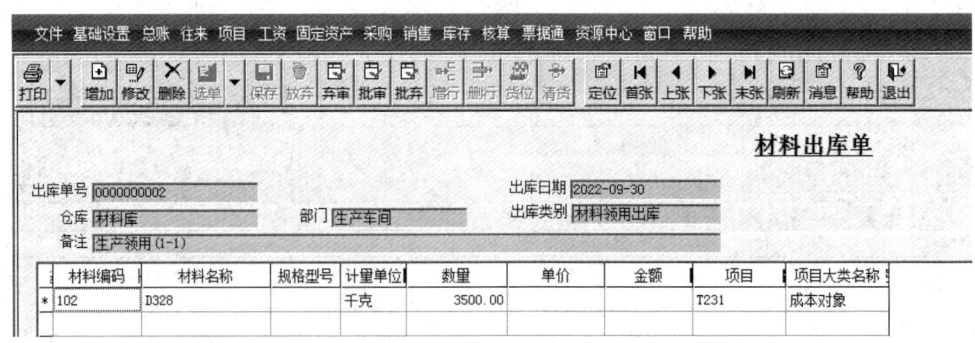

图 5-147 生成材料出库单

步骤二：进入采购管理模块，执行"月末结账"命令，点击【结账】按钮（图 5-148），点击【确定】【退出】按钮。

步骤三：进入销售管理模块，执行"月末结账"命令，点击【月末结账】按钮（图 5-149）。

图 5-148 采购结账完毕

图 5-149 销售结账完毕

步骤四:进入库存管理模块,执行"月末结账"命令,选择月份后点击【结账】按钮(图5-150)。

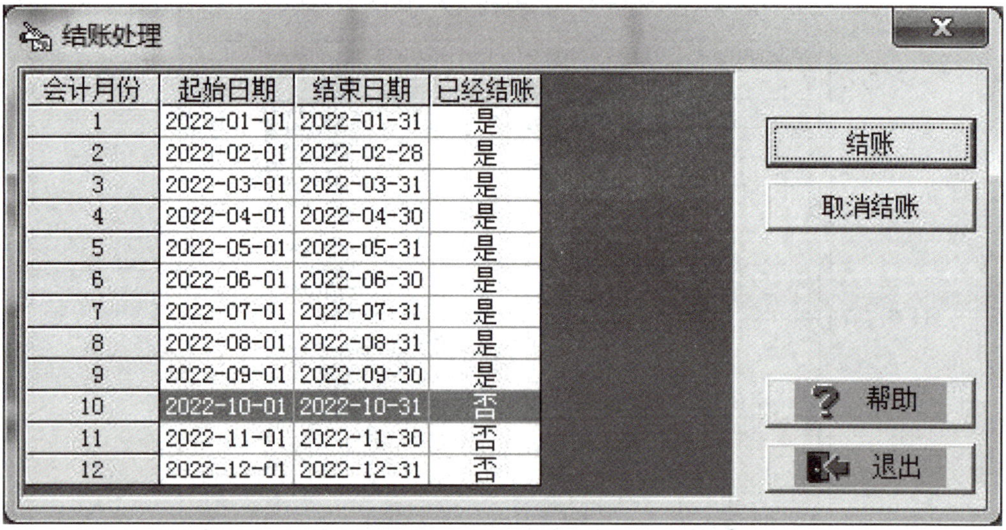

图 5-150 库存结账完毕

步骤五:进入核算管理模块,执行"正常单据记账"命令,点击"期末处理",选中材料库(图5-151),确认进行处理后,自动生成成本计算表(图5-152)。

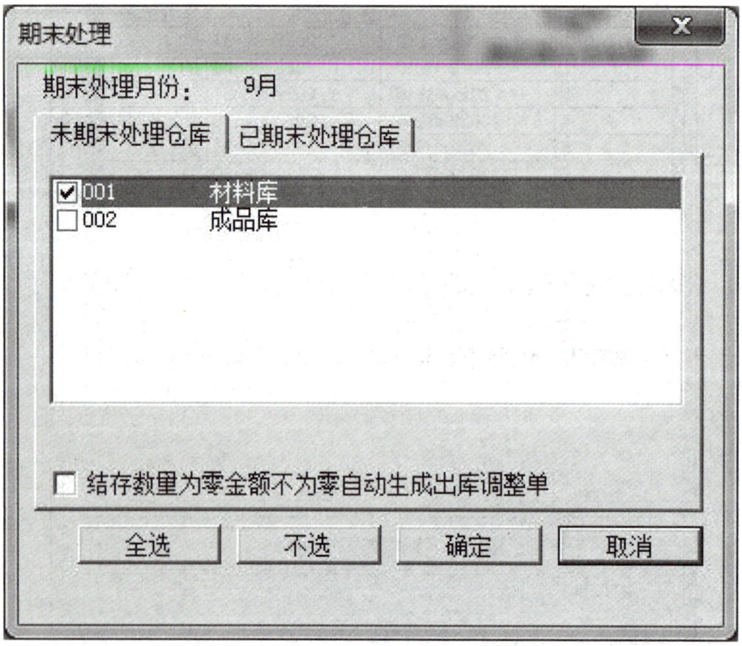

图 5-151 核算结账完毕

001仓库成本计算表

存货		期初		入库		有金额出库		无金额出库	
编码	名称	数量	金额	数量	金额	数量	成本	平均单价	原单价
101	C112	3000.00	96000.00	2000.00	60000.00	0.00	0.00	31.20	31.20
102	D328	1000.00	9000.00	3000.00	30000.00	0.00	0.00	9.75	9.75

图 5-152 自动生成成本计算表

步骤六：进入核算管理模块，执行"购销单据制单"命令，选择其他出库单和材料出库单，点击【确认】按钮，录入相应科目（图5-153）后点击【合成】按钮（图5-154）。

选择	单据类型	单据号	摘要	科目类型	科目编码	科目名称	借方金额	贷方金额	借方数量	贷方数量	存货编码	存货名称	部门编码	部门名称
1	材料出库单	0000000001	生产领域(	存货	140301	C112		124800.00		4000.00	101	C112	5	生产车间
				对方	500101	直接材料	124800.00		4000.00		101	C112	5	生产车间
		0000000002	生产领用(	存货	140302	D328		34125.00		3500.00	102	D328	5	生产车间
				对方	500101	直接材料	34125.00		3500.00		102	D328	5	生产车间

图 5-153 制单模板

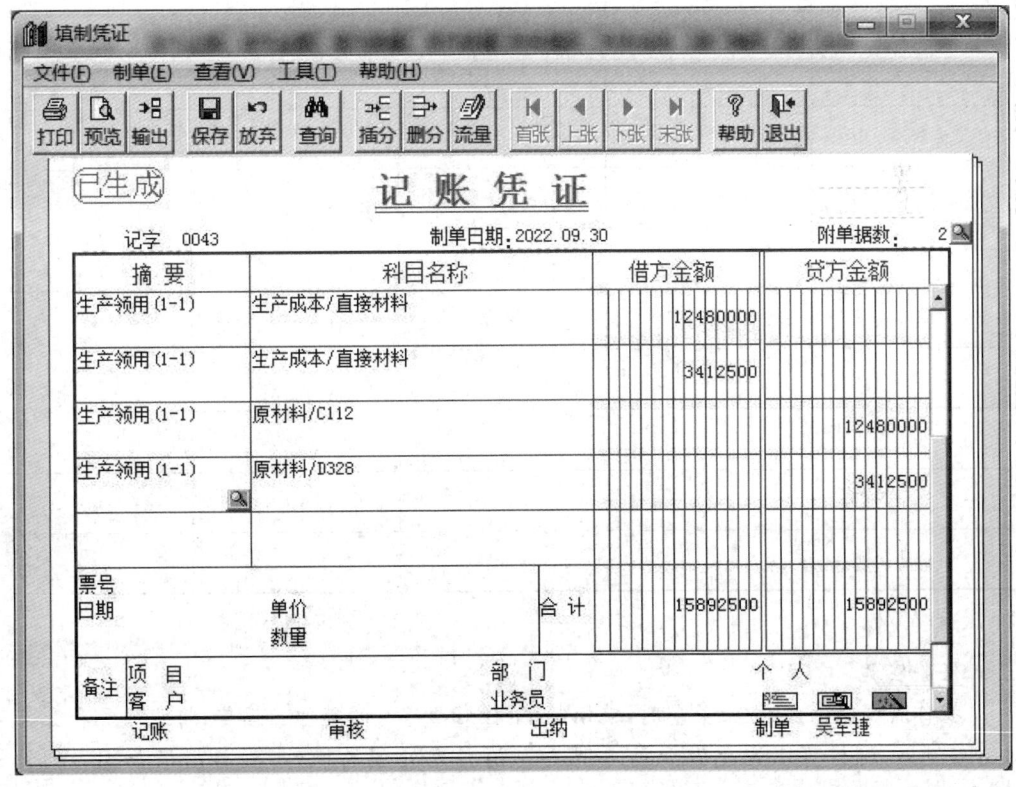

图 5-154 制单结果

◎ 做一做

逆操作：

(1) 删除凭证："核算"/"凭证"/"购销单据凭证列表"。

(2) 恢复月末处理："核算管理"/"月末处理"/"已处理仓库"，选择后点击【确定】按钮。

(3) 取消"库存管理""销售管理""采购管理"的月末结账。

(4) 删除"材料出库单""其他出库单"：先取消审核，再删除。

业务 8：原始凭证 1 张，如凭证 5-82 所示，于 2022 年 9 月 30 日取得，要求：在购销存及核算子系统中完成（填制其他出库单）。

凭证 5-82

低值易耗品发料汇总表

2022-09-30

单位：元

领用部门	手套		领用人	合计
	数量	金额		
生产车间	30	30.00	张雯	30.00
合计		30.00		30.00

审核：程双林　　　　　　　　　　　　　　　　　　　编制：吴军捷

任务实施

操作流程同上，在做业务 7 时，就填制、审核好业务 8 的其他出库单，将业务 7 和业务 8 一起制单，这样可以避免做业务 8 时再取消月末处理的操作，制单结果如图 5-155 所示。

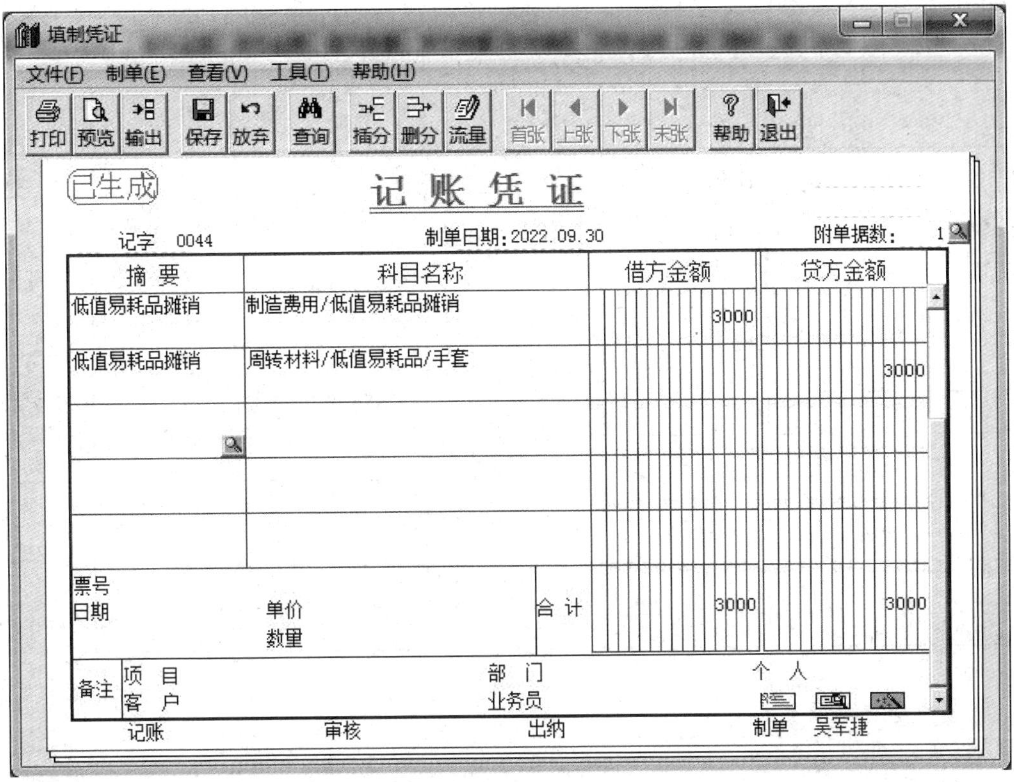

图 5-155　制单结果

业务 9：原始凭证共 2 张，如凭证 5-83、凭证 5-84 所示，于 2022 年 9 月 30 日取得，要求：在购销存及核算子系统中完成。

凭证 5-83

产品产量明细表

2022-09-30

生产部门	产品	月初在产品数量	本月投产产品数量	本月完工产品数量	本月产品入库数量	月末在产品数量	投料率	期末在产品完工率
生产车间	S105		400			400.00	100%	90%
生产车间	T231	100	3 500	3 000	3 000	600.00	100%	80%

审核：程双林　　　　　　　　　　　编制：吴军捷

凭证 5-84

产品成本计算表

2022-09-30

单位：元

生产车间	产品	项目	月初在产品成本	本月生产费用	生产成本合计	产量			单位成本	完工产品成本	月末在产品成本
						完工产品产量	在产品约当产量	产量合计			
生产车间	S105	直接材料									
		直接人工									
		制造费用									
		小计									
生产车间	T231	直接材料									
		直接人工									
		制造费用									
		小计									
合计											

审核：　　　　　　　　　　编制：

任务实施

> 注意
> 先取消库存管理的月末结账。

步骤一：进入项目管理模块，执行"项目总账"命令后点击【确定】按钮，显示项目总账界面（图 5-156），点击【输出】按钮，保存类型为（xls）（图 5-157），点击【确定】按钮，利用 Excel 表来计算成本，并填写"成本计算单"。

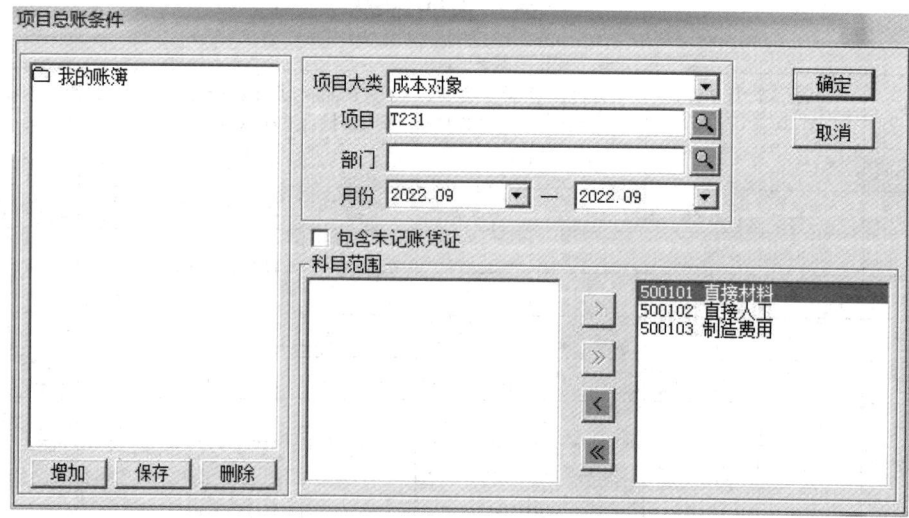

图 5-156　项目总账界面

图 5-157 导出过程图

步骤二:进入库存管理模块,执行"产品入库单"命令,点击【增加】按钮,录入入库产品信息(图 5-158)后点击【审核】按钮。

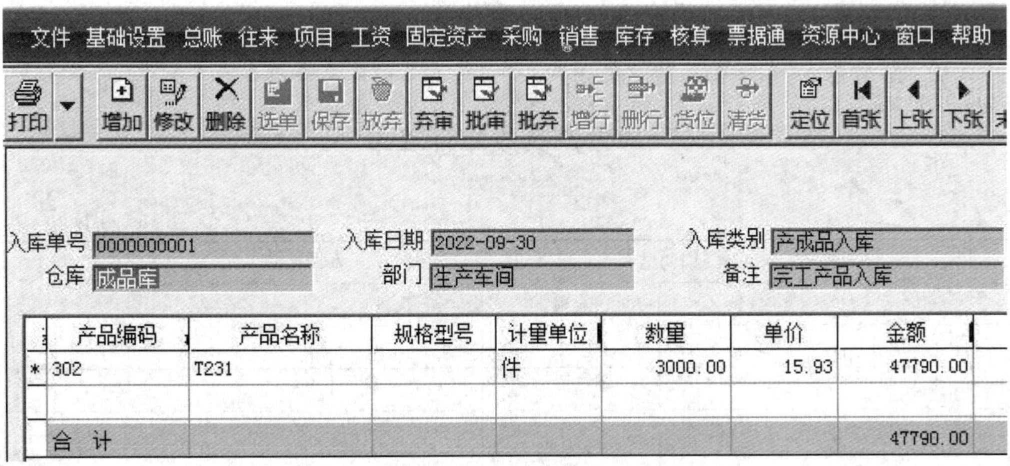

图 5-158 入库单审核

步骤三:进入核算管理模块,执行"购销单据制单"命令,选择"产品入库单",点击【确定】【制单】按钮(图 5-159)。

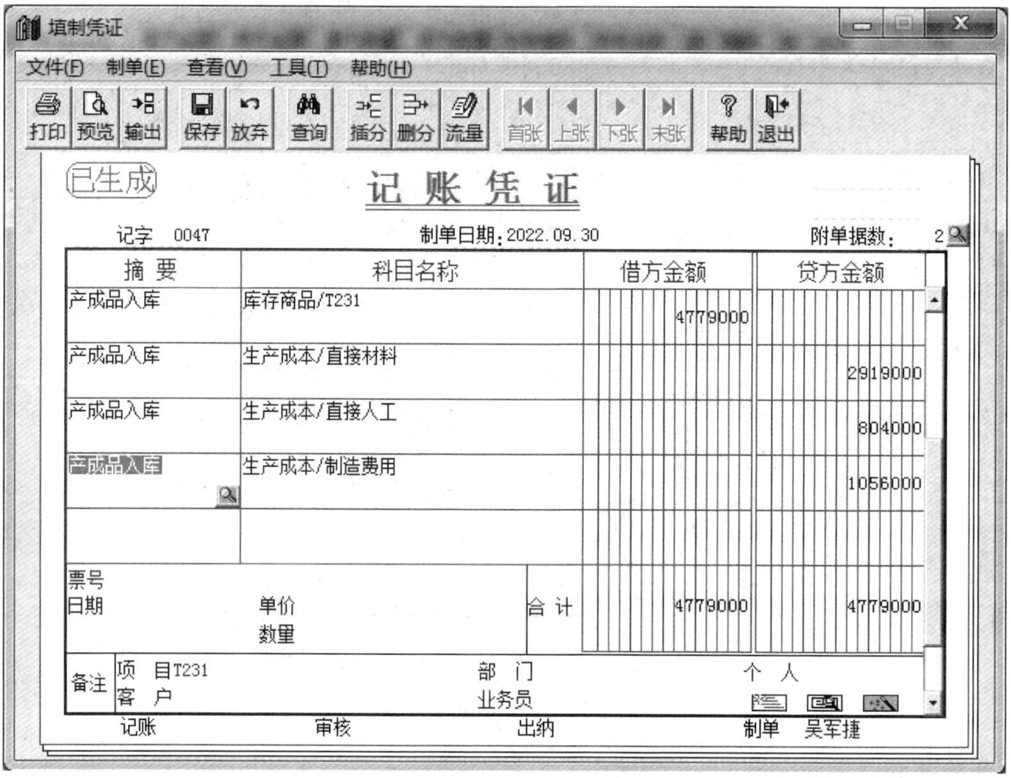

常见财务软件应用(用友畅捷通 T3)

图 5-159 制单结果

业务 10:2022 年 9 月 30 日取得原始凭证共 2 张,如凭证 5-85、凭证 5-86 所示,要求:在购销存及核算子系统中完成。

凭证 5-85

单位产品成本计算单

2022-09-30

单位:元

产品名称	期初结存		本期入库		单位成本
	数量	金额	数量	金额	
S105					
T231					
合计					

审核: 编制:

凭证 5-86

销售产品成本结转表

2022-09-30

单位:元

领用部门	用途	S105		T231		合计
		数量	金额	数量	金额	
销售门市	销售领用					
合计						

审核：　　　　　　　　　　编制：

任务实施

步骤一：进入库存管理模块，执行"月末结账"命令，点击【结账】按钮。

步骤二：进入核算管理模块，执行"期末处理"命令，选择后点击【确定】按钮（图5-160），自动生成仓库成本计算表（图5-161）。

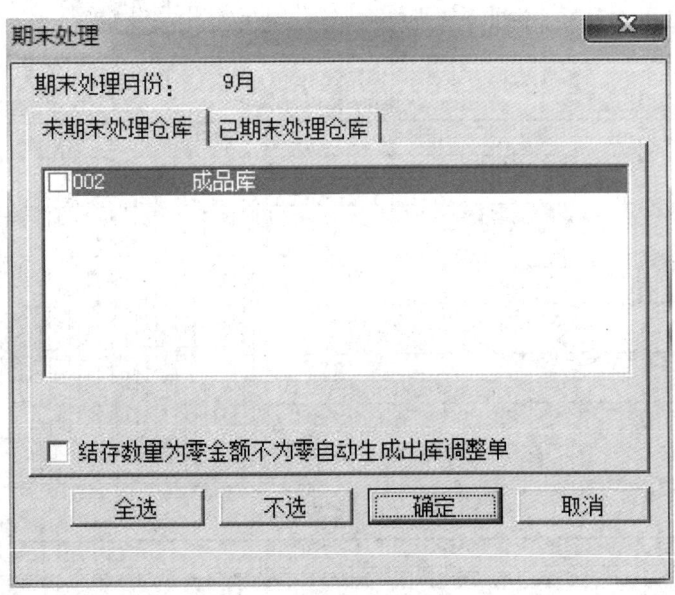

图 5-160　期末处理成品库

存货		期初		入库		有金额出库		无金额出库	
编码	名称	数量	金额	数量	金额	数量	成本	平均单价	原单价
301	S105	500.00	175410.00	0.00	0.00	0.00	0.00	350.82	350.82
302	T231	1000.00	14220.00	3000.00	47790.00	0.00	0.00	15.50	15.50

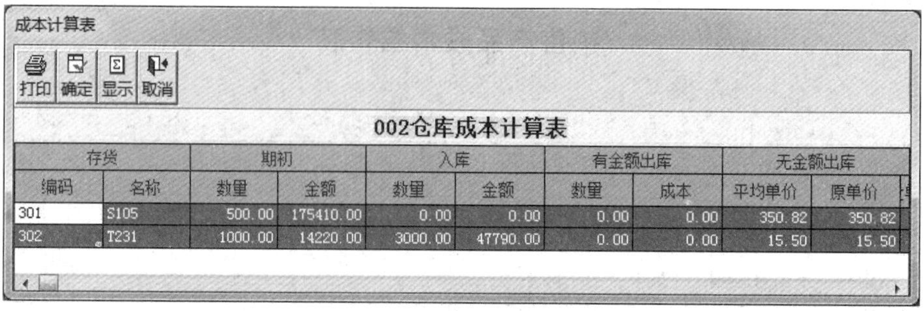

图 5-161 自动生成成本计算表

步骤三:执行“购销单据制单”命令,选择“销售出库单”,点击【确定】按钮,录入相关科目(图 5-162)后点击【合成】命令(图 5-163)。

选择	单据类型	单据号	摘要	科目类型	科目编码	科目名称	借方金额	贷方金额	借方数量	贷方数量	存货编码	存货名称
1	销售出库单	0000000001	销售商品	存货	140501	S105		21049.20		60.00	301	S105
				对方	6401	主营业务成	21049.20		60.00		301	S105
		0000000002		存货	140502	T231		31000.00		2000.00	302	T231
				对方	6401	主营业务成	31000.00		2000.00		302	T231

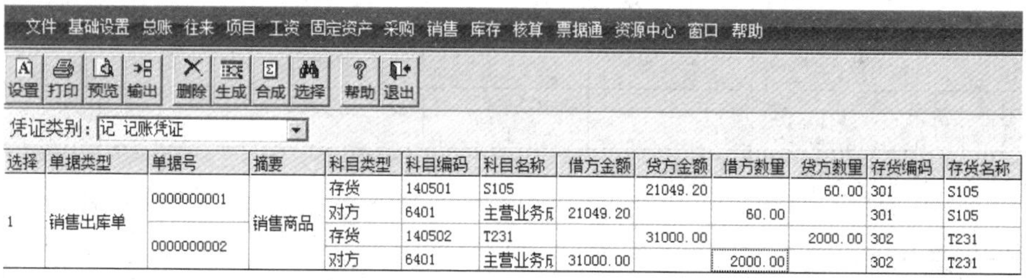

图 5-162 制单模板

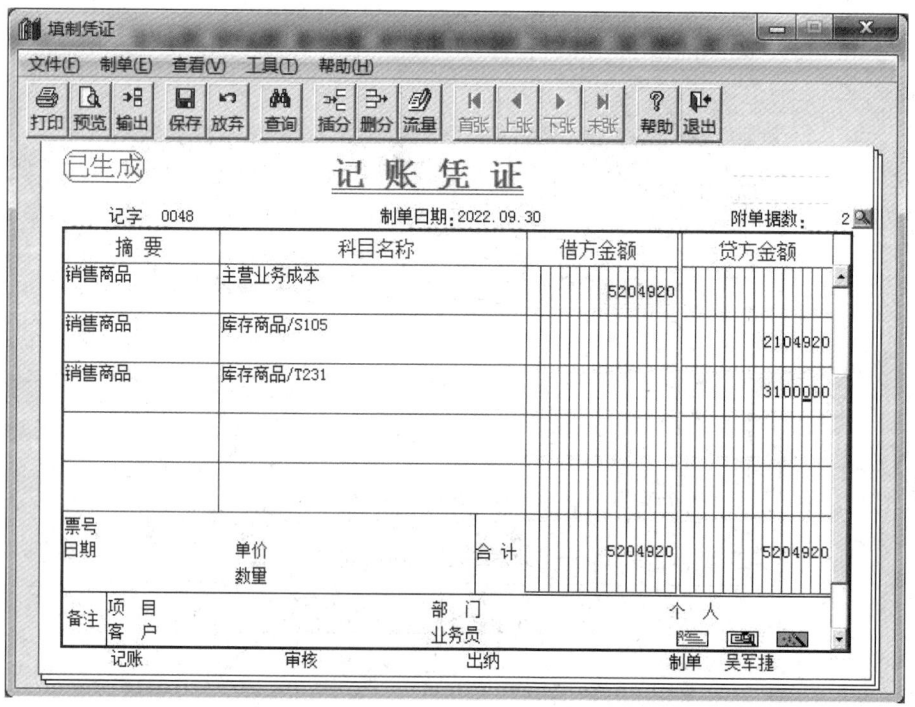

图 5-163 制单结果

 能力训练

◎ 案例描述

许多软件中的单据都是按照最初的模板要求设计的,随着经济的高速发展,该公司业务部门需要根据自己的需要进行个性化设计,这次,为了统计精确,该公司准备采购一批存货,该存货为可乐,一箱有24听可乐,那如何在入库单中设置显现出一箱24听可乐的信息呢?

◎ 做一做

步骤一:执行"基础设置"/"单据设计"/"采购入库单设计"命令(图5-164),点击【增加】按钮,选择表体项目后,点击【确定】【保存】按钮。

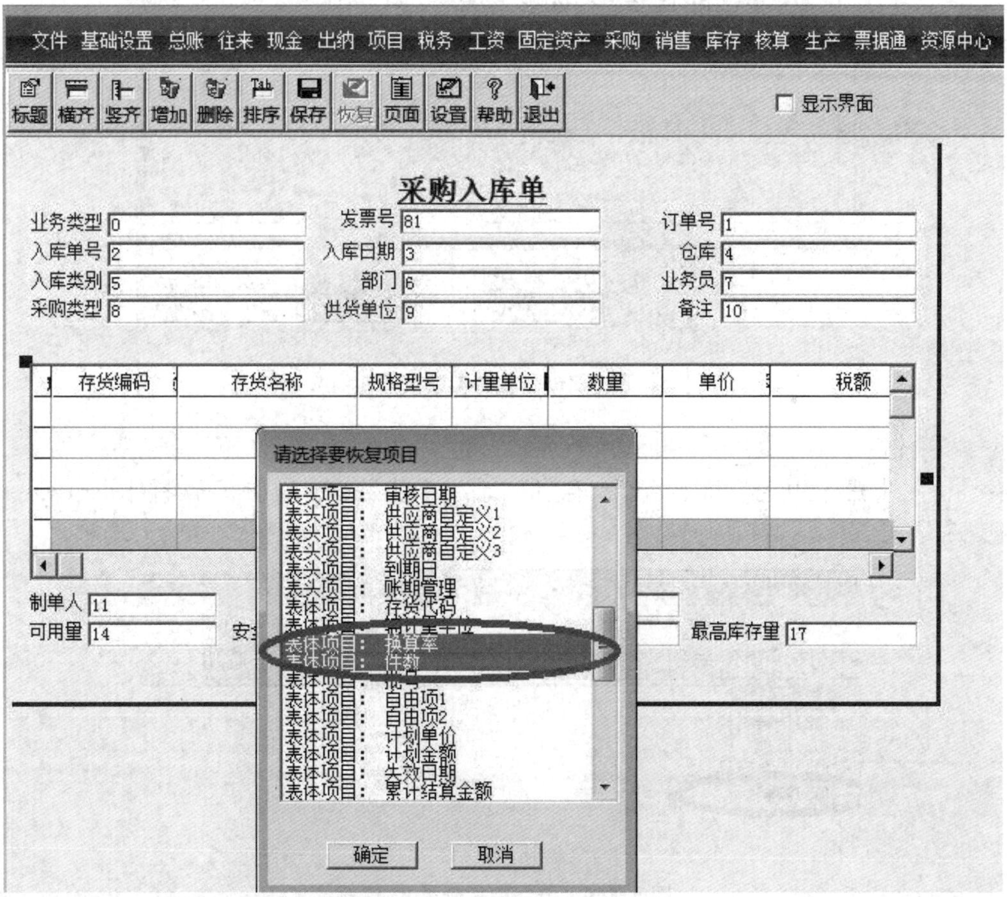

图 5-164 采购入库单表头设计

步骤二:执行"采购"/"采购业务参数范围"命令,选择"公共参数",勾选"存货使用辅助计量单位"复选框(图5-165)。

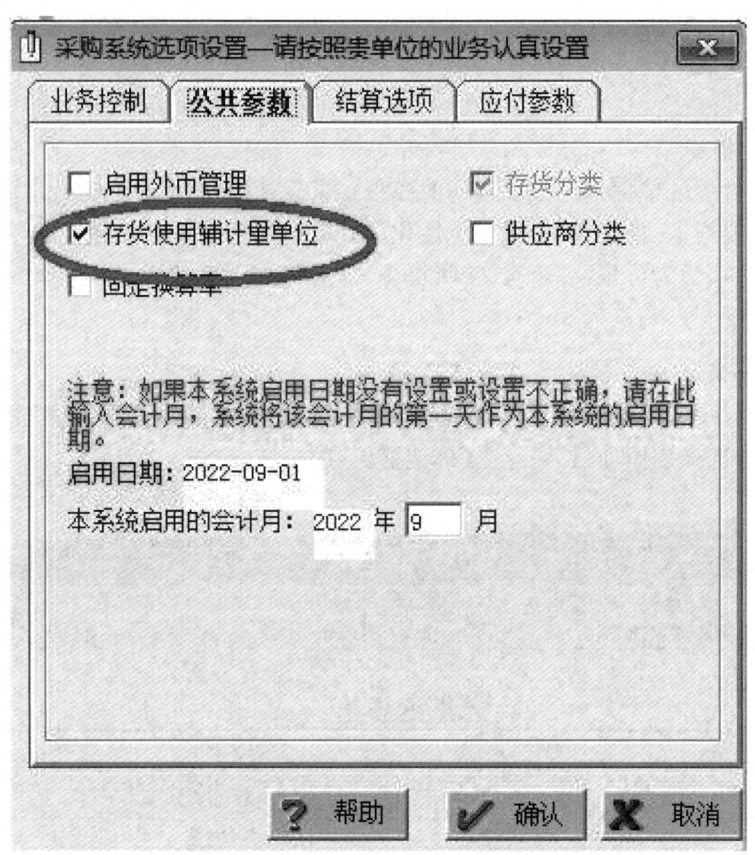

图 5-165　公共参数页签

步骤三:执行"基础设置"/"存货"/"存货分类"命令,增加 05 饮料(图5-166)。

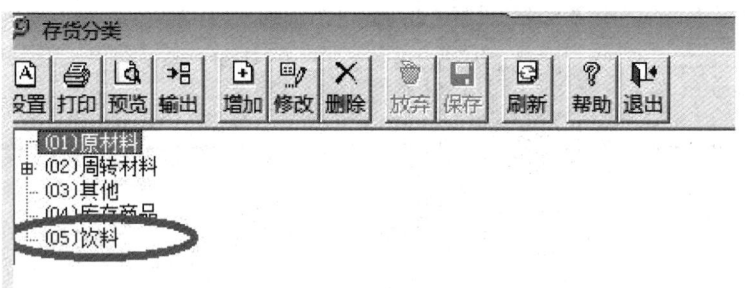

图 5-166　增加存货分类 05 饮料

步骤四:执行"基础设置"/"存货"/"存货档案"命令,增加可乐(图 5-167)。

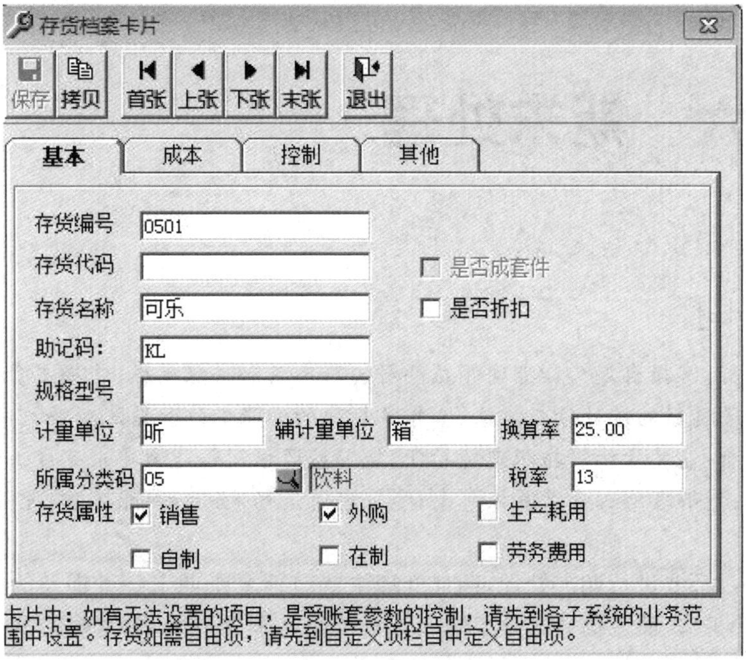

图 5-167　存货档案卡片

步骤五：执行"采购管理"/"采购入库单"命令，录入信息(图 5-168)。

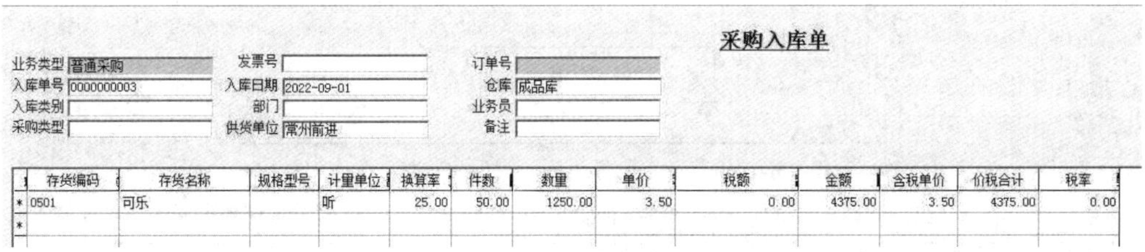

图 5-168　设置完成图

项目六　期末处理

学习目标

　　知识目标：掌握自定义和期间损益两种转账定义和转账生成；掌握工资的期末处理以及有关账表资料的统计分析方法；掌握各模块的结账工作和结账顺序。

　　能力目标：能灵活使用转账定义功能；能够按照该岗位能力要求完成工资分摊设置和制单工作；能够理解工资结算汇总表；能够完整流畅地进行结账工作，理解结账顺序。

　　企业每月都要进行期末处理，期末处理主要包括总账期末各种损益的结转和工资的分摊、制单工作，而工资分摊是工资核算系统中月末处理的重要内容，通过工资分摊生成工资分摊的会计凭证，并将凭证传递到总账系统，为企业进行工资成本核算提供数据资料，最后就是对企业所启用模块的结账工作，以便进入下月的业务核算，具体流程如下所示。

　　（1）总账期末处理的操作流程（图6-1）。

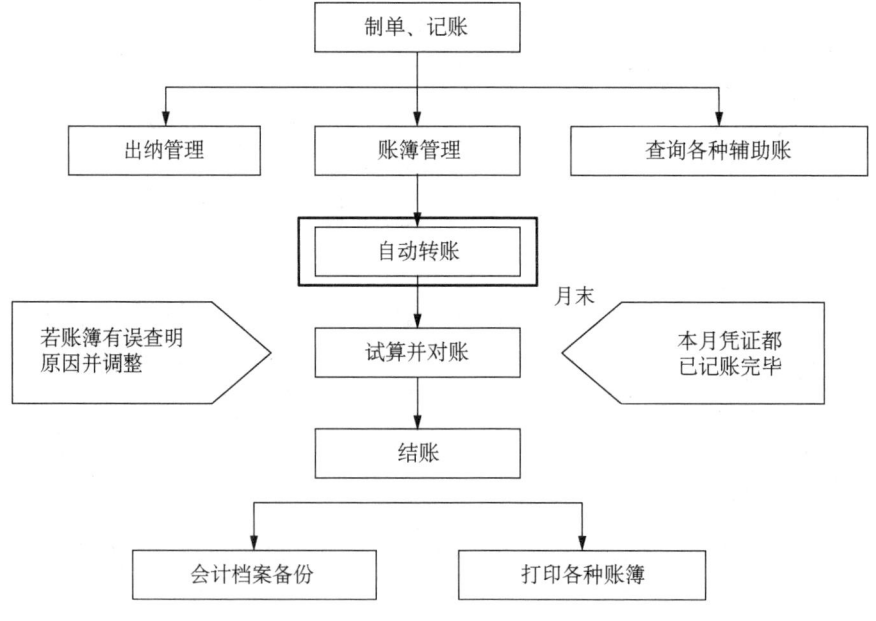

图6-1　总账期末处理操作流程图

（2）工资期末处理的操作流程（图6-2）。

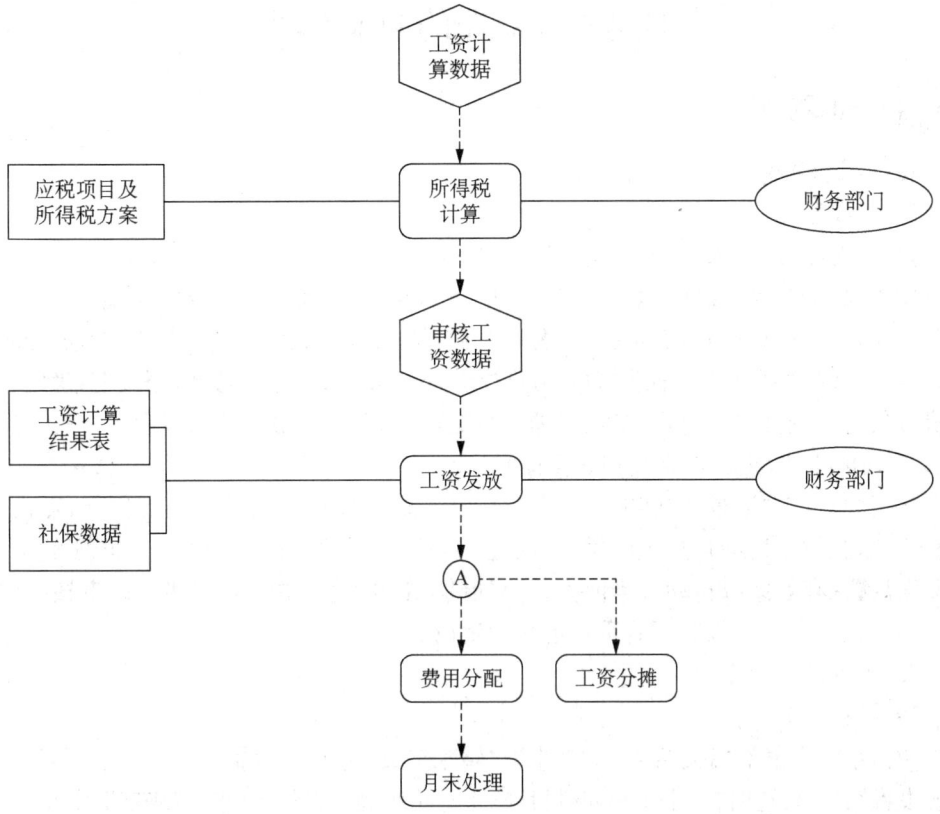

图6-2　工资期末处理操作流程图

（3）结账操作流程（图6-3）。

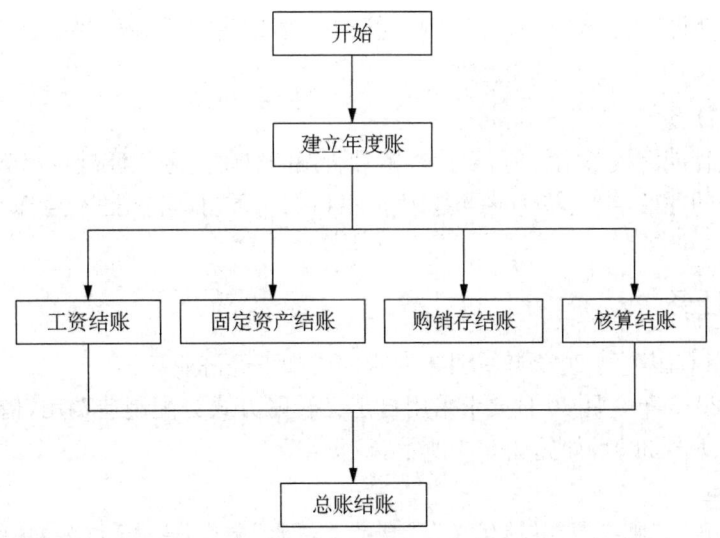

图6-3　结账操作流程图

任务一　总账的期末处理

知识认知

1. 自定义转账

1）转账定义

执行"总账"/"期末"/"转账定义"/"自定义转账"命令进入此功能,屏幕显示"自动转账设置"界面。点击【增加】按钮,打开"转账目录"设置对话框。输入转账序号,录入转账说明,选择凭证类别,点击【确定】按钮,继续定义转账凭证分录信息。确定分录的借方信息,选择科目编码、辅助信息、方向"借"和金额公式。点击【增行】按钮,确定分录的贷方信息。选择输入科目编码、辅助信息、方向"贷"和金额公式后保存。

2）转账生成（生成自定义转账凭证）

执行"总账"/"期末"/"转账生成"命令,在右边窗口显示"转账生成"界面,点击【全选】,确定之后,系统会自动生成凭证,通过"上页""下页"按钮查看生成的转账凭证,确认无误后【保存】,系统自动将当前凭证追加到未记账凭证中。对这些凭证审核、记账,若有错可以作废删除该凭证后重新定义和生成。

2. 期间损益结转

1）转账定义

单击系统主菜单"总账系统"/"期末"/"转账定义"进入此功能。屏幕显示"期间损益结转设置"界面。这时在"本年利润科目"输入本年利润科目编码,点击【确定】,定义完成。

2）转账生成

单击系统主菜单"总账系统"/"期末"/"转账生成",右边窗口显示【转账生成】界面,分别选择收入类和支出类科目,生成结转收入和结转支出到本年利润的凭证,单击【保存】按钮,系统自动将当前凭证追加到未记账凭证中。对这些凭证审核、签字、记账。

> 注意
>
> 在进行期间损益结转时,要检查本月所做的日常业务凭证是否都已记账,如有未记账的凭证,在结转时,在转账生成窗口的左下角,勾选上"包含未记账"。

工作任务

盐城凤奥有限公司 2022 年 9 月末要求完成如下经济业务:

业务1:2022 年 9 月 30 日要求采用自定义转账方式分配制造费用,借方公式按期末余额设置,编号3601,如凭证6-1所示。

任务实施

执行"总账"/"期末"/"转账定义"/"自定义转账"命令,点击【增加】按钮,输入转账序号(3601)、转账说明(分配制造费用)、凭证类别(记账凭证),点击【确定】按钮,在自动

转账设置界面设置分录借、贷方信息(图6-4)。

凭证6-1

制造费用分配表

2022-09-30

单位:元

车间	产品	分配标准(工时)	分配率	分配金额
生产车间	S105			
生产车间	T231			
合计				

审核:　　　　　　　　　　　编制:

图6-4　转账设置

设置完毕后点击【保存】【退出】按钮,在转账生成窗口点击【全选】按钮或双击转账设置,点击【确定】按钮,系统会自动生成相关凭证(图6-5、图6-6、图6-7)。

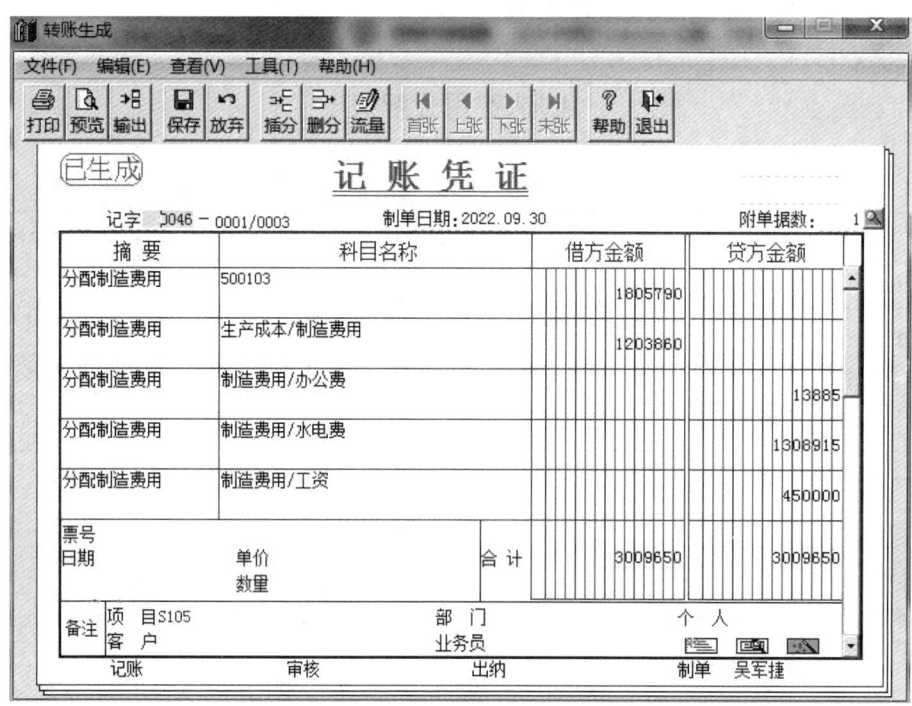

图 6-5 制单结果 1/3

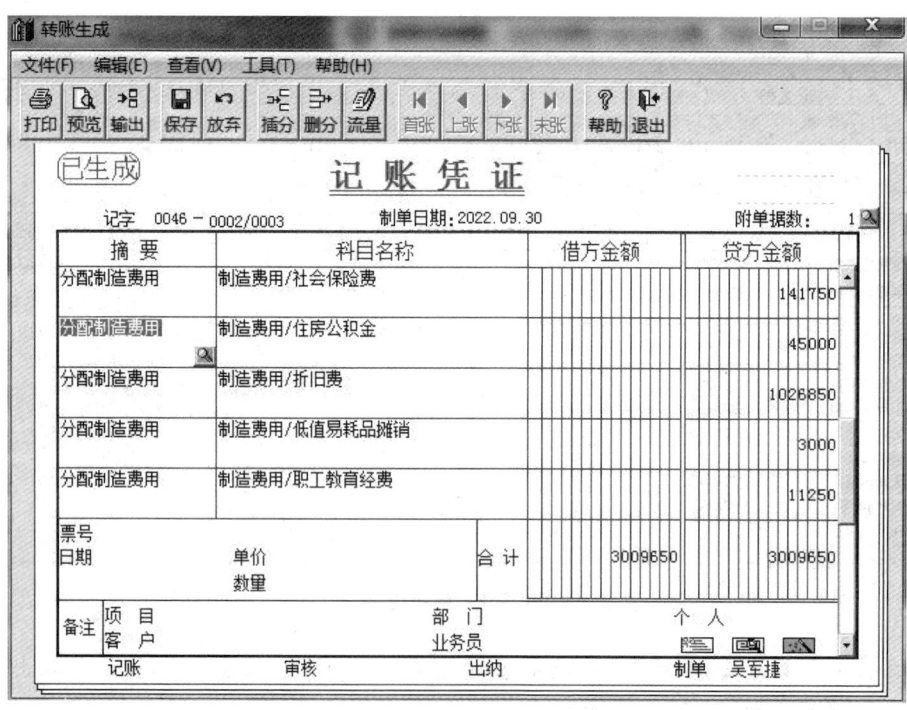

图 6-6 制单结果 2/3

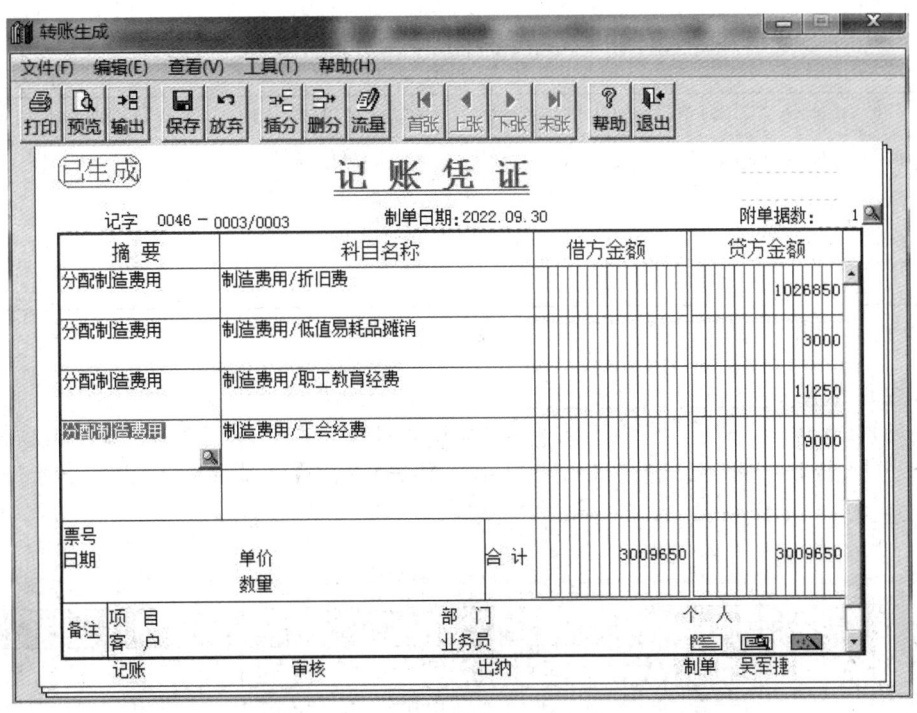

图 6-7　制单结果 3/3

业务 2：2022 年 9 月 30 日要求采用自定义方式计提增值税、城市维护建设税和教育费附加，取得 2 张原始凭证，如凭证 6-2、凭证 6-3 所示。

凭证 6-2

应交增值税计算表

2022-09-30

单位:元

项目	金额
销项税额	
进项税额	
进项税额转出	
上期留抵税额	
应纳税额	
期末留抵税额	
简易征收办法计算的应纳税额	
应纳税额减征额	
应纳税额合计	

审核：　　　　　　　　　　　编制：

凭证6-3

城市维护建设税、教育费附加、地方教育附加计算表

2022年09月30日　　　　　　　　　　　　　　　　　　　　　单位:元

税(费)种	增值税	税率(征收率)	本期应纳税费	本期已缴税费	本期应补(退)税费
城市维护建设税(市区)					
教育费附加					
地方教育附加					
合计					

审核：　　　　　　　　　　　　　　　编制：

任务实施

执行"总账"/"期末"/"转账定义"/"自定义转账"命令，点击【增加】按钮后输入转账序号、转账说明、凭证类别(记账凭证)，单击【确定】按钮后录入设置分录借、贷方信息(图6-8、图6-9)。

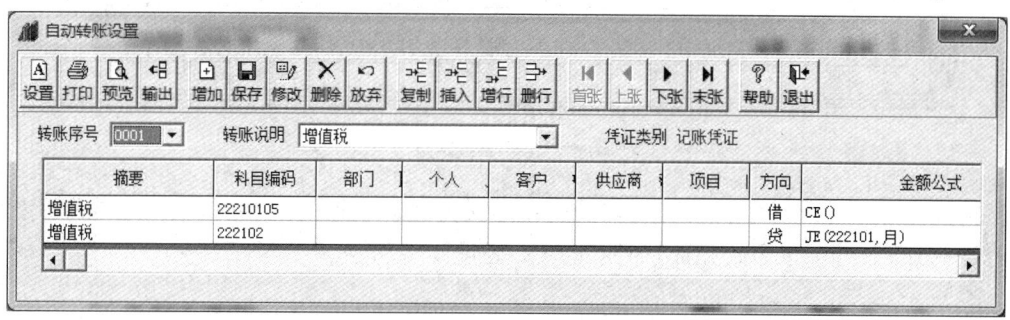

图6-8　转账设置1

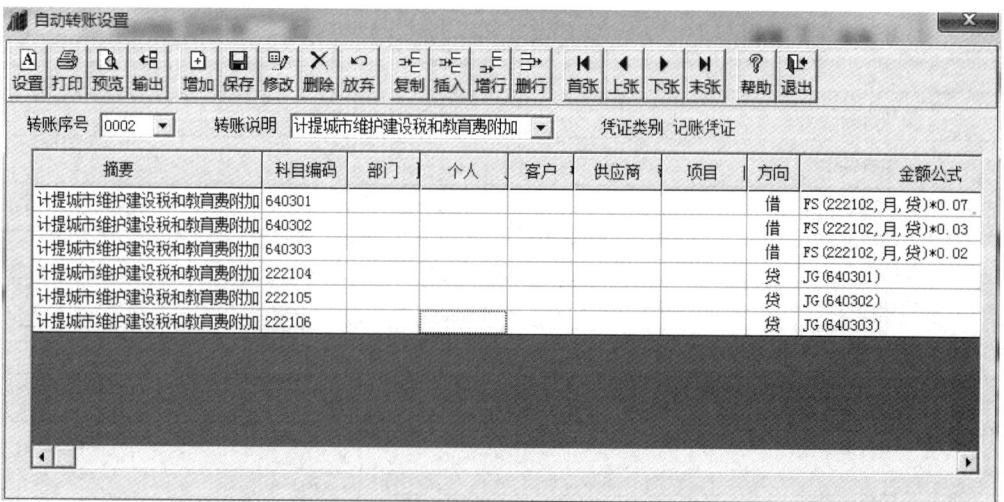

图6-9　转账设置2

设置完毕后点击【保存】【退出】按钮,在"转账生成"窗口双击该转账设置,点击【确定】按钮,系统会自动生成相关凭证(图6-10、图6-11、图6-12)。

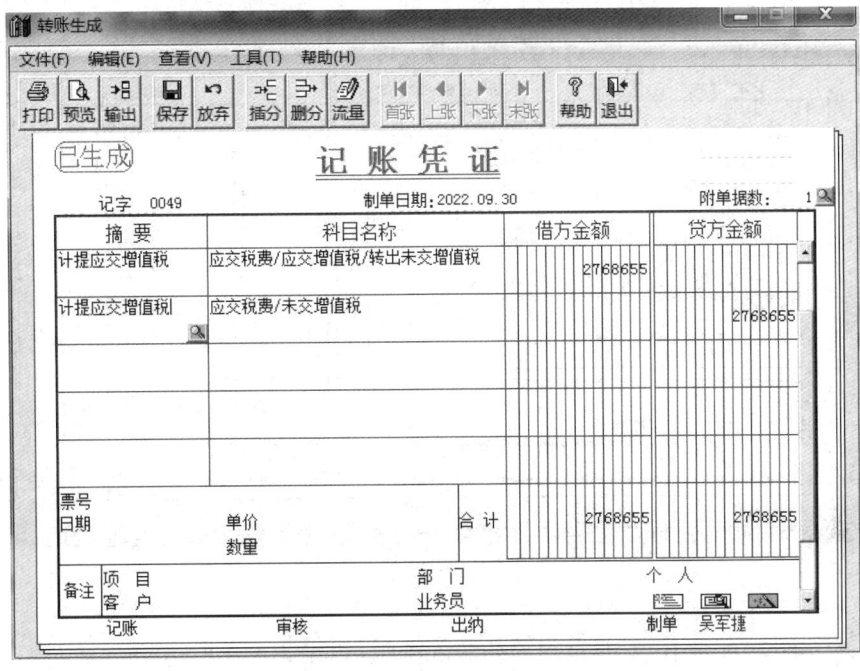

图6-10　制单结果1/2

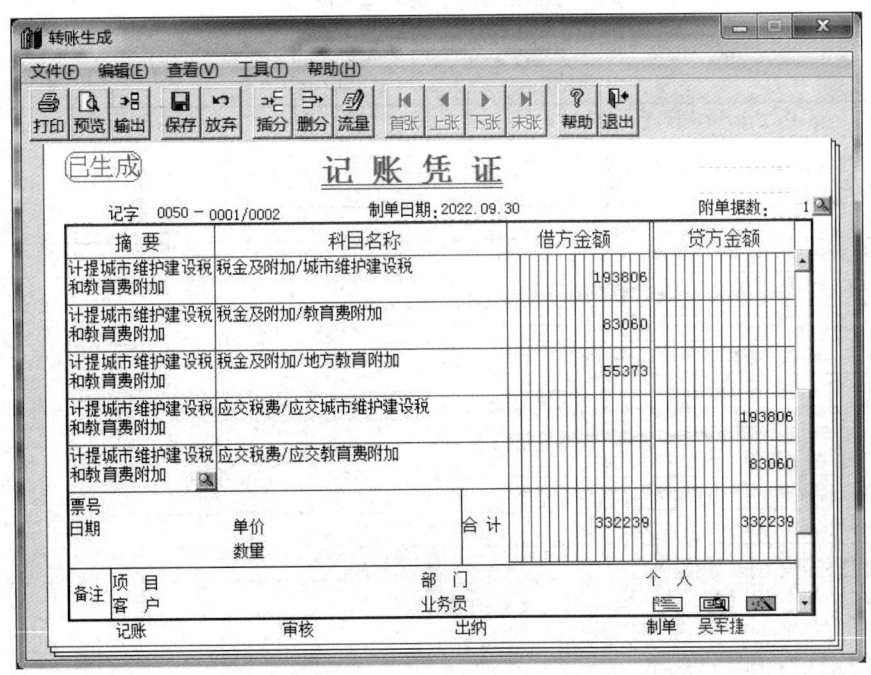

图6-11　制单结果2/2

常见财务软件应用(用友畅捷通 T3)

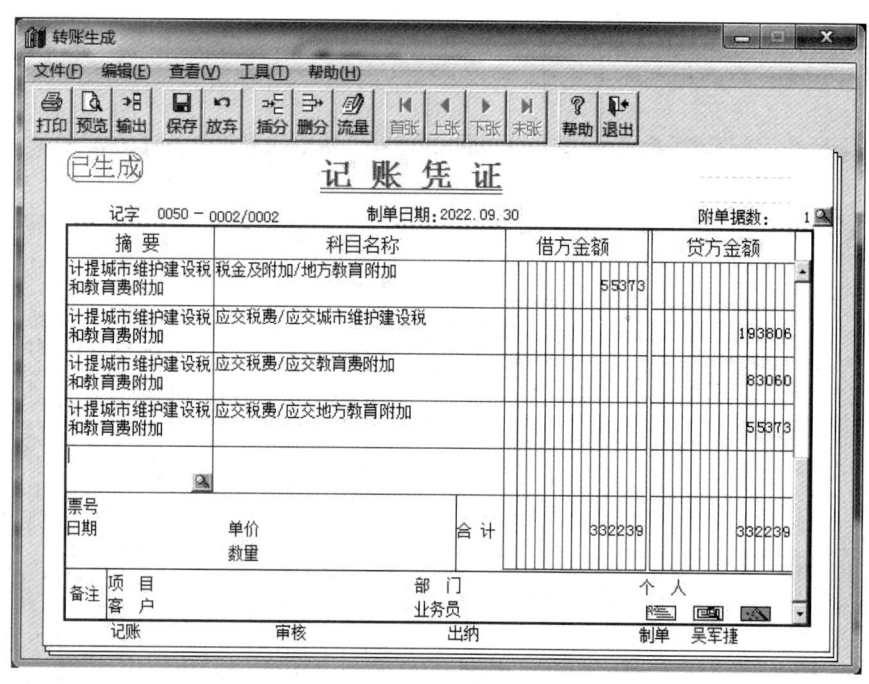

图 6-12　制单结果

业务 3:2022 年 9 月 30 日取得原始凭证 1 张,如凭证 6-4 所示。

凭证 6-4

应交所得税计算表

2022-09-30

单位:元

项目	金额
营业收入	
营业成本	
利润总额	
加:特定业务计算的应纳税所得额	
减:不征税收入和税基减免应纳税所得额	
固定资产加速折旧(扣除)调减额	
弥补以前年度亏损	
实际利润额	
税率	
应纳所得税额	
减:减免所得税额	
实际已预缴所得税额	
特定业务预缴(征)所得税额	
应补(退)所得税额	
减:以前年度多缴在本期抵缴所得税额	
本月(季)实际应补(退)所得税额	

审核:　　　　　　　　　　　　　编制:

任务实施

执行"总账"/"填制凭证",点击【增加】按钮,录入凭证(图6-13)。

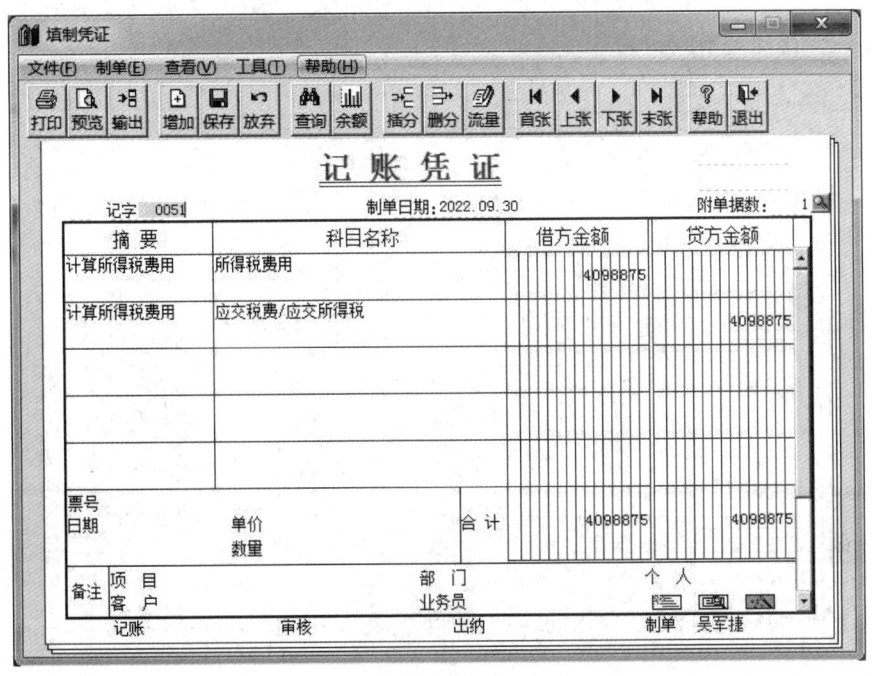

图6-13 制单结果

业务4:2022年9月30日设置并生成期间损益结转凭证(结转表见凭证6-5),按收入类、费用类各生成1张记账凭证。

凭证6-5

损益类账户发生额结转表

2022-09-30

单位:元

总账科目名称	本期借方发生额	本期贷方发生额
合计		

审核: 编制:

任务实施

在进行期末损益结转前,要把系统中所有凭证审核记账,接着执行"总账"/"期末"/"转账定义"/"期间损益结转"命令,在期间损益结转设置界面,选取凭证类别及本年利润科目,点击【确定】按钮(图6-14)。

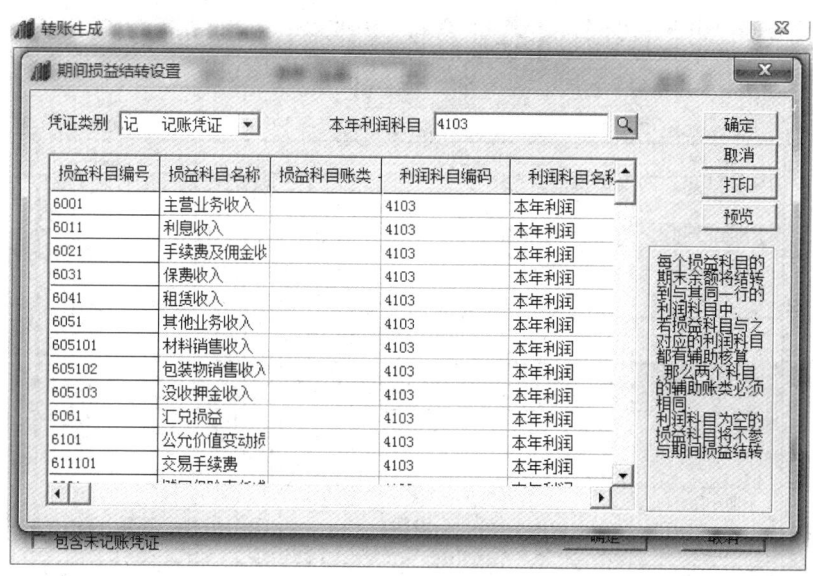

图6-14　期间损益结转

执行"总账"/"期末"/"转账生成"命令,在右边转账生成窗口,分别选择收入类和支出类科目(图6-15),然后点击【全选】【确定】按钮,即生成结转收入和结转支出到本年利润的凭证,点击【保存】按钮(图6-16至图6-22)。

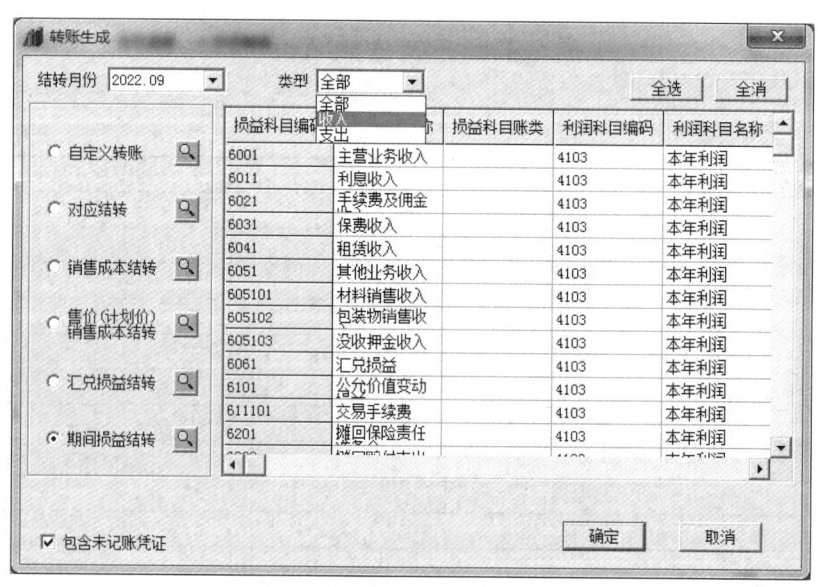

图6-15　转账生成

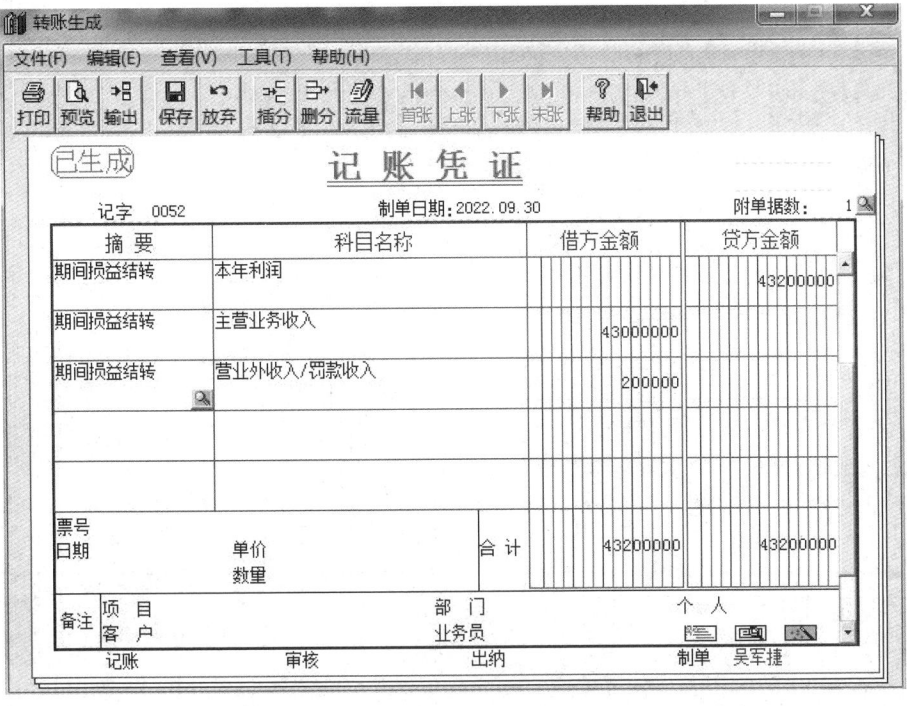

图 6-16 结转收入类制单结果

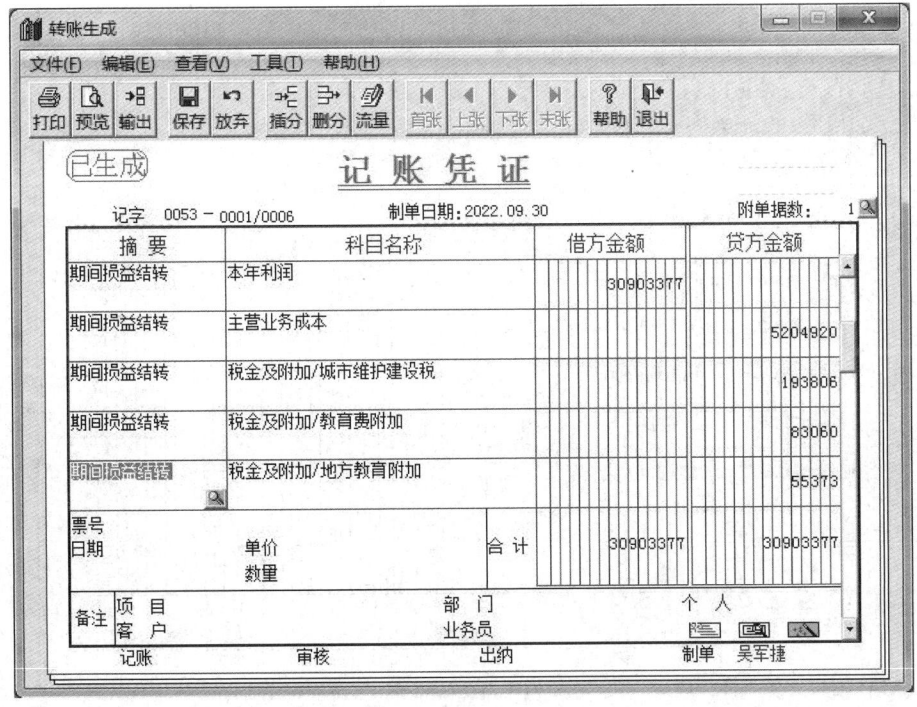

图 6-17 结转费用类制单结果 1/6

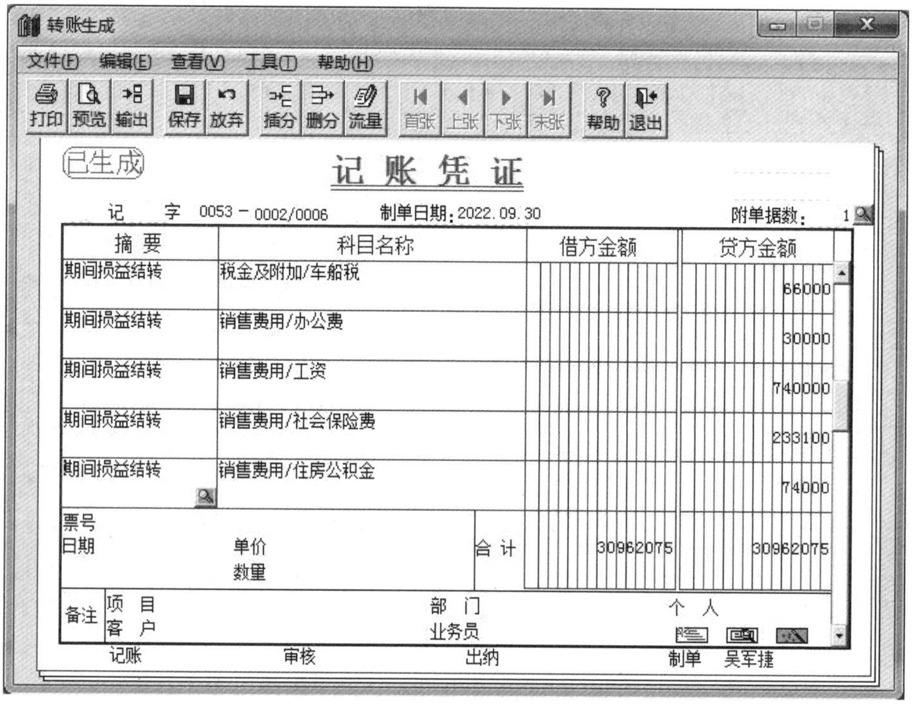

图 6-18 结转费用类制单结果 2/6

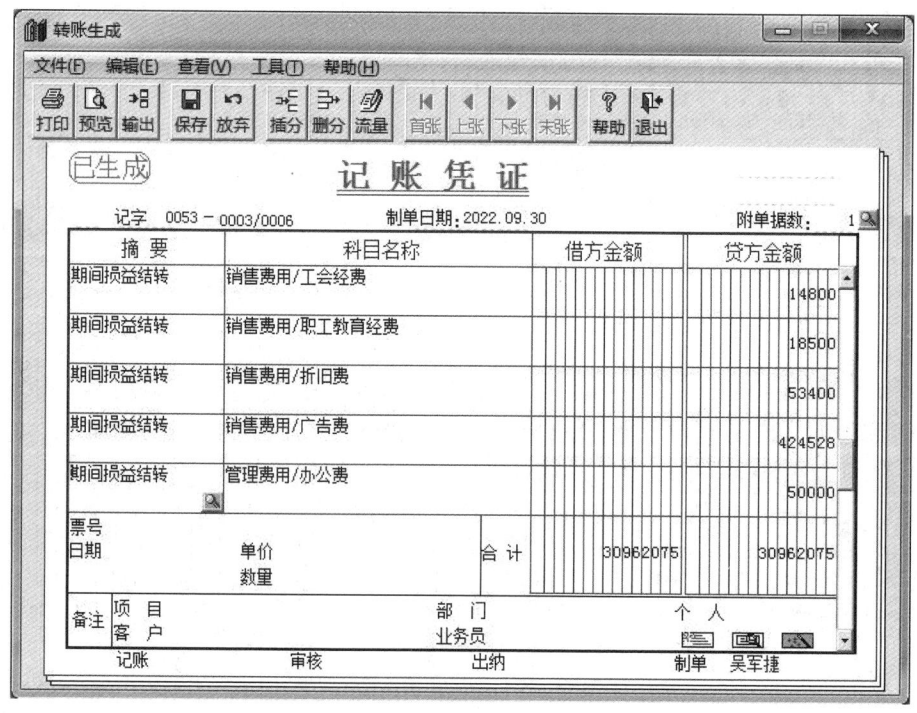

图 6-19 结转费用类制单结果 3/6

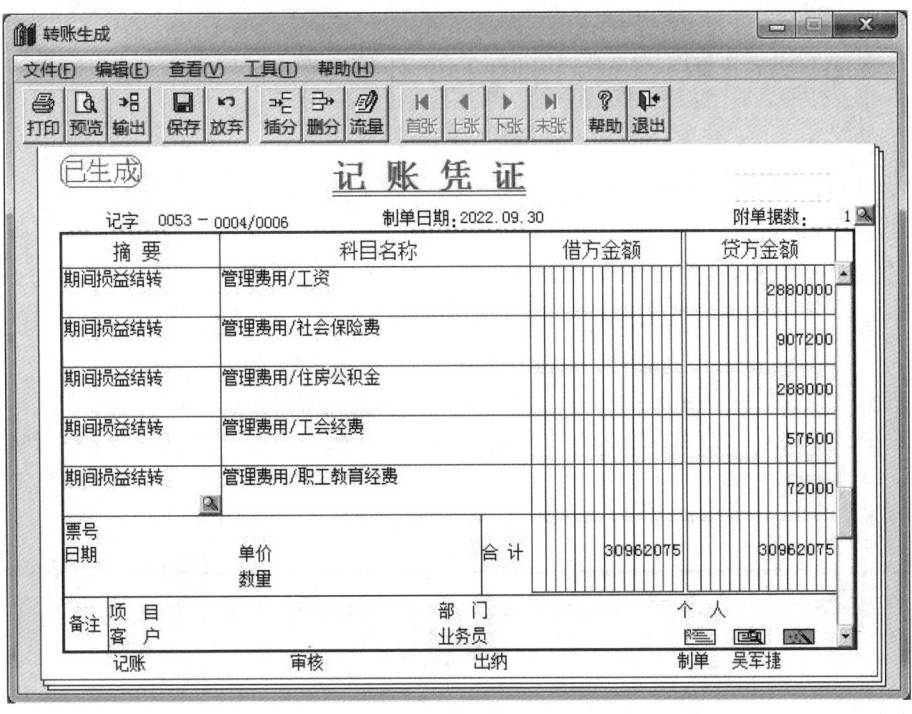

图 6-20　结转费用类制单结果 4/6

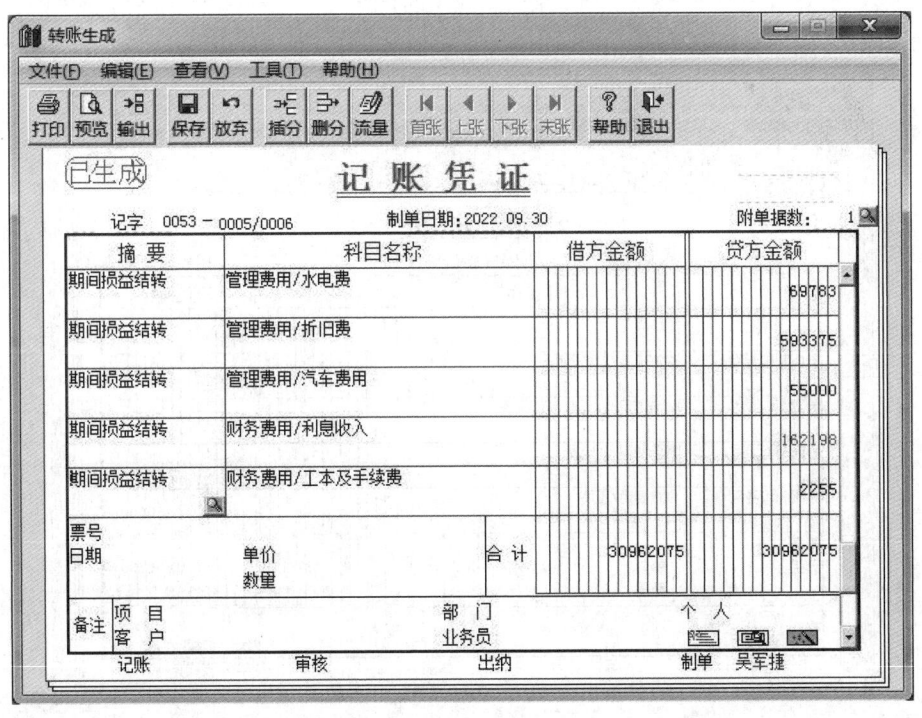

图 6-21　结转费用类制单结果 5/6

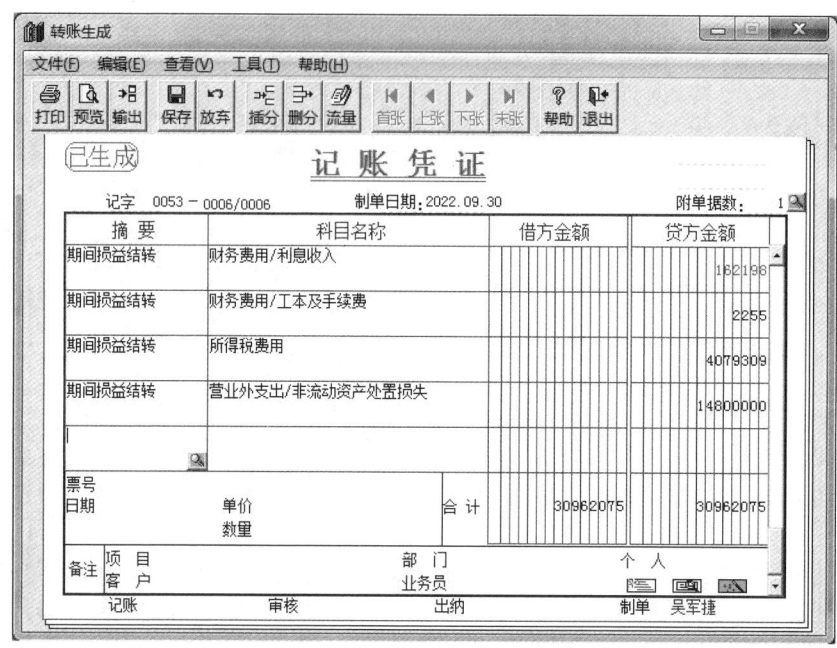

图 6-22 结转费用类制单结果 6/6

 故障诊断

故障 1: 如果上述业务 1,自定义转账方式分配制造费用生成的凭证是错误的(图 6-23)。

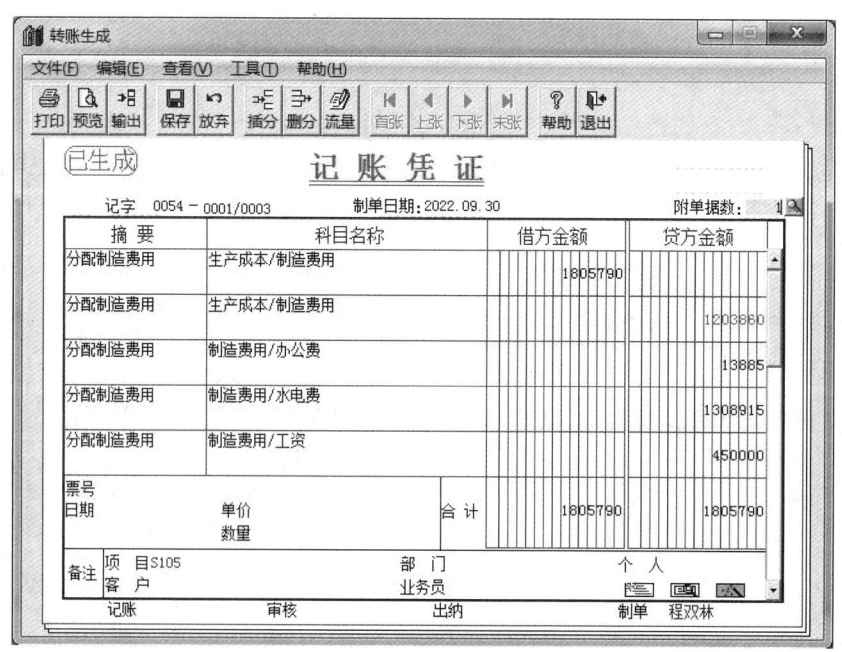

图 6-23 错误凭证

原因分析：期末结转所生成的凭证是错误的，原因有：①日常业务所做凭证存在问题；②期末转账设置公式出现问题。

解决办法：①检查日常业务所做凭证；②检查期末转账设置公式。如本例中，检查发现是期末转账公式设置出现问题，常见问题有函数错误、借贷方向错误、公式设置有误，查到问题针对错误进行修改（图6-24）。

图6-24 转账设置错误

故障2：期间损益凭证生成时找不到符合条件的凭证。

原因分析：期间损益结转前要把之前的所有凭证全部审核、记账，如果存在未记账凭证，则影响损益结转结果。

解决办法：检查是否存在未记账凭证。

能力训练

◎ **案例描述**

自定义转账已经生成凭证，才发现自定义转账设置有误，如何实施逆操作？

◎ **做一做**

步骤一：删除已生成的错误凭证；在"填制凭证"窗口执行"制单"/"作废/恢复"命令，再实施凭证整理（图6-25）。

步骤二：在自定义转账设置中修改自定义公式；执行"总账"/"期末"/"转账定义"/"自定义转账"命令，点击【修改】按钮（图6-26），修改存在的错误后，再重新生成新凭证。

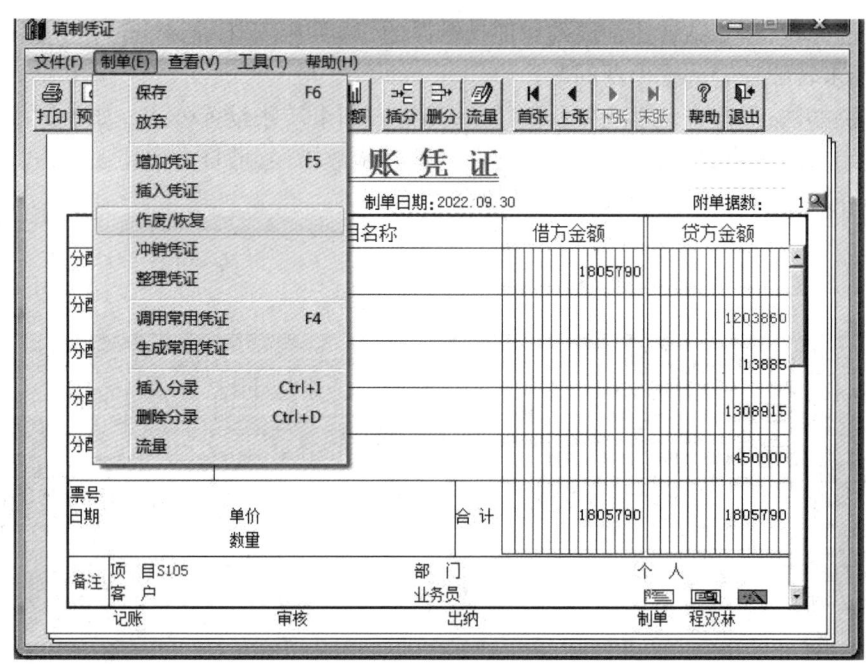

图 6-25 作废操作

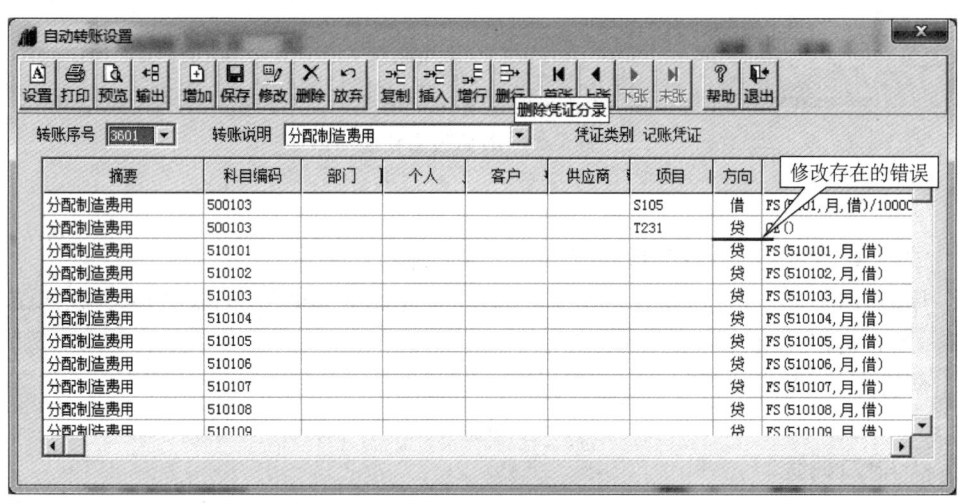

图 6-26 修改转账设置

任务二 工 资 分 摊

 知识认知

工资分摊是指将职工的应付工资分配计入各成本、费用科目,便于企业进行工资成本核算。工资分摊包括工资分配、计提职工福利费、计提工会经费、计提职工教育经费。

职工福利费按应付工资的14%计提,工会经费和职工教育经费分别按应付工资的2%和1.5%计提。

在录入完工资变动表之后,我们只得到了各职员应发放的金额,但尚未获取相关的记账凭证的会计处理。此时应通过工资分摊生成工资分摊的会计凭证,凭证将自动传递到总账系统,为企业进行工资成本核算提供数据资料。

工资凭证所涉及的会计分录如下:

(1) 计提应付工资、职工福利费、五险一金等涉及的会计分录。

借:制造费用
　　管理费用
　　生产成本
　　销售费用
　贷:应付职工薪酬——工资
　　　　　　　　——福利费
　　　　　　　　——设定提存计划
　　　　　　　　——社会保险费
　　　　　　　　——住房公积金

(2) 计提工会经费、职工教育经费涉及的会计分录。

借:管理费用
　贷:应付职工薪酬——工会经费
　　　　　　　　——职工教育经费

工作任务

以会计的身份于2022年9月30日进行工资分摊的全部业务,并生成会计分录(相同名称、相同项目的会计科目必须合并,按分配到部门,明细到工资项目进行分摊)。

业务1:在工资模块中根据凭证6-6、凭证6-7完成工资的分配。

凭证6-6

生产工时明细表

2022-09-30

车间	产品	生产工时(小时)
生产车间	S105	6 000
生产车间	T231	4 000
合计		10 000.00

审核:程双林　　　　　　　　　　编制:吴军捷

凭证 6-7

工资明细表

2022-09-30

单位:元

姓名	部门	岗位	应付工资
吴文胜	办公室	法定代表人	8 000
赵 俊	办公室	总经理	2 500
黄铁华	办公室	办公室职员	2 300
程双林	财务部	财务经理	4 000
吴军捷	财务部	会计	2 500
任慧慧	财务部	出纳	2 100
朱晓燕	采购部	采购经理	3 000
李丽芬	采购部	采购员	2 200
王 春	销售门市	销售经理	3 000
金杰明	销售门市	销售员	2 200
张 雯	生产车间	生产车间主任	4 500
周小华	生产车间	车间工人	2 300
王洁洁	生产车间	车间工人	2 300
潘吉林	生产车间	车间工人	2 300
姜 辉	生产车间	车间工人	2 200
樊 耀	生产车间	车间工人	2 200
石俊伟	生产车间	车间工人	2 100
刘 玲	生产车间	车间工人	2 200
付俊华	销售门市	销售员	2 200
侯国庆	采购部	采购员	2 200
合计			56 100

审核:程双林　　　　　　　　　　　　　　　编制:吴军捷

任务实施

步骤一:工资变动表已在项目五任务二的工资日常账务处理中讲述,在此不再重复。

步骤二:以"吴军捷"的身份登录工资系统。执行"工资"/"业务处理"/"工资分摊"命令,在此窗口点击【工资分摊设置】(图6-27)、【增加】按钮(图6-28),添加"工资费用"(图6-29),点击【下一步】按钮,进行"分摊构成设置"。

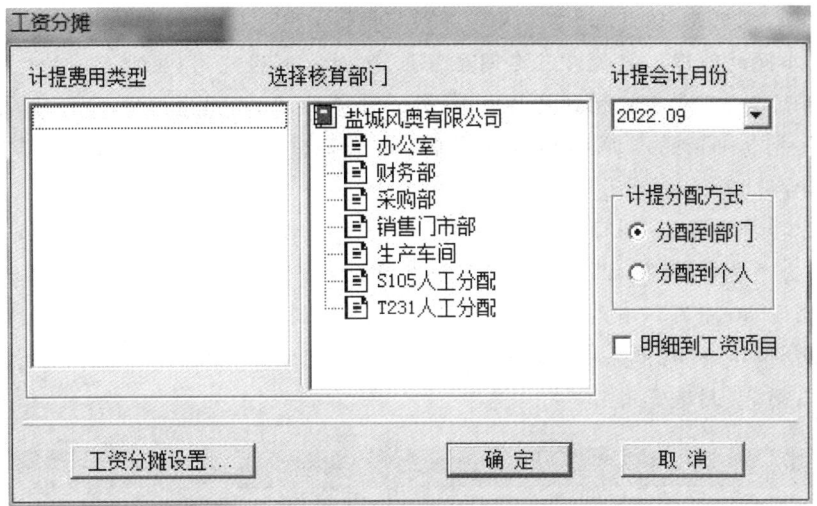

图 6-27 工资分摊

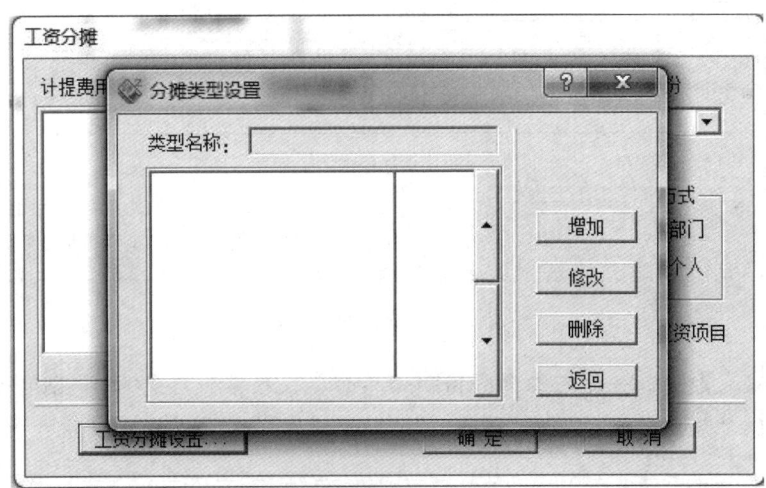

图 6-28 分摊类型设置

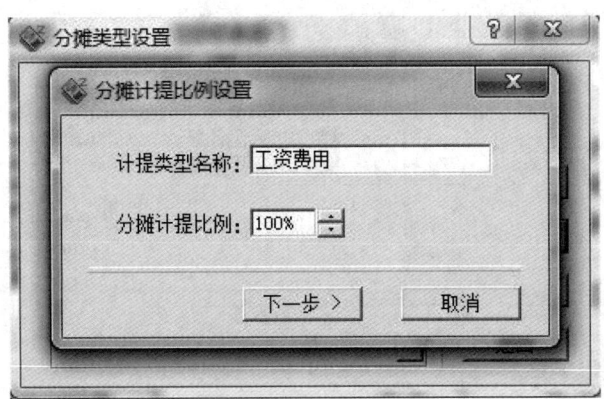

图 6-29 工资费用计提比例

步骤三：根据"知识认知"中涉及的分录，进行如下设置。

生产车间的管理人员仅涉及车间主任张雯，计入制造费用；生产车间的生产人员已根据工资日常处理章节分配到产品成本，计入生产成本；行政管理部门管理人员，计入管理费用，销售部门的人员，计入销售费用。在此还需要特别提醒人员类别是区分各部门人员工资分摊记入哪个科目的核心。

在"分摊构成设置"项目一列中，是指"分摊计提比例"的依据，也就是说，此时借方或贷方的金额是根据"项目"一列中涉及的工资项目×分摊计提比例而来的。在此特别提醒，从图6-30中可以看到，S105\T231人工分配的项目是"分配金额"，因为在工资日常处理章节，已经把产品成本涉及的制造费用分配到了"分配工资"中，要将其计入产品成本里，而非"制造费用"。

部门名称	人员类别	项目	借方科目	贷方科目
生产车间	管理	应付工资	510105	221101
办公室,财务部,采	管理	应付工资	660203	221101
S105人工分配,T23	生产	分配金额	500102	221101
销售门市部	销售	应付工资	660103	221101

图 6-30　分摊构成设置

点击【完成】按钮，并返回工资分摊初始界面。在此界面勾选"工资费用"复选框、选择所有部门、计提方式选择"分配到部门"、勾选"明细到工资项目"复选框（图6-31）。

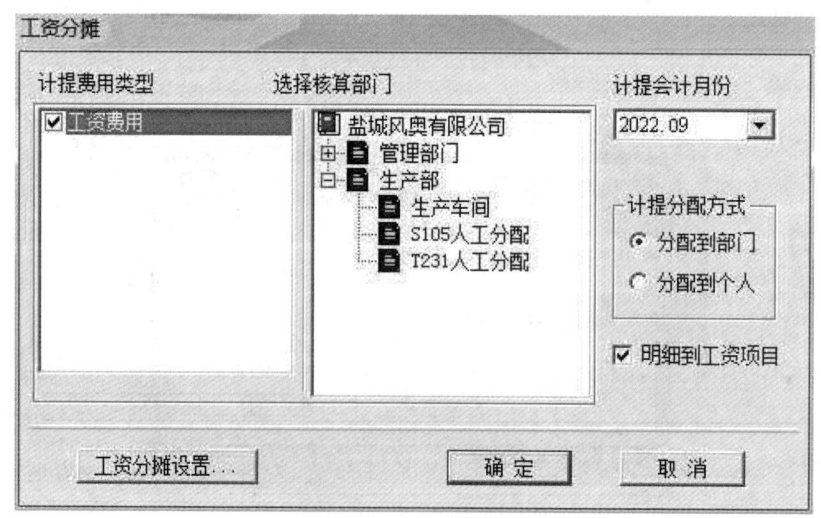

图 6-31　工资分摊设置

点击【确认】按钮,进入工资费用一览表。勾选左上角"合并科目相同、辅助项相同的分录"复选框,点击【制单】按钮,生成凭证,点击【保存】按钮(图6-32至图6-34)。

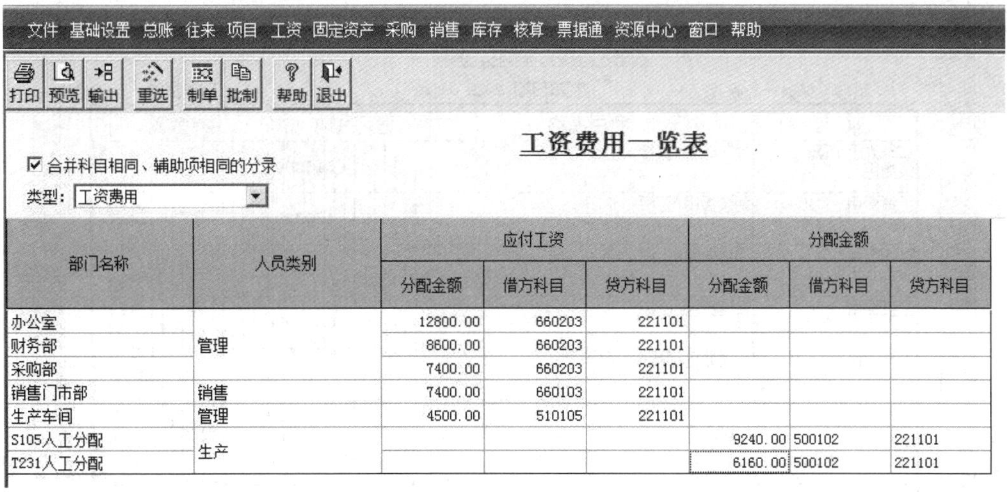

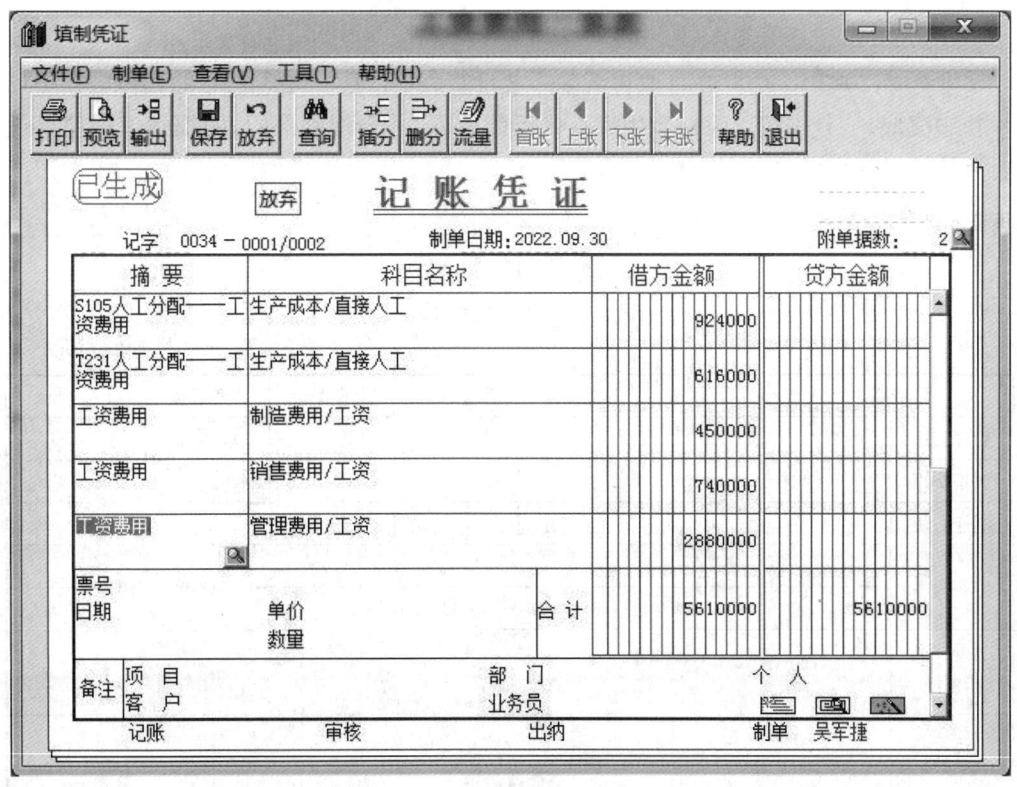

图6-32 工资费用一览

图6-33 工资费用制单1/2

■ 常见财务软件应用(用友畅捷通 T3)

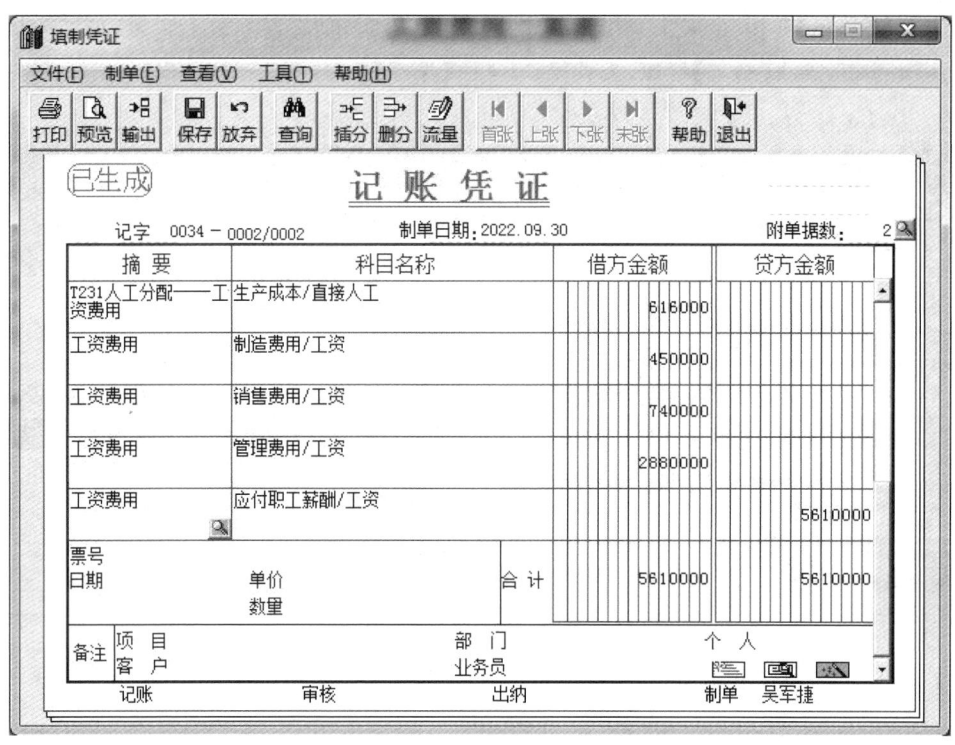

图 6-34　工资费用制单 2/2

业务 2:2022 年 9 月 30 日取得五险一金计算表(凭证 6-8、凭证 6-9),要求:在工资模块中完成。(分别按五险一金生成 6 张记账凭证,并分配到部门,明细到工资项目进行分摊)

凭证 6-8

五险计算表

2022-09-30

单位:元

应借账户	医疗保险	养老保险	失业保险	生育保险	工伤保险	五险合计
管理费用						
销售费用						
制造费用						
生产成本	S105					
	T231					
合计						

审核:　　　　　　　　　　　　编制:

凭证 6-9

住房公积金计算表

2022-09-30

单位:元

应借账户		住房公积金
管理费用		
销售费用		
制造费用		
生产成本	S105	
	T231	
合计		

审核：　　　　　　　　　　　　编制：

任务实施

此操作与业务1相同，执行"工资"/"业务处理"/"工资分摊"/"工资分摊设置"命令，点击【增加】按钮，添加"养老保险""医疗保险""失业保险""工伤保险""生育保险""住房公积金"，并设置"分摊工资设置"，设置结果如图6-35所示。

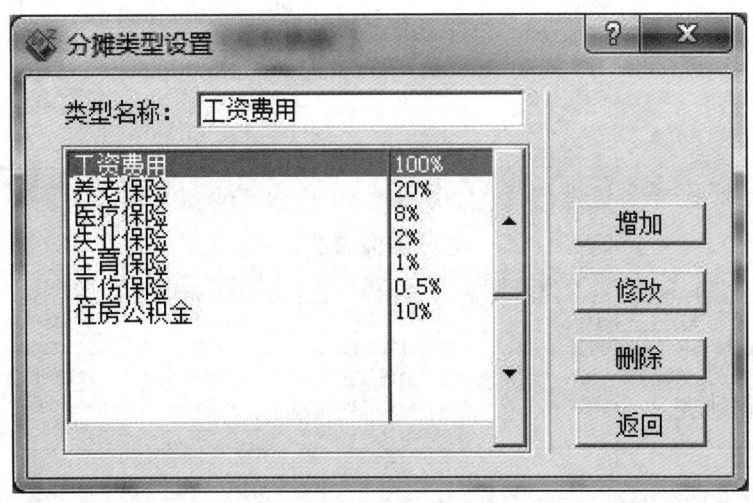

图 6-35　分摊类型设置图

"养老保险""医疗保险""失业保险""工伤保险""生育保险""住房公积金"工资分摊设置结果(图6-36至图6-41)。

> 注意
>
> (1) 企业承担部分为养老保险20%,医疗保险8%,失业保险2%,工伤保险0.5%,生育保险1%,住房公积金10%。
>
> (2) 参照P77要新增"养老保险""医疗保险""失业保险""工伤保险"和"住房公积金"这几个工资项目。
>
> (3) "五险一金"按"社保计提基数"计提相应比例;"住房公积金"按"住房公积金计提基数"计提相应比例。

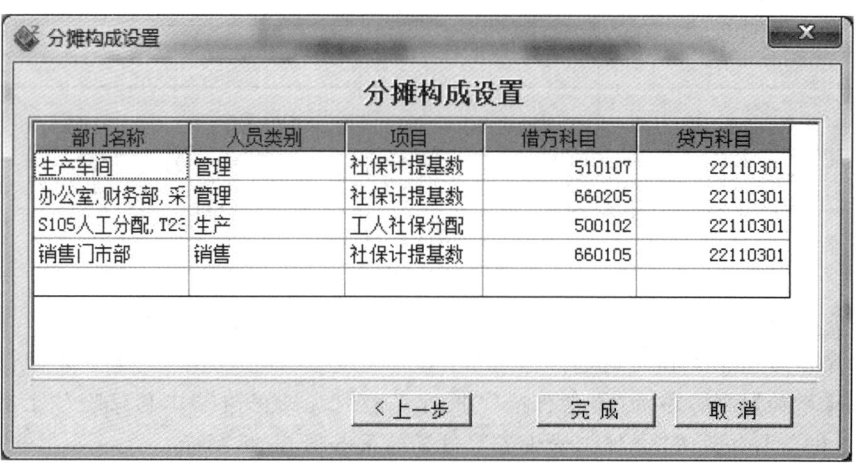

图 6-36 分摊构成设置图 1

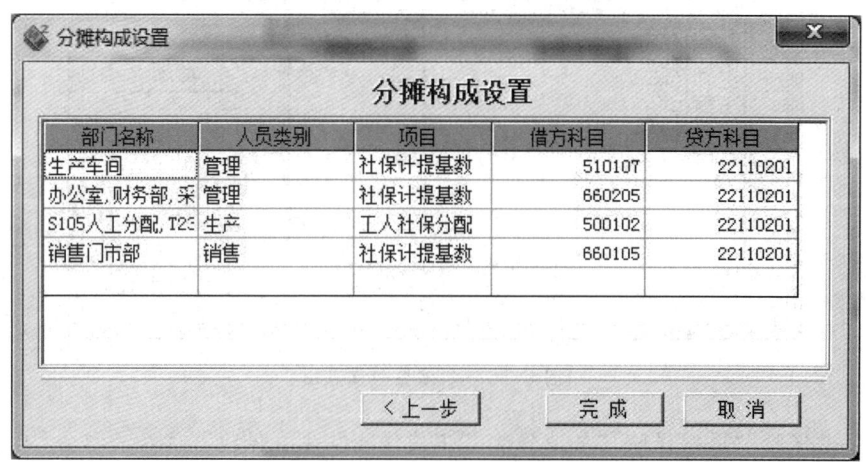

图 6-37 分摊构成设置图 2

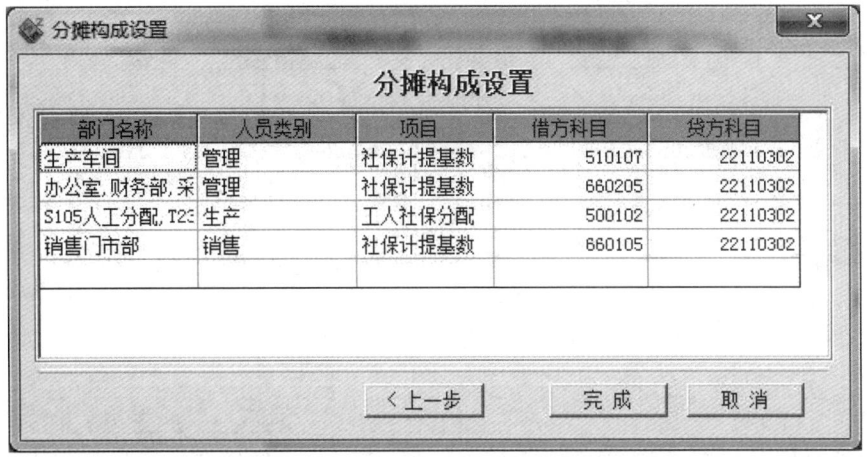

图 6-38 分摊构成设置图 3

图 6-39 分摊构成设置图 4

图 6-40 分摊构成设置图 5

图 6-41　分摊构成设置图 6

返回工资分摊初始界面。在此界面点击"养老保险""医疗保险""失业保险""工伤保险""生育保险""住房公积金",选择所有部门,计提方式选择"分配到部门",勾择"明细到工资项目"复选框(图 6-42)。

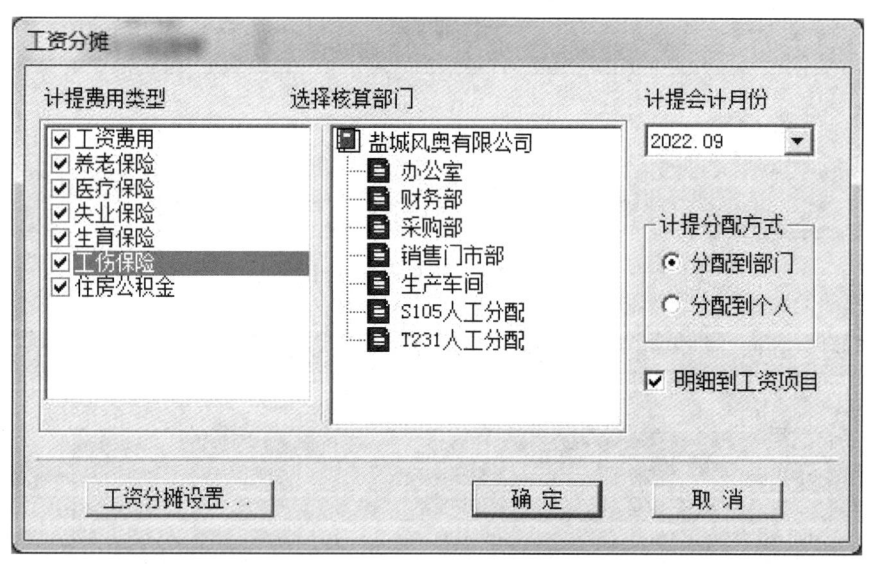

图 6-42　工资分摊设置图

点击【确认】按钮,进入养老保险一览表、医疗保险一览表、失业保险一览表、工伤保险一览表、生育保险一览表、住房公积金一览表(可以从左上角下拉列表中进行选择)。勾选左上角"合并科目相同、辅助项相同的分录"复选框,点击【批量制单】按钮,生成凭证,分别点击【保存】按钮(图 6-43 至图 6-60)。

养老保险一览表

☑ 合并科目相同、辅助项相同的分录
类型：养老保险

部门名称	人员类别	应付工资					分配社保				
		计提基数	计提比例	计提金额	借方科目	贷方科目	计提基数	计提比例	计提金额	借方科目	贷方科目
办公室	管理	12800.00	20.00%	2560.00	660205	22110301					
财务部	管理	8600.00	20.00%	1720.00	660205	22110301					
采购部		7400.00	20.00%	1480.00	660205	22110301					
销售门市部	销售	7400.00	20.00%	1480.00	660105	22110301					
生产车间	管理	4500.00	20.00%	900.00	510107	22110301					
S105人工分配	生产						9300.00	20.00%	1860.00	500102	22110301
T231人工分配							6200.00	20.00%	1240.00	500102	22110301

图 6-43　养老保险一览表

医疗保险一览表

☑ 合并科目相同、辅助项相同的分录
类型：医疗保险

部门名称	人员类别	应付工资					分配社保				
		计提基数	计提比例	计提金额	借方科目	贷方科目	计提基数	计提比例	计提金额	借方科目	贷方科目
办公室	管理	12800.00	8.00%	1024.00	660205	22110201					
财务部	管理	8600.00	8.00%	688.00	660205	22110201					
采购部		7400.00	8.00%	592.00	660205	22110201					
销售门市部	销售	7400.00	8.00%	592.00	660105	22110201					
生产车间	管理	4500.00	8.00%	360.00	510107	22110201					
S105人工分配	生产						9300.00	8.00%	744.00	500102	22110201
T231人工分配							6200.00	8.00%	496.00	500102	22110201

图 6-44　医疗保险一览表

失业保险一览表

☑ 合并科目相同、辅助项相同的分录
类型：失业保险

部门名称	人员类别	应付工资					分配社保				
		计提基数	计提比例	计提金额	借方科目	贷方科目	计提基数	计提比例	计提金额	借方科目	贷方科目
办公室	管理	12800.00	2.00%	256.00	660205	22110302					
财务部	管理	8600.00	2.00%	172.00	660205	22110302					
采购部		7400.00	2.00%	148.00	660205	22110302					
销售门市部	销售	7400.00	2.00%	148.00	660105	22110302					
生产车间	管理	4500.00	2.00%	90.00	510107	22110302					
S105人工分配	生产						9300.00	2.00%	186.00	500102	22110302
T231人工分配							6200.00	2.00%	124.00	500102	22110302

图 6-45　失业保险一览表

工伤保险一览表

☑ 合并科目相同、辅助项相同的分录
类型：工伤保险

部门名称	人员类别	应付工资					分配社保				
		计提基数	计提比例	计提金额	借方科目	贷方科目	计提基数	计提比例	计提金额	借方科目	贷方科目
办公室	管理	12800.00	0.50%	64.00	660205	22110203					
财务部	管理	8600.00	0.50%	43.00	660205	22110203					
采购部		7400.00	0.50%	37.00	660205	22110203					
销售门市部	销售	7400.00	0.50%	37.00	660105	22110203					
生产车间	管理	4500.00	0.50%	22.50	510107	22110203					
S105人工分配	生产						9300.00	0.50%	46.50	500102	22110203
T231人工分配							6200.00	0.50%	31.00	500102	22110203

图 6-46　工伤保险一览表

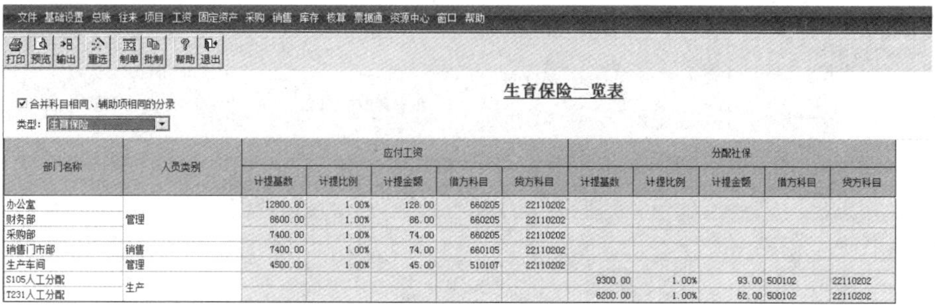

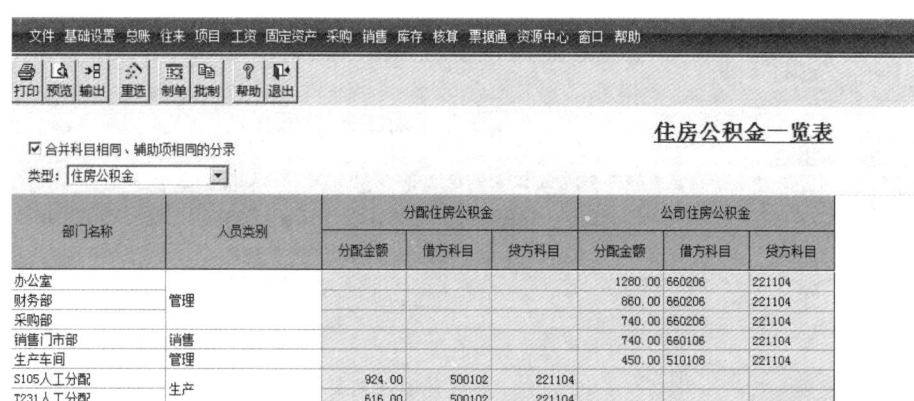

图 6-47 生育保险一览表

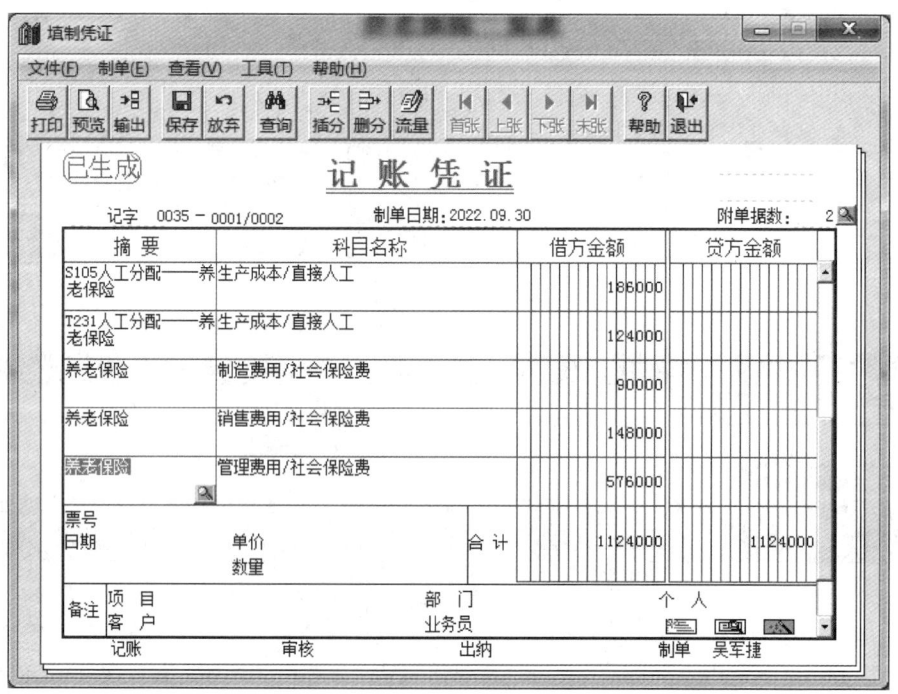

图 6-48 住房公积金一览表

图 6-49 养老保险金制单图 1/2

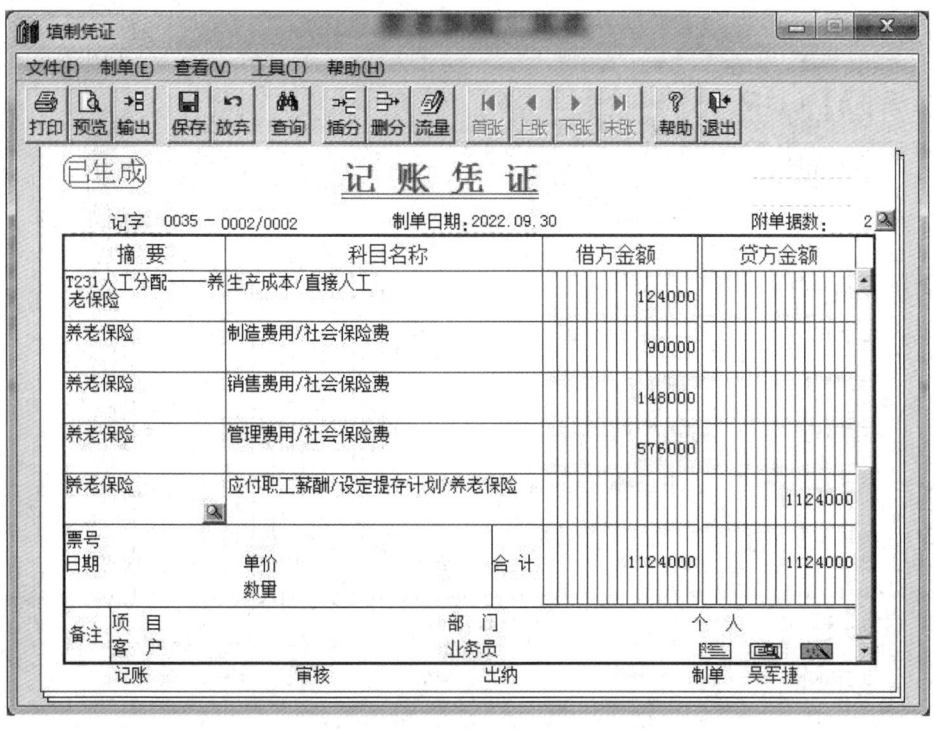

图 6-50　养老保险金制单图 2/2

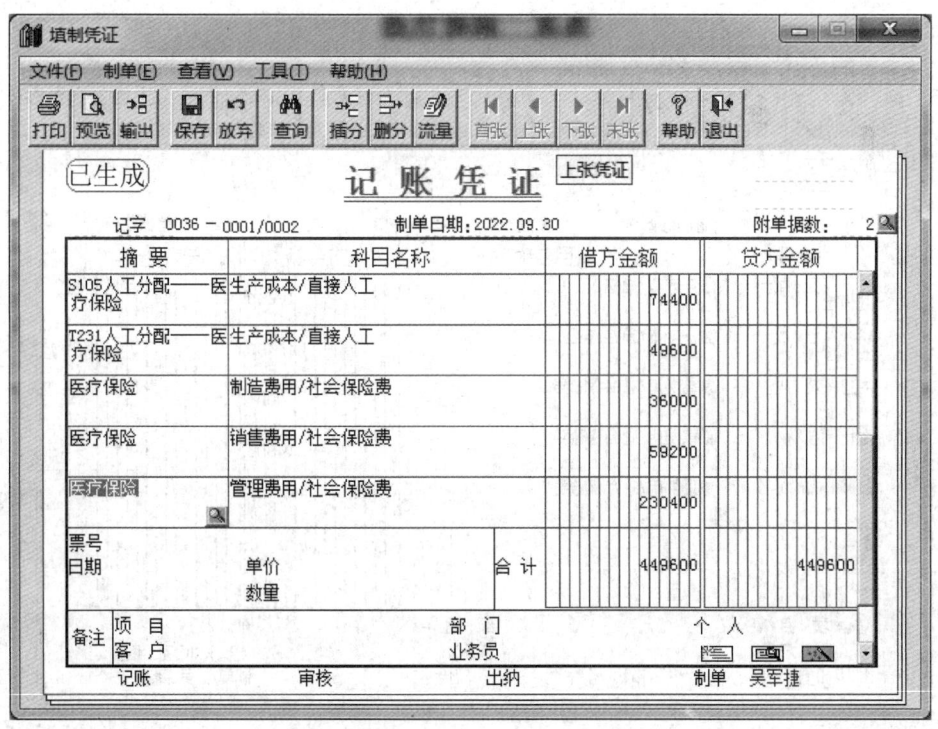

图 6-51　医疗保险制单图 1/2

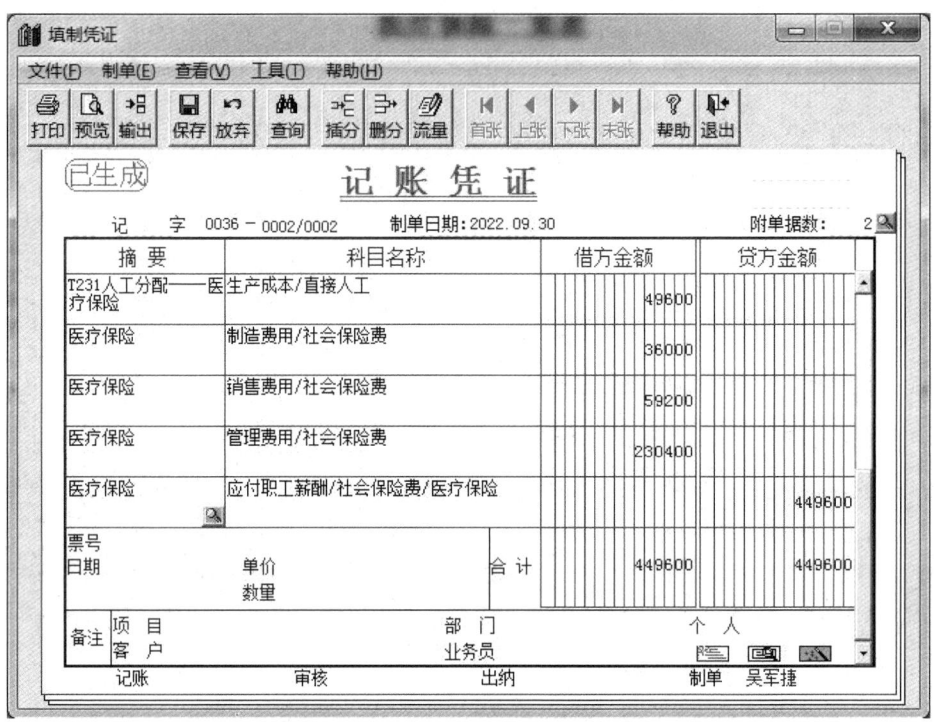

图 6-52　医疗保险制单图 2/2

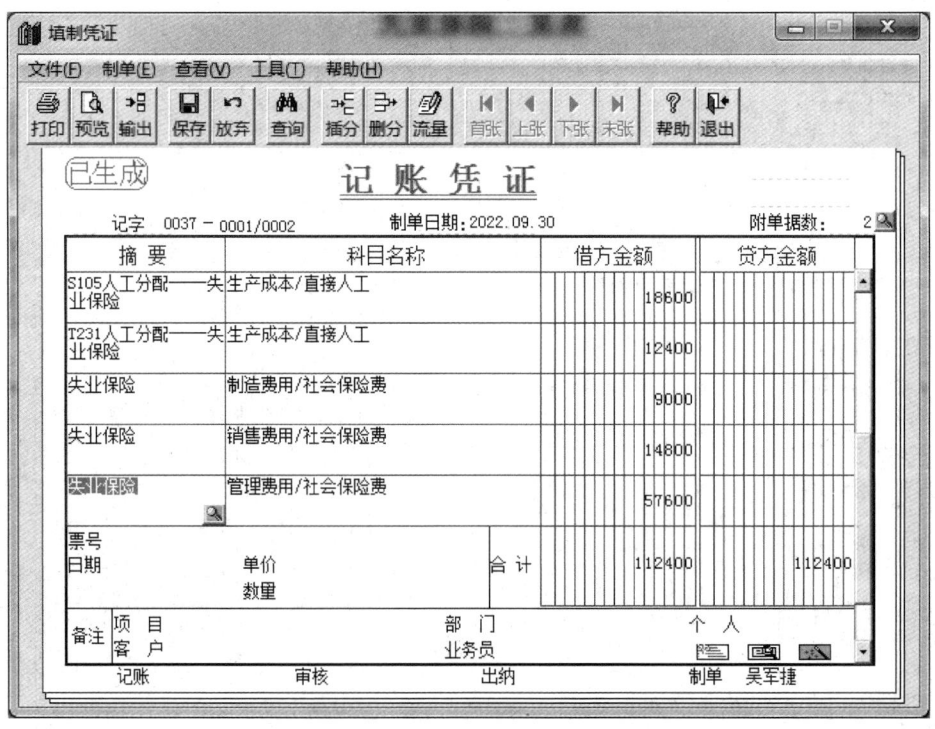

图 6-53　失业保险制单图 1/2

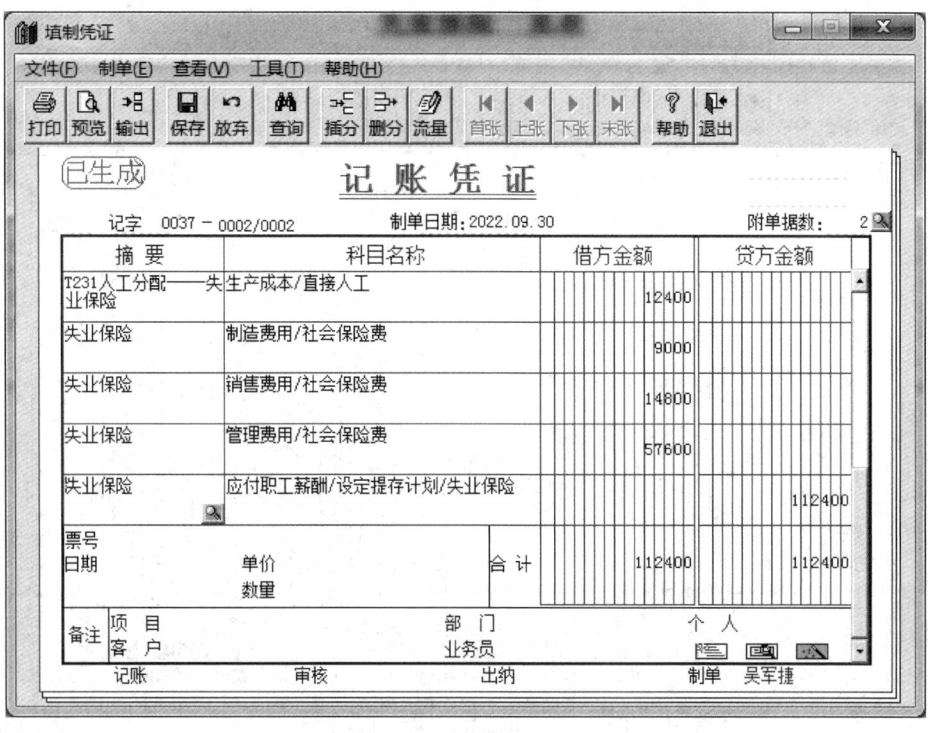

图 6-54 失业保险制单结果 2/2

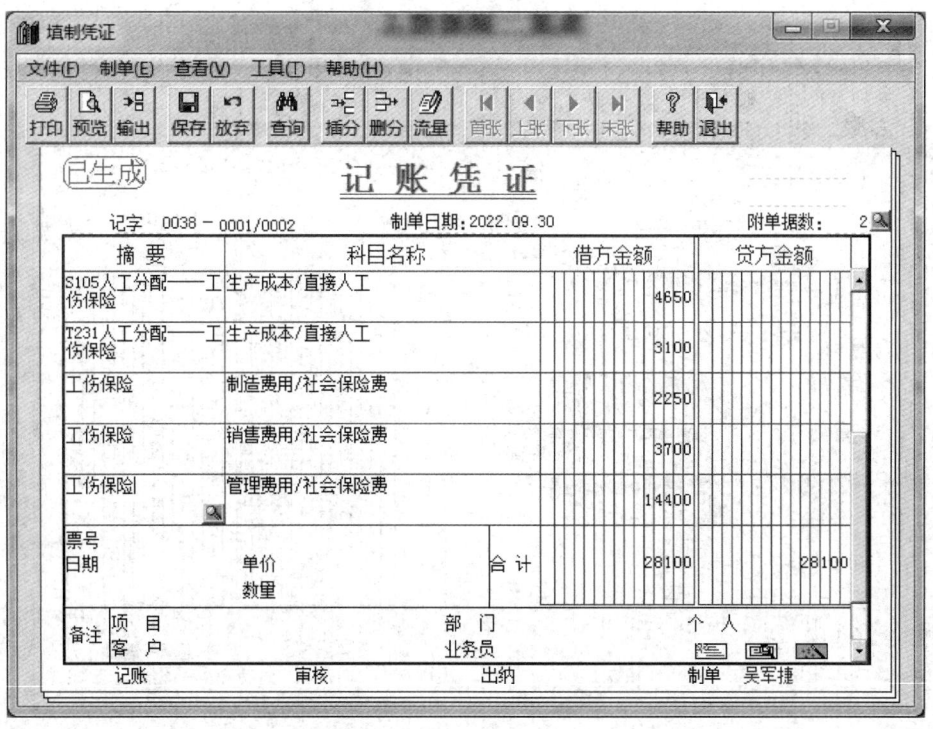

图 6-55 工伤保险制单结果 1/2

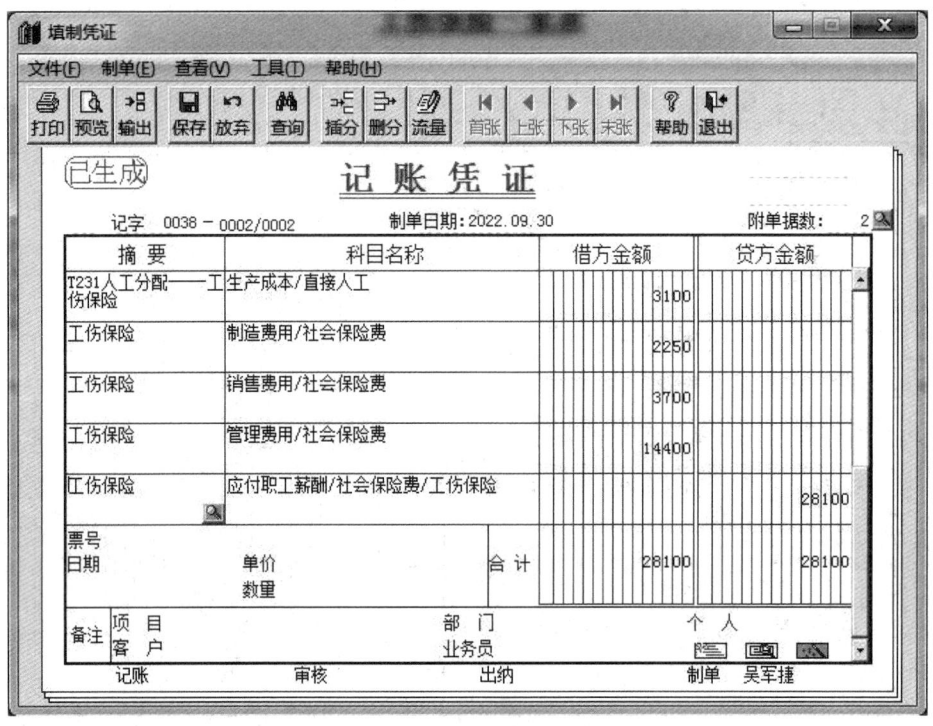

图 6-56　工伤保险制单结果 2/2

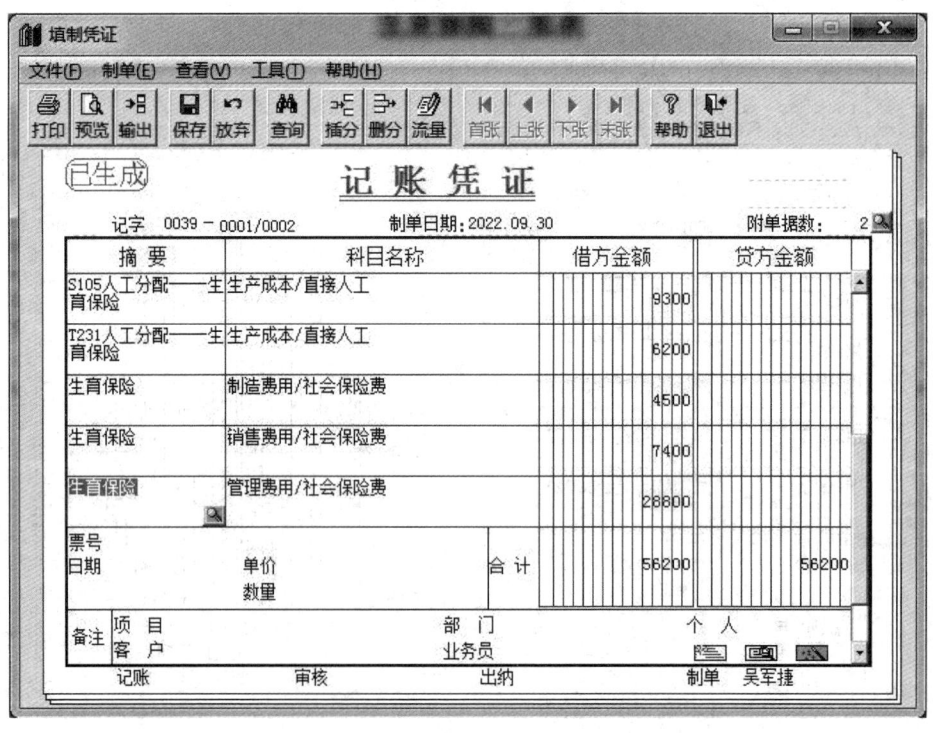

图 6-57　生育保险制单结果 1/2

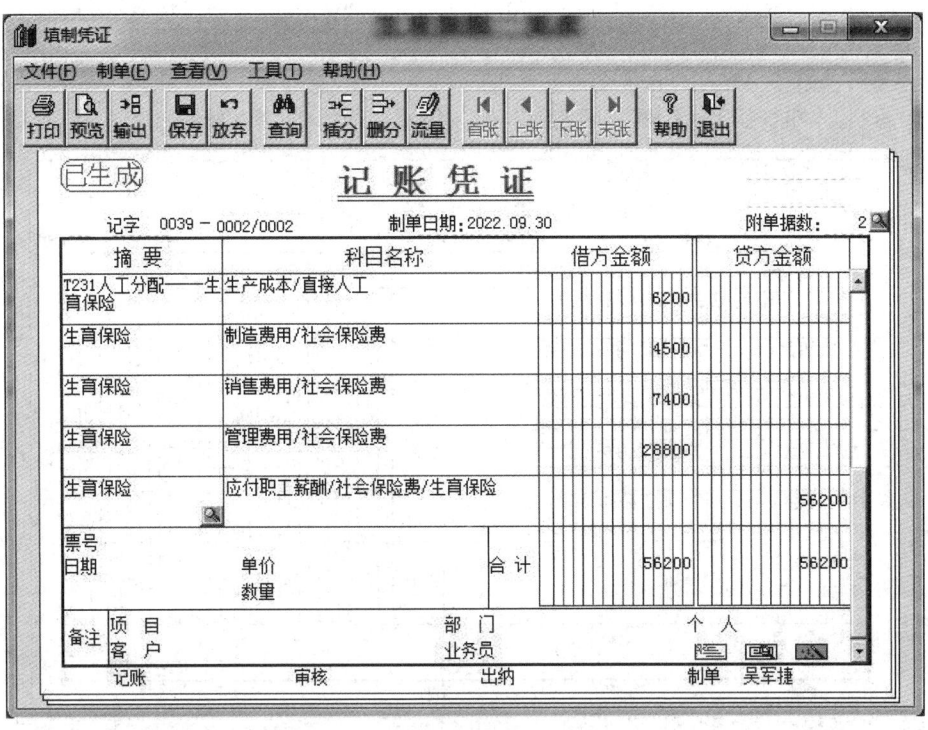

图 6-58 生育保险制单结果 2/2

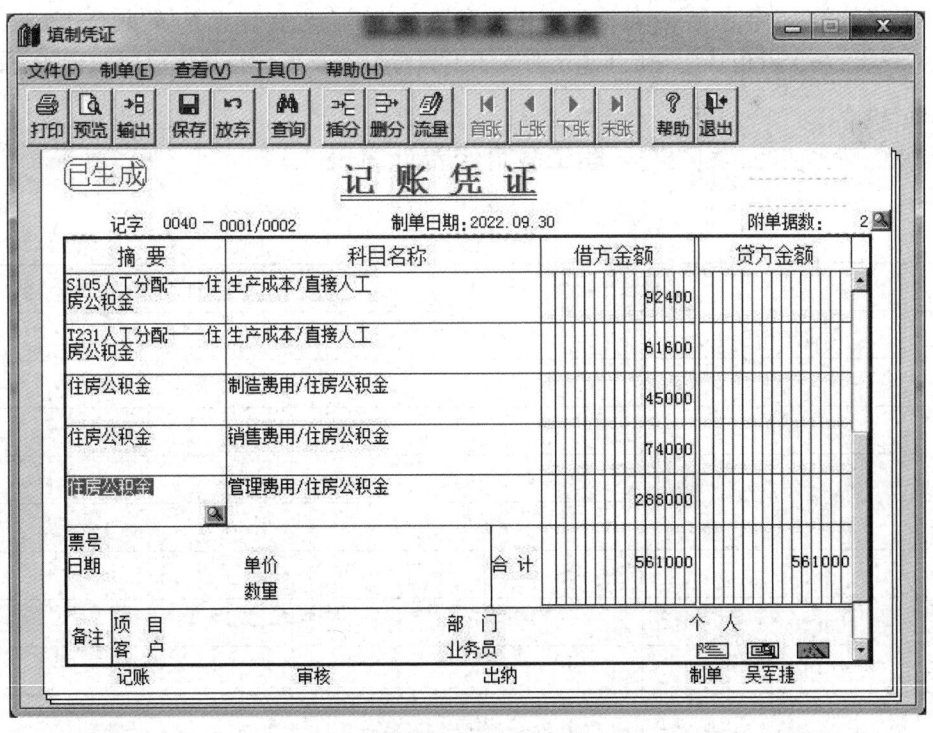

图 6-59 住房公积金制单结果 1/2

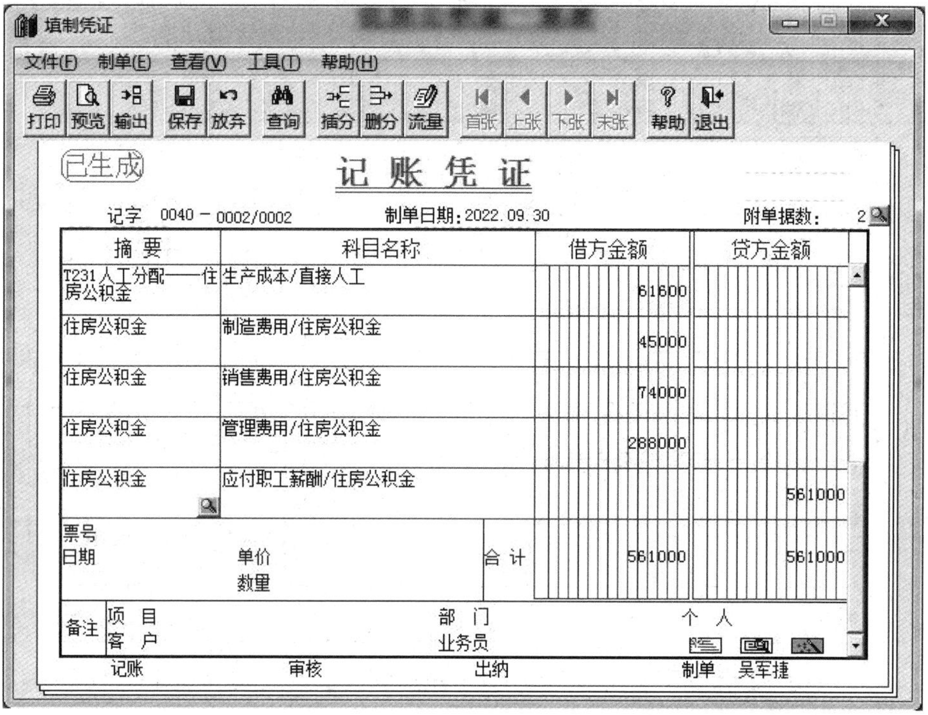

常见财务软件应用(用友畅捷通 T3)

图 6-60 住房公积金制单结果 2/2

任务 3:2022 年 9 月 30 日取得职工教育经费和工会经费计算表(凭证 6-10、凭证 6-11),要求:在工资模块中完成。(分别按职工教育经费及工会经费生成两张记账凭证)

凭证 6-10

职工教育经费计算表

2022-09-30

单位:元

应借账户		职工教育经费
管理费用		
销售费用		
制造费用		
生产成本	S105	
	T231	
合计		

审核: 编制:

凭证 6-11

工会经费计算表

2022-09-30

单位:元

应借账户		工会经费
管理费用		
销售费用		
制造费用		
生产成本	S105	
	T231	
合计		

审核：　　　　　　　　　　编制：

任务实施

从题目可知,职工教育经费计提比例为 2.5%,工会经费计提比例为 2%。此项操作步骤与任务 1 和任务 2 相同,在此不再作详细说明,现将截图展示(图 6-61 至图 6-69)。

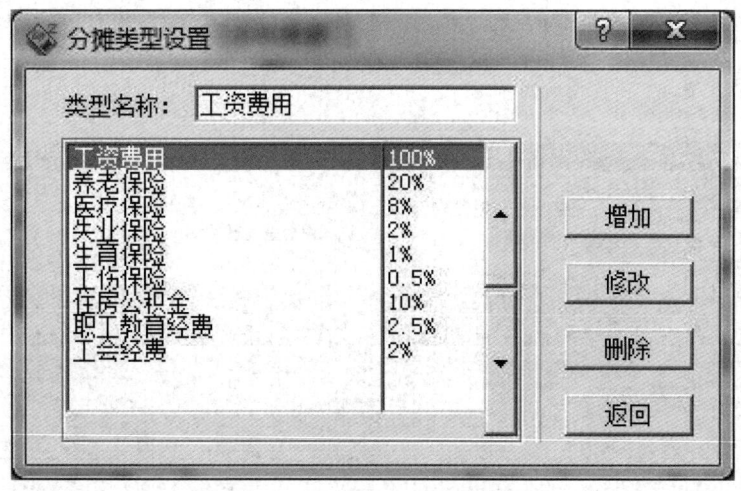

图 6-61　分摊类型设置

图 6-62 分摊构成设置 1

图 6-63 分摊构成设置 2

图 6-64 工会经费一览表

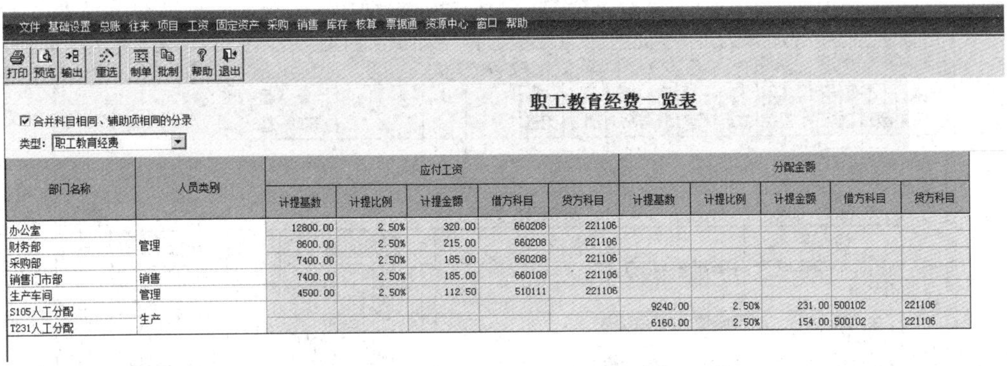

职工教育经费一览表

☑ 合并科目相同、辅助项相同的分录

类型：职工教育经费

部门名称	人员类别	应付工资					分配金额				
		计提基数	计提比例	计提金额	借方科目	贷方科目	计提基数	计提比例	计提金额	借方科目	贷方科目
办公室	管理	12800.00	2.50%	320.00	660208	221106					
财务部	管理	8600.00	2.50%	215.00	660208	221106					
采购部	管理	7400.00	2.50%	185.00	660208	221106					
销售门市部	销售	7400.00	2.50%	185.00	660108	221106					
生产车间	管理	4500.00	2.50%	112.50	510111	221106					
S105人工分配	生产						9240.00	2.50%	231.00	500102	221106
T231人工分配	生产						6160.00	2.50%	154.00	500102	221106

图 6-65　职工教育经费一览表

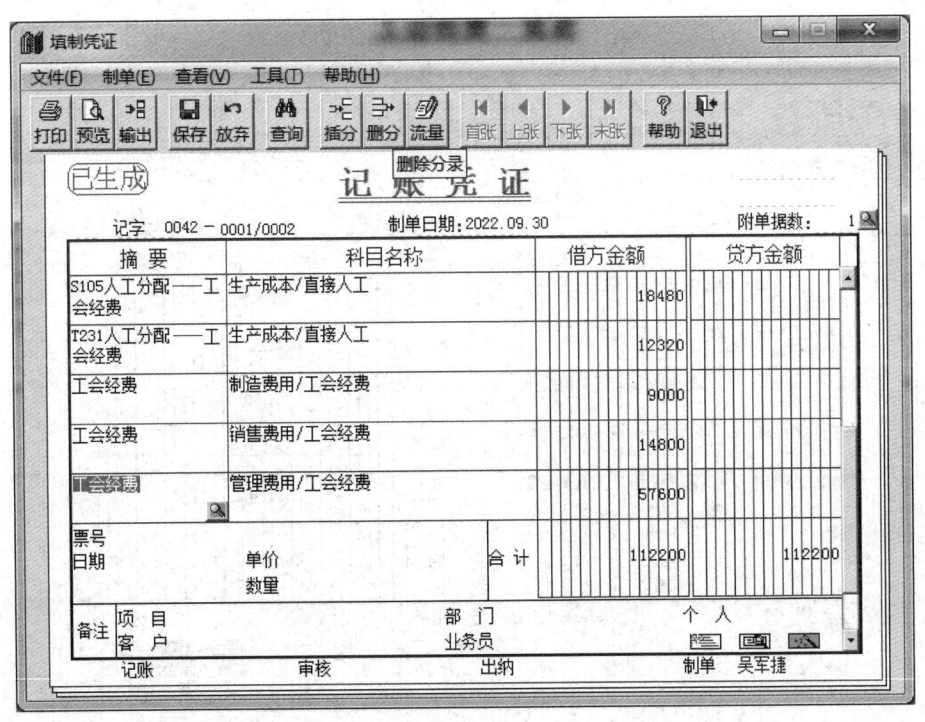

图 6-66　工会经费制单 1/2

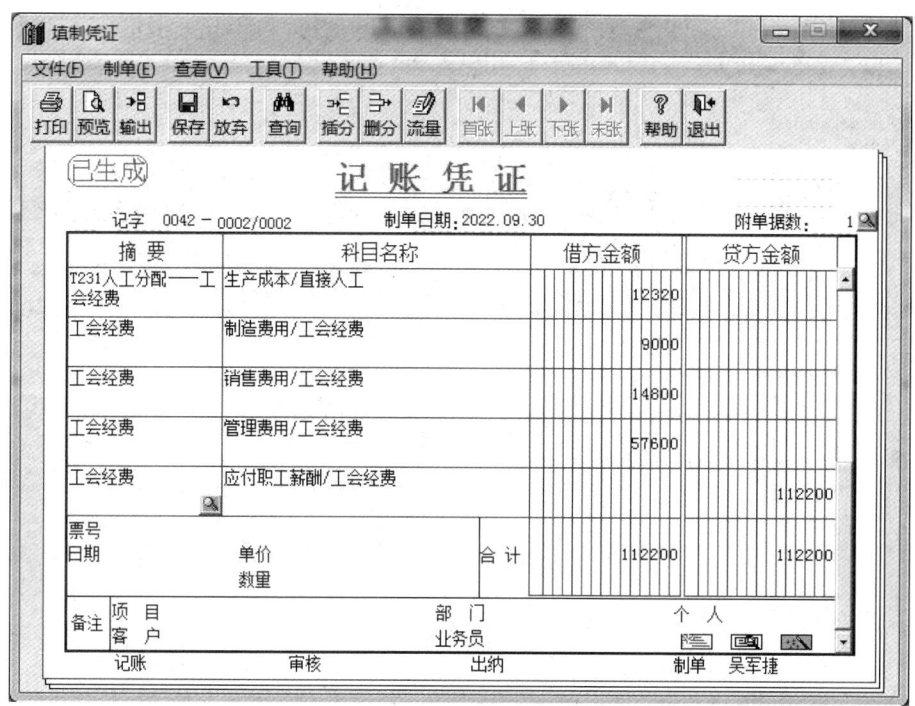

图 6-67 工会经费制单 2/2

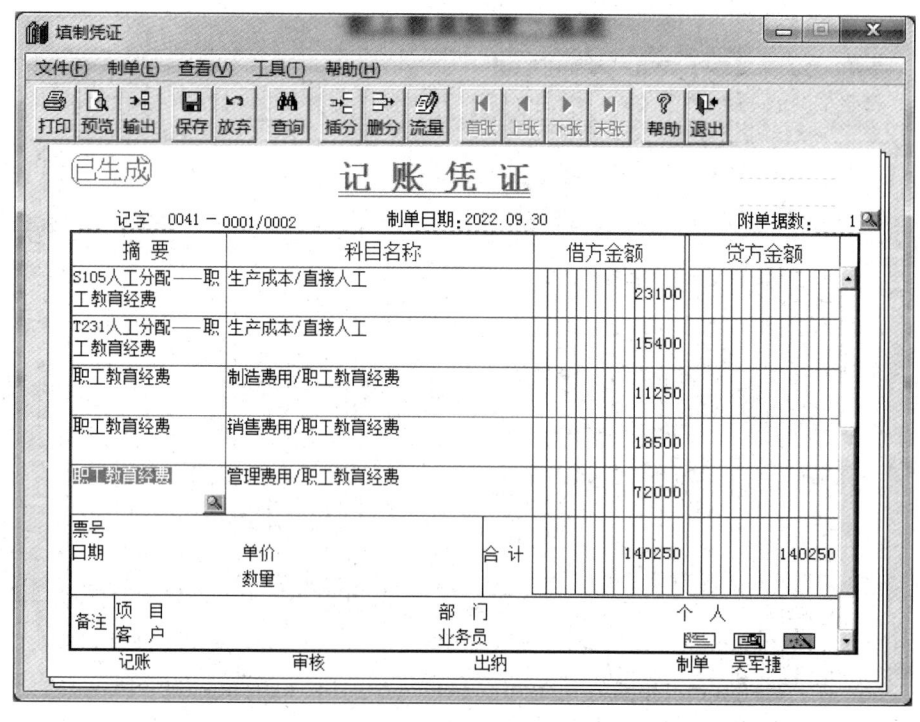

图 6-68 职工教育经费制单 1/2

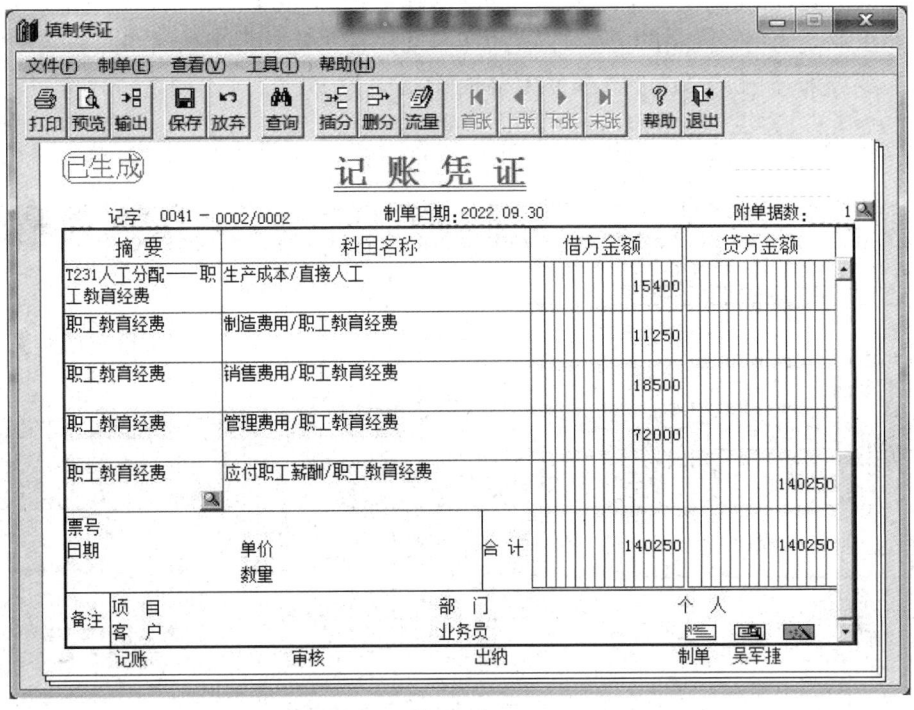

图 6-69　职工教育经费制单 2/2

 故障诊断

故障：在工资分摊的"分摊构成设置"中，将生产车间的管理人员类别选择成了"生产"，而非"管理"（图 6-70）。

图 6-70　分摊构成设置故障

原因分析: 此时在生产车间人员类别的选择上,选择成了生产人员,会出现计提的职工是生产车间生产人员的7名工人,而非车间主任张雯。带来的后果是张雯的工资没有生成凭证,而生产工人的工资重复计提(图6-71)。

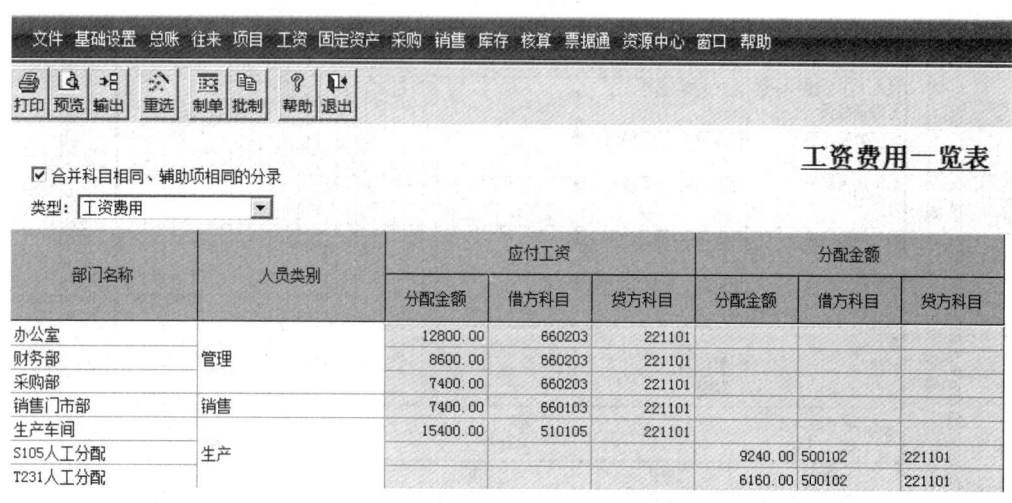

图6-71 工资费用一览表故障

解决办法: 退出工资费用一览表,返回"分摊构成设置"中,将生产车间的人员设置成"管理"(图6-72),才会正常计提各部门人员的工资(图6-73)。

图6-72 分摊构成设置故障

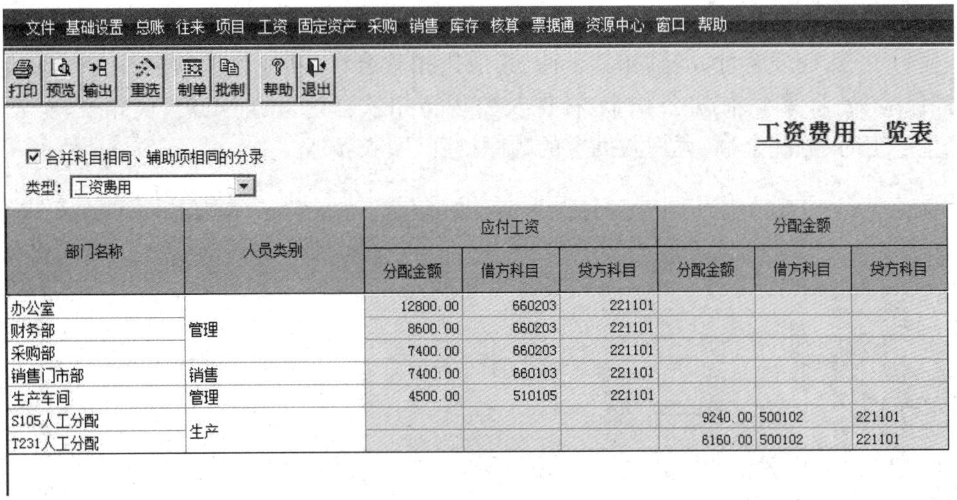

（图：工资费用一览表界面）

图 6-73　工资费用一览表故障

能力训练

◎ 案例描述

在实际工作中,有些单位为了方便工作,通过网上发布工资的形式向职工发放工资单,而非工资条。而系统并不能识别财务软件,通常是通过 Excel 表来发布。因此,我们需要通过导出"工资变动表",在 Excel 表中调整项目的栏目,利用 Excel 表的基本计算功能,完成 1 张自制的"工资结算汇总表"来进行发布,同时我们增加学习一些 Excel 在工资表中的应用。

◎ 做一做

步骤一:执行"工资"/"业务处理"/"工资变动"命令,点击【输出】按钮,保存类型为（*.xls）,文件名称"工资结算汇总表",点击【保存】按钮（图 6-74）。

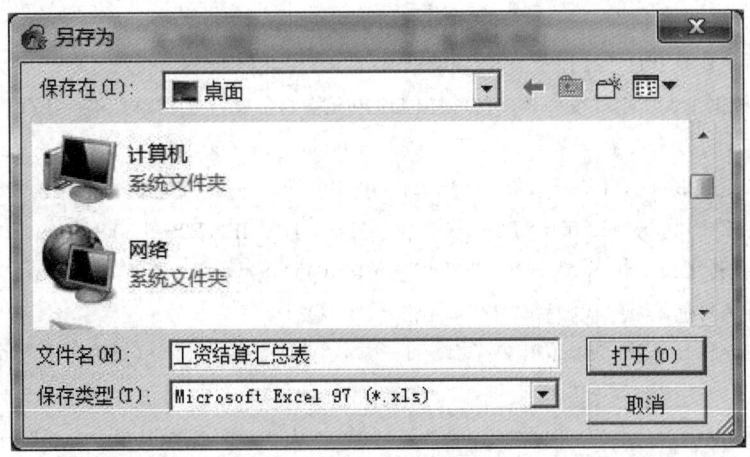

图 6-74　保存工资结算汇总表

步骤二：打开"工资结算汇总表"，按照人员编号、姓名、部门、人员类别、月标准工资、应付工资、应发合计、缺勤扣款合计、其他代扣款合计、其他代发款合计、养老保险、医疗保险、失业保险、住房公积金、社保及公积金扣款合计、税前工资、代扣税、实发合计、生产工时、分配金额、大病救助金的顺序排列（图6-75）。

	A	B	C	D	E	F	G	H	I	J	K	L	M	N	O	P
1	人员编号	姓名	部门	人员类别	月标准工资	应付工资	应发合计	缺勤扣款合计	其他代扣款合计	其他代发款合计	养老保险	医疗保险	失业保险	住房公积金	社保及公积金扣款合计	税前工资
2	12101	吴文胜	办公室	管理	8000	8000	8000	0	0	0	640	160	80	800	1680	6
3	12102	赵俊	办公室	管理	2500	2500	2500	0	0	0	200	50	25	250	525	1
4	12103	黄扶华	办公室	管理	2300	2300	2300	0	0	0	184	46	23	230	483	1
5	12201	程汉林	财务部	管理	4000	4000	4000	0	0	0	320	80	40	400	840	3
6	12202	吴军捷	财务部	管理	2500	2500	2500	0	0	0	200	50	25	250	525	1
7	12203	任慧慧	财务部	管理	2100	2100	2100	0	0	0	168	42	21	210	441	1
8	12301	朱晓燕	采购部	管理	3000	3000	3000	0	0	0	240	60	30	300	630	2
9	12302	李丽芬	采购部	管理	2200	2200	2200	0	0	0	176	44	22	220	462	1
10	12303	侯国庆	采购部	管理	2200	2200	2200	0	0	0	176	44	22	220	462	1
11	12401	王春	销售部	销售	3000	3000	3000	0	0	0	240	60	30	300	630	2
12	12402	金杰明	销售部	销售	2200	2200	2200	0	0	0	176	44	22	220	462	1
13	12403	付俊华	销售部	销售	2200	2200	2200	0	0	0	176	44	22	220	462	1
14	22101	张雯	生产车间	管理	4500	4500	4500	0	0	0	360	90	45	450	945	3
15	22102	周小华	生产车间	生产	2300	2300	2300	0	0	0	184	46	23	230	483	1
16	22103	王洁浩	生产车间	生产	2300	2300	2300	0	0	0	184	46	23	230	483	1
17	22104	潘吉林	生产车间	生产	2300	2300	2300	0	0	0	184	46	23	230	483	1
18	22105	姜辉	生产车间	生产	2200	2200	2200	0	0	0	176	44	22	220	462	1
19	22106	樊耀	生产车间	生产	2200	2200	2200	0	0	0	176	44	22	220	462	1
20	22107	石俊伟	生产车间	生产	2100	1800	2100	300	0	0	144	36	18	180	378	1
21	22108	刘玲	生产车间	生产	2000	2000	2000	0	0	0	160	40	20	200	420	1
22	23101	S105	S105人工	生产	0											
23	24101	T231	T231人工	生产	0											
24																

图6-75　工资结算汇总图

步骤三：拓展Excel知识，现仅知道数据为月标准工资、缺勤扣款合计、其他代扣款合计、其他代发款合计、生产工时、大病救助金的金额，其他单元格都用公式来进行填写。

公式为：

应付工资=月标准工资（"F2"单元格=E2）

应发合计=应发合计－缺勤扣款合计（"G2"单元格=F2－H2）

养老保险=应付工资*0.08（"K2"单元格=F2*0.08）

医疗保险=应付工资*0.02（"L2"单元格=F2*0.02）

失业保险=应付工资*0.01（"M2"单元格=F2*0.01）

住房公积金=应付工资*0.1（"N2"单元格=F2*0.1）

社保及公积金扣款合计=养老保险+医疗保险+失业保险+住房公积金（"Q2"单元格=K2+L2+M2+N2）

税前工资=应发合计－社保及公积金扣款合计（"P2"单元格=G2－O2）

代扣税（根据个人所得税税率表，可以得出Q2单元格的公式）："Q2"单元格=IF((P2－5 000)>80 000,(P2－5 000)*0.45－151 660,IF((P2－5 000)>55 000,(P2－5 000)*0.35－7 160,IF((P2－5 000)>35 000,(P2－5 000)*0.3－4 410,IF((P2－5 000)>25 000,(P2－5 000)*0.25－2 660,IF((P2－5 000)>12 000,(P2－5 000)*0.2－1 410,IF((P2－5 000)>3 000,(P2－5 000)*0.10－105,IF((P2－5 000)>0,(P2－5 000)*0.03,0)))))))

实发合计=税前工资－代扣税（"R2"单元格=P2－Q2）

分配金额=S105生产工时/总生产工时*生产工人工资总额（"T22"单元格=SUM(F15:F21)*S2/10 000)

大病补助金=S105生产工时/总生产工时*生产工人大病补助金总额（"U22"单元格=SUM(U15:U21)*S2/10 000)

任务三 结 账

知识认知

(1) 月末处理只有主管可以进行。
(2) 月末结账只有在会计年度的1月至11月进行。
(3) 在进行工资模块月末结账之前,必须将变动数据进行"清零"处理。
(4) 在进行固定资产模块结账之前,必须完成所有的凭证制单,即批量制单为空。
(5) 本月还有未审核的单据时,则本月不能结账。

工作任务

任务1:对于工资模块进行月末结账,对于固定资产进行月末结账,对于销售管理模块进行月末结账,对于库存管理模块进行月末结账,对于核算管理模块进行月末结账,对于总账模块进行月末结账。

任务实施

步骤一:执行"工资"/"月末处理"命令(图6-76),点击【确定】按钮,在"工资管理"窗口中点击【是】按钮(图6-77),进行清零项目选择(图6-78),完成工资模块结账。

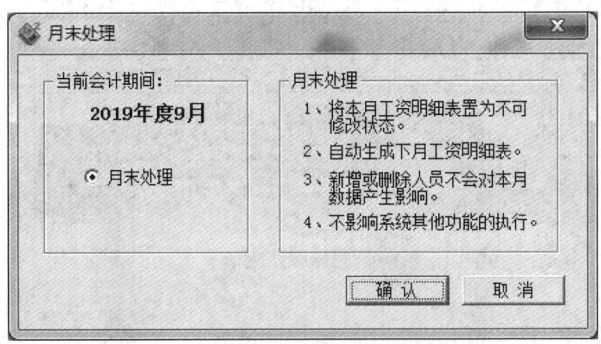

图6-76 "月末处理"窗口

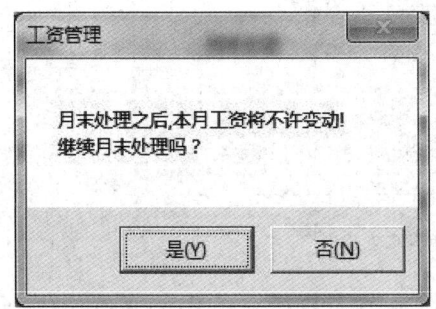

图6-77 "工资管理"窗口

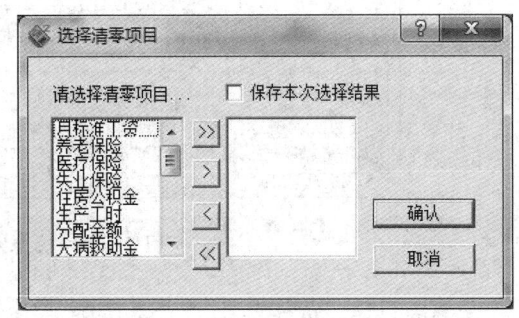

图6-78 "选择清零项目"窗口

步骤二：执行"固定资产"/"月末结账"命令，点击【开始结账】按钮（图6-79），在账务对账结果是点击【确定】按钮，完成固定资产模块结账（图6-80）。

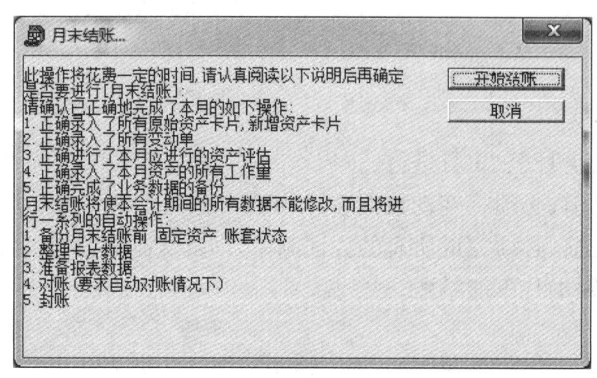 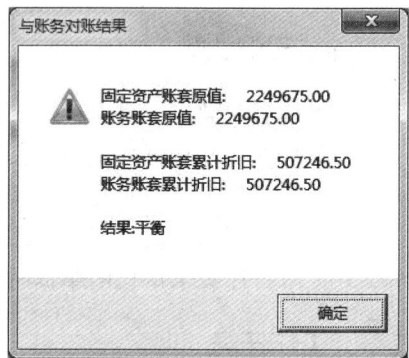

图6-79 开始结账　　　　　　　　图6-80 账务对账结果

步骤三：执行"采购管理"/"月末结账"命令，选中需要结账的会计月份（图6-81），点击【结账】按钮，完成采购管理模块结账。

图6-81 "月末结账"窗口

步骤四：执行"销售管理"/"月末结账"命令，选中需要结账的会计月份（图6-82），点击【月末结账】按钮，完成销售管理模块结账。

图 6-82 "月末结账"窗口

步骤五：执行"库存管理"/"月末处理"命令，选中需要结账的会计月份（图 6-83），点击【结账】按钮，完成库存管理模块结账。

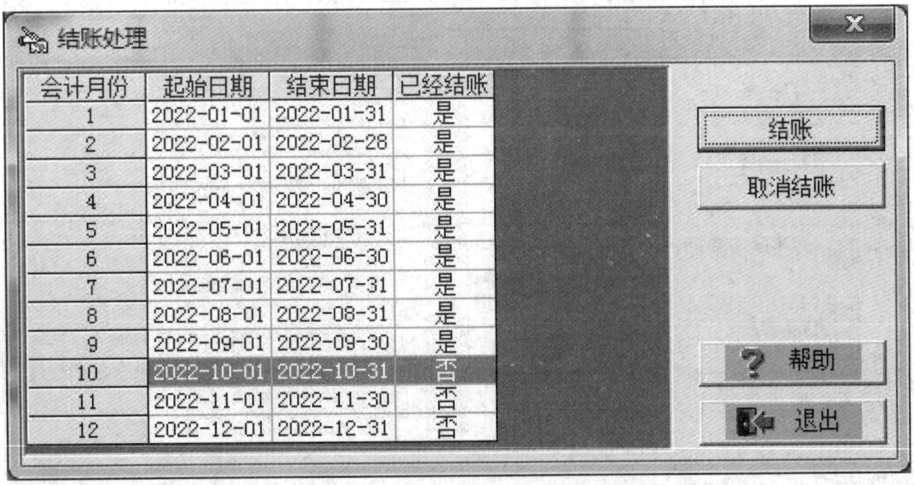

图 6-83 "结账处理"窗口

步骤六:执行"核算管理"/"月末结账"命令,点击【月末结账】(图6-84)、【确定】按钮,完成核算管理模块结账(图6-85)。

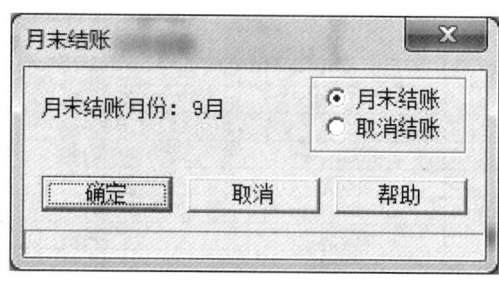

图6-84 "月末结账"窗口

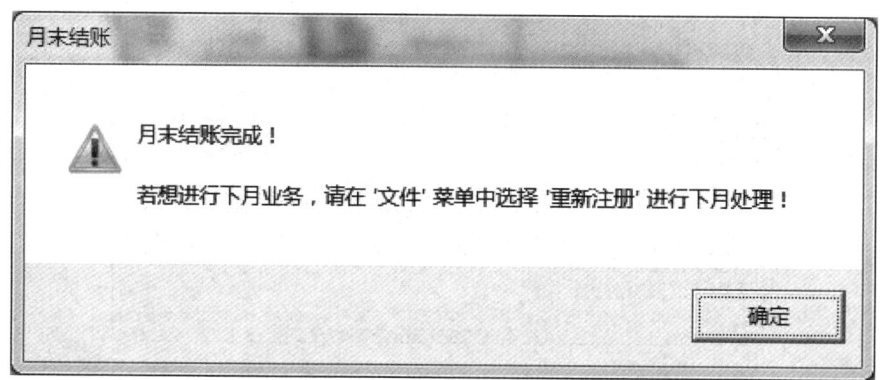

图6-85 完成月末结账

步骤七:执行"总账"/"月末结账"命令,依次点击【下一步】按钮(图6-86),核对账簿(图6-87),形成月度工作报告(图6-88),完成结账(图6-89)。

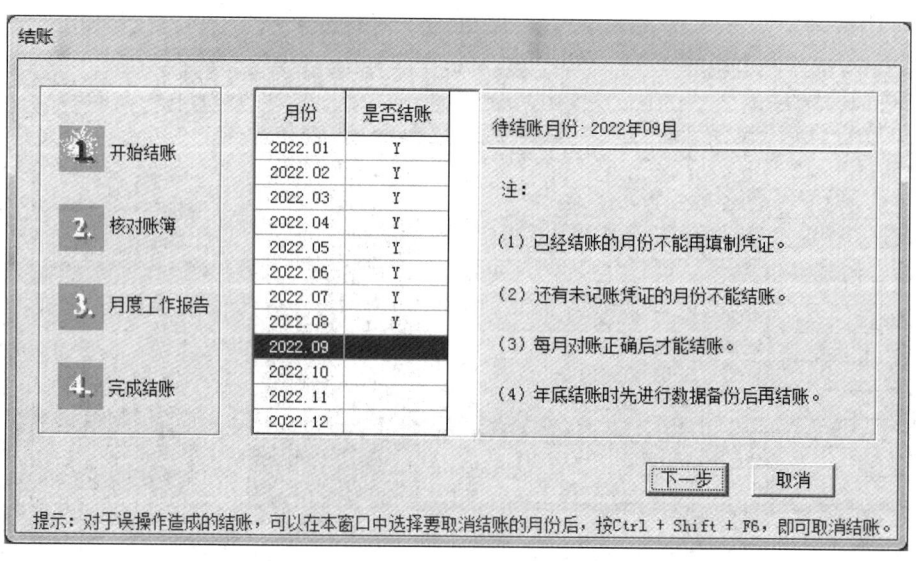

图6-86 开始对账

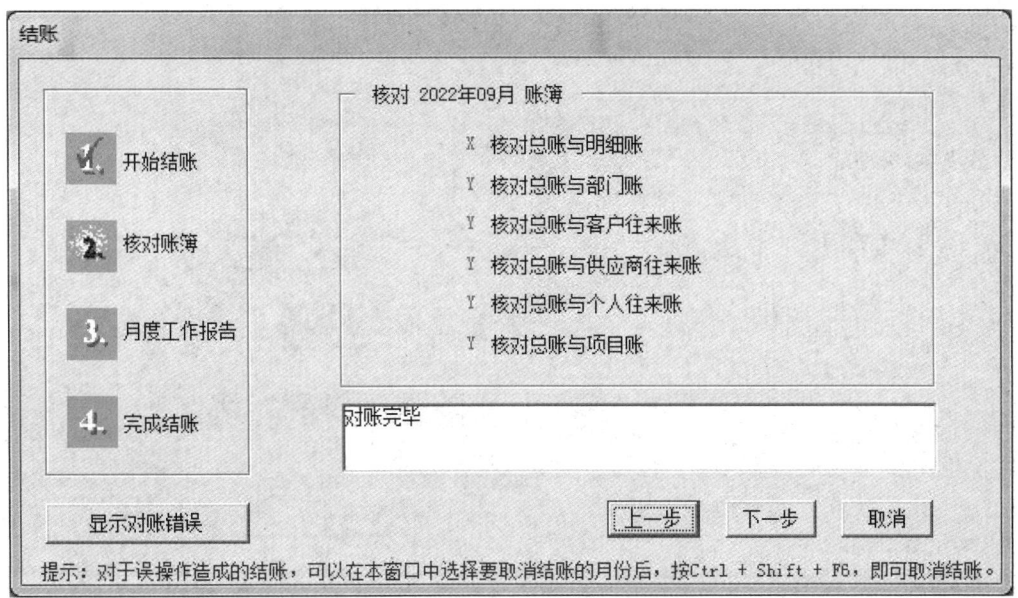

图 6-87 核对账簿

图 6-88 月度工作报告

图 6-89 完成结账

 故障诊断

故障：在总账结账过程中，出现"2022 年 09 月未通过工作检查，不可以结账"（图 6-90）。

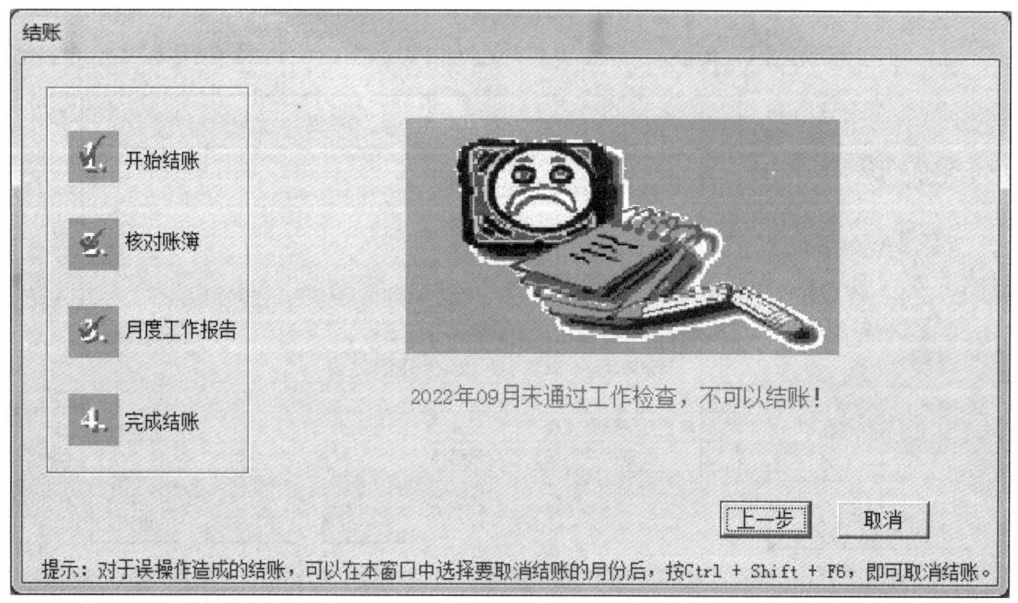

图 6-90 完成结账时出现故障

解决办法：

在完成结账界面中点击【上一步】按钮，进入月度工作报告，查看问题原因，发现固定资产系统本月未结账(图6-91)。

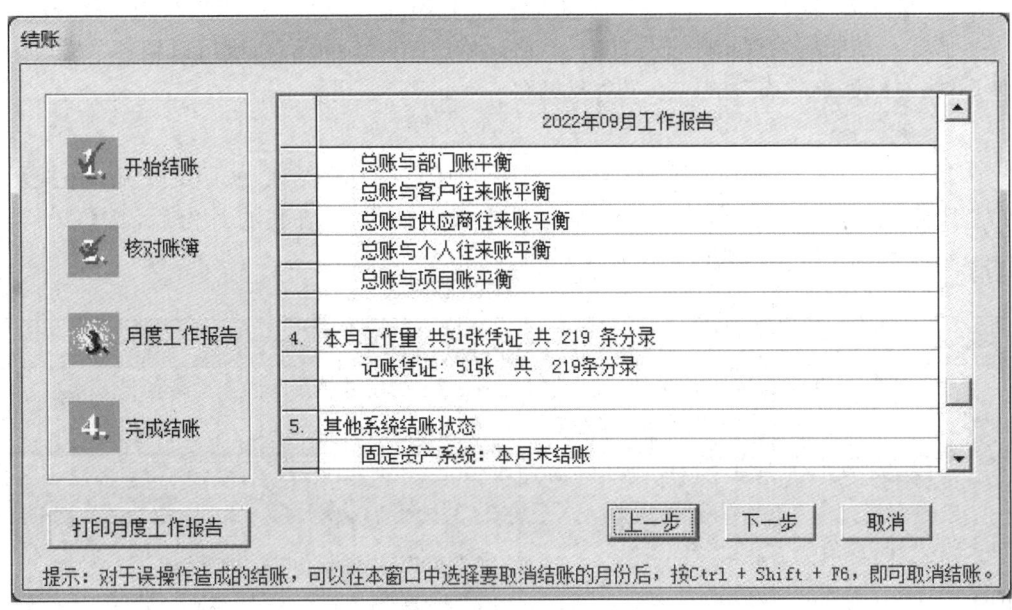

图6-91　错误月度报告

根据月度工作报告的提示，进入固定资产模块，进行固定资产月末结账。完成后返回总账系统再次进行月末结账(图6-92)。

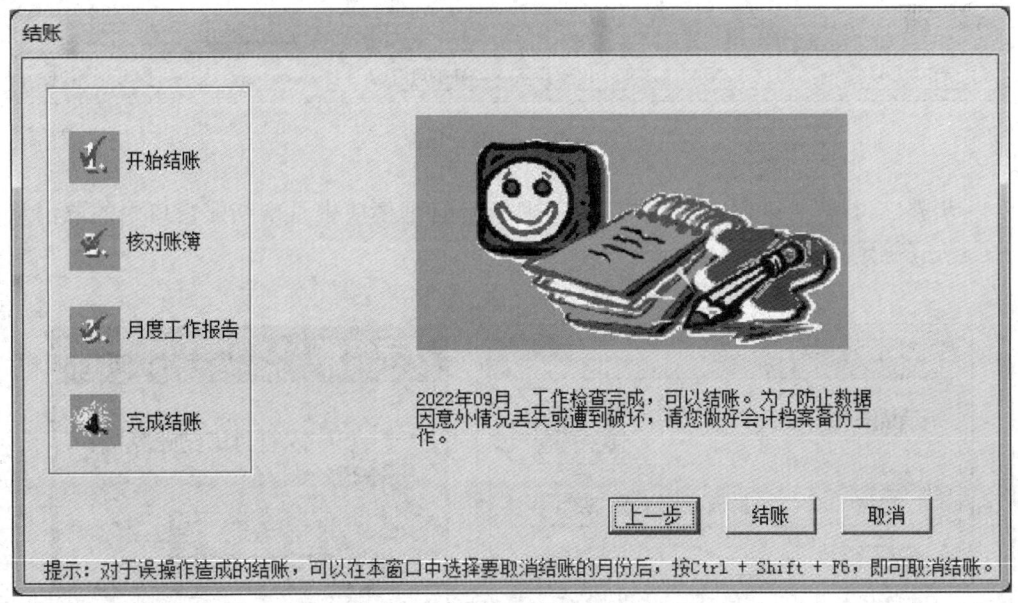

图6-92　完成结账

能力训练

◎ 案例描述

假如在结账后发现结账前操作有误，必须修改结账前的信息，则可以到各个模块中使用"恢复结账前状态"的功能，又称反结账。

◎ 做一做

步骤一：总账模块反结账。在当月总账模块中选择月末结账，按照结账窗口下提示"对于误操作造成的结账，可以在本窗口中选择要取消结账的月份后，按【Ctrl＋shift＋F6】，即可取消结账(图6-93)。

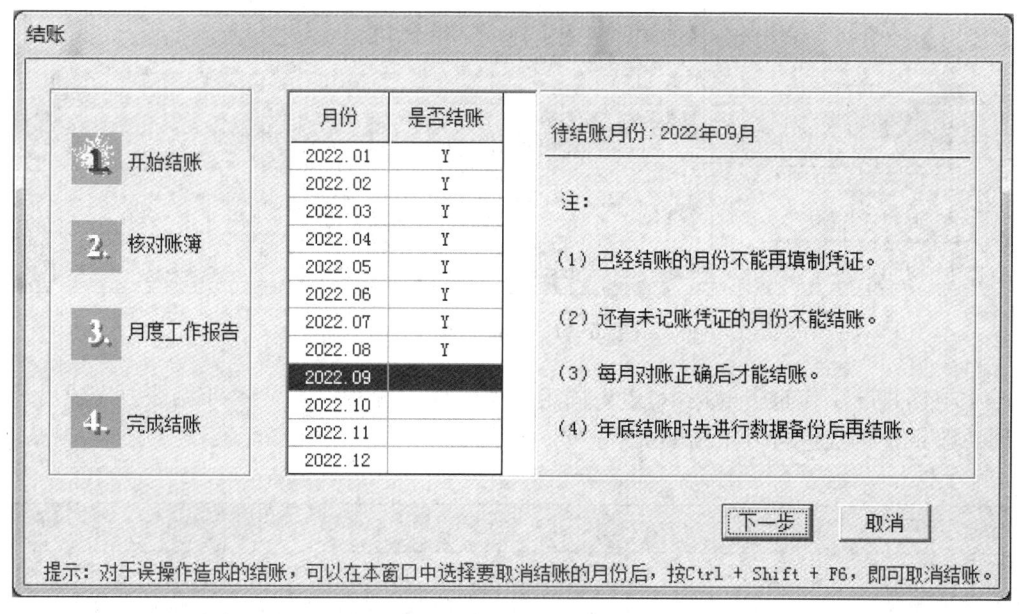

图 6-93 总账反结账

步骤二：核算管理模块反结账。在下月核算管理模块中月末结账窗口中的取消结账，点击【确定】按钮(图6-94、图6-95)。

图 6-94 核算管理反结账

图 6-95 核算管理反结账

步骤三：库存管理模块反结账。在当月库存管理模块中选择结账处理窗口下的取消结账(图6-96)。

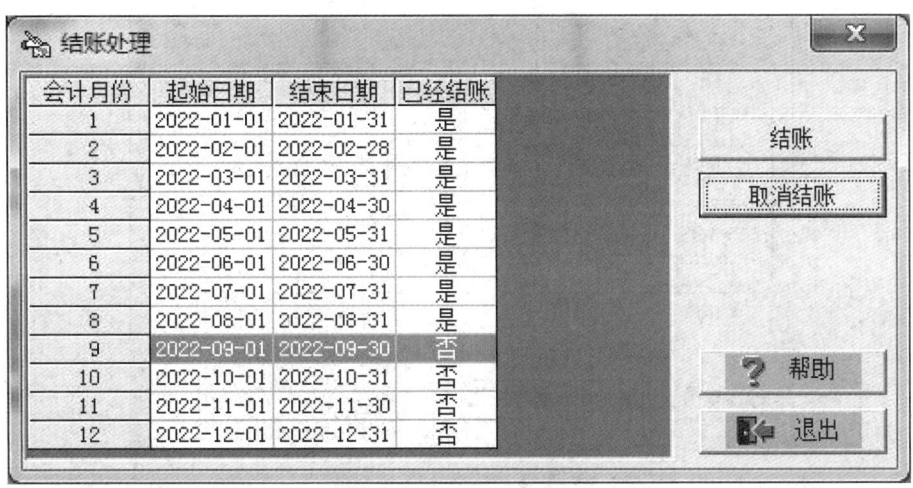

图6-96 库存管理反结账

步骤四：销售管理模块反结账。在当月销售管理模块中选择结账处理窗口下的取消结账(图6-97)。

图6-97 销售管理反结账

步骤五：采购管理模块反结账。在当月采购管理模块中选择对应的会计月份，点击【取消结账】按钮(图6-98)。

图6-98 采购管理反结账

步骤六：固定资产模块反结账。在当月固定资产模块下的处理中选择"恢复月末结账前状态"，在弹出的窗口中点击【是】按钮，完成操作(图6-99)。

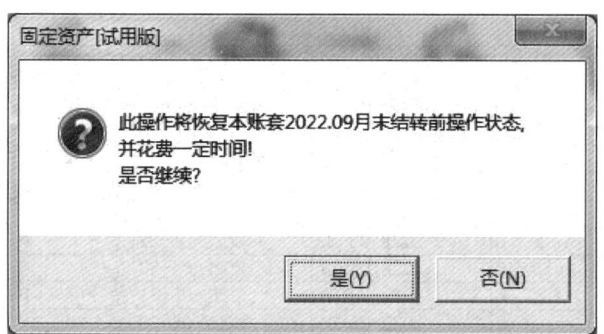

图6-99 固定资产反结账

步骤七：工资模块反结账。在下月工资模块中选择业务处理中的"反结账"，在弹出的反结账窗口中点击【确定】按钮，完成工资反结账操作(图6-100)。

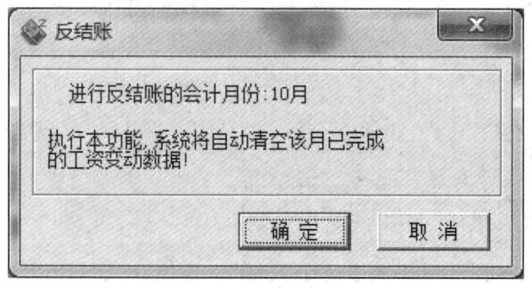

图6-100 工资管理反结账

项目七 报表管理

 学习目标

知识目标:了解报表管理的基本功能,熟悉报表编制基本流程;掌握报表格式、公式的设计;掌握报表数据处理方法;掌握图标分析的操作方法。

能力目标:能够灵活地根据实际工作的需要设计各种报表,并生成报表数据;能够熟练地利用报表模板生成报表数据。报表编制的基本流程(图7-1)。

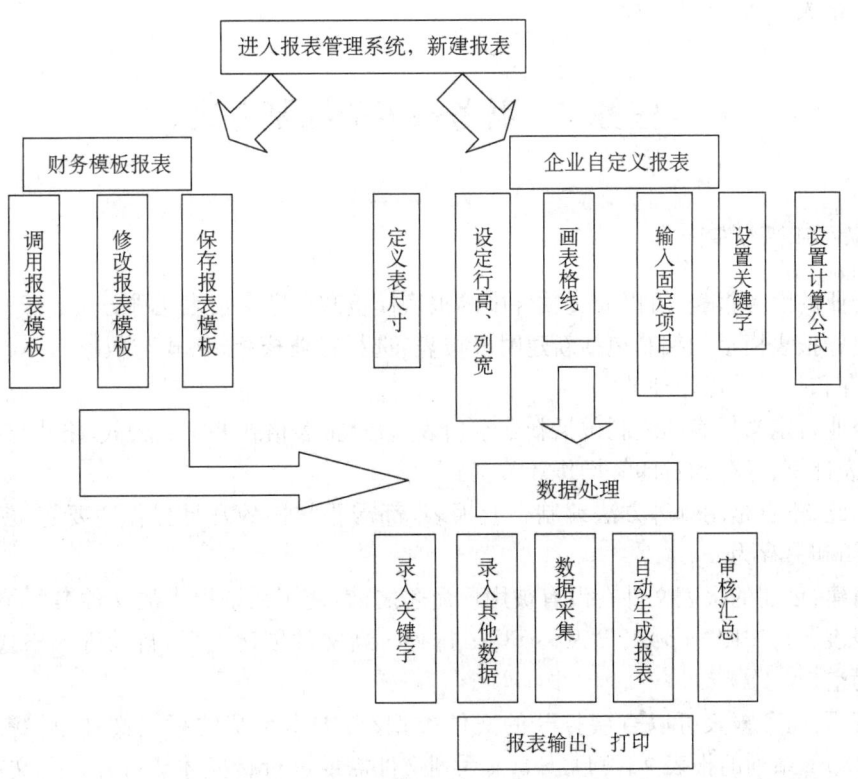

图7-1 财务报表流程

任务一　报表管理的相关知识

 知识认知

财务报表系统中提供了21个行业的标准财务报表模板,包括最新的现金流量表,可轻松生成复杂报表。提供自定义模板的新功能,可以根据本单位的实际需要定制模板。

财务报表系统有3类文件,它们是:

(1) 报表文件(后缀.rep):报表文件是我们在日常操作中要熟练使用的,一个报表文件就是一个电子报表,例如,资产负债表、损益表、利润表等,它包括一页或多页格式相同、但具有不同数据的表页。

(2) 批命令文件(后缀.shl):批命令文件是多个财务报表命令的集合,即在一个批命令文件中编写多个命令,执行这个批命令文件就可以一次完成这些命令。批命令文件在二次开发窗口财务报表EDIT中编写。

(3) 菜单文件(后缀.mnu):菜单文件在常规操作中较少用到,是用户设计的、可以实现特定功能和操作流程的菜单文件,它可以取代系统菜单。菜单文件在二次开发窗口财务报表EDIT中编写。

任务二　财务报表的编制方法

 知识认知

企业的财务报表,可以通过软件中的报表模板和自定义报表两种方法完成。

财务报表模板的编制包括新建财务报表、选择行业模板、格式与数据切换、整表计算、保存和打印等操作环节。

企业自定义报表的编制包括新建空白表、设计报表格式并定义公式、格式与数据切换、整表计算、保存和打印等操作环节。

因此,不管是用哪种方法编制企业报表,都需要掌握的常见操作主要有:新建、打开、关闭和另存为。

新建:创建的报表文件在没有被用户命名之前,使用系统提供的文件名"report1"。新建报表名将按照"report2""report3"…排列。新文件创建之后,自动进入格式状态,内容为空。

打开:财务报表可以直接打开的文件类型有:①本系统的报表文件(后缀.rep);②UFO7.x系列的报表文件(DOS 5.x系列文件需要进行转换才能打开);③文本文件(后缀.txt);④DBASE数据库文件(后缀.dbf);⑤ACCESS文件(后缀.mdb);⑥MS

EXCEL 文件(后缀.xls);⑦LOTUS 1-2-3(4.0版)文件(后缀.wk4)。

关闭:当报表关闭后,它与其他报表间的数据关系也自动关闭。如果文件进行了修改后没有保存,点击【关闭】按钮后将弹出提示框提醒用户保存文件。如果报表文件有打开的图表窗口,应该关闭图表窗口才能关闭报表窗口,否则将出现提示框"关闭本报表的图形窗口后,才能关闭本窗口"。

另存为:点击【另存为】按钮,可以保存当前文件的备份,或者把文件保存为其他文件格式。财务报表可以保存的文件类型有:①本系统的报表文件(后缀.rep);②文本文件(后缀.txt);③DBASE 数据库文件(后缀.dbf);④ACCESS 文件(后缀.mdb);⑤MS EXCEL 文件(后缀.xls);⑥LOTUS 1-2-3(4.0版)文件(后缀.wk4)。

财务报表将含有数据的报表分为两大部分来处理,即报表格式设计工作与报表数据处理工作。报表格式设计工作和报表数据处理工作是在不同的状态下进行的。实现状态切换的是一个特别重要的按钮——【格式/数据】按钮,点击这个按钮可以在格式状态和数据状态之间切换。

在格式状态下设计报表的格式,如表尺寸、行高列宽、单元属性、单元风格、组合单元、关键字、可变区等。报表的3类公式:单元公式(计算公式)、审核公式、舍位平衡公式也在格式状态下定义。在格式状态下所做的操作对本报表所有的表页都发生作用。在格式状态下不能进行数据的录入、计算等操作。在格式状态下时,所看到的是报表的格式,报表的数据全部都隐藏了。

在数据状态下管理报表的数据,如输入数据、增加或删除表页、审核、舍位平衡、做图形、汇总、合并报表等。在数据状态下不能修改报表的格式。

在数据状态下时,您看到的是报表的全部内容,包括格式和数据。

财务报表系统还提供了直方图、圆饼图、折线图、面积图4大类共10种格式的图表。图表是利用报表文件中的数据生成的,图表与报表存在着紧密的联系,当报表中的源数据发生变化时,图表也随之变化。一个报表文件可以生成多个图表,最多可以保留12个图表。图表以图表窗口的形式存在,图表并不是独立的文件,它的存在依附于源数据所在的报表文件,只有打开报表文件后,才能打开有关的图表。报表文件被删除之后,由该报表文件中的数据生成的图表也同时被删除。图表可以命名,可以选择图表名打开图表,可以修改图表,保存或删除图表。与报表文件一样,图表可以打印输出。

 工作任务

业务1:以账套主管的身份在财务报表系统完整地生成2022年9月30日的资产负债表和2022年9月份利润表。

任务实施

步骤一:进入财务报表系统,执行"文件"/"新建"命令,出现模板分类(小企业)对话框(图7-2),选择资产负债表。

步骤二:在数据状态下,执行"数据"/"关键字"/"录入"命令(图7-3),录入完成后点击【确认】按钮,自动整表重算(图7-4)。

■ 常见财务软件应用(用友畅捷通 T3)

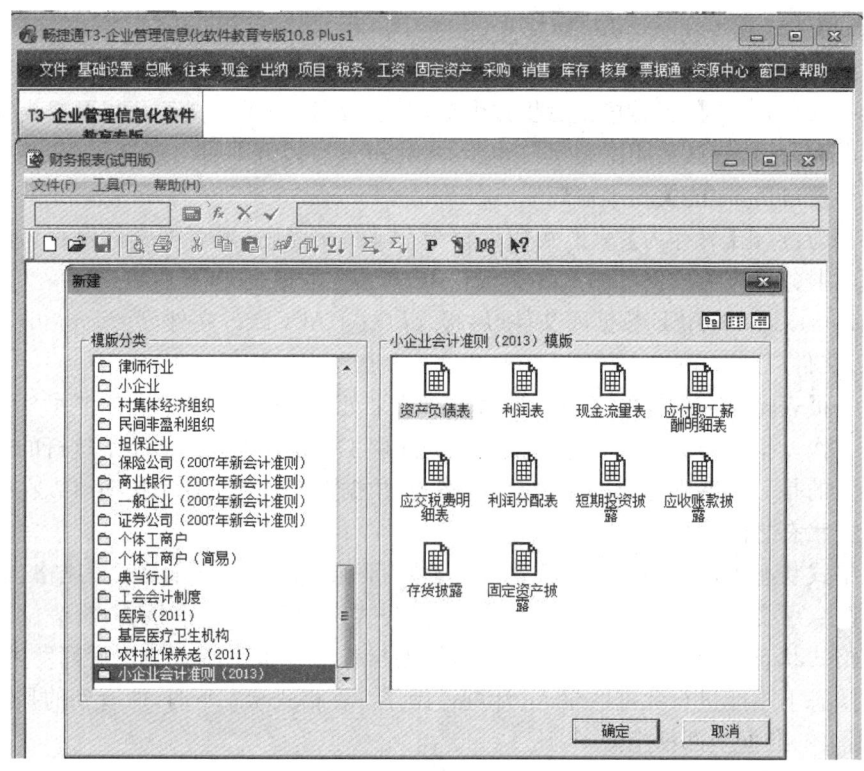

图 7-2　新建报表模板

图 7-3　录入关键字

资产负债表

单位名称：盐城风奥有限公司　　2022 年　9 月　30 日

会企01表
单位：元

资产	期末余额	年初余额	负债和所有者权益（或股东权益）	期末余额	年初余额
流动资产：			流动负债：		
货币资金	1,576,054.33	2,016,685.16	短期借款	200,000.00	
交易性金融资产			交易性金融负债		
应收票据	33,900.00		应付票据		
应收账款	232,519.44	232,519.44	应付账款	801,346.40	831,346.40
预付款项	66,880.39	77,989.00	预收款项	48,000.00	500,000.00
应收利息			应付职工薪酬	122,392.71	119,007.50
应收股利			应交税费	71,997.69	185,850.35
其他应收款	1,500.00	1,500.00	应付利息	-366.67	
存货	386,899.80	296,367.00	应付股利		100,000.00
一年内到期的非流动资产			其他应付款		
其他流动资产			一年内到期的非流动负债		
流动资产合计	2,297,753.96	2,625,060.60	流动负债合计	1,243,370.13	1,736,204.25
非流动资产：			非流动负债：		
可供出售金融资产			长期借款		
持有至到期投资			应付债券		
长期应收款			长期应付款		
长期股权投资			专项应付款		
投资性房地产			预计负债		
固定资产	1,742,428.50	1,784,989.75	递延所得税负债		
在建工程	500,000.00	500,000.00	其他非流动负债		
工程物资			非流动负债合计		
固定资产清理			负债合计	1243370.13	1736204.25
生产性生物资产			所有者权益（或股东权益）：		
油气资产			实收资本（或股本）	1,800,000.00	1,600,000.00
无形资产			资本公积	53,000.00	253,000.00
开发支出			减：库存股		
商誉			盈余公积	40,367.00	40,367.00
长期待摊费用			未分配利润	1403445.33	1280479.10
递延所得税资产			所有者权益（或股东权益）合计	3,296,812.33	3,173,846.10
其他非流动资产					
非流动资产合计	2242428.50	2284989.75			
资产总计	4540182.46	4910050.35	负债和所有者权益（或股东权益）总计	4540182.46	4910050.35

图 7-4　重算后资产负债表

步骤三：参照步骤一、步骤二完成利润表（图 7-5）。

> **注意**
>
> （1）保存报表格式：①执行"文件"/"保存"命令。如果是第一次保存，则打开"另存为"对话框。②选择需要保存的文件夹位置，输入报表文件名"资产负债表"，选择保存类型"*.REP"。③单击"另存为"。
>
> （2）报表格式设置完以后切记要及时将这张报表格式保存下来，以便以后随时调用。".REP"为用友报表文件专用扩展名。在保存报表格式之前，应先建好存放报表的文件夹。

利 润 表

会企02表

单位名称：盐城风奥有限公司　　2022 年 9 月　　　　　　单位：元

项　　目	本期金额	上期金额
一、营业收入	430000.00	
减：营业成本	52,049.20	
税金及附加	3,982.39	
销售费用	15,883.28	
管理费用	49,729.58	
财务费用	-1,599.43	
资产减值损失		
加：公允价值变动收益（损失以"－"填列）		
投资收益（损失以"－"填列）		
其中：对联营企业和合营企业的投资收益		
二、营业利润（亏损以"－"号填列）	309,954.98	
加：营业外收入	2,000.00	
减：营业外支出	148,000.00	
其中：非流动资产处置损失		
三、利润总额（亏损总额以"－"号填列）	163,954.98	
减：所得税费用	40,988.75	
四、净利润（净亏损以"－"号填列）	122,966.23	
五、每股收益:		
（一）基本每股收益		
（二）稀释每股收益		

图 7-5　重算后利润表

业务 2：以账套主管的身份在财务报表系统中自定义 1 张货币资金表，如表 7-1 所示。

表 7-1　货币资金表

编制单位：　　　　　　　年　　月　　日　　　　　　　单位:元

项目	行次	期初数	期末数
库存现金	1		
银行存款	2		
合计	3		

制表人：

表头：

标题"货币资金表"设置为"黑体、14 号、居中"。

编制单位及金额单位设置为"黑体、12 号"。

年、月、日应设为关键字。

表体：

表体中文字设置为"楷体、12 号、居中"。

表尾：

"制表人"设置为"楷体、12号、右对齐"。

报表公式：

库存现金期初数：C4＝QC("1001",月)

库存现金期末数：D4＝QM("1001",月)

银行存款期初数：C5＝QC("1002",月)

银行存款期末数：D5＝QM("1002",月)

期初数合计：C6＝C4＋C5

期末数合计：D6＝D4＋D5

任务实施

步骤一：设置报表格式。

执行"财务报表"/"新建"/"常用"/"空报表"/"格式"/"表尺寸"命令，输入7行4列，点击【确认】按钮（图7-6）。

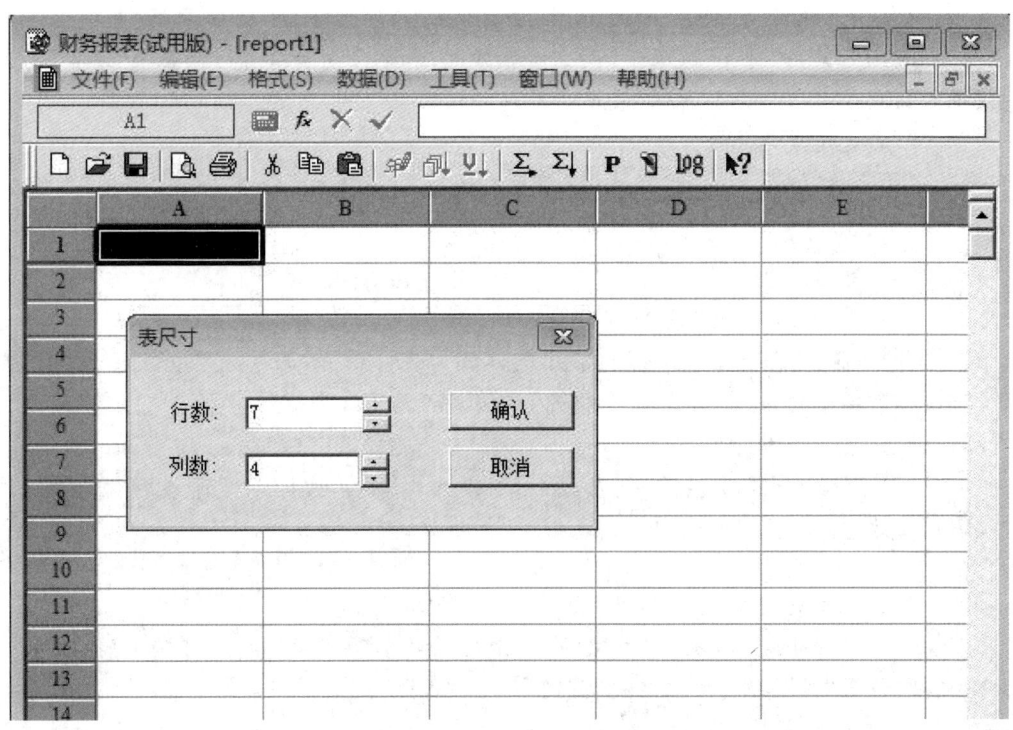

图7-6 表尺寸设置

步骤二：定义组合单元。

选择须合并的区域"A1:D1"，执行"格式"/"组合单元"命令，选择组合方式【整体组合】或【按行组合】，该单元即合并成一个单元格。同理定义"A2:D2""A7:D7"单元为组合单元。

步骤三：画表格线。

选中报表需要画线的区域"A3:D6"，执行"格式"/"区域画线"/"网线"命令，点击

【确认】按钮。

步骤四:输入报表项目。

选中 A1 组合单元,输入"货币资金表"。根据实验资料,合计输入其他单元的文字内容。

> **注意**
>
> (1) 报表项目指报表的文字内容,主要包括表头内容、表体项目、表尾项目等,不包括关键字。
> (2) 编制单位、日期一般不作为文字内容输入,而是需要设置为关键字。

步骤五:定义报表行高。

选中"A1",执行"格式"/"行高"命令,输入行高"7",点击【确定】按钮。

步骤六:定义报表列宽。

选中 A 列到 D 列,执行"格式"/"列宽"命令,输入列宽"30"。

步骤七:设置单元风格。

选中"A1",执行"格式"/"单元属性"命令,点击"字体图案"选项卡,设置字体"黑体",字号"14",单击"对齐"选项卡,设置对齐方式,水平方向和垂直方向都选"居中",点击【确定】按钮。同理,设置表体、表尾的单元风格。

步骤八:定义单元属性。

选定单元格"D7",再执行"格式"/"单元属性"/"单元类型"命令,单击"字符"选项。

> **注意**
>
> (1) 用友财务报表中单元格式有 3 种:表样单元、数值单元、字符单元。
> (2) 格式状态下输入内容的单元均默认为表样单元,未输入数据的单元均默认为数值单元,在数据状态下可输入数值。若希望在数据状态下输入字符,应将其定义为字符单元。
> (3) 字符单元和数值单元输入后只对本表页有效,表样单元输入后对所有表页有效。

步骤九:设置关键字。

选中"A2",再执行"数据"/"关键字"/"设置"命令,单击"年"后点击【确定】按钮。同理,设置"月""日""单位名称"关键字。

> **注意**
>
> (1) 用友报表系统中,相同格式的报表,通过输入不同的关键字,来生成不同数据的报表。因此关键字的设置非常重要。
> (2) 每个报表可以同时定义多个关键字。
> (3) 如果要取消关键字,须执行"数据"/"关键字"命令,把关键字取消。

步骤十:调整关键字位置。

执行"数据"/"关键字"/"偏移"命令,录入年"−150",月"−120",日"−90",单击【确定】按钮。

> **注意**
> (1) 关键字的位置可以用偏移量来表示,负数值表示向左移,正数值表示向右移。在调整时,可以通过输入正或负的数值来调整。
> (2) 关键字偏移量单位为像素。

步骤十一:报表公式定义。

选定单元"C4",执行"数据"/"编辑公式"/"单元公式"命令,直接输入总账期初函数公式QC("1001",月),点击【确认】按钮。同理,定义D4,D5,C5。C6和D6单元格的公式可以录入,也可以用∑↓向下求和。

选定被定义单元"D4",即"现金"期末数。单击"fx"按钮,打开"定义公式"对话框。点击【函数向导】按钮,打开"函数向导"对话框。在函数分类列表框中选择"用友账务函数"在右边的函数名列表中选中"期末,QM"。点击【下一步】按钮,打开"用友账务函数"对话框。点击【参照】按钮,打开"账务函数"对话框。各项均采用系统默认值,点击【确定】按钮,返回"用友账务函数"对话框。点击【确定】按钮,返回"定义公式"对话框,点击【确认】按钮。

> **注意**
> 如果公式掌握不熟,可以使用引导输入公式。

步骤十二:录入关键字并切换到数据状态(图7-7)。

	A	B	C	D
1	货币资金表			
2	单位名称:盐城风奥有限公司2022年 9月30日			单位:元
3	项目	行次	期初数	期末数
4	库存现金	1	103488.21	105488.21
5	银行存款	2	1913196.95	1470566.12
6	合计	3	2016685.16	1576054.33
7			制表人:	程双林

图7-7 货币资金表

业务3:以账套主管的身份将货币资金表编制成舍位平衡表,单位为千元。

任务实施

在格式状态下,执行"数据"/"编辑公式"/"舍位公式"命令,舍位表名"SW1",舍位范围"C4:D6",舍位位数"3",平衡公式"C6=C4+C5,D6=D4+D5",点击【完成】按钮(图7-8),切换到数据状态,执行"数据"/"舍位平衡"命令(图7-9)。

> 注意
> （1）舍位平衡公式是指用来重新调整报表数据进位后的小数位平衡关系的公式。每个公式一行，各公式之间用逗号","、""半角隔开，最后一条公式不用写逗号，否则公式无法执行。
> （2）等号左边只能为一个单元，不带页号和表名。
> （3）舍位公式中只能使用"＋""－"符号，不能使用其他运算符。

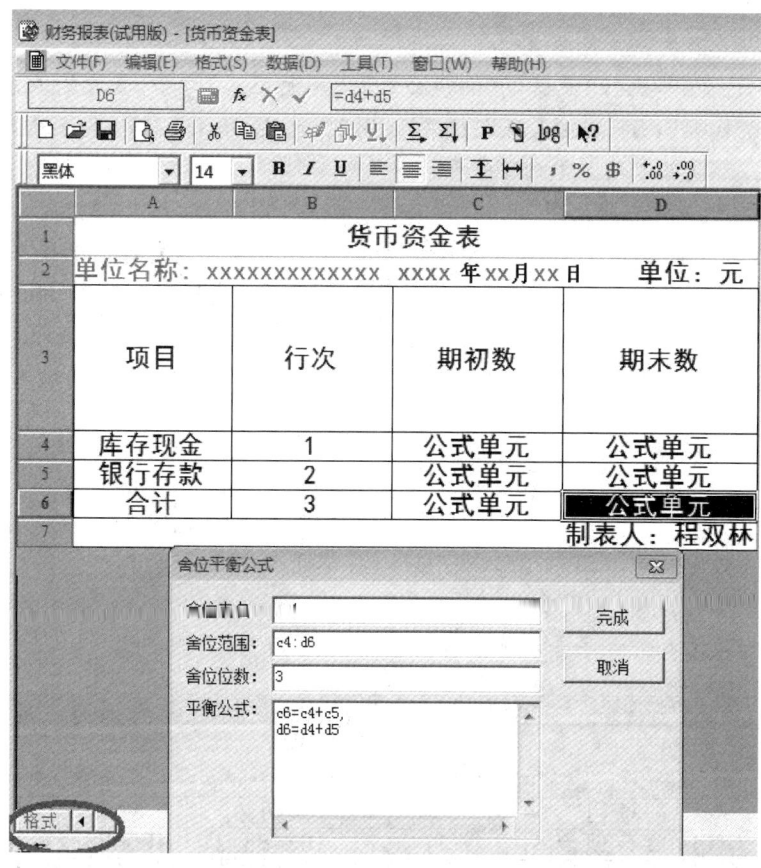

图 7-8 舍位平衡公式设置

图 7-9 舍位后结果

 **故障诊断**

故障1：报表不平的几种可能性。

原因分析：

（1）有关费用科目在"贷"方导致，所以请大家在做完当月的账目，检查一下是否有这种情况。

（2）报表计算公式的路径是否正确，尤其是跨表取数的。

（3）当月领用的原材料是否结转完毕。

（4）收入类科目是否有在"借"方的。

（5）自动生成的凭证在结转后是否记得做记账处理。

解决办法：要注意几个关键的报表项目的公式定义是否完整，如果"制造费用"科目有余额，则要关注"存货"项目公式中是否加上了该科目代码；如果不是12月末的报表，则要关注"未分配利润"项目公式中是否加上了"本年利润"科目的代码；如果有"财务费用"科目的贷方发生额，日常处理中应该用借方红字填列。

故障2：预收账款业务很少的企业，可以不设置"预收账款"科目，发生的预收账款，通过应收账款的贷方来反映。但在编制资产负债表的时候，必须把应收账款和预收账款分别反映，如何实现？

原因分析：财务报表系统的默认公式只是简单地取某个科目的期末余额。这样，就产生了财务报表中数据与财务分析中的数据不一致的问题。

解决办法：修改财务报表系统的取数公式。

◎ **业务举例**

1. "应收账款"科目设置明细科目

例如：应收账款——A 客户　余额　　100

　　　　　　——B 客户　余额　　 50

　　　　　　——C 客户　余额　　－60

则编制资产负债表时，应收账款取数为150，预收账款取数为60。取数公式修改为：

应收账款：QM("1131",月,"借",,,,,,,)

预收账款：QM("1131",月,"贷",,,,,,,)

2. "应收账款"科目设置为客户往来辅助核算

如果"应收账款"科目没有设置明细科目，而是设置了客户往来辅助核算，则要取期末余额为借方的客户的汇总数作为应收账款的数据（图7-10）。

则公式为：QM("1131",月,"借",,,"",,,,"t",)。

3. 同时使用"应收账款"科目和"预收账款"科目

如果企业同时使用"应收账款"科目和"预收账款"科目，则编制资产负债表时，应收账款应根据"应收账款""预收账款"科目的所属明细科目的期末借方余额计算填列，如表7-2所示。

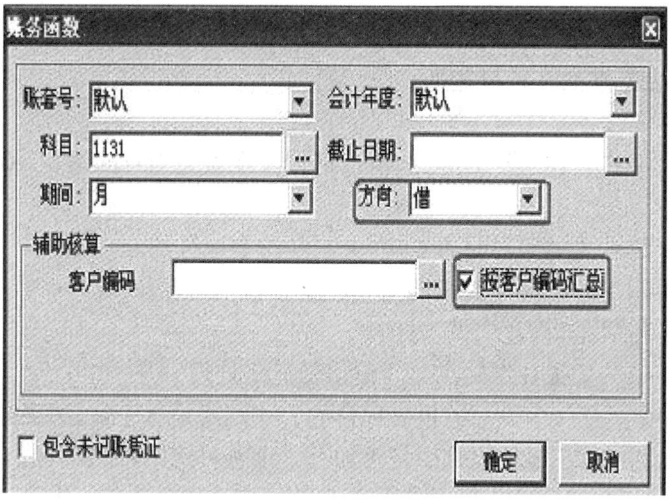

图 7-10 账务函数

表 7-2 往来数据列表

科目	客户	借方余额	贷方余额
应收账款(借方科目)	A 客户	50	
	B 客户		30
预收账款(贷方科目)	C 客户		80
	D 客户	20	

这样资产负债表上,应收账款=50+20=70;预收账款=30+80=110。

应收账款和预收账款的公式修改为：

应收账款=QM("1131",月,"借",,,,,,,)+QM("2131",月,"借",,,,,,,)

预收账款=QM("1131",月,"贷",,,,,,,)+QM("2131",月,"贷",,,,,,,)

同理:应付账款和预付账款的公式也是以这种原则来编制。

能力训练

◎ **案例描述 1**

以账套主管的身份新增 1 张相同格式的"货币资金表",日期为 2022 年 3 月 31 日。

◎ **做一做**

步骤一:增加表页。先在财务报表中打开"货币资金表"。

(1) 执行"编辑"/"追加"/"表页"命令,打开"追加表页"对话框。

(2) 输入需要增加的表页数"1"。

(3) 点击【确认】按钮(图 7-11)。

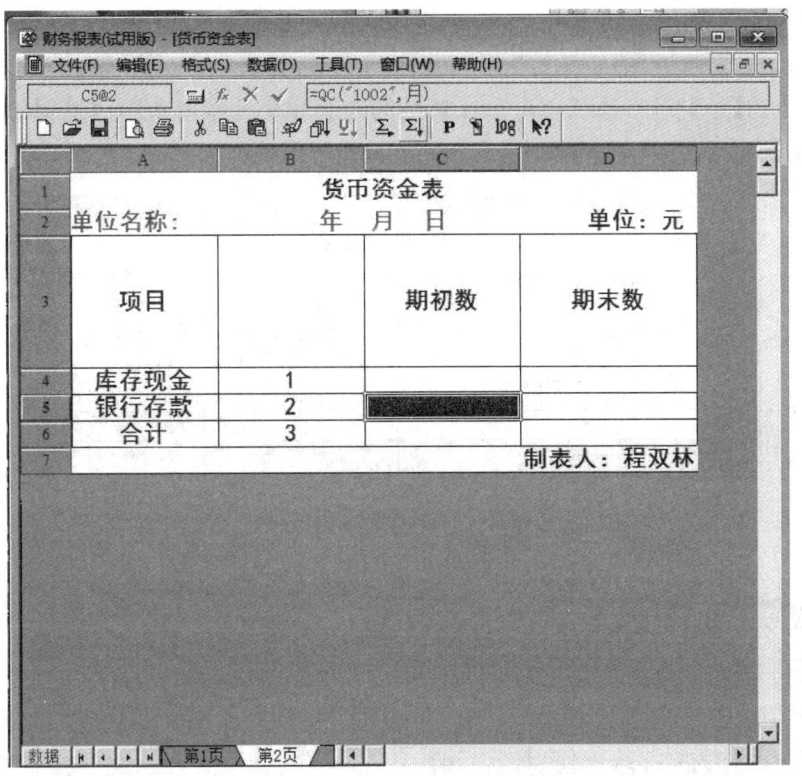

图 7-11 货币资金未填制

> **注意**
> (1) 追加表页是在最后 1 张表页后追加 N 张空表页,插入表页是在当前表页后面插入一张空表页。
> (2) 1 张报表最多只能管理 99 999 张表页,演示版最多为 4 页。

步骤二:输入关键字值。

(1) 在第 2 张表页中,执行"数据"/"关键字"/"录入"命令,打开"录入关键字"对话框。

(2) 输入年"2022"年,"9"月,"30"日。

(3) 点击【确认】按钮,弹出"是否重算第 2 页"对话框。

(4) 点击【是】按钮,系统会自动根据单元公式计算 9 月份数据,点击【否】按钮,系统不计算 9 月份数据,以后可利用"表页重算"功能生成 9 月数据。

> **注意**
> (1) 每 1 张表页均对应不同的关键字值,输出时随同单元一起显示。
> (2) 日期关键字可以确认报表数据取数的时间范围,即确定数据生成的具体日期。

步骤三:生成报表(图 7-12)。

(1) 执行“数据”/“表页重算”命令,弹出“是否重算第 2 页”提示框。

(2) 点击【是】按钮,系统会自动在初始的账套和会计年度范围内根据单元公式计算生成数据。

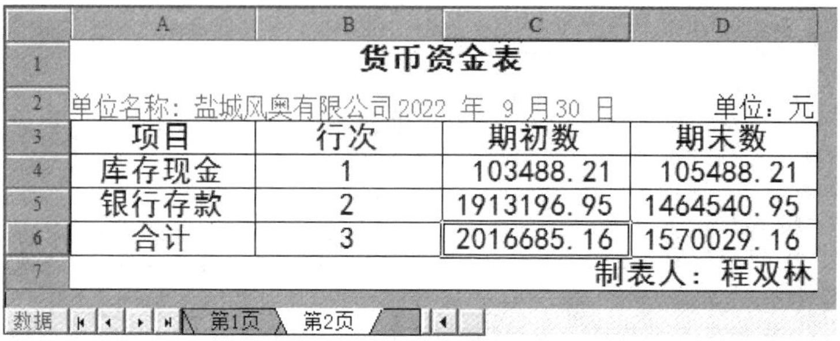

	A	B	C	D
1	货币资金表			
2	单位名称:盐城风奥有限公司 2022 年 9 月30 日			单位:元
3	项目	行次	期初数	期末数
4	库存现金	1	103488.21	105488.21
5	银行存款	2	1913196.95	1464540.95
6	合计	3	2016685.16	1570029.16
7				制表人:程双林

图 7-12 货币资金表完成

注意

(1) 当账簿数据发生变化时,可利用此功能随时刷新报表数据。

(2) 由于该案例企业没有 1 月、2 月的账目,所以此报表的生成数据意义不大,仅仅是作为操作练习使用。

◎ **案例描述 2**

以账套主管的身份将“货币资金表”按照时间先后顺序排列表页,然后查找出 2022 年 9 月的“货币资金表”。

◎ **做一做**

步骤一:表页排序(图 7-13)。

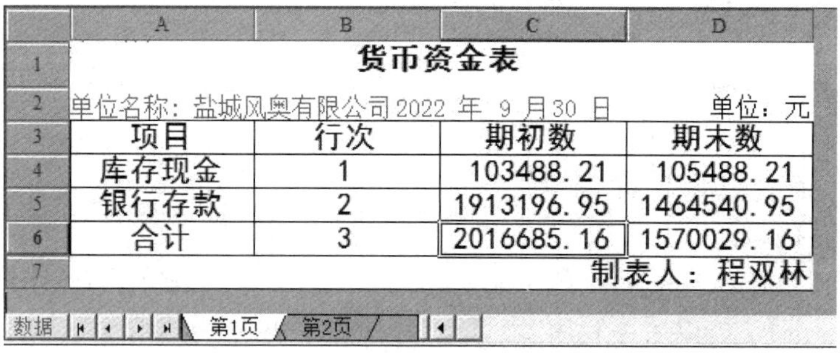

	A	B	C	D
1	货币资金表			
2	单位名称:盐城风奥有限公司 2022 年 9 月30 日			单位:元
3	项目	行次	期初数	期末数
4	库存现金	1	103488.21	105488.21
5	银行存款	2	1913196.95	1464540.95
6	合计	3	2016685.16	1570029.16
7				制表人:程双林

图 7-13 表页排序完成

(1) 执行“数据”/“排序”/“表页”命令,打开“表页排序”对话框。

(2) 确定如下信息。选择第一关键值“年”,排序方向“递增”,第二关键字“月”,排序方向“递增”。

(3) 点击【确认】按钮。系统将自动把表页按年份递增顺序重新排列,如果年份相同则按月份递增顺序排序。按照此案例,排序后2022年9月的货币资金表就自动排在了第1页。

步骤二:表页查找。

(1) 执行"编辑"/"查找"命令,打开"查找"对话框。

(2) 确定查找内容"表页",确定查找条件"月=1"。

(3) 点击【查找】按钮,查找到符合条件的表页作为当前表页。

◎ **案例描述3**

以账套主管的身份生成"货币资金表"的直方图。

◎ **做一做**

步骤一:追加图表显示区域。

(1) 在格式状态下,执行"编辑"/"追加"/"行"命令,打开"追加行"对话框。

(2) 输入追加行数"15"。

(3) 点击【确定】按钮。

> **注意**
>
> 追加行或列须在格式状态下进行。

步骤二:插入图表对象。

(1) 在数据状态下,选取数据区域"A3:D6"。

(2) 执行"工具"/"插入图表对象"命令,在追加的图表工作区,拖动鼠标左键至适当大小后,打开"区域作图"对话框。

(3) 选择确定如下信息。数据组"行",数据范围"当前表页"。

(4) 输入图表名称"资金分析图",图表标题"资金对比",X轴标题"期间",Y轴标题"金额"。

(5) 选择图表格式"成组直方图"(图7-14)。

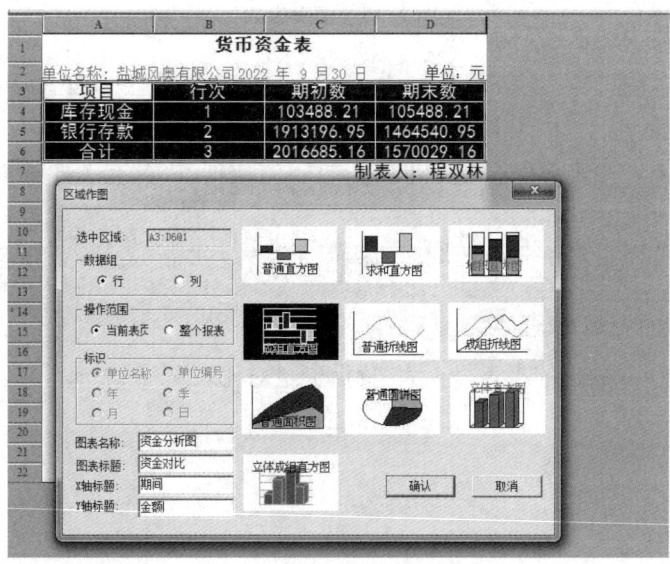

图7-14 区域作图

(6)点击【确定】按钮。

(7)调整图中对象到适当位置(图7-14)。

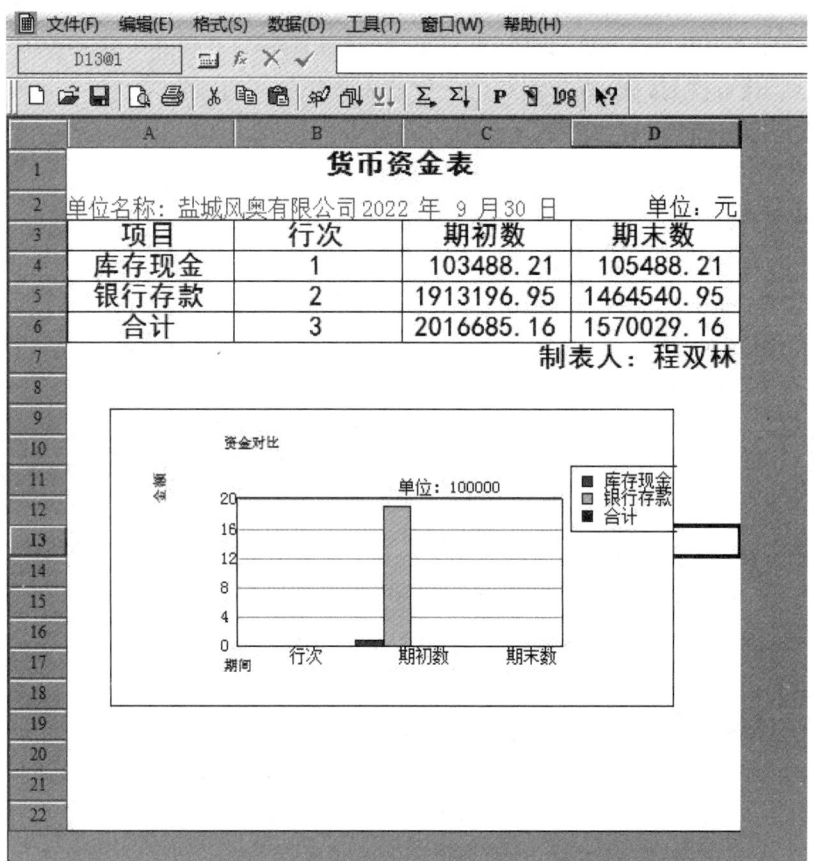

图 7-15 图表完成

> 注意
>
> (1)插入的图表对象实际上也属于报表的数据,因此有关图表对象的操作必须在数据状态下进行。
>
> (2)选择图表对象显示区域时,区域不能少于2行、2列,否则会提示出现错误。

步骤三:将生成数据的报表另存为"货币资金对比表"。